Erkenntnis und Interesse

認識と関心

Jürgen Habermas

ユルゲン・ハーバーマス著
奥山次良・八木橋貢・渡辺祐邦訳

未來社

序文

私は、認識と関心との連関を体系的に分析することにねらいをおいて、現代実証主義の前史の再構成を、歴史を辿って試みようと思う。認識理論が解体し、そのあとに科学理論が代わって残されていく過程を追うひとは、見捨てられた反省の諸段階をのぼっていく。出発点をふり返って見ながら改めてこの道を歩むことは、反省の忘れられた経験をとりもどす助けにもなるであろう。われわれが反省を否認するというその事態そのものが、実証主義である。

認識と関心との連関の分析は、徹底的な認識批判が社会理論としてのみ可能であるという主張を、支持してくれるはずである。この考案は、たとえマルクスのあるいはマルクス主義の自己理解から引きだすことができないにしても、マルクスの社会理論のうちに含意されている。けれども、私自身は、ヘーゲルからニーチェに至る哲学の発展がその中で遂行されている客観的な連関を研究したのではなく、思想の運動を内在的に辿ることに止めた。その結果は明らかである。私は、ディレッタンティズムの代価を払って、どうにか社会理論に先鞭をつけたにすぎない。私は、この社会理論へ到る通路を、科学の自己反省によってはじめて手に入れたいと思う[1]。そのための第一歩は果たされた。それゆえ、この研究にはひとつの序論という位置価以上のものを望むことができない。

この研究を導いているいくつかの体系的視点を、私は、最初に、一九六五年六月のフランクフルト大学就任講演においてあきらかにした。(2) 実証主義、プラグマティズム、歴史主義に関する諸章は、一九六三―六四年のハイデルベルク大学における冬学期の講義にもともとよっている。もし学生時代にまでさかのぼるカール＝オットー・アーペルとの討論がなかったとすれば、かれのはげましがなかったとすれば、そしてかれの反論がなかったとすれば、本書は、いま見るような体裁をとることがなかったであろう。(3)

この書物の中で、一つの例証として、精神分析学が重要な位置を占めている。私は、私の知識がフロイトの著作の研究に限られていることを明言しておく必要があると思う。分析の実際の経験に、私はたよることができない。けれども私は、アレクサンダー・ミッチュエルリッヒの指導の下に行なわれたジクムント・フロイト研究所の共同研究者たちの水曜討論から、多くのことを学んだ。私は、アルフレート・ローレンツァーに感謝したい。かれは、精神分析学における理解の方法論的役割に関するほぼ出来上ったかれの研究の草稿の閲読を、私に許してくれた。私は、この研究からご教示を得たが、それ以上にはげましをいただいている。

一九六八年四月

フランクフルトにて

J・H

認識と関心

目次

目次

認識と関心

第一章　認識批判の危機

近代の哲学論議を法廷審理の形で復元しようとしたとすると、この審理は、ただ一つの問題――信頼しうる認識はいかにして可能か――を裁定するために召集されたであろう。十九世紀になってはじめて認識理論という言葉が鋳造された。あとからふり返ってみてこのように名づけられる事態は、近代哲学一般の、いずれにせよ十九世紀初頭に至るまでの事態である。合理論的思考ならびに経験論的思考に特有な努力は、実際、ひとしく、客観的領域の形而上学的な限定と、形式化された言語と実験とによって際立っている自然科学の有効性の論理学的・心理学的な釈明に向けられていた。むろん――数学的形式の厳密さと統御された経験的事実の豊かさとをきわめて有効に統一した新たな物理学が、たとえどれほど明晰判明な知の範型であったにしても、近代科学がとりもなおさず認識一般であるのではなかった。あの時期の科学に対する哲学の立場は、確固とした哲学の認識が科学にはじめてその正当な居場所をしつらえる、というまさしくそのことによって特徴づけられている。認識理論は、経験科学的認識の解明に限られなかったし――それは、科学理論にとりこまれなかった。

可能的認識の問題をめぐってつとに体系化されていた近代形而上学そのものに疑いがもたれていたときでも、なお事情は変わらなかった。カントの先験論理学的な問題設定によって認識理論は、はじめてそれ自身の意識に達し、それによってこの理論に特有な次元に足を踏み入れたが、そのカントにしても、理性認識を擁護して、科学に優越するその立場を主張している。認識の批判は、認識能力の体系とまだ結びついていて、この体系のうちに、実践理性と反省的判断力とが、批判そのもの、すなわち理論理性と同様に、自明なこととして組みこまれている。そしてまさしくこの理論理性が、弁証論的に、それの限界のみならず、それ自身の理念をもまた確かめることができるのである。自らを透明にする理性のこの包括的合理性は、現代実証主義にみられるような方法論的諸原則の総体へまだ収縮していなかった。

容赦のない自己反省によって認識批判をさらに批判するメタ批判がはじめて、すなわち、カントの先験論理学的な問題設定に対するヘーゲルの批判がはじめて、哲学は科学に対してその立場をほんのいく分か変更するのではなく、全面的に放棄するという逆説的な結果に到達する。それゆえに私は、カント以後、科学は哲学的にもはやまともに捉えられなくなった、というテーゼを唱えたい。認識理論的に、言いかえれば可能的認識の一つのカテゴリーとして、科学が捉えられるのは、認識が、大げさに大哲学の絶対知と等置されたり、あるいは盲目的に実際の研究活動の科学主義的自己理解と等置されたりしない場合に限られるからである。この二つの場合に、科学の認識理論的概念が仕上げられうる次元は、従って、科学が可能的認識の地平から理解されそして認証されうる次元は、閉ざされるのである。絶対知に対しては、科学的認識は、当然、偏狭なものに見えるにちがいない。そうなれば、残るただ一つの課題は、実証的知識の諸制約の批判的な解体である。他方、通用している科学を超越する認識の概念がそもそも欠けている場合には、認識批判は科学理論に黙従する。この理論は、既成の研究の疑似規範的な統制に終始するのである。

哲学の科学に対する立場は、かつては認識理論という名で呼ぶこともできたけれども、いまは哲学的思想そのものの運動によって空洞化されてしまった。哲学は哲学によってこの立場から追放されたのである。認識理論はこのとき以来、哲学的思想に見捨てられた科学方法論によって代用されなければならなかった。なぜなら、十九世紀中葉以降認識理論の遺産を相続する科学理論は、諸科学の科学主義的自己理解の中で営まれる科学方法論だからである。「科学主義」とは、科学の自己自身への信仰を意味している。すなわち、われわれはもはや科学を可能的認識の一形式とみることはできず、むしろ認識を科学と同一視しなければならない、という信念を意味している。コントとともに出現する実証主義は、経験論の伝統および合理論の伝統がもつ諸要素を利用するけれども、それは、自己の排他的な妥当性に対するこの科学の信仰を反省する代わりに、補足的に確認するためであり、そしてまたこの信仰を基礎として諸科学の構造を解明するためである。最近の実証主義になると、この課題は、注目に価いする精密さでもって、また異論の余地のない成功を収めて片附けられてしまった。

それゆえ、可能的認識の諸条件に関するどのような議論も、今日では分析的科学理論によって達成されたこの水準からはじめられなければならない。われわれは、いきなり認識理論的研究の次元にもどることはできない――それにしても、実証主義は、この次元を無反省にとび越え、そのため総じて、カントの名で示される反省の段階以前にまで退行してしまった。そうとすると、この実証主義の教説の成立連関を分析することは、われわれが現代の議論をはじめるに先立って、どうしても必要であるように私には思われる。なぜなら、科学的認識の基底となる関心についての将来の体系的研究というものは、認識理論を抽象的に再建するのではなく、それは、認識理論のヘーゲルによる徹底的な自己批判によってはじめに開かれ、ついでしかし再び覆われてしまった次元に向ってのみ遡行するからである。

ヘーゲルは、カントに対して、認識の現象学的自己反省が認識批判の必然的な徹底化である、と証示することができた。しかしかれは、この自己反省を、私の信ずるところでは、同一哲学の諸前提を先入見としてもっていたために、首尾一貫して遂行しなかった。マルクスの歴史的唯物論は、ヘーゲルの自己反省の歩みをはじめて正しく要求したが、マルクスは、自分自身の構想を誤認し、そのために認識理論の撤去を成就することになった。こうしてようやく実証主義は、諸科学の方法論が人類の客観的な形成過程にからみ合っていることを忘れ、忘れられたものと、押しやられたものとを土台にしてその上に純粋な科学方法論の絶対主義をうち立てたのである。

第一節　ヘーゲルのカント批判

——認識理論の徹底化あるいは止揚——

ヘーゲルは、認識理論の仕事に代えて精神の現象学的な自己反省を行なった。かれは『精神現象学』の序論において、後の連関の中でも繰り返えし現われるひとつの論証を行なっている。[1] 批判主義は、認識主観が、直接に手に入れた認識を信頼するに先立って、自分にとって原理的に可能な認識の諸条件を確かめるように要求している。われわれは、自分たちの判断の妥当性を測る信頼できる規準を手にしてはじめて、自分たちの知識もまた信頼しうるかどうかを吟味できるのである。しかし、もしもこの批判自体もまた認識であることを要求しなければならないとすれば、どのようにして認識に先立って、認識能力を批判的に研究することができるであろうか。

「従ってこの要求は、認識するに先立って認識能力を認識せよということである。それは水に飛び込む前に泳ごうとするのと同じことである。認識能力の探究はそれ自身認識的である。この探究そのものが認識なのだから、それは到達しようとする目標に決して到達することができない」[2]……

整合的な認識理論はすべて最初からこの循環におちいっている。この循環は、たとえ批判が、原理的には問題とすることができるにしても暫定的には問題にならないものとして未決定なままに残しておく諸前提から出発したところで、避けられない。ヘーゲルの時代にラインホルトが選んだこの「蓋然的方法」の道は、今日も方法論との連関において実証主義者の側から推奨されている。その論議はこうである。ひとはすべての断定を同時に疑問とすることはできない。探究の準拠系をそのつど規定しているいく連かの諸前提は、この探究の進行に対しては疑問のないものとして仮定されなければならない。この操作を任意に繰り返えすなら、原則的にすべての前提が問題にされうるための充分な保証が与えられるはずである。最初の準拠系の選択とその後の探究の進行順序とは、むろん、つねに任意である。この操作は、自らの諸原則を根拠づける可能性を除外する規約主義に依拠しているから、徹底した懐疑というものは除外されている。ところでしかし、認識理論は、その哲学的抱負によれば、全体を目指す企てである。認識理論にとっては、可能的認識一般の諸条件の批判的な正当化が重要である。認識理論は、懐疑の徹底性、すなわちその無条件性を断念することができない。かりに認識理論が、批判をあらかじめいくつかの条件によって拘束し、従って、認識批判をはじめて可能にするはずであるがそれ自身としては認識批判の諸形式に従わないような諸前提の有効性を認めるとすれば、認識理論の行き方の方法上の意味は逆転してしまう。認識理論は、根源哲学の遺産を受け継ぎ、自らのそして究極の根拠づけを果たしたいという要求をもっているから、前提なしにはじめるという方策は、この理論にしてみると絶対にゆずれないのである。(3) それゆえにヘーゲルは、認識理論のあの循環を見抜いているラインホルトを賞讃しながらも、この循環から脱出させるという蓋然的方法を非難することができる。――あの「正しい洞察は、このような方法の性質を変えるものではなく、むしろそれは、この方法の不充分さをただちに言い表わしている」。(4)

このヘーゲルの論議は、決定的である。それは、根源哲学の志向に照準を合わせている。というのも、認識理論が避けがたく巻き込まれる循環は、認識批判が自分の思い通りに根源の自発性をもつのではなく、反省として、あくまで先行するものを指示していることに気づかせるからである。批判は、この先行するものに向うが、それは、この批判が、同時に自らその中から現われ出てきたためである。こうして、事後的なものと判定された認識批判は、さしあたり経験的に出会う意識の諸形態からはじめる。しかし、この糸口の選択は、規約によるのではない。われわれが不可避的偶然によってつねに、すでにその中に住んでいる日常的世界の自然的意識に対する名称は、感覚的確信である。この確信は、反省の回想力そのものが、反省によってその独断性が見抜かれている経験のこの層からはじまる、という意味において、客観的である。いずれにせよ、意識は、反省的な仕方では、自己自身の成立連関以外のものを透明化できない。ヘーゲルが認識理論の悪しき矛盾とする循環は、現象学的経験の中では、反省自身の形式として是認される。明瞭に認識しうるためには、ひとはかつて認識したことがなければならない。このことは自己・知の構造に属している。すなわち、あらかじめ知られたものだけが、成果として回想され、その成立過程において透視されうる。この運動が反省の経験であり、その目標は、批判主義が無媒介に主張した認識である。

こういう事情であるとすれば、認識批判は、根源哲学の志向を果たす権利をこれ以上に主張することができない。しかしこの志向のゆえに、なぜヘーゲルにおいて認識批判そのものまでもが放棄されなければならないことになるのか、理解できない。認識批判は、メタ批判的に自らに向けられて、ただ虚偽の意識を払拭しさえすればよいのである。それにもかかわらずヘーゲルは、かれの論拠が、この虚偽の意識に対してのみならず、認識理論の行き方そのものに対してもまた的中している、と信じている。

「だがもしも誤謬に陥いりはしないかという怖れが、このような心配をせずに作業をつづけ実際に認識を行なっている学問への不信を呼びおこすとすれば、反対になぜこの不信への不信が呼びおこされないのか、なぜこの誤りはしないかという怖れがすでに誤りそのものであることが心配されなくてよいのか、ということは全く理解できない。この怖れは実際はある事柄を、しかも多くの事柄を真理として前提しているので、その心配や帰結をこの上に基礎づけているのである。しかし、真理であるかどうかが前もって吟味されなければならないのは、まさしくこれらの前提されている事柄の方である」(5)。

ヘーゲルは、認識理論が認めようとしないその諸前提を正しく批判している。けれども、かれは認識理論をも批判に委ねよという要求を掲げるとき、無条件の懐疑という方策に同意している。従って、かれの論証は、懐疑論の近代的形態である批判主義的不信を少しも制限することができず、ただ徹底化しうるにすぎない。精神現象学はむしろ、認識理論がとっている懐疑の立場を、歩み出された絶望の道として再構成すべきだったのである。ヘーゲルはそれを知っている。しかしそれでいて、誤謬を怖れることはそれ自身誤謬であると主張する。そのために、内在的批判として計画されたものが、いつの間にか抽象的否定に変わってしまう。あの循環に即して、認識理論はその虚偽の意識をただすであろうし、それによって自分自身が反省であることを意識もできるのであるが、ヘーゲルは、あの循環を批判主義一般の非真理性の徴表ととる。かれは、反省されない諸前提の上に安んじている認識理論の絶対主義を見抜き、先行するものによって反省が媒介されていることを立証し、こうして先験主義を基礎とした根源哲学の復活を破壊する。そうすれば認識批判そのものも克服できる、とかれは思っている。このような考えがしのびこむのは、ヘーゲルが最初から絶対者の認識を与えられたものとして仮定しているからである。ところがこの認識の可能性もまた、徹底化された認識批判の基準に従ってこそはじめて立証されるはずのものであった。

このように、『精神現象学』には何とも釈然としないものがつきまとっている。たしかに、現象学的経験からは絶対知の立場が内在的に、否応なく生じるといわれている。けれども、この知が絶対的な知なら、もともと現象学的な精神の自己反省による是認を必要としないし、――厳密に考えれば、それは不可能である。精神現象学のこの曖昧さは、ヘーゲルのカント批判から、反省された認識理論を主張するために必要な力を奪い去ってしまう。その結果、この先験哲学だけに限定された批判は、実証主義的なその敵対者たちには勝てなかったのである。

ヘーゲルは認識の機関説を攻撃する。認識批判の仕事を認識手段の吟味とみなすひとびとは、ある認識のモデルから出発するが、そのモデルは認識主観の能動性を強調するか、それとも認識過程の受容性を強調するかのどちらかである。認識は、われわれがそれに助けられて対象を形づくる道具によって媒介されるか、あるいは世界の光がそれを通って主観の中に侵入する媒体によって媒介されるか、どちらかの仕方で現われる。(6) この二つの見方は、認識が可能的認識の手段によって先験的に確定されているという点で一致している。即自的に真な事態がそれを通ると屈折して現象する媒体としての認識というモデルは、認識批判的問題設定に関する理論の観照的な自己理解にしても、この点に立ち入れば、認識機関説の意味で別な機能が与えられなければならないことを明らかにしている。ところで、ヘーゲルにとって批判主義の課題は次のように見える。すなわち、批判主義が道具ないし媒体の機能を確認するのは、認識過程の成果である判断において、不可避的につけ加わった主観の附加物を真に客観的な内容から分離できるようにするためである、と。それならば次の反論の意味もよくわかる。

「もしも、われわれが加工された物から、道具によって加えられたものをもう一度取り去ったとしても、物――ここでは絶対者――はわれわれにとって、この無益な作業を行なう前と全く変わらない。……あるいは、認識を媒体と考えて、それを吟味することで（道具の作用の代りに――ハーバーマス）その屈折法則をよく知ったにしても、この屈折を結果から差し引くことは同様に何も役立たない。なぜなら認識とは光の屈折ではなく、それを通って真理がわれわれに達する光自身だからである」(7)。

明らかにこの反論は、可能的認識の主観的諸条件から独立に認識自体、あるいは絶対知のようなものが存在しうるという前提の下でのみ妥当する。ヘーゲルは、認識理論に対して主観的に曇らされた認識という欠如概念を想定するが、しかしこの欠如概念は、ヘーゲル自身の絶対的認識という概念との対置においてはじめて明らかにされうるのである。けれども、自分自身の論理的帰結をいとわない批判主義にとって、すべての悟性使用の最高原理である統覚の綜合的統一というカントの原則が示すように、可能的認識の客観性の主観的諸条件から独立には、認識の説明可能な概念は存在しえない。われわれは「われわれの」認識でないような認識の理念をたしかに仮定することはできる。しかしわれわれがある意味をこの理念に結びつけるのは、ただ「われわれにとって」可能な認識の変様から、極限概念としてこの理念を得る場合だけである。それは、どこまでも派生概念であって、この理念が得られたもとの認識がそれに対して相対化されるような尺度としては、用いることのできないものである。機関によって媒介された認識の先験哲学的解釈は次の考えをふくんでいる。それは、道具の諸機能がはじめて、認識の対象一般がその内部で可能となるような準拠系を構成する、という考えである。ヘーゲルは、「一方に絶対者が存在し、他方に認識がそれだけで、絶対者と分離しながらしかも実在的なものとして存在している」という考えを先験哲学のもとにあるものとしているけれども、この考えはむしろヘーゲル自身の準拠系に属している。というのはヘーゲルは主観と客観の絶対的関係を問題にしているからであり、この関係の中では実際、認識を媒介する機関は主観的混濁の原因としてしか考えられず、認識の可能的な客観性の条件とは考えられない。

批判主義にとって、これは別な風に見える。この機関は、実在性一般がその内部で現象しうる世界をはじめて産出するのであるから、それは、この世界を自分のはたらきの諸条件の下で、たえず開示しこそすれ、隠蔽することなどない。あれこれの個々の実在するものが——われわれが実在と認識過程との間に絶対的な、あの道具から独立した関係を仮定しない限り——隠蔽されうるとしても、それはただ、実在一般が現象するという前提の下においてである。われわれは、先験哲学的諸前提の下では、可能的認識の諸条件を確認しなければ認識という言葉を有意味に使うことが全くできない。従って、ヘーゲルの批判は内在的ではない。認識の機関説に対する非難は、まさにこの理論が疑問とするもの、つまり絶対知の可能性をすでに前提しているのである。

他方、ヘーゲルの批判は正当な契機もふくんでいる。道具と媒体という二つの認識のモデルをひろげて見せることは、無前提であると主張している認識批判がもっている一連の暗黙の前提を明らかにする。認識批判は、それがおもて向き知りうるとしている事柄よりも、ずっと多くの事柄をいつもすでに知っているはずである。批判は、認識が機関によって媒介されていることを知っているのなら、当然、認識主観と正しい知識のカテゴリーとに関する一定の表象を備えあわせていなければならない。なぜなら、われわれは、一方で、確実とみなされる判断から出発するとともに、他方ではこの確実性がそのために存続する自我から出発することによって、認識を可能にするその先験的条件の総体である認識能力の組織を再構成するからである。われわれは認識批判の下に、すでにはじめから特定の（科）学の概念と認識主観の概念とをこっそり置いているのである。ところが、この懐疑論の近代的形態は、権威に基づいて他人の思想を奉じないですべてを自分で吟味し、自律的に自分自身の信念に従うという意向だけが、唯一の前提であると主張したがっている。批判の始まりには、無条件の懐疑という徹底した意向以外の何ものもない。この懐疑は、理性の一契機として自分自身によって正当化されるので、デカルトからカントに至るまで、それ自身はどのような基礎づけも必要としない。同じように、自己批判する意識は、方法的懐疑に習熟する必要がない。なぜなら、方法的懐疑は媒体であって、その中で意識は自己自身を確信する意識として構成されるからである。これらのことは全く自明の主張であって、今日ではもはや誰もそれを合理論の根本仮定であるなどと思ってはいない。基礎づけも習熟も必要としないこの徹底的な懐疑には、先験的役割はもはや認められず、ときとして認識心理学的な役割が認められるにすぎない。それゆえに最近の科学理論では、合理論の諸原則に拘束されるけれども自身では基礎づけのできない批判的姿勢が、方法的懐疑の代りとなっている。[8]ここで合理論は信念の問題であって、他のさまざまな意見と同様なひとつの意見である。それにもかかわらず、認識批判の無前提の始源と、従ってまた先験哲学が現代の科学方法論と共有している絶対主義的自己理解とに対する合理論の位置価は、少しも変わらない。ヘーゲルは、この無条件な懐疑への抽象的な意向に、自己実現する懐疑論を対置する。

「意識はこの途上でさまざまな意識形態を通過するが、それらの意識形態の系列は……意識が自己自身を形成して学となる、その形成の詳細な歴史である。かの意向はこの形成を、意向という単純な仕方で、ただちに片付きそしてまた生起するものとして表わしている。だがこの道は、このような非真理とは反対に、現実的実現である」。[9]

認識理論は、徹底的に疑うという純粋な意向以外に自分は何ひとつ要求しないと思っている。しかし本当は、認識理論は、全形成過程の成果である批判的意識に支えられている。従って、それはある反省の段階の受益者であるが、認識理論は、この段階を認めず、それゆえにまた正当化することもできない。

認識理論がそれとともにはじまる第一の前提は、（科）学の規範的概念である。すなわち、認識理論は、眼の前に見出される知識の特定のカテゴリーを原型的な認識とみなしている。すでにカントは『純粋理性批判』の序文の中で、独特な仕方で数学ならびに同時代の物理学の例証を引き合いに出している。これら二つの学科は、かなり恒常的にみえる認識の進歩によって他を抜きん出ている。これらは、カントが「学問の確実な歩み」という型にはまった公式の中に押しこめた規準をみたしている。これに反して、これまで学問の名を偽って要求していた他の学科は、たんなる概念の間のうろつき廻わりを特徴としている。形而上学もこの例にもれない。あの認識の進歩という実際的な目じるしで測れば、形而上学の方式は無効である。そのためにカントは、「われわれが幾何学者や自然研究者たちの実例にならって、形而上学の全面的改革を企てる」ように要望する。純粋思弁的理性批判の仕事は、はじめから、知識の特定のカテゴリーが規範的な拘束力をもつと仮定している。数学および同時代の物理学の言明は信頼しうる認識として妥当する、ということを前提しているから、認識批判はかの研究の諸過程の中で正しいことが立証された諸原則を取り上げ、それから出発して、逆にわれわれの認識能力の組成を推論することができるのである。カントは、理性が洞察するものはただ理性自身がみずからの構想に従って産み出すものだけである、ということを把握した自然研究者たちの実例によって、ただ心理的にはげまされて、形而上学を同じ原則に従って変革しようとするだけではない。かれはむしろ、この実例を体系的によりどころとしているのである。それというのも、認識批判が無前提なのはただみかけの上だけであって、認識批判はかならず科学的言明の妥当性を決める暫定的規準、いいかえれば完全に証明はされないが、しかし拘束的であると仮定された規準でもってはじまらなければならないからである。

最近の科学方法論も、まず伝統的知識の特定のカテゴリーを科学の原型として際立たせ、次にこの知識の再構成を可能にする操作の仕方を一般化し、科学の定義に転換することによって、擬似規範的な力を手に入れる。これに反して、ヘーゲルは、（科）学として登場する知識が、さしあたっては現象する知識であるという点に固執する。――ひとつの無味乾燥な断定も、もうひとつの断定と全く同様に妥当する。現われたばかりの（科）学は、われわれがこれこそ本当の学、真実の学であるという断定に信をおいて、同様な要求をもって登場する知識の他の形式を採らないと決めたところで、それによってより信頼に値いするものとなるわけではない。これから着手される認識批判は、何を学とみなすべきかについて先入見をつつしまなければならない。さしあたりそれは、現象する知識の競合する諸要求だけと対立している。それゆえにそれは、この現象する知識の歩みに身を委ねるべきである。

「現象する意識の全範囲に向う懐疑論にしてはじめて……精神を真理とは何かを吟味するにふさわしくする。なぜなら、この懐疑論はいわゆる自然的表象、思想、私念に対する絶望を生み出すからである。これらの表象や思想は自分自身のものと呼ばれようと、他人のものと呼ばれようとどちらでもいいものである。そして、ただちに吟味しようとする意識は、まだこれらの思想、表象でみたされ、つきまとわれているが、しかしそのためにこの意識は、自分が企てようとすることができないでいる[10]」。

認識批判は、現象する知識の叙述として、自然的意識がこれまで自己に与えてきた諸形態やわれわれがいま住んでいる諸形態の中に、日常的な生世界内の現象学的経験の糸口を捉える。――「われわれの対象は現象する知識であるから、さしあたりその諸規定も、直接に示されるままの姿で捉えられる。これはそれらの諸規定が、これまで捉えられてきた通りの姿で、示されるということである[11]」。こうすれば、認識批判的探究は、常識の独断論のうちに逆戻りすることはない。なぜなら、その批判だけはさらに自己自身に対しても容赦なく向ってゆき、その結果、批判は吟味を行ないうるために使うみずからの尺度をもはや単純に仮定できないからである。この批判は、意識の形成過程をもう一度遂行するとき、どのようにして各段階で前段階の規準が崩壊し、そして新しい規準が発生するかを、静かに眺めるのである。

この仕事に従事する間に、認識批判がそれとともに始まる第二の前提もまた疑問になる。すなわちそれは、完全な認識主観の仮定、別な言葉で言えば自我の規範的概念である。カントは、理性が経験と関わりなく使用されることによって自分自身と抗争させてきたさまざまな誤謬に判決を下すために、ひとつの法廷を設けようとした。この法廷の実現をカントは少しも疑わなかった。なぜなら、かれにとって、自己意識ほど確実なものは何もないように見えたからである。自己意識においては、自我はすべての私の表象に伴う「我思う」として私に与えられている。たとえ自己意識の先験的統一は、探究が進んではじめて根源的統覚のはたらきから把握されるにしても、自我の同一性は、すでに探究のはじめから、疑う余地のない自己反省の先験的経験に基づいて考慮に入れられていなければならない。これに反してヘーゲルは、カントの認識批判が、自己自身に対して透明でない意識をもって始まっていることを見抜いている。精神現象学の観察する意識は、自分が反省の経験の中にひき入れられた一要素であることを知っている。自然的意識から出発する生成は、まず、現象学的観察者があらかじめとらざるをえなかった立場に至るまで再構成されていなければならない。そうなれば、認識批判の位置は、自己の形成過程を心得ているからもはや偶発事に全く左右されることのなくなった意識という、この構成された自己意識と、符合するようになる。認識批判的確証の主体は、ただちに吟味しようとする意識に対して、いつでも申し込みに応じられるよう準備ができているわけではない。この主体は、意識の自己確認の成果とともにはじめて出現したものである。

徹底した懐疑の中で、（科）学の規範的概念と同様に自我の規範的概念をも溶解してしまった認識批判は、もっぱら、ヘーゲルが現象学的経験と名づけるものに向って行くように命じられている。この経験は意識という媒体の中を運動するが、この意識は、対象の即自と、対象がそれに対して与えられている意識自身との間で再帰的に区別される。即自的に存在する対象の素朴な直観から、この即自の意識にとっての存在《フユール・エス・ザイン》の再帰的知に至る移行は、その対象に即して意識に自己を経験させるのであるが、この経験は、それとしてはさしあたりただわれわれ、すなわち現象学的観察者にとってのみ与えられている。

「新しい対象の発生は、意識にとってはどうしてそれが生じるのか知らずに行なわれるが、それは、われわれにとってはいわば意識の背後で起こっている。それによって意識の運動の中に、即自有あるいはわれわれにとっての有という契機が加わるが、それは、経験そのものの中にとらわれている意識に対しては現われない。しかし、われわれにとって発生したものの内容は、意識にとっても存在している。そしてわれわれは、ただその形式的側面あるいはその純粋な発生を把握するだけである。この発生したものは、意識にとっては対象として存在するにすぎないが、われわれにとっては同時に運動および生成として存在している(12)」。

それ自体で（An sich）、意識にとって（Für es）、われわれにとって（Für uns）という三つの次元は、反省の経験がその中を動く座標系を表わしている。しかしその座標は、経験の過程を通じてすべての次元で変化し、第三の次元の中でも変わる。すなわち、現象する知の行程が「われわれにとって」現われる現象学者の立場も、それが現象学的経験そのものの中で産出されるまでは、ただ先取ってとることしかできないものである。「われわれ」もまた反省の中に引きずりこまれ、この反省は、その各段階ごとに新たに「意識の転倒」によって特徴づけられる。

しかしこのことによって、抽象的な認識批判がそれとともにはじまる最後の暗黙の前提、すなわち理論理性と実践理性との区別もまた根拠薄弱であることが明らかになる。純粋理性批判は、実践理性批判と異った自我の概念を想定している。すなわち、自己意識の統一としての自我には、自由意志としての自我が対立している。自明のこととして、認識の批判は理性的行動の批判と区別されている。けれども、もし批判的意識そのものが意識の発生史の反省からはじめて生じるとすれば、この区別は疑問になる。この場合には、批判的意識は、たとえ最終的要素であっても、ひとつの形成過程の要素であり、この過程の中ではその各段階で、新しい姿勢における新しい洞察の真であることが示される。すなわち反省は、――このことはすでに最初の段階である感覚的確信の世界についてもいえるが――誤った物の見方と同時に慣れ親しんだ生の形式の教義をも破壊するのである。虚偽の意識の中では、まだ知識と意欲は未分化である。この虚偽の意識の破壊の残滓は、反省の経験という梯子の横木として使われる。生の経歴の経験の原型的領域が示す通り、ひとびとがそこから何かを学ぶ諸経験は否定的である。意識を転倒するとは、さまざまな確認をつきくずし、固定観念を粉砕し、企画を打ちこわすということである。克服された意識状態は、挫折と同時に新たな反省された姿勢に転換する。そして、その中で状況は損われずにあるがままの姿で意識される。これは限定された否定の道であり、「結果の中につねに純粋な無のみを見、この無が実はそれがそこから結果としてでてくるものの無であることを度外視する」[13]空虚な懐疑論を防ぐものである。意識の転倒とは何かを説明して、ヘーゲルはこう繰り返えしている。「……真でない知識から生じるその時々の結果は、空虚な無と一緒にすべきではなく、必ずこの結果を産み出したものの無として捉えられなければならない。この結果は、先行する知がそれ自体としては真実と考えたものをふくんでいるからである[14]」。

この限定された否定の図式は、内在的な論理的連関ではなく、理論理性と実践理性がその中では一つであるような反省の前進機構を言い当てている。肯定的契機が、実在する意識構造の否定の中にこそかくされていることは、この意識の中で世界把握のカテゴリーと行動の規範とが複雑に交差していることを考えるならば、明白になる。すでに抽象物となった生の形式というものは、あとかたもなく否定しさることもできないし、何らの実践上の結果も残さずに変え革めることもできない。克服された状態は、変革された状態の中に確保されている。というのも、新しい意識の洞察は、ほかでもなく、古い意識を革命的にひき継ぐ経験の中で生じるからである。継起するさまざまな体系状態間の関係は、この意味における限定された否定によって作り出されるのであり、論理的関係ないし因果関係によって作り出されるのではないから、それは形成過程と呼ばれる。一般に、認知の諸作用と累積された諸立場とによって同時に決定される状態というものは、分析的に回想される状態とみるほかは克服することができないものである。過去の状態は、切断され、ただ排除されるだけでは、その力を現在に及ぼしつづける。しかし、前記の関係は、反省の新しい各段階でまたも破壊される倫理的な生の連関にその連続性を保証するのである。この関係が、次々に放棄される確認の中に、「精神」の一貫した同一性を可能にする。この精神の同一性は、弁証法的同一性として意識されるものであるが、それは、認識理論が確信をもって前提する理論理性と実践理性との区別を自己の内にふくんでいるのであり、この区別に照らして定義することができない。

ヘーゲルは、認識批判の諸前提をさらに自己批判に委ねるから、認識批判の行き方を徹底化する。かれは、それによって先験的意識という確かな基礎を破壊してしまうが、先験的規定と経験的規定、すなわち妥当と生成との間のア・プリオリな区分は、この基礎から見て確実と思われていたのである。現象学的経験は、先験的諸規定そのものが形成される次元の中を運動する。その中には絶対に確かな点は何ひとつない。ただ反省の経験のみが、それとして、形成過程の名称の下に解明される。反省の諸段階は、人類史にとって本質的な諸経験を体系的に反復することによって再構成される。——さしあたり前貸しされたにすぎない批判的意識は、これらの段階をこえて自分自身のところまでのし上ってゆかなければならない。『精神現象学』はこの再構成を三つの通行過程のうちに探っている。すなわちそれは、個人の社会化過程を通り抜けること、人類の普遍史を通り抜けること、絶対精神の諸形態である宗教、芸術、学問の中で自己を反省する人類史を通り抜けること、である。(15)

認識理論にとって、自分自身の立場の生成が類の形成過程の獲得に基づいて透明になっていれば、認識理論がそれをたずさえてただちに吟味に向う批判的意識は現象学的観察の成果であることが、たちまち明らかになる。ところで、ヘーゲルは、『精神現象学』の末尾で、あの批判的意識は絶対知であると主張している。実際にはヘーゲルは、この主張を実現しなかった。いやかれは、全くこのことを証明できなかった。というのも、かれは、自然の歴史を現象学的に通り抜けるという形式的条件をみたしていないからである。現象学的探究の行き方に従うならば、おそらく絶対知は、人類とともに自然の形成過程の体系的反復の成果としてのみ考えられるであろう。

ところで、ヘーゲルがこのように単純な「誤ち」を犯したなどということは、全くありそうもないことである。かれは、精神現象学が絶対知の立場に、従って思弁的な学の概念に到達しているしまた当然到達するということに、前述の論議を無視して、なんの疑いも抱かなかったが、そのことは、むしろ現象学の自己理解を告げている。そしてこの自己理解が、われわれの解釈と異っているのである。ヘーゲルは、現象学的探究によって、認識批判的行き方を徹底化するのではなく不用にする、と信じている。かれはこう考えている――現象学的経験は、いつもはじめから精神の絶対的運動という媒体の中に止っている、それゆえ必然的に絶対知で終るはずである、と。(16)これに反してわれわれは、カントに対する内在的批判という視点の下でその論証を辿ってきた。同一哲学の前提に導かれないわれわれにしてみれば、宿命的な付帯条件が免責されている。というのも、たしかに現象する意識の構成は、認識批判の行き方の徹底化とともに、たんにみかけの上だけの無制約な懐疑という先験哲学的制限を突破するが、しかし、それは、決して例の絶対的な知への通路を保証しはしないからである。現象学的経験は、感覚的経験のように先験的に確定された図式の限界内に止っていない。むしろ現象する意識の構成の中に入りこむさまざまな基礎経験のうちには、世界把握と行動とのそのような図式の変化そのものが累積している。反省の経験は、主観が自分をいわば肩越しに眺めやり、自分の背後でどのように主観と客観との先験的関係が入れ替わるのかを知覚する、というあのすばらしい瞬間を取りおさえる（この経験は、人類史における解放の諸段階を想い起こさせる）。しかし、このことは、意識の先験的歴史に対するさまざまな偶発的衝撃を排除するものではない。可能的な客観が現象するための新しい先験的枠組は、さまざまな条件の下でそのつど形成されるが、この諸条件が、さまざまな偶発的状況の下で主観自身によって――たとえばマルクスが想定したように生産力の進歩によって――産み出されることもありうるであろう。この場合には、主観と客観との絶対的一致は産み出されないであろう。しかし、ただこの絶対的一致のみが、現象学的回想が最後に帰着するあの批判的意識を、絶対知の地位に置くのである。

一八〇七年には、ヘーゲルはそれにもかかわらずこの考えを主張していた。『精神現象学』序論は次の命題で終っている。

「意識は、真の存在に向って（現象学的経験の行程を）前進するとき、ひとつの点に到達するであろう。そこで意識は、自分に対してのみ存在しまた他者として存在するこの異質なものにつきまとわれるという、その仮象を脱ぎ捨てる。あるいはそこでは現象は本質と等しくなり、意識の叙述はまさにこの点から精神の真の学と一致する。そして最後に、意識自身がこのような自己の本質を捉えるとき、それは、絶対知の本性そのものを表わすであろう」(17)。

あきらかに、ここにはすでにひとつの矛盾が現われている。この矛盾は、修辞的に隠されているにすぎない。もしも精神現象学が絶対知の立場をはじめて産み出すのであれば、そしてこの立場が真の学の位置と合致するのであれば、現象する知の構成そのものは、学の地位を要求することはできない。ヘーゲルは認識理論に対して、認識に先立つ認識というみかけ上のアポリアを非難するが、このアポリアは、ヘーゲルに対して事実上のアポリアとなって復活する。すなわち、いま精神現象学は、すべての可能な学に先立つ学でなければならないことになる。ヘーゲルは最初『精神現象学』を学の体系第一部として公刊したが、その当時、かれは次のように確信していた。現象する意識の諸形態は必然的に順次に生じる、そして「この必然により、この学への道自身がすでに学である」[18]。それにもかかわらずヘーゲルは、絶対知の立場からふり返ってはじめて、現象学的経験の進行のうちに或る必然を要求することができたのである。ここから見て、精神現象学の論理学に対する関係は次のように表現される。

「意識とは具体的な、しかも外面性の中にとらわれた知としての精神である。しかしこの対象の前進運動は、あらゆる自然の生命および精神的生の展開と同様に、純粋な本質性の本性にもっぱら基づいており、この本質性が論理学の内容を構成している。意識は、現象する精神として、その途上でみずからの直接態および外的具体性から解放されて、純粋な知となるが、この知は、かの純粋な本質性そのものを即自的かつ対自的に存在する姿で対象としている」[19]。

しかしこのような視点の下では、現象学的探究はその独自な性格を失って、精神の実在哲学の水準にひき下げられてしまうであろう[20]。もし意識の現象学的な前進運動が、「すべての自然の生命および精神的生」と同様に、即自的かつ対自的に存在する本質性の論理的連関に基づいているとすれば、その場合には、精神現象学を哲学への序論とさせているあの独特な関係は、すなわち論理学の立場にまだ立つことのできない現象学的観察者自身が意識の形成過程の中へ引きこまれているというこの関係はまさに不要になってしまうであろう。この観察者の依存的地位は、かれが感覚的確信から、すなわち直接的なものから始めなければならないという点によく示されている。

精神現象学は、精神の発展過程を叙述するのではなく、意識によるこの過程の獲得を叙述するが、この意識自身は、反省の経験によって外的具体性から解放されてはじめて純粋な知になるはずである。それゆえに、現象学は自身が学ではありえないにしても、しかし学としての効力を要求することは許されているにちがいない。

この二義性は、依然として残されている。われわれが学の概念の現象学的保証を必要とするのは、ただ、可能的な知、できれば絶対知の諸条件に確信がもてない限りにおいてである。その限りでは、現象学的保証はたんに、認識批判がたえず目指してきたことを徹底して行なうにすぎない。他方、精神現象学は、自分の目標であると宣言した絶対知に本当に到達したときは、自分を不要にする。いやそれどころか、現象学は、この存在を正当化する唯一の理由である認識批判的な問題設定そのものに逆らうのである。いずれにしても、われわれはこの場合、現象学を論理学の立場に登りついたのちに外してしまうべき梯子とみなしてよいことになる。ある意味では、ヘーゲルは後に『精神現象学』をこのようにも取り扱った。かれは、それを実際、諸学の体系の中に収容しなかった。『エンチュクロペディ』の中では、精神現象学の代わりに論理学のためのいわゆる予備概念が出現する。(21) それにもかかわらず、ヘーゲルは一八三一年秋に『精神現象学』第二版の準備にとりかかり、次のようにメモをしている。「独特な初期の著作。改訂せず」。明らかに、ヘーゲルは精神現象学をその古い形のままに、しかし論理学のための新しい予備概念と同じ機能をもったままに止めておこうとし、それを体系全体に並列させようと思ったのである。こうすれば、体系として叙述される学は、その立場を、まだ体系の外部に立っている意識に対して、そしてこれからやっと純粋に思考すべく決心するように動機づけられなければならないこの意識に対して、釈明できるであろう。(22) 精神現象学は、現象の中にとらわれている意識の必然を把握する学のこのような自己解釈として、その思考過程を思弁的学の立場から、しかし学的にではなく教化的に展開すべきものであろう。この後からつけ加えられた現象学の自己理解は、当初の志向の再解釈に基づいている。けれども、ヘーゲルがこの解釈を気がねなく行なうことができたというのも、精神現象学につねにある二義性がつきまとっていたからである。現象学は、絶対知の立場を不確実なものと考えているはずであった。それは、現象学自身がはじめて産み出すべきものであり、ただ認識批判を徹底化する道においてのみ産み出すことのできるものであった。――ところが事実は、現象学はこの絶対知の立場を確実なものとして前提しており、その結果、現象学は、認識批判の仕事をはじめから免除されていると信じていたのである。

カントの認識批判においては、学の経験的概念が同時代の物理学の姿の中にあらかじめ与えられていて、そこから可能的な学一般の規準が取得されている。これに対してヘーゲルは、認識批判が自分自身の志向に無条件に従うならこの種の諸前提を放棄して、むしろ批判の尺度を反省の経験から現出させるべきである、ということを示すのである。しかしヘーゲルは首尾一貫せず、同一哲学的な諸前提の下で認識の批判そのものを相対化するので、思弁的な学の概念に到達する。この規範の前では、方法的に振舞う諸学は、それが自然の学であれ精神の学であれ、ただ絶対知の制限されたものであることを明らかにされるにすぎず、笑い物にされるだけである。認識批判のあいまいな徹底化から生れるこの逆説的な結果は、従って、(科)学に対する哲学の分別のある態度ではない。哲学が自分こそ真の学問であると主張するとき、哲学と科学の関係はそもそも議論から消えてしまう。理性的反省が抽象的な悟性的思惟に反対して権利を要求することが、あたかも相変わらず普遍学の役を演じる哲学によって自立的な諸科学の権利を強奪することと同義ででもあるかのような宿命的な誤解は、ヘーゲルとともに発生している。哲学から独立に行なわれた科学の進歩を眼のあたりに見てしまえば、いまだに誤解されているこのような要求の全くの虚構であることが暴露されてしまったはずである。実証主義は、それをよりどころにしている。ただマルクスだけは、この実証主義の勝利を疑わしいものとすることがあるいはできたかもしれない。というのも、かれは、ヘーゲルのカント批判を受け継ぎながら、ヘーゲルが認識批判を一義的に徹底化することを妨げている同一哲学の根本仮定にあずかっていなかったからである。

第二節　ヘーゲルに対するマルクスのメタ批判

——社会的労働による綜合——

パリ時代の『経済学・哲学草稿』(一八四四年)の末尾の部分で、マルクスは、『精神現象学』を論じているが、(23)とくにかれが取りあげるのは、絶対知に関するその最終章である。マルクスは、現象する意識の叙述をその同一哲学の枠組から切り離し、こうしてこの枠組の中に隠されている、すでにしばしば「ヘーゲルの立場からはるかに抜きん出ている」批判の諸要素を明るみに出すという方策をとっている。その場合かれが引照するのは、『エンチュクロペディ』の第三八一節および第三八四節である。ここは、自然哲学から精神哲学への移行が遂行されて、『精神現象学』に暗黙のうちに先立たせられている根本前提が述べられるところである。

「精神は、われわれにとっては、自然をその前提としているが、精神は、この自然の真理であり、またそのことによって自然の絶対的端緒である。この真理において、自然は消滅してしまっている。そして、精神は自らの対自存在に達した理念であり、その理念の客体も主体と同様に概念であることが明らかになった」[24]。

これに対して、マルクスにとって自然は、精神に対立する絶対的端緒である。すなわち、自然は、その他者においてあると同時に自己のもとにもある精神の他者として概念的に捉えられるものではない。なぜなら、もし自然が完全な外化の状態における精神であるとすれば、自然は、その本質と生命を、硬直した精神として、それ自らのうちにもつのではなく自らの外にもつことになるからである。その場合には、自然は、真実には、自然から自らに還帰する精神がこれを再帰的にそれとして回想するものでしかありえない、ということがまえもって請け合われていることになるであろう。

マルクスは、『エンチュクロペディ』に注釈を加えて次のように述べている——「ここで外在性とは、自らを発現して、光に、感性的人間に開示された感性として理解されるべきではない。ここでこの外在性は、外在化の意味において、あってはならない欠陥、不具の意味において受けとられるべきである。……私にとってのみ、私の眼から見てのみ欠陥があるのではない存在者は、自らの外部に、自らに欠けているものをもっている。すなわち、それの本質は、それ自らとは別のものであることになる。それゆえ自然は、抽象的思想家のためにそれ自らを止揚しなければならない。というのは、すでに自然は、この抽象的思想家によって潜在的に止揚された存在者として措定されているからである」[25]。

絶対知へのこの同一哲学的な封じ込めが破れるのは、自然の外在性が、客観的には環境的自然の外在性であるとともに主観的には身体的自然の外在性として、この自然のうちに居あわせる意識に対して現われ出てくる場合だけではなく、その外在性が、たまたま精神が依存している基体の無媒介性を告示する場合である。そのとき、自然は精神に対して前提されているが、しかしそれは、自然存在者である人間およびこの人間の環境的自然をひとしく産み出す自然過程という意味においてであって、対自的に存在する理念として自らに自然の世界を前提する精神という観念論的な意味においてではない。(26)

客観的観念論は、自然の即自存在が、主観的精神によって透視されない絶対精神の前提であることを理解させようとするが、このような観念論にマルクスは、平板な唯物論を対置するのではない。たしかにかれは、さしあたり、フォイエルバッハの人間学の自然主義をただ更新するだけであるようにみえる。(27) なるほどマルクスは、フォイエルバッハに反対して、環境に依存する有機体の身体的諸属性（感覚、欲求、情緒、損傷可能性）以外に、「活動的自然存在者」の行動の適応様式およびこの存在者の能動的な生表出を強調している。しかし、かれが、「対象的活動性」に、「人間はあらゆる有機体と同じように、現実の感覚的諸対象によってのみ自らの生を表出しうる」(28) という、まだありきたりの意味を与えている限り、マルクスは依然として自然主義的な表象圏のうちにとらわれている。

ところが、フォイエルバッハに関する「第一のテーゼ」は、すでにこの点を超え出ている。(29) 対象的存在者としての人間は、ここでは、人間学的な意味においてではなく、認識理論的な意味において語られている。すなわち、観念論が唯物論に対抗して展開した「活動的側面」は、唯物論的に捉えられるべきである。マルクスは、これまでの唯物論の主要な欠陥を、「対象、現実性、感性が、もっぱら客体あるいは観想の形式の下でのみ捉えられて、感性的に人間的な活動性、すなわち実践として、主体的に捉えられていない」という点に見ているが、そのとき、「対象的活動性」は、諸対象の構成作用という特殊な意味を取得している。すなわち、諸対象は、自然の対象として、即自存在の契機を自然と分有しているが、しかし、人間の活動性によって、生産された対象性という契機を即自的にもつのである。対象的活動性は、マルクスによって、一面では、先験的はたらきとして捉えられる。このはたらきに照応して世界が構築され、その世界の中で、現実が、可能的諸対象の客観性の諸条件に従って登場する。他面においてマルクスは、この先験的はたらきが現実の労働過程のうちに基礎づけられていることを知っている。世界構成の主体は、先験的意識一般ではなく、自然の諸条件の下でその生命を再生産する具体的な人類である。この「物質代謝過程」が社会的労働過程の形式をとるという事実は、この自然存在者の身体的仕組とその自然環境のいくつかの恒常性とに依存している。

マルクスは、労働を、「人間と自然の間の物質代謝を、従って人間生活を媒介するための、すべての社会形式から独立した人間の生存条件、永遠な自然必然性[30]」と呼んでいる。人間学の水準において、自然は、人間の主体的自然とその環境の客体的自然とに別々に分かれて登場し、そして同時に、社会的労働の再生産過程によって媒介されるのである。

「労働は、さしあたり人間と自然との間の過程であり、この過程において人間は、自然と自分との物質代謝を自分自身の行動によって媒介し、統制し、管理する。人間は、自然の素材そのものに自然力として対立する。人間は、自分の身体に属している自然諸力、腕、脚、頭、手を動かして、自然の素材を自分自身の生活のために使用可能な形で獲得する[31]」。

環境的自然は、人間の主体的自然と社会的労働過程によって媒介されてこそ、われわれにとっての客体的自然として構成されるから、労働といっても、それは、たんに人間学的に根本的なカテゴリーであるのみならず、同時に認識理論のカテゴリーでもある。対象的活動性の体制は、社会生活の可能的再生産の事実上の諸条件を創出すると同時に、経験の対象の可能的客観性の先験的条件も創出する。たとえば、われわれが、人間を道具を製作する動物というカテゴリーによって捉えるとすれば[32]、そのことによってわれわれは、行動の図式と世界把握の図式とを一体として思い浮べているのである。労働は、自然過程であるにしても、たんなる自然過程より以上のものであり、それは、物質代謝を統制しかつ世界を構成する。

「人間は、たんに自然存在者であるのみならず、人間的な自然存在者である。すなわち、人間は、自己自身に対して存在する存在者であり、それゆえに類的存在者であって、人間は、その存在においてもその知においても、自己をそのような存在者として確認し、そのような存在者としての実を示さなければならない。従って、人間の諸対象は、直接に与えられたままの自然の諸対象ではないし、人間の感覚は、直接にあるがままで、つまり対象的にあるがままで、人間の感性ではない。自然は、客体的にもまた主体的にも、直接に人間的本質に適合するように存在してはいない[33]」。

従って労働は、唯物論においては綜合という位置価をもっている。

けれどもわれわれが、社会的労働を、その観念論的な意味を取り払った綜合として理解すると、たちまち先験論理学的に誤解される危険が生じてくる。そのとき、労働のカテゴリーは、世界を構成する生実践一般という意味を思いもよらず獲得してしまう。このような捉え方が生じるのは、とくに、われわれが、マルクスの人間学的な諸論文を後期のフッサールの生世界の分析を手引きにして解釈する場合である。マルクス主義の現象学的変種は、三〇年代のはじめ、ハイデガーをまだ手掛りにしていた頃のヘルベルト・マルクーゼ[34]のいくつかの論文の中にうかがわれる。第二次世界大戦後、この変種の支持者は、サルトル[35]の影響圏のうちに見られた。今日、それは、いくつかの社会主義国家におけるマルクス解釈を支配している[36]。けれども、たとえマルクスが、「労働過程をそれぞれの特定の社会形態からさしあたり独立に考察すること」[37]を、どれほど有意義なものとみなしているにせよ、かれは、決してこの過程を、可能的な社会的生世界の不変な意味構造を構築するための根底として捉えはしなかったのである。社会的労働は、ただ、客体的自然と主体的自然とを媒介するカテゴリーとしてのみ根底的である。社会的労働は、人類の歴史的発展の機構を表わしている。労働過程によって、加工される自然が変わるのみならず、労働生産物を媒介にして労働主体の欲求的自然そのものもまた変わる。それゆえマルクスは、「自然は、客体的にもまた主体的にも、直接に人間的本質に適合するように存在してはいない」という上に引いた命題を補うために、これにすぐ続けて次のように述べている。

「あらゆる自然的なものが生成してこなければならないのと同様に、人間もまた自分の生成行為、歴史をもっているが、しかしこの歴史は、人間にとってはひとつの意識された生成行為であり、またそれゆえに意識を伴う生成行為として自分を止揚してゆく生成行為である。歴史は、人間の真の自然史である」[38]。

道具を製作する動物は、社会的労働の再生産形式によってあらゆる動物の種属から抜きん出ているから、人類は、不変の自然的仕組あるいは先験的仕組によって特徴づけられるのではなく、もっぱら人間へ生成するための機構によって特徴づけられる。「人間の本質」についての人類史的な概念は、人間学が先験哲学と同様に仮象であることを暴露してくれる。個別の業務、生産、欲求充足が暫定的なものであるのに対して、労働過程からは、すでにヘーゲルが道具について見ていたように、普遍的なものが産み出され、これが、生産のうちに累積する。この持続する生産、蓄積された生産力が、今度は主体がその内部で諸対象と関わり合う世界を変えるのであるから、類の固定した本質なるものは、先験的生形式としても、生物学的に条件づけられた文化的範型の経験的形態としても、存在することができない。

「各個人、各世代が与えられたものとして見出す生産諸力、諸資本、社会的諸交通形式の総体は、哲学者たちが『実体』として、また『人間の本質』として思い描いたものの実在根拠であり、かれらが神格化したものの、また、それを相手に争ったものの実在根拠である……」(39)。

マルクスが産業の歴史の中に、従って社会的労働体制の発展の中に、「人間的本質諸力の開かれた書物、感覚的に提示されている人間の心理学」(40)を認めるとき、かれは、経験的連関を考えているのではなく、歴史的構成連関を考えている。現象する意識の諸段階は、世界把握と行動との先験的諸規則によって規定されている。この枠組の中で、そのつど、「客体的自然」が特定の社会的主体に対して与えられている。しかしこの枠組そのものが、歴史的に、「主体的自然」に依存して変転し、そしてこの主体的自然が、今度は社会的労働の諸成果に基づいて形成される。五感の形式はこれまでの世界史全体の労働である、という有名なマルクスの命題は、その字義通りのことを意味している。歴史の唯物論的探究は、社会のカテゴリーを目指しているが、これらのカテゴリーは、現実の生過程と生世界を構成するための先験的諸条件とをひとしく規定するのである。

『精神現象学』のヘーゲルに反対して、マルクスは次のように確信している——意識の自己反省は、社会的労働の基底にある諸構造に突き当り、そしてそのような労働のうちに、対象的に活動する自然存在者である人間とこの人間を客観的にとり囲む自然との綜合を発見する、と。マルクスは、この綜合を概念的に明確にしなかった。かれは、これをいく分あいまいに思い浮べている。フォイエルバッハに関する第一のテーゼには、観念論が認識過程の「活動的側面」を捉えている限りでは、観念論から学ぶようにという指示がたしかにふくまれているけれども、おそらく綜合の概念そのものは、マルクスにしてみると疑わしかったのであろう。それにしても、われわれは、いくつかの示唆から、人間と自然との綜合である社会的労働がどのように考えられなければならないかを抽き出すことができる。われわれは、綜合のこの唯物論的概念を確かめなければならないが、それというのも、たしかに、ヘーゲルのカント批判によって徹底化されたその認識批判のためのあらゆる要素がマルクスのうちに見出される――しかしそれにもかかわらず、これらの要素が結び合って唯物論的認識理論を構築するまでには至っていないという、この事情をわれわれは理解しようと思うからである。

唯物論的な意味における綜合は、それが論理的連関を作り出さないという理由で、カント、フィヒテ、ヘーゲルを通じて観念論哲学において展開された綜合の概念からはじめに区別される。この綜合は、先験的意識のはたらきではないし、絶対的自我の措定、まして絶対精神の運動ではなく、歴史的に産み出された類的主体の経験的であるとともに先験的なはたらきである。カント、フィヒテ、ヘーゲルは、言明された諸命題の素材、判断の論理形式を引き合いに出すことができる。すなわち、主語と述語との統一が、綜合の模範的成果であり、そしてこのような綜合として、意識の、自我あるいは精神の活動が考えられる。こうして、論理学は、綜合のはたらきがすでに累積している素材を提供する。カントは、形式論理学を手掛りにして、判断表から悟性のカテゴリーを手に入れる。フィヒテとヘーゲルは、先験的論理学を手掛りにして、あるいは純粋統覚から絶対的自我の事行を再構成し、あるいは純粋理性の二律背反とパラロギスメンとから絶対的概念の弁証法的運動を再構成する。これに対して、綜合が、思惟を媒体にして遂行されるのではなく、マルクスが想定しているように、労働を媒体にして遂行されるとすれば、綜合の累積物が見出される基体は、社会的労働体制であり、記号の連関ではない。綜合のはたらきを再構成するための糸口は、論理学ではなく経済学である。その場合、記号の規則上正当な結合ではなく、社会的生過程、物質的産出、そして生産物の獲得が、根本的綜合のはたらきを意識するために反省が手引きにする素材を提供するのである。綜合は、もはや思想の活動として現われるのではなく、物質的生産として現われる。社会の自然発生的な再生産のモデルは、精神の生産よりはむしろ自然の生産である。それゆえマルクスにおいては、観念論において形式論理学批判が占めている地位に経済学批判がつく。

マルクスは、簡明に次のように説明している。「あの評判の高い『人間と自然との統一』は産業のうちに以前から成立しているし、しかも、各時代に、産業の発展の大小に応じて別々に成立している。このことは、人間の生産力がこれに見合う土台の上で発展するようになるまでは、人間と自然との『闘争』についても同様である[41]」。この社会的労働による綜合は、絶対的綜合ではない。絶対的綜合の類いは、同一哲学の諸前提の下でのみ考えられる。自らの他者としての自然のうちに自己を認識する精神というヘーゲルのモデルは、反省の二つの関係を結び合わせている。すなわち、それは、自己反省において措定される、孤立した主観の自己自身に対する関係と、ある主観が他者においてある主観を認知し承認し、またその逆でもあるような、間主観性において措定される主観の関係である。精神と自然との絶対的同一性においては、第一の関係から統一における区別の契機が確定され、また第二の関係から区別における統一の契機が確定される。絶対精神は、主観が自己意識において自己同一であることを知っているという具合で、精神と自然の同一性である。しかし、この統一において同様に、ある主観が他の主観から絶対的に区別されていることを知っているという具合で、精神と自然の非・同一性が措定されている。このことから、絶対的区別にしてもやはり主観と主観との間の関係として考えられていることが明らかになる。それゆえに、精神と自然の同一性とその非・同一性との統一そのものは、自我の同一性を成就させる綜合の仕方によって考えることができる。媒介される両契機のうちの一つが、媒介のカテゴリーそのものを規定する。すなわち、綜合は、自己反省を範型にしてなお絶対的綜合として考えられている。

これに対してマルクスは、自然を他の主観というカテゴリーの下で捉えるのではなく、逆に、主観を他の自然というカテゴリーの下で捉える。従って、かれが捉える両者の統一は、たしかに主体によってのみ作り出されるのであるが、絶対的統一ではない。主体は、根源的に自然存在であり、観念論におけるように、自然は元来主観であるというのではないから、もっぱら主体の活動に負っている統一は、あくまでも主体によっていわば自然に対して押しつけられた統一である。自然の復活ということは、たとえ若きマルクス自身が、そしてマルクスを受け継ぐ思弁的頭脳の持主たち(ベンヤミン、ブロッホ、マルクーゼ、アドルノ)が、神秘主義のこの遺産にどれほどの魅力を感じているにしても、唯物論的には、首尾一貫して考えられるものではない。自然は、これを主体がそれに従って取り扱うカテゴリーに難なく適合するわけではないが、主体は、相互承認を基礎にして、他の主体の理解に、この主体と他の主体との両者を拘束するカテゴリーに従って難なく適合するのである。社会的主体と自然との間で、「産業において」作り出される統一は、自然の自律性と、自然の事実性に固着している、廃棄不可能な異質性の残滓とを沫消するものではない。社会的労働に対応するものとして、客体化された自然は、これを処理する主体に対抗して独立性と外在性の両方を保有している。自然の独立性は、われわれがただ自然過程に従う程度に応じてのみこの過程を支配するようになる、という点に表明されている。この基本的経験は、われわれが「服従」しなければならない自然の「諸法則」という言い廻わしのうちにうかがわれる。自然の外在性は、その究極的に恒常的なものの偶発性においてよく示されている。すなわち、われわれがどれほど技術的処理能力を自然に対して拡大してみても、自然には、われわれに開示されない実体的な核がやはり残るのである。

社会的労働の諸体制において統制されている生産過程は、人間と自然との綜合の形式であり、これは、一方では、自然の客体性を主体の対象的活動性と結びつけているが、しかし他方では、自然の存在の独立性を廃棄するものではない。

「まことにこの活動、このたえまない感性的な労働と創造、この生産こそ、いま存在するような感性的世界全体の基礎であるから、もしそれらがただの一年間でも中断されるとすれば、フォイエルバッハはたんに自然界の中に途方もない変化を見出すばかりではなく、全人間界とかれ自身の直観能力を、それどころか自分自身の存在をさえたちまちのうちに見失ってしまうであろう。なるほどそのときにも、外的自然の先行性は、やはり存続はする。そしてなるほどこれらすべてのことは原生的な……人間には当てはまらない。しかしこのような区別は、人間を自然から区別されたものとみなす限りにおいてのみ意味をもつにすぎない。ともかく、人間の歴史に先行するこの自然は、たしかにフォイエルバッハが生きている自然ではない。それは、近頃出現したオーストラリアのいくつかの珊瑚島の上などを別とすれば、今日もはやどこにも存在しないような自然である……」(42)

マルクスは、何か自然自体のようなものを考えに入れている。この自然は、人間世界に先行する。すなわちそれは、自然存在者としての労働主体の根底にあるとともに、この主体の労働過程の中に入りこむ。人間の主体的自然としてまた人間をとり囲む客体的自然として、しかし自然は、いつもすでに、社会的労働体制の構成部分であり、従って、同一の「物質代謝過程」の二つの契機に分けられている。われわれは、自然を、認識理論的にはそれ自体において存在するものとして前提しなければならないにもかかわらず、われわれ自身は、労働過程によって打ち開かれた歴史的次元の内部にのみ自然への通路をもっているにすぎない。この次元において、人間的形態をとる自然が、人間世界の基盤と環境とを構成する客体的自然としての自らに媒介されるのである。「自然自体」は、従って、われわれがどうしても考えざるをえない抽象である。しかしわれわれは、人類の世界史的形成過程の地平においてのみ、つねに、自然と出会う。カントの「物自体」が、人間の歴史に先行する自然という名称の下で再び登場する。自然を総じて偶発的なものとして堅持すること、および、自然が労働主体の普遍的媒介連関のうちに歴史的に埋め込まれているにもかかわらず、その自然の動かしえない事実性を、精神のたんなる他在のうちに自然を解消しようとする観念論の試みに対抗して保持すること、これらのことのために「物自体」は、認識理論的に重要な機能をもっている。

これまでの考察をまとめて言うと、社会的労働による綜合は、論理的連関を作り出すのでもなければ、また人間と自然との絶対的統一をうち立てるのでもない。カントの根源的統覚におけると同様に、綜合の唯物論的概念においても、形式と素材との区別は堅持されている。たしかに形式は、さしあたり、悟性のカテゴリーではなく対象的活動性のカテゴリーである。そしてまた、可能的対象の客観性の統一は、先験的意識において形成されるのではなく、道具的行動の作用圏において形成される。——しかし、与えられた素材は、それがカントの場合に認識過程においてはじめて形体化されるのと同様に、マルクスの場合にも、労働過程においてはじめて形体化される。「人間は、自分の生産においてただ自然そのものと同様にのみふるまうことができる。すなわち、ただ物質の形式のみを変えることができる」(43)。なぜなら、労働過程は、「形体化、主観的目的への客体の従属、主体的活動性の成果および保存物への客体の変換(44)」と言い表わされるからである。けれども、われわれが、労働過程の諸要素と認識過程の諸要素とを較べてみるならば、従って、労働素材、労働用具、生きた労働を、感覚素材、悟性のカテゴリー、構想力と較べてみるならば、カントとマルクスとの特有な相違もまた明らかになる。構想力による直観の素材の綜合は、悟性のカテゴリーの下でその必然的統一を受けとる。綜合のこの先験的諸規則は、純粋悟性概念として、意識一般の内的で不変な在庫目録である。労働力による労働の素材の綜合は、勤労者のカテゴリーの下でその事実的統一を受けとる。綜合のこの技術的諸規則は、極めて広い意味における道具として、感性的に実在するものであり、社会の歴史的に変化する在庫目録に属している(45)。

綜合の唯物論的概念は、従って、一方では、カントの綜合概念から堅固な枠組を受けとり、この枠組の内部で主体は、手持ちの素材を形体化する。この枠組は、先験的意識の仕組および道具を製作する動物としての人間の仕組に基づいて、二度と変わることなく確定されている。他方では、マルクスは、カントとは違って、経験的に媒介された綜合の諸規則を考えに入れている。これらの規則は、対象化されると生産力になり、環境的自然に対する主体の立場を歴史的に変更していく。(46) 道具的行動の作用圏によって固定されている、環境的自然に対する類のこの不変な関係が、認識についてのマルクスの考え方のうちに見られるカント的なものである。――なぜなら、労働過程は、「人間生活の永遠な自然必然性」だからである。道具的行動の諸条件は、人類の自然な進化のうちで偶発的に成立した。しかし同時に、これらの諸条件は、われわれの自然認識を、先験的必然的に、自然過程に対する可能的な技術的処理への関心と結びつける。経験の客観性は、人間学的に底の深い行動構造によって規定された把捉図式の内部で構成されるが、このような図式は、労働によって生存を維持する主体を、おしなべて拘束するものである。従って、経験の客観性は、自然的基体の同一性に、まさしく、行動をねらいとする人間の身体組織に繋留されているのであり、カントが無歴史的な意識一般の同一性に基づいて先験的必然的に請け合うような、統覚の根源的統一に繋留されているのではない。社会的主体の同一性は、むしろ、その技術的処理能力の射程とともに変わる。この視点は、むろんカント的ではない。道具的行動の枠組の内部で産み出された知識は、生産力として具体化される。それゆえ生産力の展開に応じて、労働過程の中で改造され開発された自然は、労働主体そのものと同様に変わる。生産諸力の事実上の発展水準が各段階を決定し、各世代は、それぞれの段階で、改めて主体と客体との統一を作り出さなければならない。

社会的労働による綜合の概念にみられるカント的契機は、一つの道具主義的認識理論において展開することが可能である。[47] その場合には、この理論は、労働過程の先験的連関を意識しなくてはならないであろう。そしてこの連関の内部では、経験の組織と認識の客観性とが、自然の技術的処理可能性の視点の下ではじめて可能になるのである。マルクスにおいては、これについてほんのわずかな方法論上の示唆しか見当らない。これらは、プラグマティズムによってはじめて、とくにパース[48]とデューイとによって仕上げられた。[49] しかしこれらの示唆だけでも、唯物論と自然科学との肯定的な関係を充分に納得させてくれる。なぜなら、自然科学の研究過程の中から産み出され吟味される技術的に価値のある知識は、成果によって点検される行動の領域の中での試行錯誤によって獲得されたプラグマティズム的な日常知と、同一のカテゴリーに入るからである。マルクスは、かつてクーゲルマンに次のように書き送っている。「自然法則は、そもそも止揚されないものです。歴史的に異る状態の中で変わっていくものは、ただ形式ばかりであり、その中を自然法則が貫ぬいています」。[50] 可能な自然科学的認識の客観性の諸条件は、人間学的には、不変の行動構造に定着しているから、それゆえにこそ法則の言明は、一般に、普遍妥当性を要求することができる。これに対して、歴史的に変化する形式は、生産力の水準に依存している。この水準が、同時にまた、累積する学習過程の水準を表わし、従って、新たな技術的知識が成立するための諸条件を規定するのである。潜在的には、この知識そのものが生産力であり、これが、加工された自然を経由して主体に反作用を及ぼすのである。

この点に、社会的労働による綜合概念の第二の、非カント的契機がうかがわれる。統覚の根源的に綜合的な統一というカントの概念についてフィヒテが与える解釈において、この契機が、もっとも観念論の諸前提の下においてではあるけれども、展開されている。

カントにとって問題は、有限な悟性にとって——この悟性の自己意識によってただちに直観の多様性が与えられるのではないから——諸表象の多様性における綜合的統一はいかにして成就されるのか、と立てられている。悟性認識は、主観と客観とが同一ではないという前提の下で、根源的綜合が多様に与えられた諸表象を統覚の統一の下にもたらすときにのみ、可能である。諸表象の綜合が遂行されるのは、私が、私自身に対して、意識の同一性をこれらの表象において、表象することによってである。このことは、自己意識において生じる。それゆえ、感性と悟性とに分割されている認識能力の可能性を明らかにするために、カントは、一つの能力を想定しなければならない。この能力が、あらゆる私の表象を、おしなべて私に帰属するものとして、自己意識において統一する。われわれは、構想力というこの自発的能力を、自己自身と同一な自我の経験において確認する。純粋統覚のこの導出をフィヒテは転倒する。すなわちかれは、根源的、先験的経験としての自己意識のはたらきから、従って絶対的な覚知《ゲヴィッセン》から出発し、この自己反省がどのように考えられなければならないかを問いただすのである。フィヒテは、カントの道を逆の方向に向って辿り返して、自我と非我との同一性を論証し、こうして、カントがその下で自己意識の先験的統一へ上昇しないわけにいかなかった前提にはっきりと異議をとなえる。カントによれば、純粋統覚は、あらゆる他の表象に同一に伴いえなければならない「我思う」という表象を産み出すが、この表象そのものは、より根本的な表象に伴われたりまたそれによって反省されたりすることはない[51]。自己意識を凌駕するまさしくこの反省を、フィヒテは要求する。ただしその場合に、徹底して自己自身を考えようとする者は、たんなる思考と表象との次元を踏みこえて自己意識の作用を自発的に遂行しなければならないし、この作用を自己意識の存在そのものとともに産み出さなければならない、ということが明らかにされる。自己意識は、あらゆる他の表象に伴いえなければならない究極の表象ではない。それは、自己自らのうちに遡行し、こうしてその遂行において同時に自らを透明にさせる行動《ハンデルン》である。このような作用は、行為《トゥーン》そのものにおいて自らに対して透明になる。

フィヒテは、次のように考えている――私が、私を同一の自我としてすべての表象において堅持し、それと同時に私を思考されたものから全面的に抽象するならば、そのことによって自己意識が構成される。けれども、自我が自らのうちに還帰しつつ自己自身を意識するとき、実はすでに、この自我がそこに向って還帰する自我が先立ってまた根底に存在していなければならない。もしそうとすればしかし、われわれは、もっぱら自我についての自己意識によってのみ覚知性《ゲヴィスハイト》を手に入れることができるというのに、その自己意識は根源的ではなく、自我めいたものからはじめて導出されなければならないことになってしまう。すなわち、ここで自我は、自我の対自存在にすぎないのである。そうなるとしかし、われわれは、自己意識の表象を、自我に帰属していないすべてのものを捨象することによって獲得するという上に述べた局面の背後に遡行しなければならない。すなわち自我は、自己自らを措定することによってのみ、存在する。自己意識としての自我は、さながら自己自らに対して存在しているようでありながら同時にまた、それの外の存在、非・我の成立に立会っているような自我とひとしいものではありえない。私が端的に出会う自我は、それが自己自らによって措定されている限りにおいてのみ、かえって自我として知られているのである。

「君は、君がいま明白に意識している自己・措定に先立って、明白に意識されずに生ずるような他の措定を考えなければならない。いまの措定は、この措定に関係し、この措定によって制約されているのである(52)」。

根源的自我は、それが自らを非・我に対立させることによって自我を措定する。根源的自我として、それは、このような自己に還帰する行動そのものに外ならない。意識が、つねに或るものの意識である限り、まさしく自

己意識は、明瞭な意識の識閾下に止まりながら、しかもその遂行において端的な覚知である。(53)

以上のような解釈をフィヒテは、カントの純粋統覚についてほどこし、それとともに独自の結論を出しているが、この解釈によって、社会的労働主体の唯物論的に理解された同一性の意味が明らかになる。これらの主体は、同一の自我として、労働過程においては同体化される、自我とは別の環境に対抗して、存在する。先験的枠組の内部で、これらの主体に対して自然は客体的に現われるが、その枠組が変わらないにもかかわらず、主体の意識の同一性は、生産力の歴史的な発展水準と、そしてこの水準において主体の生産によって形体化される環境とに依存しながら、そのつど形成される。各世代は、ただ、歴史的につねにすでに形体化されている自然、そして改めてかれらが加工するこの自然においてのみかれらの同一性を獲得する。社会的労働体制は、そのつど、過去の諸世代の労働の成果である。この体制が、「労働と自然素材との間の」つねに新たな「均衡」を確立する。それにしても、現在の主体は、過去の諸主体の総体によって、いわば「措定」されたのであり、すなわちその歴史上の特定の水準で自然と対決する力を付与されたのであるから、現在の主体は、この総体を無縁な主体とみなすわけにいかない。すなわち、現在の主体がそれによって構成された労働過程は、この主体そのものがたずさわっている生産に、そしてこの主体がひたすら前へ進めるまさしくこの生産に属しているのである。(54) 現在の主体は、過去の諸主体の生産による自らの産出が自己自身によるものであることを知るゆえに、この主体は、その労働において自らを把握する。

社会的主体は、その環境と対決するときそのつど、過去の生産過程および再生産過程と全面的に関わるが、このことは、自我が、その非・我と対決するとき、自己のうちに還帰する行動《ハンデルン》の作用に関わり、そしてこの自我が、絶対的自我として、非・我の対置によって自らを自我として生産するのと同様である。類は、その生過産程において、自らをはじめて社会的主体として措定する。生産から、従ってマルクスが持続的で感性的な労働および創出として重々しく語るあの事行《タートハンドルング》から、同時に自然の一定の諸形態が出現して、社会的主体はこれらに面と向いあうが、同様にまた他面では生産諸力が出現して、これらは社会的主体に、それはそれなりに既存の自然を改造し、その改造において自らの同一性を形成する力を与える。カントが先験的意識の統一として理解した意識の同一性は、労働によって獲得された同一性である。それは、綜合の直接的能力、純粋統覚ではなく、フィヒテが言う意味での自己意識の作用《アクト》である。それゆえに、社会的主体が厳密な意味において自己自身の意識に達するのは、何よりも、この主体が、その生産において、労働を類の自己産出作用一般としてわきまえ、「これまでの世界史全体の労働」によって自らが生産されたことを知るときである。

とはいえフィヒテと違ってマルクスは、非・我と自我との無意識な生産を、もっぱら人類の歴史的世界に関わらせている。事実的自然は、客体的側面においても主体的側面においても、基体として、措定に対してあくまでつねに前提されている。

「生産の根本的諸条件は、自然の諸前提、すなわち生産者の自然な生存諸条件として現われる。……生産者が、かれ自身に属する非有機的身体として関わっているこの自然な生存諸条件は、それ自体二重である。1　主体的自然　2　客体的自然。生産者は、家族、氏族、部族などの一員として存在する。——これらは、その後、他のそれらと混合し対立して歴史的に異った別の形態をとる。このような一員として生産者は、特定の自然（ここではまだ大地、地面、土地と言うべきであるが）に、これを自分自身の非有機的存在として、自分の生産と再生産の条件として、関わっている[55]」。

フィヒテの絶対的自我は、マルクスによって偶発的な人類に制限される。人類の自己産出作用、人類が構成される事行は、それゆえ、自我ならびに非・我の、社会的主体とその物質的環境との歴史的形態に対立してのみ絶対的なものである。生産は、二つの側面で「自然の諸前提」によって制約されている。すなわち、労働過程のうちに、加工の素材が「外部から」入りこみ、また、労働する人間の有機体が「下部から」入りこむ。唯物論的に理解された綜合は、世界史の分野に向けて相対化された事行である。マルクスは、カントの先験哲学とダーウィンの進化論とによって仕切られた囲いの中へフィヒテを追いこむのである。

ダーウィンに先立ってすでにマルクスは、道具主義的に理解された先験哲学の認識人間学的な解釈に通じている。社会的労働による綜合は、人間の段階に至るまでの自然の進化を前提にしている。従って、自然のそのような生産は、それ自体としてはもはや観念論的に、綜合の形式の下で捉えることができない。なぜなら、道具的行動の作用とともに措定されそして綜合を可能にするこの先験的枠組は、人間の種的に特殊な身体組織そのものに固着しているからである。類人動物の特定の身体的仕組がなければ、人類学上の段階で「物質代謝過程」が労働の形式を採ることはなかったであろう。人間は、「自分の生活手段を生産しはじめるとただちに、動物から区別されはじめる。そのような一歩は、人間の身体組織によって制約されている」。「従って、確認されるべき第一の事実は、これら個人の身体組織と、それによって与えられる他の自然に対する個人の関係である」[56]。社会的生産の絶対的自我は、道具を製作する動物をその生産物として産み出す自然の歴史のうちに、それ自体としては基礎づけられている。それゆえマルクスは、人類の歴史を、「自然史の、すなわち人間に向う自然の生成の現実的一部分」として捉えることができる[57]。もっとも、われわれは、歴史を自然史の継続としてどのように理解することができるのかについて、マルクスは語っていない。われわれは、文化の入口に至るまでの人類の自然進化と、人間の生成の世界史的過程と、この二つの場合に「人間に向う自然の生成」について語ることができる。しかし、第一の場合の「自然の」は、（自然が生成するという）主語的所有格であり、もう一つの場合の「自然の」は、（自然を生成させるという）目的語的所有格である。綜合の唯物論的概念によって、社会的労働体制の歴史的発展は同時に先験的意識の歴史であることが納得される。しかし、人類の自己産出作用が基底として依拠している自然史の生産は、社会的生産との関係においてどのように理解されればよいのか、すなわちその生産は、先験的意識のあの歴史の前史として、どのように考えられればよいのか、このことは依然として未解決である。

社会的労働による綜合の唯物論的概念は、カントにはじまる思想の動きの中で人類史についてのマルクスの考え方が体系的に占めている位置を表わしている。もともとフィヒテによって決定的になった転回の中で、マルクスは、認識批判のカント的行き方に対するヘーゲルの反論の意向を受け入れている。その際かれは、認識理論そのものの根底を奪い取ってしまう同一哲学に屈伏していない。けれども、この唯物論の哲学的基礎は、認識の容赦ない現象学的自己反省を確定し、こうして認識理論の実証主義的な萎縮を回避するためには、不満足であることが明らかになる。内在的に見ると、その理由は、労働に人類の自己産出作用を縮小することにある、と私は思う。マルクスの社会理論は、その当初から、道具的行動が累積している生産力と並んで、生産関係という制度的枠組も採り入れている。この理論は、記号によって媒介される相互行為の連関と、支配およびイデオロギーがそこからのみ理解される文化的伝承の役割とを、その行使にあたって隠してはいない。しかし、その哲学的準拠系の中に、行使のこの側面が入ってこないのである。道具的行動によって測りきれないこの次元においてこそ、しかし、現象学的経験がいとなまれている。――この次元において、マルクスがイデオロギーと呼んでいる現象する意識の諸形態が登場する。この次元において、物象化は、マルクスが批判というカント的名称を与え返えす反省のひそかな力に従って解消する。

こうしてマルクスの仕事においては、研究の実際とこの研究についての限定された哲学的自己理解との間に、ある特有なくい違いが生じている。マルクスは、かれの実質的分析においては、物質的活動性およびイデオロギーの批判的止揚、道具的行動および革命的実践、労働および反省のそれぞれを一体とするカテゴリーの下で、人類史を捉えている。しかしマルクスは、自分の仕事を、労働によるだけの類の自己構成という限られた考え方で解釈する。納得のゆくように徹底化された認識批判の意向をマルクスが迎え入れるその見地が明らかになるほど充分には、綜合の唯物論的概念は捉えられていない。それどころか、この概念に妨げられて、マルクス自身、自分の方式をこの視点の下で理解することができなかったのである。

第三節　社会理論としての認識理論の考案

マルクスが『精神現象学』のために提供している解釈の鍵の中には、反省哲学の諸概念を道具主義的に翻訳するための指針が含まれている。

「ヘーゲルの現象学とその最終成果とにおいて——運動し産出する原理としての否定性の弁証法において——偉大なものは、従って……ヘーゲルが人間の自己産出を一つの過程として捉え、対象化を非対象化として、すなわち外化とこの外化の止揚として捉えていること、従ってかれが労働の本質を捉え、対象的人間を、現実的であるから真実な人間を、人間自身の労働の成果として概念的に把握していることである」(58)。

労働による類の自己構成という考案は、『精神現象学』を非神話化して自らのものとするための手引きとして、役立てられるはずである。すでに明らかにしたように、この唯物論的な基礎の上で同一哲学の想定が解消する。ヘーゲルは、この想定に妨げられて、かれのカント批判の収益を手にすることができなかった。皮肉なことにしかし、マルクスは、かれがヘーゲルを正当に批判するその当の視点に妨げられて、かれはかれで、自分の研究の意図を適切に捉えることができない。かれが、現象する意識の構成を自らを生産する類の暗号化された叙述として読みかえるとき、たしかにかれは、反省の経験における進歩の、ヘーゲルにおいて粉飾されていた仕組を明らさまにしている。すなわち、生産力の展開こそ、既成の形態のうちで硬直しそして抽象物となった生の形式にそのつど一撃を加えてこれを止揚するのである。しかし、同時にかれ自身が、この反省を労働に矮小化することによって、反省について思い違いをしている。すなわち、「外化を自らのうちに取りもどす対象的な運動としての止揚」を、マルクスは、素材の加工において外化される本質力の獲得と同一視するのである。

マルクスは、反省の行路を道具的行動の水準に還元している。かれが、絶対的自我の自己措定を、類のいっそう身近かな生産活動へ引きもどすことによって、反省哲学が保持する枠組の中での歴史の運動形式である反省が、総じてかれから消失する。ヘーゲルの現象学のこの転釈は、フィヒテの自我・哲学の唯物論的な空洞化の逆説的結末をうかがわせる。獲得する主体が、非・我において、自我によって生産されたものに出会うばかりではなく、いつもまた偶発的な自然の一部分にも出会うとすれば、その場合、獲得の作用は、先駆する主体そのものの再帰的なとりもどしともはや合致しない。一方の、自己にとって透明ではない先行する措定、つまり実体化と、他方の対象化されたものの意識化、つまり反省との関係は、労働の哲学の前提の下では、生産と獲得との、外化と外化された本質力の所有との関係に転倒する。マルクスは、生産を範型にして反省を理解する。かれは、この前提から暗黙のうちに出発するから、かれが、自然科学の論理的地位と批判の論理的地位とを区別していないにしても、筋が通らなくはない。

とはいえ、マルクスは、自然科学と人間の科学との区別を全く否定しているのではない。道具主義的認識理論のいくつかの見取り図によって、自然科学の先験的・プラグマティズム的概念がかれに受け入れられている。自然科学は、社会的労働体制の中で蓄積された知識の、方法論的に確定された形式を表わしている。実験において、諸事象の合法則的な結合についての仮定が検証されるが、この検証の仕方は原則上、「産業」においても、すなわち成果によって点検される行動の前科学的な諸状況においても変わらない。自然科学、産業というこの二つの場合に、経験を組織しまた現実を客体化するための、可能な技術的処理の先験的視点は、同一である。マルクスは、自然科学を認識理論的に釈明する際にヘーゲルに反対しカントにくみしているが、自然科学を科学一般と同一視しているのではない。自然科学を科学とする基準は、カントにとってと同じくマルクスにとっても、方法論的に確定された認識の進歩である。この進歩をマルクスは、単純に、明白なものとみなしていたのではなく、自然科学の情報が、要するにその趣旨からみて技術的に有用な知識が、生産の循環過程の中に入ってくる程度を尺度に決めていたのである。

「自然科学は、途方もなく大きい活動を展開し、たえず増大する材料を自らのものとしてきた。自然科学が哲学に対して無縁であり続けているのと同じく、哲学は、その間、自然科学に対して無縁であり続けた。哲学と自然科学との一時の結合も」――シェリングとヘーゲルとに反対してこう言われているが――「たんに空想的な幻にすぎなかった。……自然科学は、産業を媒介としてますます実際的に人間生活の中に入りこみ、これを改造した。……産業は、人間に対する自然の、従って自然科学の、現実的、歴史的な関係である[59]」。

他面、マルクスは、イデオロギー批判として遂行される人間の科学の特定な意味を、自然科学の道具主義的意味から区別して明白に説明することが全くないのである。かれ自身が、人間の科学を、自然科学としてではなく批判という形で創出したにもかかわらず、かれは、ともすれば人間の科学を自然科学と同列に置いていた。社会理論の認識批判的な釈明を、かれは必要であると思っていなかった。ここで明らかになるのは、社会的労働による類の自己構成という考案が、ヘーゲルを批判するためには充分であったが、しかし、批判されたヘーゲルの唯物論的消化を、その事実上の広がりにおいて、納得させるまでには至らなかった、ということである。

物理学をモデルとして引き合いに出しながら、マルクスは、「現代社会の経済学的運動法則」を「自然法則」として述べることができる、と言う。『資本論』(第一巻)の第二版に付した後記の中で、かれは、あるロシアの評者がかれに対して下した方法論上の立場規定に賛成して、これを引用している。この評者は、たしかに、コント的意味において、一方では経済学と生物学との区別を、他方では、生物学と物理学および化学との区別を強調し、とりわけ、経済学の諸法則が妥当する領域を当該の歴史的時期に限定するように力説しているが[60]、しかし、これらのことを別にすれば、かれは、社会理論と自然科学とを同列に置くのである。この評者によるとマルクスが苦心するのは、ただ一つのことである。すなわち――

「正確な科学的研究によって社会的諸関係の特定の諸秩序の必然性を論証し、自分のために出発点および支点として役立つ諸事実を可能な限り欠陥なく確定する、ということだけである。……マルクスは、社会の運動をひとつの自然史的過程とみなしており、この過程を導く諸法則は、人間の意志、意識、意図から独立しているのみならず、むしろ逆に人間の意欲、意識、意図を規定する、とみている」[61]。

マルクスは、自分の分析が科学的である所以を立証しようとして、いつも、自然諸科学との類比を際立たせていた。かれは、人間の科学と自然科学との統一を形成しなくてはならない、という自分のかつての意向を修正してしまったことを、どの箇所においてもさとらせない。——「やがて人間の科学は、自然科学を包摂するであろう。全く同様に、自然科学は、人間の科学を包摂するであろう。つまり、一つの科学が存在するであろう」。(62)

早くも実証主義的な色合いをもっているこの人間の自然科学への要求は、驚くべきことである。なぜなら、自然科学は、社会的労働体制の先験的諸条件に従っているのであり、そしてこの体制の構造的変遷を、経済学は、人間の科学として、まさにその立場から反省することを旨としているからである。厳密な意味における科学には、反省のこの契機がまさしく欠けているが、社会的主体の自己産出の自然史的過程を探究し、そしてその過程をこの主体にも意識させる批判は、この契機のゆえに際立っているのである。人間の科学が構成過程の分析である限り、それは、必然的に、科学の認識批判的な自己反省をふくんでいる。「人間の自然科学」という経済学の自己理解が、このことを隠すのである。けれども、すでに述べたように、この矮小化された方法論上の自己理解は、道具主義的行動に範囲を限られた準拠系からは当然出てくる結論である。

われわれが、社会的労働による綜合という唯物論的概念を根底にすえるならば、自然科学の技術的に利用可能な知識、自然法則の認識も、社会の理論、人間的自然史の諸法則の認識も、たしかに類の自己構成作用の同一な客観的連関に所属する。自然の認識は、実用的な日常の段階から近代科学に至るまで、人間と自然との原本的対決からひとしく産まれ、そしてこの認識は、それはそれで、生産力として社会的労働体制に働き返えし、この体制の発展を押しすすめる。さらに、社会の認識もこれにならって捉えられる。すなわちこの認識は、社会集団の実用的な自己理解の段階から本来の社会理論に至るまで、社会的主体の自己意識を規定する。この主体の同一性は、たしかに、生産力の発展の各段階において新たに形成され、そしてそれはそれで、生産過程を制御するための条件である。

「固定資本の発展は、どの程度までに普遍的で社会的な知識が直接の生産力になったのか、そしてそれゆえに（！）どの程度までに社会的生活過程そのものの諸条件が一般的知性《ジェネラルインテレクト》の統制に従うようになったのかを、表示している(63)」。

生産が、認識の成立と機能との解釈を可能にするためのただ一つの枠組を設定する限り、人間の科学も、技術的処理知のカテゴリーの下で現われてくる。すなわち、自然過程の処理を可能にする知識は、社会的主体の自己意識の段階で、社会的生活過程の統御を可能にする知識へ移行するのである。生産および獲得の過程としての労働の次元において、反省知は生産知へ転化する。テクノロジーに凝集する自然認識は、社会的主体を追いやって、この主体と自然との「物質代謝過程」をいっそう立ち入って認識させるのであり、そのような認識が、結局、社会過程の制御に移り変わるのは、自然科学が技術的処理能力に移り変わるのと別ではない。

『経済学批判』の草稿の中に見られる異稿によれば、自然科学とテクノロジーは、物質的生活過程を制御する社会的主体の自己意識《ジェネラルインテレクト》に自動的に移り変わり、類の歴史は、この転置に拘束されている。かりにこの構成に従うとすれば、先験的意識の歴史の中に、いわばテクノロジーの歴史ばかりが沈澱することになるであろう。この歴史は、成果によって点検される行動の累積的な発展にもっぱら引きわたされてしまって、労働手段の生産性を増大させまた人間の労働力を別のものによって代用する傾向を辿る。――「この傾向の実現は、労働手段の機械への転移である(64)」。技術の発展に見られるいくつかの画期的な節目は、道具的行動の作用圏の中で結合されていた人間的有機体のすべてのはたらきが、どのようにして次々に、労働手段にゆずりわたされていくかを示している。すなわち、はじめ実行器官のはたらきが、次に感覚器官のはたらき、人間的有機体のエネルギーの産出が、そして最後に、制御器官である頭脳のはたらきがゆずりわたされていく。技術上の進歩の諸段階は、原則的に見極められ

る。結局、全労働過程は、人間から切り離されてしまい、どうにか労働手段にだけ定着するであろう。(65)

社会的主体が、必要労働から解放されて、科学化された生産といわば並んで登場するようになると、すぐさま人類の自己産出作用は完了する。そうなると、生産された財の価値尺度としての労働時間および消費された労働量もまた過去のものになる。処理手段の乏しさと労働の強要のゆえに人間生成の過程にかけられていた唯物論という呪縛は、解けてしまうであろう。社会的主体は、自我として、労働において客体化された自然、非・我を、「絶対的自我」の行動《ハンドルング》である生産の諸条件の下で考えられる限りにおいて貫徹し、獲得してしまっているであろう。サン・シモン主義的に翻訳されたフィヒテの、唯物論ばりな知識学のこのような枠組に、『経済学批判要綱』の中のある外典的な箇所があてはまっている。この箇所は、『資本論』のそれに対応する研究のくだりでは繰り返えされていない。

「大工業が発展するにつれて、現実の富の創造は、労働時間と消費労働量とに依存することが少なくなり、労働時間を通じて作動している原動力の力に依存することの方が多くなる。そしてこの原動力――その強力な有効性は、それはそれでまた生産に費やされる直接の労働時間に関係がなく、むしろ、科学の一般的水準と、テクノロジーの進歩あるいはこの科学の生産に対する応用とに依存している。（この科学の発展、とりわけ自然科学の、そしてそれとともにその他のすべての科学の発展は、それはそれでまた物質的生産の発展に関係している。）たとえば、農業は、社会の全構成員にとっても最も有益であるように調整された物質代謝の科学のたんなる応用になる。現実の富は、むしろ――大工業がこのことを露呈しているように――消費労働時間とその生産物との間の途方もない不調和を、同様にまた、全き抽象物に還元された労働とこの労働が監視する生産過程の力との間の不調和を表示している。労働は、もはや生産過程の中に封じこめられたものとして現われるのではなく、むしろ人間は、監視者および調整者として生産過程そのものに関わってくる。（機械について妥当することは、人間の諸活動の結合および人間の交通の発展についても同様に妥当する）。客体と自分との間に、中間項として変様された自然の対象を押しこむのは、もはや労働者ではない。そうではなく、労働者は、かれが産業過程に転換する自然過程を、手段として、自分とかれが征服する非有機的自然との間に押し出すのである。労働者は、生産過程の筆頭代理人であることをやめて、この生産過程と並んで登場する。事態がこのように転換すれば、人間自身が行なう直接労働でもなければ、人間が労働する時間でもなく、人間自身の普遍的生産力の獲得と、人間の自然理解と、そして社会構成員として存在する自分のあり方による自然の支配とが――一言で言うなら、社会的個人の発展が、生産と富との大きな根本の柱として現われてくる。……

こうして、交換価値に基礎を置く生産は倒壊し、直接の物質的生産過程は、貧窮と相克の形式を払拭していとなまれる。諸個人の自由な発展、従って、剰余労働を作り出すための必要労働時間の削減ではなく、総じて、社会の必要労働の最低限に至るまでの削減。そうなれば、この削減に対応して、あらゆる個人にとって自由となった時間と創出された手段とによる諸個人の芸術的、科学的等の教養が生じる」[66]。

科学の過程は、人間と自然との「物質代謝」を、必要労働から全般的に解放された人類の統制にゆだねるが、そのような過程に労働過程を転化するというこの考案は、ここでは、方法論上の見地からわれわれの興味をひく。人間の科学が、この考案に従って展開されるとすれば、この科学は、社会的労働による、そしてもっぱらこの労働による綜合として、類の歴史を構成しなくてはならないであろう。この科学は、若きマルクスのあの虚構を真実なものにするであろう――「人間の科学は自然科学を包摂し、全く同様に、自然科学は人間の科学を包摂する」。なぜなら、一方では、生産の科学化は、社会的生活過程を認識しその上で制御する主体の同一性を産み出す運動とみなされるからである。その限りでは、人間の科学は、自然科学に包摂されるであろう。他方では、自然科学は、類の自己産出過程におけるその機能から、人間の本質力の外的発露として把握されるからである。その限りでは、自然科学は、人間の科学に包摂されるであろう。たしかに、この人間の科学にふくまれている諸原則に基づいて、先験論理学的に規定されたプラグマティズムが意味するような自然科学のひとつの方法論が獲得されるであろう。しかし、この人間の科学は、認識批判的に自分自身を問題としない。この科学は、生産知としての自然科学にならって自らを理解し、そのために、この科学がその中で動いているはずの自己反省の次元を覆い隠すのである。

さて、われわれが掛かり合っている以上の議論は「草案」の段階を超えて展開されているものではない。この議論は、マルクスのヘーゲル批判が基づいているあの哲学的基礎——自己構成的類の「事行」としての生産——に対してのみ代表的である。しかしそれは、マルクスが、批判されたヘーゲルを全面にわたって唯物論的に消化している社会理論そのものに対して代表的ではない。科学を機械に変形することからそのまま、生産過程を支配する、自覚的な全主体の解放が生じるわけではない、という公式の見解が、『要綱』においてもすでに見られる。この別の草稿に従うとすれば、類の自己構成は、自然に対する人間の道具主義的行動の脈絡において行なわれるのみならず、同時に、人間の相互行為を確立する権力関係の次元においても行なわれるのである。マルクスは、綜合された生産者による社会的生活過程の自覚的統制を、きわめて厳格に、これらの個人とは別個の独立した、生産過程の自動制御から区別している。一方の場合、労働者は、結合する者として相互に関わり合うが、他方の場合、労働者はたんに結合されているだけであるから、「その結果、総体としての全労働は、個々の労働者の仕事ではないし、またさまざまな労働者の仕事にしても、それがまとまるのは、ただ、労働者が結合されていて、結合する者として相互に関わり合っていない限りにおいてである[67]」。

科学・技術上の進歩は、それだけをとって見れば、まだ、自覚的制御を生じさせるほどに、自然発生的な社会過程に対する反省的洞察へ導いていくものではない。

「この（すなわち、科学化された生産の）労働は、その結合において、別の意志と別の知性とに奉仕しながら現われるのであり、またこの知性に導かれて――その心的統一を自らの外にもちながら現われるが、全く同様に、この労働は、その物質的統一において、機械の、固定資本の対象的統一の下に従属して現われる。この固定資本は、魂をもった怪物として、科学的思考を現実化し、また実際上集約するものであり、決して道具として個々の労働者に関係しているのではなく、むしろ労働者は、魂をもった個々の精密機械として、生命のある孤立した、この怪物の付属品として存在する[68]」。

生産力の地位についた科学の進歩によって新たな反省の段階が請願されているものの、この段階を制度的枠組が阻止しているが、そのような枠組は、直接には労働過程の成果でない。それは、むしろ硬直して抽象物となった生形式として――ヘーゲルの現象学の用語を使って言えば、現象する意識の一形態として、理解されなければならない。この形態は、テクノロジーの発展の一段階を直接に表わしているのではなく、社会的権力の関係を、すなわち、ある社会的階級の他の社会的階級に対する力を表わしている。権力関係は、たいがい政治的形式において現われる。これに反して資本主義を際立させているのは、その階級関係が、自由な労働契約という私法上の形式において経済的に規定されているということである。この生産様式が存続する限り、生産の科学化がどれほど進歩するにしても、それは、社会的生活過程を認識し規定する自覚的主体の解放へつながるはずもないであろう。このような進歩によっては、上の生産様式の「係争中の矛盾」が激化するだけであるにちがいない。

「一面では、従って、それ（資本）は、科学と自然との、また社会的結合と社会的交通とのすべての力をよみがえらせて、富の創出を、この創出に消費される労働時間に（相対的に）関わりのないものとする。他面では、資本は、こうして創出された巨大な社会的諸力を労働時間によって計測しようとし、また、これらの力を、すでに創出された価値を価値として保持するために必要とされる限界内に封じこめようとする(69)」。

われわれが辿ってきた二つの異稿は、理論的発想そのものに根ざしているある曖昧さを明白にしてくれる。マルクスは、経済的社会構成体の発展を分析するために、社会的労働体制という概念を要求している。この概念は、自己自身を産出する類という考案の中に表明されているより以上に多くの要素をふくんでいる。社会的労働による自己構成は、カテゴリーの水準では、生産過程として捉えられる。そして、道具的行動は、すなわち生産的活動という意味における労働は、自然史がすすむ次元を画示している。これに対してマルクスは、かれの唯物論的諸探究の水準では、つねに、労働と相互行為をふくむ社会的実践を考慮に入れている。自然史の諸過程は、個人の生産的活動とその活動の交流組織とによって互いに媒介されている。この交流は、いくつかの規範に従うが、それらは、社会的経済の管轄、補償、責務、負担を構成員がどのように分担するかについて、諸制度の権力を使って決定する。諸主体または諸集団のこれらの関係を規範的に規制している媒体は、文化的伝承である。これが、言語によるコミュニケーションの連関を形成し、そしてこの連関に基づいて、諸主体は、自然と、この自然の環境の中にある自分とを解釈する。

道具的行動が外的自然の強制に対応し、そして生産諸力の水準が、自然の力の技術的処理の度合を規定しているのに対して、伝達的行動は、人間自身の自然の抑圧に対応している。すなわち、制度的枠組は、社会的依存と政治的支配との自然発生的な権力による抑圧の度合を規定する。外的自然力からの解放を、社会は、労働過程に、すなわち、技術的に利用可能な知識（これには、「自然科学の機械への変形」もふくまれる）の産出に負っている。内的自然の強制からの解放は、権力をもつ諸制度を解体していくに応じて、支配から自由なコミュニケーションによってだけ拘束されている社会的交流組織が、闘争する諸階級の革命活動（これには、反省的諸科学の批判的活動もふくまれる）によって生じるのではなく、である。社会的実践の二つのカテゴリーは、一体になって、マルクスがヘーゲルを解釈して類の自己産出作用と呼んでいる事柄を可能にする。マルクスは、これらのカテゴリーの連関が、社会的労働体制の中で作り出されることを認める。それゆえかれにとって、「生産」は、道具的行動と制度的枠組とが、すなわち「生産活動」と「生産関係」とが、たんに同一過程の別の契機として登場しているにすぎない運動であるように見える。(70)

類の歴史の構成およびその認識批判的な基礎づけの問題に対して、しかし、準拠系の暗黙の拡張は――というのも、この準拠系がいまや、社会的実践の下に労働と相互行為を取り扱うのであるから――もし制度的枠組が、必ずしもすべての社会構成員を等しい抑圧の下に置くのではないとすれば、決定的な意義を獲得するはずである。基本的欲求を超えて財を産出する生産を基礎に、手にした剰余生産物の分配の問題が生じる。この問題は、さまざまな程度に生産の負担と社会的な補償に関与している社会的諸階級の形成によって、解決される。社会的体制が諸階級に分裂し、この分裂が制度的枠組によって維持しつづけられると、しかし、社会的主体は、その統一を喪失する。――「社会を単一の主体として考察することは、社会をさらに誤って考察することであり――思弁的である」。(71)

われわれが、労働による類の自己構成作用を、自然過程に対する、生産諸力のうちに蓄積されていく処理力という見地からもっぱら考察する限り、社会的主体について単数で語ることには充分な意味がある。なぜなら、生産諸力の発展水準が、社会的労働体制を残らず規定するからである。社会の構成員はすべて、原則的には自然支配の同等な水準で生活するのであり、そしてこの水準は、処理可能な技術的知識によってそのつど与えられている。社会の同一性が、科学・技術の進歩のこのような水準において形成される限り、問題は、社会的主体そのものの自己意識である。しかし、われわれがいまや知っているように、類の形成過程は科学・技術の進歩のこの主体の成立に符合するのではない。むしろ、マルクスが唯物論的事行として理解したこの「自己産出作用」に伴って現われてくるものは、諸階級主体の――それが、強制下で統合された階級主体であるにせよ、あるいは、公明に競合する階級主体であるにせよ――相互行為によって媒介される形成過程である。

類の構成作用が、労働の次元においては製作と自己改良の過程として直線的に現われるのに対して、社会的諸階級の闘争の次元においては、抑圧と自己解放の過程として現われる。これらの二つの次元において、発展のそれぞれの新段階は、強制からの解離を特色としている。すなわち、一方の次元においては外的自然の強制からの解放が、他方の次元においては自らの自然の抑圧からの解放がそれである。科学・技術の進歩の道に、画期的な革新のしるべが記され、これらの革新を通じて、一歩一歩、道具的行動の作用圏が機械の水準へ写し取られる。こうしてこの発展の限界値として定められるのは、社会そのものを自動機械とする組織である。これに対して、社会的形成過程の道を特徴づけるものは、新たなテクノロジーではなく反省の諸段階であり、これらの段階を通じて、克服された支配形態の教条と克服されたイデオロギーの教条とが廃棄され、制度的枠組の圧力が昇華され、伝達的行動が伝達的なものとして解放される。こうしてこの運動の目標として予見されるのは、支配から自由な討論をもっぱらの基礎とする社会組織である。技術的に利用可能な知識は、社会的必要労働の分野においては、機械による人間の完全な代用に達するが、そのような知識の拡充に対応するのは、ここでは、現象する意識の自己反省であり、それは、批判となった類の自己意識が、イデオロギーの眩惑全般から解放されてしまうところまですすめられる。両方の発展は収斂しない。けれども相互依存は存続する。マルクスは、これを生産力と生産関係の弁証法によって言い表わそうとしてみたが徒労であった。徒労——というのも、人間と自然との綜合の唯物論的概念が、生産というカテゴリー上の枠組に制限されている限り、この「弁証法」の意味は不分明である外はないからである。

人類の自然史的自己構成作用という考案は、生産的活動による自己産出と批判的・革命的活動による形成というこの両方の統一を本旨としているとすれば、綜合の概念に、第二の次元もひとしく採り入れられなければならない。カントとフィヒテとのたくみな統一では、そうなるともう充分ではない。

労働による綜合は、社会的主体をその客体である外的自然に媒介する。しかし、この媒介過程は、闘争による綜合と交差し、そしてこの綜合は、それはそれでまた、相互に客体化しあう社会の二つの部分的主体、すなわち社会的階級を媒介する。両方の媒介過程において、経験の素材と精神の形式との綜合である認識は、たんにひとつの契機であるにすぎない。前の媒介過程において現実は、技術的視点の下で解釈され、後の媒介過程においては、実践的視点の下で解釈される。労働による綜合は、主体と客体との間の理論的・技術的関係を作り出し、闘争による綜合は、理論的・実践的関係を作り出すのである。前の場合には生産知が、後の場合には反省知が形成される。そのような綜合のために提供されるただ一つのモデルは、ヘーゲルのうちに見出される。眼目は、人倫の弁証法である。ヘーゲルは、これを、初期神学論集、フランクフルト時代の政治論集、イエナの精神哲学において展開したが、しかし、体系の中に採り入れなかった。(72)

キリスト教の精神についての断片の中でヘーゲルは、人倫の全体性を破壊する者に加えられる刑罰を例にして、人倫の弁証法を展開している。自在なコミュニケーションと交互の利益充足との相補関係を、全体に代わる個として自分を立てることによって廃棄する「犯罪者」は、かれに打ち返えす運命の成り行きをひきおこすのである。争う党派間で燃えあがる闘争と傷つきひしげる他者に対する敵意とが、失われた相補関係と過ぎ去った友情とに気づかせる。犯罪者は、過ぎ去った生の否定の力と対決させられる。かれは、自分の罪を経験する。この罪ある者は、追放し告別した生の力、自分自身が誘発した生の力の下に苦しみつづけ、ついに、他の生の抑圧のうちに自分の生の欠如を、他の主体からの隔離のうちに自分自身からの疎外を経験する。運命のこの因果性において、抑圧された生が力を発揮し、そしてこの力が宥和されるのは、分裂した生の否定性の経験から失われた生へのあこがれが立ち現われ、そしてこれが闘いの他者の存在のうちに否定された自らの存在をどうあっても確認する外はなくなる場合のみである。そのとき、両党派は、それらのかたくなな立場が共同の生連関から解離しこれを捨象した結果であることを、互いに認め合う。――そしてこの生連関において、すなわち他者のうちに自らを認める対話関係において、両党派は、その生存の共同の根拠を経験するのである。

　マルクスにしても、おそらく、このモデルを使うことができたであろうし、また、階級対立を結末とする剰余生産物のあの不均衡な取得を、「犯罪」として構成することができたであろう。運命の処罰の因果性は、革命に行きつく階級闘争として、支配者たちにおいて成就する。革命の力は、それが、原初の人倫の抑圧によって姿を現わした階級対立の疎外を止揚するゆえに、分裂した諸党派を宥和する。ヘーゲル自身は、自治体役員制度《マギシュトラート》についての論文およびドイツ憲法論の断片的な序論の中で、ヴュルテンベルクと旧ドイツ帝国との政治状勢に即して、人倫の弁証法を展開した。硬直した政治生活の既成性に、人倫の全体性の分断が映じている。そして登場するはずの変革は、抑圧された生の反作用であり、これが、運命の因果性によって支配者たちに的中するであろう。

けれどもマルクスは、人間が、外的自然の獲得によって自らの生を再生産するために生産を行なっている社会として、人倫の全体性を捉えている。人倫は、文化的伝承から組み立てられた制度的枠組であり、しかもまさに生産過程に対する枠組である。社会的労働を基盤として遂行される人倫の弁証法をマルクスは、特定の諸党派の間の限定された闘争の運動法則として受けとっている。この闘争は、つねに、社会的に産出された生産物の獲得組織をめぐって行なわれるが、その反面、闘争する諸党派は、生産過程におけるそれらの地位によって、すなわち階級として、規定されている。階級対立の運動として、人倫の弁証法は、社会的労働体制に拘束されている。抽象の止揚、すなわち、疎外された諸党派の批判的革命的な宥和は、生産諸力の発展水準と関連してのみ成功する。制度的枠組は、外的自然の強制をも——これは、自然支配の度合、社会的必要労働の割合、また社会的に拡大した諸要求に対する処理可能な補償の程度に応じて表現される——自らのうちにとり込み、これを欲動的欲望の抑圧によって内的自然の強迫に、従って社会的規範の強制に翻訳する。それゆえ、人倫的諸関係の相対的な破壊は、制度的に要求された抑圧の実際の程度と、生産力の所与の水準において必要な抑圧の程度との間の差異によってはじめて測定される。この差異が、客観的に余分である支配を測る尺度である。そのような支配を創設し、この種の支配態勢を弁護するひとびとは、運命の因果性を進行させ、社会を諸階級に分裂させ、根拠のある関心を抑圧し、抑圧された生の反作用を呼びさまし、そしてついには、革命において自らの当然の運命を経験する。かれらは、革命的階級に強いられて、この階級のうちに自らを認識し、そうすることによって両方の階級の生存の疎外を止揚する。外的自然の強制が、経済上の窮乏という形態をとって存続する限り、どのような革命的階級にしても、その勝利の後に、改めて「不公正」へ、すなわち、新たな階級支配の創設へ誘発される。それゆえ、人倫の弁証法は、社会生活の再生産にかけられている唯物論の魔法、すなわち必要労働という聖書的呪縛が、テクノロジーによって破られるまでは、繰り返えされなければならない。

そのように呪縛、魔法が破られた場合でも、人倫の弁証法は、自動的に停止するのではない。しかし、この弁証法の進行を支えている誘発は、新たな質を受けとる。すなわち、弁証法はもはや窮乏によって動くのではなく、もっぱら支配のマゾヒズム的な欲求充足によって動く。この支配が、生存競争の客観的に可能な抑止をはばみ、支配から自由なコミュニケーションに基礎を置く自在な相互行為を抑留するからである。その場合、支配は、どうにかその本旨に従って再生産されるが、この支配は、自然史の凝集状態の変化を、人倫の弁証法から解放された歴史への移行を、妨げる。さもなければその歴史は、人間労働の重荷からまぬがれた生産を基盤に、対話を媒体にしてさきにすすむはずである。

階級対立の弁証法は、社会的労働による綜合とは別の、反省の運動である。なぜなら、対立する諸主体を相補的に統一する対話関係、すなわち回復された人倫は、論理学と生実践とを一体とした関係だからである。このことは、ヘーゲルが「承認をめぐる闘争」という表題の下で展開している人倫的関係の弁証法において明らかにされている。この中で、ひとつの人倫的関係である対話の場の抑圧および再生が再構成されている。力によってゆがめられたコミュニケーションの文法的諸関係が、実践的な力を行使する。弁証法的運動の成果が、はじめてこの力を消滅させ、対話的な、他者における自己の認識の自在さを、若きヘーゲルの言葉で言えば、宥和としての愛を作り出すのである。それゆえ、われわれは、自在な間主観性そのものを弁証法的と呼ぶのではなく、この間主観性の抑圧と回復の歴史を弁証法的と呼ぶのである。対話関係は、分断された記号の因果性と対象化された——すなわち、公共のコミュニケーションから退いて諸主体の背後においてしか通用する外はないような、しかも同時に経験的に強制的な、文法的諸関係の因果性の下で、歪曲される。

マルクスが分析するのは、階級対立をもはや直接の政治への従属および社会的権力という形態において制度化するのではなく、この対立を生産的活動に商品形態を覆いかぶせる自由な労働契約制度に繋留する、社会形式である。この商品形態は、客観的仮象である。というのも、この形態が、二つの党派、資本家および賃銀労働者にかれらの争点をわからなくさせ、またかれらのコミュニケーションを制限するからである。労働の商品形態は、イデオロギーである。というのも、この形態が、自在な対話関係の抑圧を秘匿すると同時に表現しているからである。

「従って、商品形態の深い秘密はもっぱら次の点にある。すなわちそれは、商品形態が、人間に対して、かれら自身の労働の社会的性格を、労働生産物そのものの対象的性格として、これらの事物の社会的な自然特性として反映させ、それゆえにまた、総労働に対する生産者の社会的関係を、かれらの外部に存在する諸対象の社会的関係として反映させる、という点である。この置きかえによって、労働生産物は商品に、すなわち、感性的には超感性的なあるいは社会的な事物になる。それは、視神経に及ぼす事物の光の影響が、視神経そのものの主観的刺戟としてではなく、眼の外部の事物の対象的形態として現われるようなものである。しかし、視覚の場合には、現実に、光が、ある事物、外的対象から、別のある事物、眼に投げかけられる。これは、自然的事物と事物との間の自然的関係である。これに反して、商品形態とそれが表示されている、労働生産物の価値関係とは、労働生産物の自然的性質とそこから生じる事物的関係に対して何の関係もない。ここで人間にとって諸事物の関係という幻想的形態をとるものは、ただ人間自身の特定の社会的関係にすぎない。それゆえ、類似するものを見つけ出すためには、われわれは、宗教的世界という夢幻境に逃げこまなければならない。ここでは、人間の頭脳の産物が、それ自身の生命を与えられて、相互に関係しまた人間と関係する独立の姿に見える。商品世界においては、人間の手の生産物が、同様に見える。このことを、私は物神崇拝と呼ぶが、それは、労働生産物が商品として生産されるとたちまちこの労働生産物にまとわりつくのであり、それゆえ商品生産と不可分である(73)」。

コミュニケーションの制度的固定による抑圧によって、社会は、社会的諸階級に分裂するが、この抑圧に、真の社会的諸関係の物神化が対応している。マルクスに従えば、資本主義を際立たせているものは、それが、具体的な支配および権力がもっている認証された諸性格という天国のイデオロギーを社会的労働の体制の中へ引きおろすことである。自由主義的ブルジョア社会において、支配の認証性は、市場の認証性から、すなわち、流通に内在する、等価交換の「公正さ」から導き出されている。この公正さが、商品の物神性の批判によってその仮面をはがされるのである。

マルクスの社会理論にとって眼目であるから、私は、以上の例をあげたが、この例において、階級対立の運動として把捉された、制度的枠組の変革は、階級の現象する意識の弁証法であることがよく示されている。類の自己構成作用を、階級闘争による綜合とこの階級の社会的労働による綜合という二重の視点からとくに捉えるような社会理論は、それゆえに、生産の自然史を、これらの階級の現象する意識の再構成という枠組においてのみ分析することができるであろう。社会的労働の体制は、階級対立と客観的に連関してのみ発展するのである。生産諸力の展開は、革命の歴史と交差している。しかし、この階級闘争の成果は、そのときどきに社会の制度的枠組の中に、すなわち社会形式の中に累積するのであるから、この闘争は、人倫の回帰する弁証法として、大きく見れば反省過程である。この過程において、階級意識の諸形態が形成されるが、とはいえそれらは、観念論的に、絶対精神の自己運動において形成されるのではなく、唯物論的に、外的自然の獲得によるさまざまな客体化を基礎として形成されるのである。反省において、現存する生の形式はそのときどきにその抽象性を告発されまたこうして変革されるが、そのような反省を呼び覚ますものは、労働において対象化された自然の過程に対する潜勢的処理力の増大である。生産諸力の展開は、制度的に要求された抑圧と客観的に必然的な抑圧との間の不均衡をそのときどきに増大させ、こうして現存する非真性を、すなわち、人倫的全体性の実感上の分断を意識させる。

社会理論の方法論上の立場に対して、そこから二通りの帰結が出てくる。一方では、人間の科学は、現象する階級意識の自己反省に結びつく。『精神現象学』と同様に、この科学は、反省の経験に主導されて、現象する意識の行路を、ただしここでは、社会的労働体制の発展によって開かれた行路を、再構成する。他方、しかしこの人間の科学は、回想する形成過程のうちにこの科学そのものが引きこまれていることを知っているという点でも、ヘーゲルの精神現象学と同じである。認識する意識は、自己自身に対してもまたイデオロギー批判的に立ち向わなければならない。自然科学が、方法上の形式に従って、道具的行動の先験的枠組の内部につとに前科学的に蓄積されていた、技術的に利用可能な知識を、ひたすらに拡大するのと同様に、人間の科学は、方法上の形式に従って、この科学が置かれている当の人倫の弁証法の客観的連関の内部につとに前科学的に伝承されていた反省知を、拡大する。しかしながら、認識する意識は、それが、類の形成過程を生産過程によってそのつど媒介された階級対立の運動として理解し、自己自身を、現象する階級意識の歴史の成果として認識しまたこうして自己意識として客観的仮象から解放するその程度に応じてのみ、それが置かれている伝承の形態を払拭していく。

ヘーゲルがたんに学への序論としてのみ役立てた現象する意識の現象学的叙述が、マルクスにとっては、類の歴史の分析がたえずつながれている準拠系に転じている。マルクスは、唯物論的に捉えられるべき類の歴史を、認識理論上の視点からは構想しなかった。しかし、社会的実践が、道具的行動の成果を蓄積するのみならず、階級対立によって客観的仮象を産み出しまた反省するとすれば、その場合、歴史の分析は、この過程の一部分として、現象学的に屈折した立場においてのみ可能である。——つまり、人間の科学は、それ自体が批判であり、そしてそれに止まらなければならない。なぜなら、もし批判的意識が現象する意識の再構成を経て綜合の概念に到達したとすれば、そのときにはたしかにこの批判的意識は、現象学的自己反省の認識理論的な屈折から社会理論を放免させてくれる立場をとることができるであろうが、それは、ただ、この意識が、絶対的綜合として把握されうるし、理解されてよいとする場合だけだからである。とはいえ、社会理論はやはり現象学の枠組を離れることができない。もっとも、この現象学は、唯物論の諸前提の下ではイデオロギー批判の体裁をとるのである。

もしもマルクスが、かれの企てた社会理論の方法論的諸前提を反省して、これらに、生産というカテゴリー的枠組に制限された哲学的自己理解を覆いかぶせなかったとすれば、おそらく精密な経験科学と批判との区別は隠蔽されなかったであろう。もしマルクスが、相互行為を、社会的実践の名の下に労働と混同しなかったとすれば、もしかれが、その代わりに、綜合の唯物論的概念を、道具的行動の作用と伝達的行動の連結作用とにひとしく関わらせていたとすれば、人間の科学の考案は、おそらく自然科学と同一視されてあいまいになりはしなかったであろう。むしろこの考案は、カントの認識理論の主観主義に対するヘーゲルの批判を受け入れ、そして唯物論的にとり戻したであろう。この考案によって次のことが表明されたであろう——徹底的な認識批判は、結局、類の歴史の再構成という形においてのみ可能であること。そして、逆に、社会の理論は、社会的労働と階級闘争とを媒体にする類の自己構成作用という視点の下で、認識する意識の自己反省としてのみ可能であること。

哲学の科学に対する立場は、このような基礎の上でありさえすれば、はっきりと解き明かされたであろう。哲学は、批判としての科学のうちに保管されている。類の歴史の自己反省を要求として掲げる社会理論は、哲学をむげに否定するわけにいかない。むしろ哲学の遺産は、科学的分析の方法そのものを規定するイデオロギー批判の立場にゆずりわたされる。しかし、批判を離れては、哲学に何の権利も残らない。人間の科学が実質的な認識批判であるにつれて、純粋な認識理論として、すべての内容を奪い取られてしまった哲学も、間接的に、実質的な問題への通路を再び獲得する。けれども、哲学が望みとしていた普遍学は、哲学としては、批判の失効判決によってその権利を失うのである。(74)

マルクスは、人間の科学のこの考案を展開しなかったし、それどころか、この考案を、批判と自然科学とを同列に置くことによって否認さえもした。唯物論的科学主義は、絶対的観念論がさきに成し遂げてしまったことを、もう一度確証するにすぎない——すなわち、認識理論のくびきから解かれた普遍学のための、といってもむろんここでは絶対知のためではなく科学的唯物論のための、認識理論の止揚を確証するにすぎない。

コントは、社会的なものの自然科学を実証主義的に要求するにあたって、マルクスを、とにかくマルクスが従っていると信じていた意向を、言質にとりさえすればよかった。実証主義は、認識理論に——その哲学的自己止揚を、ヘーゲルとマルクスは、この点では軌を一にして押しすすめたが——背を向け、カント的批判の反省段階より後退するという代価を払った。しかし、前批判的伝統と結びついて、実証主義は、諸科学の方法論という認識理論が置き去りにした課題にとりくみ、成果をあげた。ヘーゲルとマルクスは、この課題から免除されていると信じていたのである。

第二章　実証主義、プラグマティズム、歴史主義

実証主義は、認識理論の終りを表わしている。認識理論に代わるものは、科学の理論である。可能的認識の諸条件についての先験論理学的な問いは、同時に認識一般の意味の解明を目ざしていた。実証主義はこの問いを切り捨てる。この問いは、実証主義にとっては近代科学の諸事実によって無意味なものになっている。認識は、黙っていても諸科学の成果によって決定される。それゆえ、可能的認識の諸条件に関する先験的な問いが有意味に立てられるのは、どうにかさまざまな科学的理論の構成ならびに検証の規則に関する方法論的な問いという形においてであるにすぎない。たしかにカントもまた、暗黙の内に科学の規範的概念を同時代の物理学によって与えられていた。しかし、この接合が容赦ない認識批判の志向とただちに矛盾することを別にすれば、カントは、近代科学の形式を、因果分析的認識の可能な対象構成を探究するための出発点にとっていた。このような次元を、実証主義は見失う。なぜなら、実証主義にとっては、近代科学の諸事実は認識一般の意味についての問いを何ら提起するものではなく、むしろその問いに判例を与えるものだからである。疑いもなく、実証主義が表現しているものもまた、科学に対する哲学のひとつの立場ではある。というのは、実証主義が唱える諸科学の科学主義的自己理解は、諸科学そのものではないからである。しかし、実証主義は、諸科学の自己自身への信仰を教条化するから、科学的研究を認識理論的自己反省から守るという予防的機能を引き受ける。実証主義において哲学的な

ものは、諸科学を哲学に対して免疫にするために必要とされるこの契機だけである。それには、科学方法論を押しすすめるだけでは不充分である。科学方法論は、自身が認識理論でもあると、あるいはより正しく言えば、認識理論の法定のそして信頼するに足る遺産後見人でもあると主張しなければならない。認識の意味は、諸科学の成果によって決定され、それゆえ、科学的行動様式の方法論的分析の道においてその意味は充分解明されるという、科学主義の原則とともに、実証主義は興り、また倒れる。科学方法論の枠組そのものを超えた認識理論は、かつて自分が形而上学に下したあの誇大にして無意味という判決に、今度は自分自身が服すことになる。

この科学理論による認識理論の代替は、認識主観がもはや準拠系を表わさなくなったという点によく示されている。カントからマルクスに至るまでは、認識の主体は意識、自我、精神、類として把握されていた。それゆえ言明の妥当性の問題は、いつもひとつの綜合――たとえこの綜合の概念が主体の概念とともに変わったとしても――を引き合いに出すことによってのみ決定することができた。判断あるいは命題の妥当性の意味を解明することは、判断され、あるいは言明される事態と異った次元の中にある諸条件の生成へ遡行することによって可能であった。可能的認識の諸条件への問いは、ひとつの普遍的発生史によって答えられた。すべての歴史は、ひとつの主体の行為と運命についての報告である――たとえ、それらの行為と運命によってはじめて主体が主体として形成されるにしても。けれども、科学理論はこの認識主観への問いを放棄する。なぜなら、それは直接に諸科学へ向うが、この諸科学は、さまざまな命題と行動様式の体系として、あるいはこう言ってもよいが、さまざまな理論がそれに従って構築されまた検証される諸規則の複合として与えられているからである。これらの規則に従って行動する多くの主体は、科学方法論に制限された認識理論にとっては意味を失う。その行為や運命はせいぜい経験的人格にひき下げられた認識主観の心理学に属すものとなり――認識過程の内在的照明のためにはそれらにウエイトがおかれなくなる。この制限の裏面は、論理学と数学の形式的科学としての自立化である。その結果、これらの科学の基礎の問題は以後もはや認識の問題との連関においては論じられなくなる。[1] 科学研究の方法論として、科学理論は、形式論理学と数学の妥当性を前提する。これらの科学はさらに自己の土壌に生育する科学として、それらの基礎づけ操作の生成がその中ではじめて主題とされうるような次元から切り離される。

先験的反省から解放された形式的科学が記号の結合規則の生成を問わなくなるのと同様に、科学方法論に平坦化された認識理論は、可能的経験の諸対象を構成する作用を視野の中から見失う。ということは、カント的に言えば、両者がともに認識主観の綜合的はたらきを無視することである。[2] 実証主義的姿勢は、世界構成の問題性を覆い隠すのである。厳密な認識の名において――認識そのものの意味は非合理的となる。しかし、それによって支配権を手にするのは、認識は実在性を記述するという素朴な観念だけである。これに対応するものは真理の模写説であり、それに従えば、言明と事態の可逆的に一義的な対応は等質性として捉えられなければならない。この客観主義は、今日に至るまで、コントの実証主義とともに登場した科学理論の旗印となってきた。認識の意味についての先験論理学的な問いに代わって現われるのは、理論的諸命題によってそれらの連関が記述される「諸事実」の意味についての実証主義的な問いである。エルンスト・マッハはこの問いを徹底化し、事実一般の事実性を明らかにすることを目的とする要素論を基礎にして科学理論を展開した。

実証主義は、さまざまの古い伝統を持続的に追放し、諸科学の自己理解を非常に巧みに独占した。その結果、ヘーゲルとマルクスによる認識批判の自己止揚以来、客観主義の仮象は、もはやカントを頼りとしては打ち破ることができなくなった。それは、内在的に、自分自身の問題を追求しながら止むなく自己反省に達する科学方法論によってやっと打ち破ることができるのである。合法則的な構造をもった諸事実という即自態《アン・ジッヒ》が在ると諸科学に思いこませ、こうしてこれらの事実をあらかじめ構成する作用を隠蔽する客観主義は、もはや外から、つまり再建された認識理論の立場からは効果的に克服できず、ただ自己自身の制限を超え出る科学方法論によってのみ克服される。このような諸科学の自己反省の萌芽は、Ch・S・パースとヴィルヘルム・ディルタイに見出される。プラグマティズム的意味批判は、自然科学方法論の脈絡から成立し、歴史主義的意味批判は、精神科学方法論の脈絡から成立する。マッハ（1834—1916）の同時代人であるこの二人、パース（1839—1914）とディルタイ（1833—1911）はもちろんまだ、別々な仕方ではあるが、実証主義の魔力に深くとらわれている。その結果、かれらは、結局客観主義から完全に逃れきることができず、かれらが肉薄した、認識を主導する関心という基礎を、そのものとしては捉えることができないのである。

第四節　コントとマッハ

——古い実証主義の志向——

実証主義は、さしあたり新しい歴史哲学の姿で登場する。これは逆説的なことである。なぜなら、正当な認識はただ経験科学の体系においてのみ可能であるという実証主義の教説がもつ科学主義的内容は、実証主義がその中でまず成立する歴史哲学的形式と明らかに矛盾しているからである。コントの三段階法則は、個人と人類の知的発展が、全体としてそれに従って遂行されるはずの規則を提供する。明らかに、この発展法則がもっている論理的形式は、経験科学的法則仮説の地位にふさわしくない。実証的知識という言葉の意味を解釈するためにコントが要求する知識は、それ自身実証的精神の諸規定の中に入らない。(3) このパラドックスは、われわれが古い実証主義の志向を見抜いてしまえば、たちまち消失する。すなわち、それは科学による認識の独占の疑似科学的プロパガンダである。

認識理論をいきなり科学理論に取り換えることは、不可能であった。哲学的な認識概念はとっくに清算されていたから、もし実証主義が、科学のために歴史哲学的な意味を持ち出さなかったとすれば、科学の意味は非合理的なものになってしまったであろう。この時から科学・技術の進歩という現象は、絶大な意義を獲得する。経験的連関の歴史哲学的探究、すなわち近代の科学的研究の歴史と制度化された科学の進歩の社会的帰結との分析が、認識主観の自己自身への反省にとって代わる。認識が近代科学という実例によって充分規定されるとみなされるやいなや、科学はもはや、あらかじめ反省された可能的認識の地平からは捉えられなくなる。そうなると科学の意味は、どうにか、近代的科学研究の成立過程と、生の連関を変革する研究実践の社会的諸機能とに即して解明されるにすぎない。認識の概念は非合理的なものになっているので、科学の方法論と生実践の科学的合理化とは、相互に解釈し合わなければならない。この点に、古い実証主義の本来の仕事がある。古い実証主義は、諸科学の自己自身に対する科学主義的信仰を、人類の歴史を実証的精神の貫徹の歴史として構成することによって基礎づける。

「大切なのは人間が外界に及ぼす事実上の影響である。この影響が次第に拡大することは、疑いもなく社会の進化の主要な側面を形成している。いや、その拡大なしにはこの進化全体が不可能であったとさえ言える。……人類の政治的・道徳的・知的進歩は、その物質上の進歩と無条件に結びついている。……だから、その際に、生物哲学は全く無関係でないとしても、この人間の自然への作用が、主として無機的現象の現実的法則についての人間の得た知識に依存していることは明らかである。……従って物理学と……またそれ以上に化学は、人間の力の真の基礎を（形づくっている）。これに反して天文学は、その決定的な協力にもかかわらず、不可避的な予測によって寄与しうるにすぎず、われわれを取り巻く世界の直接の変様を引きおこすことはできない(4)」。

マルクスも、人類の自己構成にたいする科学・技術の進歩の役割を分析している。しかし、かれが、観念論的な認識概念を受容して社会的労働による綜合に遡行し、自然の技術的処理と社会文化的発展をただちに認識理論的に基礎づけるのに対して、コントは、科学の進歩の偶発的状況に対して、認識理論から解放されて実証主義的に盲目化された科学概念に照明を調達してやれる、ひとつの歴史哲学を結びつけざるをえない。

個人ならびに類の精神が、実証的精神の時代に入るに先立って、神学的段階と形而上学的段階とを通過するという構成を、その本質においてコントは、コンドルセとサン・シモンから受け継いでいた。同様に、数学と天文学、物理学と化学、最後に生物学と社会学という六つの基礎科学の歴史的であると同時に体系的な順位も、独自なものではない。それは、コントが百科全書派の科学概念を復活したものである。方法論的領域でも、コントは、新発見の権利を主張することはできない。――かれの科学理論の方法論的諸規定は、多かれ少なかれ、経験論的伝承と合理論的伝承のきまり文句である。古い実証主義の退屈さは、この周知の要素の折衷主義的な結合から説明される。それにもかかわらず、それは、科学に対する哲学の立場を変革した。というのも、その固有のはたらきが次の点にあったからである。すなわち、それは、前批判的な認識理論の諸定理を、知覚し判断する主観という認識理論的準拠系の中からはずして追い出すとともに、認識理論の主観の代わりに科学・技術の進歩を、科学主義的歴史哲学の主体として置くことによって、認識理論の諸定理を諸科学の方法論の規定に引き下げてしまうのである。コントが百科全書的法則として導入する暫定的な科学の体系は、その認識理論的連関から自立した方法論的諸原則を、近代科学の展開過程と、社会的諸関係の合理化の進展とに直接関係づけることを許している。

科学理論は、一般に、科学主義的歴史哲学におぶさってしか自己を貫ぬくことができなかった。というのもそれは、形而上学的なものとして価値を引き下げられた哲学的認識概念を少なくとも科学の意味の解釈によって代償することなしには、その認識理論的な派生関係を清算できないからである。たしかに、分析的科学理論は、この今なお同様に形而上学的と思われている残滓をとっくに片附けてしまった。しかし、首尾一貫して思索するポッパーの例が教えるように、科学方法論が自己自身を反省するやいなや、それは、再び科学の進歩の理論へ逃げ込まないわけにいかない。(5) 古い実証主義がまだ深く考えることもなく主張した次元は、決して科学理論にとって外的な成立連関に属するものではない。その次元は、むしろ、認識理論を科学理論に引き戻すために必然的な道を指している。そして科学理論は、自己反省を強要されるものである以上、再びこの道を反対の方向にすすまなければならない。

コントの科学理論は、いくつかの方法論的規則に還元することができるが、それらの規則にはすべて「実証的な」という言葉が、かぶせられなければならない。なぜなら、「実証的精神」は、科学性を保証する手続きに拘束されているからである。実証主義の精神についての講義の中で、コントはこの言葉の語義を次のように分析している。かれが「実証的」と呼ぶものは、たんなる想像物と反対の事実的なもの(réel—chimérique)、不確定なものと反対に確実性を要求しうるもの（certitude—l'indécision)、漠然たるものと異って正確なもの（le précis—le vaque)、無用なものに対する有用なもの（l'utile—l'oiseux)、最後に絶対者と反対に相対的価値を要求するもの（le relatif—l'absolu）である。(6)

この事実的なものとたんなる想像物との対照が、科学と形而上学の間を厳密に区分するための規準を与える。

われわれの知性は、「探究できない神秘を除外して……実際に到達できる研究対象に」[7]向わなければならない。実証主義は、可能的な科学的分析の対象領域を「事実」に制限することによって、決定不能であるゆえに無意味な問題設定を消去しようとする。それにもかかわらずコントは、事実的なものを存在論的に規定することによって、事実と想像力との間を区別しようと直接には試みない。精密科学の対象となりうるものは、すべて事実とみなされる。従って、科学の対象領域の限定は、科学そのものをどのように定義すべきかという問題に帰着する。そして実証主義が認めるただ一つの水準では、科学は、科学のふるまいがそれに従っている方法論的諸規則だけによって定義されるのである。

実証主義はさしあたって、すべての認識は間主観性を保証している系統的観察に対して、感覚的に確実であることを証示しなければならないという経験論学派の根本規則を受け継いでいる。実在性については、明証を主張できるものは知覚だけである。従って観察は、「実際に到達できる、そしてわれわれの事実上の欲求にたくみに合った認識の、唯一の可能的基礎」[8]である。感覚的経験は、事実の領域に至る通路を規定している。現実についての言明を行なう科学は、いつも経験科学である。

もちろん、実証主義は、認識の確実性がもっぱら経験的基礎だけによって保証されるのではないことを知っている。感覚的確実性と同じ位に、方法的確実性も重要である。形而上学的認識の信頼性が、存在者全般の統一性と連関との中に基礎づけられていたのに対して、方法の統一性は、科学的認識の信頼性を保証する。科学は、原理的に見渡しえず、決して全体としてとらえられない諸事実の多様性に向っているから、その認識の連関を、もはや客観的な仕方で、それ自身が体系に組みこまれている世界に繫留しておくことができない。それは、主観的な仕方で、研究者の体系的なすすめ方の中に基礎づけられなければならない。「この意味でわれわれは……実証的方法の統一以外にいかなる統一も求めるべきでない[9]」。科学が事象に対する方法の優先を主張するのは、ただ科学的な取り扱い方の助けによってのみ、われわれが事象について信頼できる情報を手に入れることができるからである。そうすると、実証主義が要求している認識の確実性とは、感覚的明証性という経験的確実性と同時に、必らず統一的な手続きが行なわれるという方法上の確実性を意味していることになる。

認識の精確さに対する要求は、さらにそれ以上のことを目指している。われわれの知識の精確さは、法則仮説の導出をゆるす諸理論の形式的に強制的な構造によってのみ保証されている。事実を集積する博識と違って、科学的理論は、

「本質上、法則から組み立てられていて、たとえ事実がその基礎づけと裁定のために不可欠であるにしても、事実から組み立てられているのではない。それゆえ、どのようなものであろうと個々の事実は、少なくとも合理的仮説に助けられて他の何らかの概念と正しく結合されなければ、実際に科学の中にとり入れることができない[10]」。

諸事実についての存在の言明がはじめて科学的価値を獲得するのは、それが、理論的言明と「正しく結合」されるときである。なぜなら、普遍的命題のもつ分析的連関、およびこのような理論と観察の言明との論理的結合だけが、われわれの認識の精確さを保証するからである。コントは、たんなる記述に対する演繹的連関の重要性を理解している。かれはこう述べる。

「実証的精神は、どんな形で確認されようと現実性が必ず優位にあることを見そこないはしないが、実験の分野を犠牲にしても、つねに合理的推論の分野をできる限り拡大しようと努力する。……科学の進歩は主として、ばらばらで無関係な諸法則の連関をたえず拡げてゆくことにより、その数を次第に減らしてゆくことにある[11]。」

この道によってのみ、「われわれの抱く構想と観察とのあいだの調和の増大」が得られる。[12] コントは、自分が合理論の伝統の相続者であると思っている。かれは、実証的方法に対する考察をまとめた章を、自らデカルトの『方法叙説』と比較している。[13] 他方、かれは、合理論の諸原則を経験論の諸原則と自在に結びつけることができる。それは認識理論の二、三の教説が問題ではなく、科学の手続きに対する規範的な諸規則が問題だからであり、この手続きによって科学そのものが、はじめて定義されるのである。

実証主義のもう一つの認識の有用性の要求は、認識理論的に見て対立する二つの伝統のこのような結びつきに依っている。コントは経験論から、科学的認識は技術的に利用されなければならないという視点を借りている。かれはすなわち、次のように確信している。「すべての健全な理論は、（必ず）われわれの個人的生活条件と集団的生活条件の不断の改善に（関連している）。――実りのない好奇心の空虚な満足とは反対に」。[14] こうして、科学と技術の間の調和が問題になる。科学は、自然過程とともに、社会の諸過程の技術的処理を可能にする。

「しかし次のことは何よりも重要である。……科学と技術の基礎的な関係は、これまで自然科学が充分発達していなかったために、必然的に、最も優れた精神によっても正しく捉えられなかった。自然科学は、人間の社会に直接関わる最も重要なまた困難な研究分野にはまだほど遠い。実際、人間の自然への作用についての合理的解釈は、今なおこうして本質的に無機的世界に限定されている。……もしいつの日かこの大きな空隙が埋められるとすれば――それは今日すでに始まっているのだが――、そのときひとびとは、不断の刺戟に代わる、いやしばしば最高の理論の最良の成果にさえ代わるこの（科学の）偉大な実践的究極目的の基本的意義を認識することであろう。なぜなら、そのとき技術は、もはやたんに幾何学的、力学的ないし化学的等々であるのみならず、第一に政治的そして道徳的であるからである」。[15]

コントは、ベイコンが未来の自然科学のために定式化した古い原則を受け継ぎ、その妥当範囲を未来の社会科学に拡大する。「予見するために見る。これが真の科学の永遠の識別標識である」[16]。しかし、かれは次のように注意している。この自然と社会を統御する力は、ただ合理論の原則に従ってのみ――つまり、経験的研究をやみくもに拡大するのではなく、諸理論を展開しまた統一化することによってのみ――倍加されうると。ただ法則の知識だけが、諸事実を説明すると同程度に予測することをわれわれに許すのである。

「科学の本質は、実際は現象の法則の中にある。そして、ただの事実は、どれほど正確で多数であろうと、つねに科学に不可欠の素材を提供するにすぎない。……それゆえ真の科学は――単純な事実から構成されているどころか――いつもできるだけ直接的な（経験的）探査から自由になろうとしている、と言っても過言ではない。なぜなら、真の科学はこの直接的探査を、あの、あらゆる点で実証的精神の主要な特徴を表わしている合理的予測によって代替するものだからである。……われわれの健全な理論がすべてもっているこの重要な特質は、理論の実際の効用に対しても、理論本来の価値に対しても同様に大切である。というのは、完了した諸現象の直接的探査も、それがわれわれを導いて現象の経過を正しく予測できるようにしてくれない以上、われわれが現象の経過を変えることができるようになるためには、充分でないからである」[17]。

ところで、確実性と精確さと有用性がわれわれの言明の科学性の規準であるとすると、そこからは、われわれの認識の原理的な非完結性と相対性が導き出される。そしてこれは、「実証的精神の相対的性質」に対応する。経験によって点検されるとともに方法的に得られた、技術的に利用可能な予測に転換可能な法則の知識は、もはや存在者をその本質において認識し、それゆえ絶対的に認識すると自負できない以上は、相対的知識である。科学的認識は、形而上学的認識のような根源知ではない。

「われわれの精神の成人期を特徴づける根本的革命は、その本質において、どのような場合にも本来の原因」――言いかえれば目的因あるいは実体形相――「といった到達できない規定の代わりに、法則の、すなわち観察された現象間に成り立つ恒常的な関係のいちずな探究をおく、ということにある。……われわれの実証的研究は、どのような場合もその本質において、存在するものの体系的評価に限定されなければならない。なぜならそれは、存在者の最初の起源やその究極的使命の発見を断念するからである。しかしそれだけでなく、この諸現象の研究は、どんなにしても絶対的なものになることはなく、……つねにわれわれの組織と状態に対して相対的なものに止まらなければならない、ということを洞察することも重要である。(18)」

けれどもコントは、認識の相対性を、認識理論の意味で現実性を客観化するさまざまな可能的作用の世界構成の問題として、把握しているのではない。むしろかれは、ただ科学と形而上学との抽象的対立を主張しているにすぎない。古い実証主義は奇妙にも、一方では世界を真の、不変で必然的な存在者の領域、他方では移ろいやすく偶然的な現象の領域へと分ける、形而上学が画示した区分に、無批判に固執している。ただ、事物の本質に向うと自称した理論と反対に、この実証主義は、仮象であることが暴露された本質性の国――つまりほかならぬ想像物に自分は興味がないと宣言するのである。反面、純粋な理論によってなおざりにされてきた現象の領野は、いまや科学の対象領域を表わすことになる。実証的なものという名の下に、これまで無価値だった現象に対して、独占的な実在性が主張される。形而上学の本質的諸規定は、なまの事実および事実間の関係に較べて非本質的であると宣言される。こうして形而上学的伝統の諸成分は、依然として保存され、それらは実証主義の論争の中で、ただその位置価だけを交換する。たしかに、この議論の根底には次のように正しい観察がある。それは、近代的経験科学の発生とともに古い形而上学の実体概念は、関係の概念によって代替され、存在者全般を写すといわれていた諸理論は、さまざまな経験的規則性を因果的に説明する諸理論にとりかえられてしまった、ということである。しかし、このような事態に対する実証主義の解釈は、依然として、それ自身形而上学にとらわれている。形而上学は、宇宙と人間精神の交流を考察し、存在者のコスモスと人間のロゴスとの間の対応関係を仮定したが、これに対して実証主義は、「どのような場合も絶対的なものの代わりに相対的なものをおく[19]」ことを誇りとする。本質的諸規定と観照との親和性に対抗して、実証主義は、もう一方では、存在と意識とを必然的に不均衡なものとする。「われわれのさまざまな理論的手段が必ず不完全であることを認識すれば、われわれは、何らかの現実的存在を完全に探究できるどころか、ただごく皮相的にすべての現実的存在を……確認する可能性すらも決して請け合えない、ということがわかる[20]。」

逆説的なことに、古い実証主義は、形而上学の提唱する諸命題を無意味であると宣言しながら、同時に本質と現象、世界の全体性と絶対的知識、偶発的多様性と相対的認識の間の形而上学的対立の内部を運動するべくいつも強いられている。その形而上学批判は、大哲学の教説と内容的に対決するまでに至らない。コントは、形而上学によってたてられた問いに立ち入ることをはじめから拒否している。これらの問いは反省されずに、破棄される。実証主義は、決定可能な問いの範囲を事実の説明に制限するので、形而上学的問いは、議論からはずされる。コントは、このために「論議不能」という表現を選び出す。イデオロギー批判は、すでにかれにおいて無意味さの容疑という形態をとっている。合理的に決定できない意見は、もともと反駁することもできない。このような意見は、信念問題において実証主義がかたくなに主張する中立性に抗することができず、消えてしまうであろう。「疑いもなく、アポロやミネルバの非存在や、中東の魔神あるいは他のさまざまの詩的創造物の非存在を論理的に証明した者は、これまで誰もいない。そのことは、古い信念の諸命題が人間精神の全体的状況についに対応し

なくなったときに、人間精神がそれらを決定的に放棄する妨げには少しもならなかった。」(21)

実証主義は、形而上学と対決することなく、形而上学の地盤を奪う。すなわち、それは、形而上学的諸命題は無意味であると宣言し、いわば見捨てられたその諸定理がひとりでに「すたれてゆく」にまかせる。それにもかかわらず、実証主義自身は、ただ形而上学的諸概念の中でしか自らの考えをわからせることができない。実証主義は、これらの概念を反省せずに排除するので、それらの概念は、その実体的な力をまだその敵の上にも及ぼしている。

この見かけ上の逆説の意味は、論証の経過から明らかになる。諸科学の科学主義的自己理解は、科学理論として支配権を手に入れて、哲学的な認識概念に取って代わる。認識とはとりもなおさず科学的認識のことである。科学は、まずその対象領域によって他の認知的はたらきと区別される。この科学の対象領域は、さらに研究の方法論的諸規則によってのみ規定される。しかしこれらの規則は、前批判的な認識理論の個々の教説を科学方法論の平面に投影することによって獲得されたのであるから、それらの規則が科学を規定するために役立つのはただそれらが、科学に関する暗黙の先行的理解の下で選択された場合だけである。この先行的理解は、科学が形而上学に対して自らを区別することから批判的に生じたものである。しかし認識理論の追放以後、科学と形而上学を明白に境界づけるため自由に使える準拠系は、流通を停止された形而上学的準拠系しかないのである。われわれはすでに、三段階法則が科学の規範的概念を歴史哲学的に導入するのを見た。それは、認識理論を科学理論によって代替することを可能にした背景的イデオロギーを表わしている。もちろん、科学理論が諸科学の方法論という形で一度確立した後には、これを基礎として、科学と形而上学の境界づけという形で科学を体系的に規定することも可能であるにちがいない。認識の意味を反省する道が断たれ、科学の意味が現実の模写というモデルによってすでに決められているから、残されたものはただ、その根底にある客観主義を解釈する可能性だけである。科学は、事実および事実の関係を記述するという点で形而上学と区別されるとすれば、科学と形而上学の境界問題は、事実の実証性をどのように取り扱うかという問題になる。見捨てられた認識理論は、未解決の問題で復讐する。そしてこの問題はいまや、皮肉にも復活された事実的なものの存在論によって片附けられなければならない。

エルンスト・マッハの要素論は、科学の対象領域を実在性がもっぱら認められる領域として是認する実証主義の試みの顕著な一例である。実証主義の事実概念は、しかし、形而上学的仮象の背後にある世界に対する批判的な立証責任を負うことによって、はじめて存在論的品格を保つのである。一方では実体形相や純粋な構造、物そのものと異った物の本質などがその中で確認されてきた領域が打ちこわされ、現象の領域に引き戻されなければならない。しかしそれと同時に、この移ろいやすく偶然的なものの領域は、ただこれらの廃棄されたカテゴリーに助けられてのみ、本来のそして唯一の実在性として画示されるのである。このディレンマは、事実的であることと、すなわち事実性《ファクティツィテート》の概念の中にはっきり現われている。この概念の中には二つのもの、つまり直接に与えられたものという平明な意味と、それを前にしてはかつて形而上学が志向した本質も空虚な仮象となって四散するような真の存在という強調された意味とが押しこめられている。後期のシェリングにおいて用意され、キルケゴールによって歴史的人間の「実存」に対して要求されるものの変種が、それとなく実証主義の中に見出される。すなわちマッハの後継者モーリッツ・シュリックの言葉に従えば、ただ一つの現実が存在するだけであり、「そしてこれがつねに本質である」。実証主義の事実概念においては、直接に眼の前に見出されるものの存在が本質《エッセン》的《ティエーレ》なものであると主張される。マッハの要素論は、世界を事実の総体として説明すると同時に、事実を現実性の本質として説明する試みである。

事実は感覚的経験において明白に与えられる。それと同時に事実は、間主観的に眼の前に在るものの紛れなさと争いがたさを備えている。事実の事実性は、主観的知覚の確実性と同時に、ある事態が外的に、すべての主観に対していやおうなしに存在することを証言している。事実には、自我の中の感覚の直接的証言力と、自我から独立な物体ないし物がもつ迫真性という二つの契機がまつわりついている。そのためマッハは、現実的なものの概念を、現象主義と物理学主義のこちら側で構成することを許すような、事実の基礎を探し求める。事実を証言するものは感覚と物体である。これらは、いくつかの要素から組み立てられているが、これらの要素は、心的なものと物理的なものについてのわれわれの区別とは無関係である。物体の世界に属する物も、われわれがそのつど自我として確認する、肉体に附着する感覚と同じ要素から構成されている。マッハは、「要素」と「感覚」という言葉をほとんど同じ意味で使っている。しかし、かれの一元論的な行き方の眼目は、要素が、自我との関係においては、感覚であるが、しかし相互の関係においては物体の標識である、ということにある。

「私は、自分の物理的状態をすべて、それ以上分解できない要素に解体することができる。すなわち色、音、圧力、熱、匂い、空間、時間等々に。これらの要素は明らかに、私の（肉体的）環境の外にある状況とともに、この環境の内部にある状況にも依存している。この第二の場合に、そしてその場合に限り、われわれはあの要素を感覚と呼ぶ(22)」。

マッハは、次のような実例を挙げている。「たとえば色彩は、われわれが、照明する光源（他の色彩、温度、位置等）に対するその依存性に注目するならば、物理学的対象である。しかし、もしわれわれが、網膜（知覚する自我の要素）に対するその依存性に注目するならば、それは心理的対象、つまり感覚である」。そしてここから次のように結論する。「従って、物理学的研究と心理学的研究との間に存在する大きな間隙は、習慣的な型にはまった考察法にとってのみ存在するものである。……二つの分野において異るものは、素材ではなく、探究の方向である(23)」。そうなれば、いずれの場合も色から主観的な性質が払い落とされている。われわれが物体という言葉を使うにしても感覚という言葉を使うにしても、二つの研究は、どちらも物理学主義の準拠系の内部ですすめられていく。けれども要素論は、たんにこの余り面白くない研究方策上の意味しかもたないのではない。要素論の本来の意向は、われわれが、それを認識理論的問題設定を回避するための実証主義的な方策という視点の下で捉えるとき、はじめて明らかになる。

もし経験論学派が仮定するように、現実を構成する諸要素が感覚であるとすれば、感覚はつねにすでに意識の地平において与えられているから、意識の機能を否定することは、困難であろう。そうなるとおそらく意識内在の立場というものが頭をもたげ、そこから、マッハの発展にとって重要な意味をもっているバークリーの例が示すように(24)、観念論的結論が現われることであろう。それではしかし、実証主義の求めている真に実在的なものとしての直接所与という基礎は、再び手から滑り落ちてしまう。現実性の要素は、感覚ではなく、それらを自己の内で関連づけている意識であるということになる。事実は、事実の背後にある構成に再び繋留され、それゆえ、形而上学的に解釈されなければならないであろう。もし感覚論の道を行けば、マッハは、はからずも認識理論へ逆戻りしてしまうことになる。しかしながら、対象に対する認識主観の反省的優位は、実証主義にとっては後退に見える。もし現実性が諸事実の総体を表わしているとすれば、われわれは、自我が感覚の相対的に恒常的な、しかし偶然的な複合体であり、われわれから独立に存在するすべての事物と同様に、要素から発生したと考えなければならない。マッハに従えばわれわれは、未分析の自我複合体を要素的感覚の統一および基礎として捉える認識理論的な思考の圧力に屈してはならない。

「一次なものは自我ではなく、要素（感覚）である。……要素が自我を構成する。……もし諸要素（感覚）の連関を知るだけで満足せず、この感覚の連合をもっているのは誰なのか、誰が感じるのか、と問うならば、われわれは各要素（各感覚）を、分析されない複合体に従属させる古い習慣に敗れることになる。そしてそれとともに、知らず知らずのうちにもっと古い、より低次の、より制約された立場に逆戻りしてしまう。よくひとは、特定の主観の体験でないような心的体験は考えられないということを指摘して、これで意識の統一の本質的役割を証明したと思っている。……そうなれば同様に、いまの世の中に……存在しない物理的過程は考えられない、と言えることになるであろう。しかしこの環境の……捨象は、いずれの場合にもわれわれに許されているはずである。……はっきりとした主観を認めたくないような下等動物の感覚を考えてみるがいい。主観は感覚から構成されるのである。そして次に、それが感覚へ反作用するのである[25]」。

マッハは、認識主観を物象化して、諸事実の中の一事実にしてしまう。それは、諸事実を自我へ逆に関係づけることによって、これらを決して派生的なものとして捉えることのないようにするためである。マッハは、意識を、それからはじめて自我のようなものが発生する諸要素に還元したいと真剣に考えている。しかしそうなると、これらの要素は、もはや意識の相関者として、従って感覚として捉えることはできなくなる。それにもかかわらず、要素の事実性は、感覚的確実性によって証明される。それゆえ、実証主義の事実概念は、諸要素に、知覚する主観を抜きにし、感覚的明証の形式を与えなければならない。

「内的世界および外的世界全体は、あるいはゆるく、あるいは固く結合した少数の同種の要素から合成されている。これらの要素はふつう感覚と呼ばれる。しかし、この名称の中にはすでにひとつの一面的な理論が存在しているので、われわれは端的に要素と言うことにしたい」。[26]

それ自体としては、現実性は、諸要素およびこれらの要素の結合の全体として存在する。われわれにとっては、それはわれわれの自我と交流する物体の集合として存在する。われわれは、「物体」および「自我」という記号の下に、特定の実践的目的に対して相対的に恒常的な諸要素の結合をまとめている。この物体と自我という区分は、仮りの方向づけのための応急処置である。それは、自然的な世界把握に属している。実践的な目標設定を超越する科学は、これらの生活の便宜上の図式を破壊し、それらのたんに主観的な効力を見抜く。要素の集合および諸要素の結合という点から見れば、「物体」と「自我」は決してはっきりと境界づけられない。科学的な世界把握が知っているものは、ただ事実と事実間の関係だけである。そして、認識する意識そのものもまた、この下に包摂されなければならない。

「それらが個人のみならず人類全体に対して高い実践的意味をもっているため、『自我』および『物体』というまとめは、本能的に重視され、しゃにむに出現する。けれども、実践的目的が重要ではなく、認識が自己目的となる特殊な場合には、この区分は不充分で、邪魔になり、根拠のないことが証明される」。[27]

実証主義に対して提出されている課題（すなわち、客観主義的に理解された科学を事実的なものの存在論の内に基礎づけること）をマッハの要素論が解決できるのは、要素論が唯物論的にふるまうからではなく、むしろその平板な唯物論が、可能的認識の客観性の主観的条件についての認識理論的問いを切り捨てるからである。要素論がみとめる唯一の反省は、認識主観への反省をみずから止揚するために使われる。要素論は、「この主観の自我を空無とみなし、それをたえず交替する諸要素の一時的結合に解体する」[28]方策を是認する。この方策は、自然的生世界のさまざまな虚構を暴露し、そしてそれに結びついている反省が八百長であると中傷する。

この主観性の平坦化に対応するものは、本質と現象との区別の均一化である。ただ事実のみが存在する。この強調された意味における事実とは、物体界と意識の構成要素に具象化された感覚であり、宇宙は、それによって、いわば隙間なく満たされている。結局のところ、感覚は、直接的にまた確実に与えられるものであり、それと同時に紛れもなくまた異論の余地なく客観的なものである。マッハは、感覚を即自《アンジッヒ》にまで対象化する。諸事実の現実性とは、完全に物象化された意識の世界である。こうして、考えられるどのような形の超越も撤収される。素顔の事実性は、本質と現象、存在と仮象の対立を知らない。なぜなら、事実そのものが、本質《エッセンツ》に高められているからである。

「赤い、緑色の、暖かい、冷たい等の要素は、私の環境の外に存在する状況に依存する点において物理的要素であり、私の環境の内部の諸条件に依存する点において心理的要素であるが、しかしそれらが、この二通りの意味で直接に与えられ、また同一であることは確かである。このような要素を考察してみると、この単純な状況においては、仮象と現実への問いはその意味を失ってしまう。この場合、われわれは、実在的世界の要素と自我の要素とを同時に前にしているのである(29)」。

「仮象と現実の対立という通俗的思想は、科学的・哲学的思索に非常に強い影響を与えてきたものである。……しかしこの思想は、とことんまで考えられなかったので、われわれの世界観に不当な影響を与えてしまった。世界は、われわれもその一部分であるというのに、われわれから完全に引きはなされて、はるか遠方に押しやられた(30)」。

要素論は、現実性を諸事実の全体として把握する。物および意識の単一性は、例によって生活の便宜上の虚構であることが暴露され、事実の複合に還元される。しかしその際、われわれは、事実間の合法則的関係を記述する科学そのものをも欺むくことができない。科学は第一のものであり、科学の客観性の諸条件への反省によって乗りこえることのできないものである。科学主義的概念形成のためにマッハが提案する、普遍的なカテゴリー的枠組は、その含みとして、科学そのものの疑問視を禁止している。認識の客観性は、認識主観の地平から把握されるのではなく、もっぱら客体の領域から引き出される。要素論は、反省に対する科学の優位を基礎づける。反省が意味をもつのは、それが自己自身を否定する場合だけである。

「われわれの体験の分析が要素にまですすんでゆくことは、『根拠づけられない物』および『測り知れない自我』という二つの問題を最も単純で、最も透明な形にし、このことによってそれらが偽の問題であることをわからせるという利点を主にもっている。その探究が総じて意味をもたないようなものは、切り捨てられるので、専門諸科学によって実際に探究可能なものが、その分だけさらに明瞭に浮び上る。すなわち、それは、諸要素の多様で全面的な相互依存関係である[31]」。

この客体領域の規定は、科学を形而上学に対して境界づける規準としては充分である。その志向からみて、事実および事実間の関係を記述しているすべての命題は、科学的とみなされる。科学を形而上学から区切る実証主義の規準は、事実の模写である。

もっとも、事実の概念が要素論によって明瞭にされるのに反して、認識そのものの機能は、依然として不明瞭なままである。マッハはただ、反省を反省自身に向け、形而上学の主観的諸条件を解体し、さまざまな前科学的図式を破壊するためにのみ、反省を要求するから、かれが、真理の定義のために立てることができるのは次のような客観主義的原則だけである。われわれの「知的欲求は、思想が感覚的事実を完全に模写できれば、ただちに満足する[32]」。事実的なものの存在論の枠内では、認識はただ否定的にこう規定されるだけである——取りあげられる事柄のコピーは、主観的不純物によって曇らされてはならない、と。認識行為そのものに対しては、伝統的な模写実在論の陳腐なきまり文句が依然使われている。「すべての科学は……事実を思想において表わすことを目指す」[33]。他の箇所で、マッハは、事実に対する思想の適応という言葉も使っている。かれは研究を、意図をもった思想の適応と呼ぶ[34]。この場合マッハが念頭においているものは、事実に対して思想が模倣的に適応することで、有機体がその環境に適応することではない。

要素論は、現実の広範な解釈を提供し、それと同時に、認識については最小限の規定で満足する。要素論自身の地位は、矛盾に満ちている。すなわち、それは、諸事実の総体が科学の対象領域であると説明し、科学を事実のコピーとして形而上学から区分するから、科学を超える反省を、従って自己自身をも、是認することができない。要素論は、科学の反省形式であるが、しかし科学を超えるすべての反省を禁止する、科学の反省形式である。マッハは、それを次のように言い逃れる。「これによって、何か新しい哲学や新しい形而上学が創り出されるのではない。それは、相互に連繫しようとしている実証的諸科学の現在の努力に答えるものである」[35]。けれども、マッハは、決して補助科学としての方法論だけで満足してはいない。実際、かれは、現実とは取りあげられる事柄の総体である、と説明している。かれは、科学的地位を要求することが許されないすべての言明を原理的に消去できるように、事実の事実性の意味を規定する。この点から見ると、要素論が、反省の幻想を破壊し、認識を科学に制限する反省であることは、明らかになってくる。しかしこの反省は、認証された対象領域を科学にゆずりわたすので、自らを止揚することしかできない。従って、それは、どれほどその権利を請求しようとも、それ自身はすでに科学ではありえない。

次の問題は、依然として残されている。すなわち、実証主義が科学の理論に好都合なように認識理論を中止するのは、実証主義が認識をもっぱら科学の実績だけによって測るからであるが、この実証主義の科学主義的前提の下で、どのようにして——もしわれわれが、科学の対象領域に関する情報をただ科学そのものによって入手するとすれば、どのようにして要素論は、すべての科学に先立って、科学のこの領域そのものに関する言明を行ないうるというのか。他方われわれは、対象領域そのものをあらかじめ知っていて、事実を模写する科学と形而上学とをいつでも区別できる状態にあるときはじめて、確信をもってこの情報をたんなる思弁から分離できるのである。要素論は、ただ事実的なものの存在論という道を通ってのみ、科学の科学主義的基礎づけに達することができる。しかし、この科学は、あらゆる形式の存在論を無意味なものとして排除する。この循環は客観主義によって覆い隠され、そしてその客観主義は、認識の自己反省の無反省な禁止として表明される。それとともに、認識は現実性をコピーする、あるいは事実を思想の中で模写するという、言外に語られている常識の認識理論が、可能な懐疑から免疫化される。この認識理論の中には、要素論の成立過程と現在の地位とがよく示されている。

マッハは、物理学と自然科学的方法による心理学とを模範として選び出している。というのも、これらの科学的地位が、充分に合意を通じて信頼できるものだからである。この二つの科学を、マッハはひとつの平面に投影するが、それは両者が共約的となる準拠系を手に入れるためである。こうして得られた、物理学および同時代の実験心理学の可能的対象の最も普遍的な諸規定の集約の結果が、要素論の根本仮定である。要素論は、一般に経験科学的分析の客体とすることのできる事実の総体を規定するから、従って、それとしては科学を形而上学に対して境界づけるために役立っている。ところがマッハは、あの模範的諸科学の対象領域の、カテゴリー的枠組および測定操作への依存性を調べて、それによって方法と研究技術とによる事実の構成作用を追求する代わりに、集約され一般化された準拠系を実体化して現実自体の構造にしてしまう。現実を捉えるための規則は、この現実の上に投影され、再解釈されて、事実的なものの存在論になる。

このようなやり方が是認されるのは、ただわれわれが最初から、その科学性に関して合意の成立している模範的科学は現実を充分に、在る通りのものとして記述している、と仮定しているときだけである。それは、客観主義の根本仮定である。この仮定は、物理学のような模範的科学が唯一の信頼できる知識のカテゴリーであり、そのことを認識の事実上の進歩が証言している、という確信に支えられている。この科学主義的信仰が、科学的情報は現実を記述的に捉えるという客観主義的仮定を、勢いづけている。しかしその信仰は、経験的・分析的研究の対象を構成されたものとして捉え、また対象領域に対する客観化作用の先験的諸条件を独立量として捉えることが無意味であるように思わせる。客観主義を前提すれば、むしろ眼の前に見出される模範的諸科学の一般化された準拠系こそ、存在論的に解釈されて、認識主観とそのすべての認知的はたらきとがそれなりに経験的にそこに還元されうる基底を与えているのである。最近の実証主義は、マッハが提案するこの解決を心理主義的であると非難している。しかしこの論証は、徹底的な心理主義批判の水準においてさえもその中心的視点について見れば、規約主義に与しない陣営の中では、再三に行なわれている。

認識とは現実のコピーであるという、前科学的な認識解釈をドグマ化する客観主義は、科学の準拠系による現実の方法的な対象化に基づいて確定された次元に、現実への通路を制限する。客観主義は、この準拠系のア・プリオリな性格を見抜くことを禁止し、またそれの認識一般の独り占めに疑いを抱くことを禁止する。しかし、いったんこの洞察や疑惑が生じれば、科学理論の客観主義的制限はたちまち崩壊する。誤った結果に導く存在論化を断念しさえすれば、われわれはすぐに、与えられた科学的準拠系が認識主観と現実との交互作用の結果であることを理解できるのである。

この自己反省する科学理論の次元に最初に立ち入ったひとは、Ch・S・パースである。かれはディルタイと同様に、明らかにカントの問題設定と用語法を継いでいる。パースは、自分が認識理論の姿勢で科学方法論を押しすすめていることを、はっきり意識している。それどころか、かれは、「認識の理論《セオリイ・オブ・コグニション》」という表現をドイツ語から言葉通り借りてくるのである。(36)

第五節　チャールズ・サンダース・パースの研究論理学

——言語論理学的に復活される普遍実在論のアポリア——

パースは、古い実証主義の客観主義的姿勢にはおぼれない。このためには多分、かれが哲学的伝統をよく知っていたこと、特に中世末期のスコラ学的議論とバークリーおよびカントをよく知っていたことが役立っているにちがいない。しかし決定的なものは、はじめから主導的な、実証主義の根本経験に対する反省である。方法的に保証された、自然科学的認識の進歩は、カントに認識一般の先験的諸条件を探究するきっかけを与えた。それは、またコントと実証主義者たちを導いて、認識を全般的に科学と同一視させることになった。この経験の体系的な位置価は、パースにおいてはじめて明らかにされる。科学の進歩は、たんにわれわれを心理学的に動機づけて、科学を模範的認識として重視させるだけではない。むしろ、進歩そのものが科学の模範的特質である。間主観的に承認された、理論的自然科学の認識の進歩は、体系的にも、近代科学を知識の他のカテゴリーに較べて際立たせている特徴である。

パースを古い実証主義からも、新しい実証主義からも区別しているものは、次の洞察である。それは、科学方法論が明らかにすべきものは、科学的理論の論理的構造ではなくて、われわれがその助けによって科学的な理論を手に入れる操作の論理学だということである。われわれがある情報を科学的と呼ぶのは、たとえその妥当性に関して最終的合意が得られないにしても、しかし最終的一致をめざして、自由で持続的な合意が得られるときであり、ただそのときだけである。近代科学の真のはたらきは、第一義的に、われわれが実在性と名づけるものに関する真の言明、従って正しいと同時に的確な言明を産み出すことにあるのではない。科学がさまざまの伝統的な知識のカテゴリーと異っているのは、むしろ、われわれが抱く見解に関して、このような自由で持続的な合意を得る方法によってである。

「科学的研究は次の点で（他の）種々の方法と原理的に異っている。それは、研究の達する最終的結論の性質が、いつまでもはじめから、最初の意見の状態と無関係に、あらかじめ決められていることである。二人の人間になんらかの問題を別々に研究させてみればいい。もし研究の過程が充分に長ければ、二人は一致するであろう。そしてこの一致は、それ以上いかに研究しても崩れることはないであろう(37)」。

われわれはどのような時点においても、それまで行なわれた研究の個々の成果のどれが最終的妥当性を主張できるかを示すことはできないけれども、しかし科学的方法は、充分に定式化された問いであればどれも、研究過程がもし充分長くつづけられるならば、必ず最終的解決を見出すはずであるという確信をわれわれに抱かせる。したがって科学的言明の地位は二つの契機を内包している。すなわち、その方法的連関は、すべての個々の言明の修正可能性、ならびに現われてくるどの科学的問題に対しても最終的解答が与えられる原理的可能性を保証しているのである。

パースは、これまでどの陣営からもまともに異論が立てられたことのない近代科学の認識の進歩という事実だけから出発する。かれは、次のように推論することによって、この事実を原理的事象に変える。――われわれが認識と呼ばれる見解に達するために通るべき道は、研究過程の制度化とともにそれだけで決定される。われわれがそれらを認識と呼ぶのは、ただそれらの見解が、自由にまた持続的に間主観的な承認を得ているからにほかならない。もちろん、研究過程が全体としては完結してない限り、われわれは、妥当な結論全体の中で真な言明を偽りの言明から最終的に区別することはできない。しかし、われわれは認識の進歩という事実を信じているから、事情は次の通りでなければならない。われわれがそれに関する真な情報を得た実在領域の範囲は、研究の進歩に応じて拡大してきた。そして将来のすべての研究は、そこでは妥当な見解がすべて実在性に関する真な言明となる、時間的には不定だが、原理的には予想できる状態に向って収斂する――。

とはいえ、パースがこのように主張することができるのは、かれがひとつの見解、すなわち、まさに科学的認識の事実的進歩という仮定に対して、いますでに、最終的妥当性を要求する場合である。ところで、この意見に関してこれまで自由な合意が成立しているという事実は、決してそれだけで将来の修正を排除するものではない。他方、パースは次のような議論を用意している。――われわれは、理由づけられ間主観的に承認された見解を、その妥当性が予測しなかった経験によって疑問視されない限り、真であるとみなさなければならない。方法的に故意に、懐疑のために懐疑しようとすることは抽象的である。従来も研究過程は、認識の進歩はあるという確信の中で続けられてきた。どんな事実もこの解釈を揺がさなかった――。しかし、原理的懐疑を排除するこの常識による論証は、厳密に考えれば、われわれは自己統御された累積的学習過程の有効な作用を当てにしてよいというプラグマティズムの仮定を、すでに前提しているが、しかしそれこそ、いま議論の的になっているものである。

バークリーの著作集のある版の書評の中で、パースはこの基本的信念を次のように説明している。

「人間の思考や意見は、すべて恣意的で偶然的な要素をふくんでいる。この要素は個人の状態、能力、好みなどが個人に与える限界に依存するもので、要するに誤謬の要素である。しかし人間の意見は、一般に長い眼で見れば、最終的な形に向って行くのであり、それが真理である。誰か一人の人間に問題に関する充分な情報を与え、思想家のようにそれを充分に分析させてみたまえ。そうすれば、かれは、他のすべてのひとびとも充分恵まれた環境の下であれば達するであろう結論と全く同じ特定の最終的結論に達する、ということが帰結として明らかになるであろう。……それゆえ、どのような問いにも真の答え、最終的結論が存在しており、どの人間の意見も、たえずこれに向って引き寄せられるのである。人間が、少しの間この答えから外れることはあるかもしれない。しかし、かれにもっと多くの経験と熟考する時間を与えてみたまえ。かれは、しまいにこの答えに達するであろう。たしかに、個人の生命は（完全な）真理に達するのに充分なほど長くないかもしれない。というのは、個々人の意見の中にはいつもいくらか誤謬が残っているからである。それでもなお、全体として長い眼でみたときに人間精神がそこに向ってゆく最終的意見が存在するということ（が前提されていること）は、少しも変わらない。すでに多くの問題においては、最終的な意見の一致をみている。もしそのために充分な時間が与えられれば、すべての問題において、最終的一致がみられるであろう[38]」。

パースは、認識の進歩の経験から、人類の集団的な方向をもった学習過程へと移行するが、この学習過程は、組織的研究の水準ですでに方法的形態をとっている。その際、かれは、科学的方法が研究の合法則的進歩を保証するという事態を仮定する。この仮定は、たしかに事実上、まともな異論のないものである。しかし、もしパースがこの仮定の異論の余地のない明白さを証明しようと思えば、かれは、制度化された認識の進歩の可能性の諸条件を方法論的に明示しなければならないのである。この意味で、かれの科学理論は、科学の進歩の論理を明らかにする試みとして理解することができる。

パースは、科学の方法論を論理学的研究の形で展開する。かれはこの場合、論理学という概念を独自に使っている。この概念は、記号間の形式的関係の分析、従って言明および言明系の論理的形式に限定されないが、またカントによって開かれた認識理論の次元に遡行するのでもない。研究の論理学は、いわば形式論理学と先験的論理学との中間に立っている。それは言明の妥当性の形式的諸条件の範囲を超えているが、しかし認識にとって本質的な、先験的意識一般の諸規定には達しない。研究の論理学が展開するものは、真理の方法論的概念である。それは、実在性に関する真な言明が獲得される規則を解明する。「論理学とは、真理についての教説、つまり真理の性質ならびにそれが発見される仕方についての教説である」[39]。研究の論理学は、先験的論理学と同様に、認識の構成連関に及んでいるが、しかしこの論理的連関は、研究過程として、経験的諸条件の下で実現される。「科学は、われわれにとってひとつの生の形式を意味している」[40]。研究過程の中では、記号の論理的結合と行動の経験的結合とが合体して、ひとつの「生の形式」となるのである。

「近代科学のすばらしい成功が何に帰せられるかを考えるとき、この成功の秘密の鍵をにぎるためには必然的に科学を生きたものとみなさなければならない、と私は考える。従って、科学を、すでに得られた知識としてではなく、真理の発見に従事するひとびとの具体的生活とみなさなければならない」[41]。

パースは、科学を方法的研究の地平から把握する。そして研究をひとつの生の過程として理解する。従って、研究の論理的分析は、先験的意識一般のはたらきにではなく、研究過程を全体として荷う主観のはたらきに、すなわち共通の課題を交信《コムニカチーフ》的に解決しようと試みる研究者たちの集団に向けられる。

「……それゆえ、われわれが分析すべきものは悟性の本性ではない。ただ二、三の能力が存在して、一般に、悟性が研究を遂行するはずのものであるとすれば、それらの能力が必ずどの悟性にも属している限り、われわれはこれらの能力を考察しなければならない」(42)。

他方、研究の論理学は、研究過程を世界構成的な生の実践として理解することにより、先験的論理学の姿勢にも多くのものを負っている。それはもはや、認識を認識主観から切りはなすことができる実在性の記述とみなす客観主義的な姿勢に、逆戻りできない。パースは、諸科学の客体領域としての現実性が研究過程の諸条件の下でこそはじめて構成される、ということを見抜いている。かれは、事実の存在論化に対しては免疫をもっている。ある言明について科学的な方法の助けによって自由で持続的な合意が作り出され、そしてそのような言明だけが、真なものとみなされるとき、実在性とは、われわれがそれに関して最終的見解を得ることができるような事態の総体以外の何ものをも意味してはいない。現実とは、ひとつの先験的概念である。しかし、可能的経験の対象の構成は、先験的意識のカテゴリー装置によってではなく、自己調整的な累積的学習過程としての研究過程のメカニズムによって確定されているのである(43)。

パースは、急いで次のように強調する。方法論的な真理概念に対応するこの研究論理学的な現実の概念は、どのような観念論をもふくんでいない、と。認識できない実在について語ることは無意味であるにしても、現実は、われわれの事実的認識と独立に存在するのである。

「こういう実在性の見方は、実在の諸性質を、結局はそれらについて考えられる事柄に依存させている限り、われわれが考えた実在性の抽象的定義に全く反する、というひとがいるかもしれない。しかし、答えはこうである。一方において、実在性は、必ずしも思考一般から独立である必要はない。それはただ、君や私、あるいは特定数のひとびとが、実在について考える事柄から独立であればいいのである。他方、最終的意見の対象は、この意見がどのようなものであるのかに関係があるが、しかしこの意見がどのようなものであるのかは、君や私、または他の誰かが考える事柄とは無関係である。われわれのもつ偏狭さやその他の性質が、この最終的意見の確定を無限に引きのばすことはあるかもしれない。それどころか、これらの性質が、気ままな命題に対して、人類のつづく限り普遍的な承認を与えることすら考えられよう。しかしたとえそうであってもこのことは、研究が充分に長くつづけられたその結果としてのみ得られる確信の性質を、少しも変えはしないであろう。たとえ、現在の人類が滅亡して、研究能力と素質をもった別な人類が生れたとしても、かれらが最後に到達するであろう意見は、あの真な意見と同一であるにちがいない。……研究の最終的結果として生じる意見は、あるひとが事実上どのように考えるかということとは無関係である。実際に存在するものの実在性は、むしろ、もし充分に長くつづけられさえすれば研究は、最後にあの実在性についての確信に達するように定められているという、実在的な事実に依存しているのである」(44)。

研究論理学的な実在性の概念は、カントの先験的な自然概念からもコントの実証主義的な事実的世界の概念からもかけ離れている。その準拠系はむしろ、現在妥当している見解の疑問視とともにはじまる研究過程であり、そして疑問のない見解を得るための、従って現われてくる懐疑を新たな確実性によって消去するための、信頼に足りる方策を準備する研究過程である。たしかに、われわれがもっている見解全体を疑問とする方法的懐疑は抽象的である。なぜなら、われわれは、疑問視されない確信の地平においてのみ、自分たちの仮定の特定の部分を、そのつど研究過程にかけることができるからである。しかしわれわれは、それが最終的に妥当するものであり、将来も決して疑われるものではないという確実さを原理的にもってよいようなひとつの見解を、ア・プリオリに確かめることができない。全称的な懐疑に代わるものは、潜在的に普遍的な懐疑である。この懐疑にしても、それからはどのような事実も原理も取り出されはしない。従って、思惟には認識可能なものとしての実在性の存在が対応しているが、この思惟は、どのような絶対的始源も確固とした基底も、よりどころとすることができない。「思惟が第一原理ないし究極的事実に基づいていなければならないという考えは、誤っている。なぜなら、われわれは、自分たちが疑いようもないものの背後に遡ることはできないが、決して疑えない何か特殊な事実あがると仮定することは、非哲学的であろうから(45)」。

パースは、合理論的な根源の思惟と同様に、経験論的な根源の思惟にも反対する。感覚的知覚の明証を、われわれは究極的所与と思いこんでいるが、それは、最高真理の明証を究極的基礎づけと思いこむのと同様である。もしわれわれが、直接的なものに達する直観的通路をもっているとするならば、われわれは、端的に確かな直観と論証的認識とを区別すべきであろう。しかし、直観的認識の真の起源に関する論争は、決して満足すべき合意に達しなかった。このことは、われわれが直接的なものを納得のゆくように確証する直観的能力をもっていない、ということである。そこでパースは、先行する認識によって媒介されない認識は存在しないと結論する(46)。認識過程は、あらゆる段階で論証的である。パースは推論の鎖《チェイン・オブ・リーズニング》という言葉を使っている――「しかしこの鎖のはじめと終りははっきりと識別されない(47)」。他の命題によって理由づけられることなしに、それきりで原理として妥当しうるような基礎的命題も存在しないし、われわれの解釈と関わりなく直接に確実であるような、知覚の究極的要素も存在しない。最も単純な知覚でさえ判断の所産であり、言いかえれば隠れた推論の所産である(48)。

われわれは、解釈の加わらない事実といったものを、意味のあるように考えることができない。それにもかかわらず、われわれの解釈の中に現われてこない事実が肝要である。一方では、われわれがありとあらゆる仕方で依拠している経験的基底は、そのいずれも隠れた推論による解釈に媒介されている。どれほど痕跡的な推論であろうと、これらの推論は、表示的記号に拘束されている。それゆえ、知覚もまた、すでに記号的表示の次元で動く。[49] 他方において、経験的基底は、全面的に思惟によって媒介されているわけではない。記号的に拘束された推論過程は、それが従っている論理的諸法則は別として、さまざまな情報の供給に依存している。この過程は、内在的に循環するのではなく、さまざまな経験的衝撃をうけ入れる。もしそうでなければ、パースは、おそらく思惟と偶発的に経験される現実性との間の差異を、観念論的に放棄したにちがいない。たしかに、すべての認識は論証的であるから、われわれは思惟しながら、媒介の次元から外にとび出すことはできない。われわれの推論をその前提へ逆にたどって行ってみても、われわれは、依然として自分たちの解釈の作用圏にとらえられている。つまり、一見究極的なデータも、再び解釈へ分解される。けれども、疑問とされた古い見解を承認された新しい解釈へ変換する過程は、ただ独立した最初の刺戟物によってのみひきおこされる。そしてこれが、誤った解釈に対する実在性の抵抗を証言し、思考過程のきっかけに転化するのである。

この構想は、新たな水準においてであるが、「物自体」の問題を呼びもどすひとつの難問に達する。研究論理学的真理概念は、言明の妥当性を合意獲得の方法によって拘束するから、前述のように、言語論理学的な現実概念に到達する。これは、実在性を、原理的に、説得的な推理の形で表示できる事態の領域に限定している。もしもこの意味で、「存在」と「認識できること」とが同一とされるならば、物自体のカテゴリーは無意味である。

「われわれには、絶対に認識できないものという概念はない」[50]。しかし他方、われわれの推論的思考の解釈の中には直接的なものが受容されている。たとえそれが、この中で無媒介なものとして、究極的所与として、表示されることはないとしても。もし経験的基底を全面的に媒介すれば、これは、現実の事実性とこの特殊な質とを自己の内で循環する思考過程の内在の中に吸収してしまうことになるが、このような媒介に反対してパースは、記号的に媒介されない単一の最初の刺戟物の独立性を主張しなければならない。「実在」に関するわれわれの言明はすべて、ある程度はこの刺戟物に根ざしているにしても、これに「実在性」を与えるわけにはいかない。パースがその方法論的真理概念から導出する実在性概念は、明白に究極的で無媒介なものについてのどのような思考をも禁止している。それにもかかわらず、この無媒介なものについてはこう言われている。それは「分析できないもの、説明不可能なもの、非精神的なものとして、われわれの生を貫く連続的流れの中を」流れている[51]。直接に現前する意識状態に、事実性と現実性と質的多様性が繋留されているはずである。ところが、これらは、何ものも表示しないから、実在性の中に対応物をもたない。連続的な意識流のたんに私的な規定にのみ対応するものは、「実在的」ではない。パースはこの難問に正面からぶつかっている。

「どんな瞬間にも、われわれは二、三の情報をもっている。言いかえれば、先行する認識から帰納と仮説によって論理的に導出される認識をもっている。この先行する認識は、あまり普遍的でなく、明瞭でないし、それについてわれわれは、あまりいきいきと意識していない。この認識はこの認識でさらに別の、もっと普遍的でも明瞭でも、いきいきともしていない認識から導出されている。こうしてそれは、完全に単独で、完全に意識の外にある、観念的なはじまりにまで遡ぼる。この観念的なはじまりは、特殊な物自体である。それは、そのものとしては存在しない。言いかえれば、悟性と関わりがないという意味でそれ自体であるような事物は全く存在しない。しかし、悟性と関わりのある事物は、たとえこの関係を無視しても、疑いもなく存在するのである。こうしてこの帰納と仮説の無限の系列(それは論理的な遡行においては無限であっても、連続的過程としては時間的なはじまりをもっている)を通って、われわれのところまで達する認識には二つの種類がある。すなわちそれは、真な認識と真でない認識、あるいは実在的な客体の認識と実在的でない客体の認識である。それでは、この実在的という言葉は何を意味しているか。われわれがこの概念を最初に所有せざるをえなかったのは、非実在的なもの、つまり幻想が存在することを発見したときである。言いかえれば、それは、われわれがはじめて自分の考えを訂正したときである。さて、ただこの事実だけに基づいて論理的に要求される区別は、私的な内的諸規定に関わるもの、つまり特異体質から生じる否定に関わるもの（ens）と、長い眼で見ても存続するであろうものとの間の区別である。それゆえ実在的なものとは、情報と推論的思惟とがおそかれ早かれ最後にそこに落ちつくであろうもの、従って君や私の思いつきから独立なものである[52]」。

パースは、先験哲学の意味での物自体を否定する。つまり、たしかにわれわれの感官を触発するが、しかし可能的客観性の先験的諸条件の下でたんに現象し、そのものとしては認識されない現実性を否定する。「現実的な」という述語は、われわれがそれに関して真な言明をすることのできる事態と無関係に、解明可能な意味をもつものではない。それゆえ、ともかく情報の供給源として仮定されなければならないあの「観念的なはじまり」も、実在とみなすことはできない。というのも、主観的体験の流れは、それに関する一般的合意をひきおこすことのできる普遍的諸規定に較べれば、偶発的な事柄だからである。真理は公共的である。たんに私的に、そのつどの個別の主観にとってのみ妥当する規定は、実在と関わることができない。個人的な特異体質と無関係に妥当し、その間主観的妥当性を、任意に何度でも繰り返される懐疑に対抗して主張する確信のみが、現実の事態を表示する。それゆえ、われわれは、単一的な感情の表出や全く私的な感覚に存在そのものを帰着したり、それらを現実の基礎にまで高めたりすることはできない。それらは、ただ記号的に媒介された推論の中に流入し、解釈の成分となる度合に応じてのみ、認知的内容を得ることができるし、それとともに真あるいは偽であることができるのである。

この論証は、説得力をもつが、しかし提起された問題を解決しない。なぜなら、あの観念的なはじまりは、たしかに物自体としては考えられないにしても、無などではないからである。現実の事実性と特殊な質は、むしろそれに依存している。その上、感官の触発と特異体質とを同一段階に並べることは、無意味である。あの心的現象は私的意見ではない。というよりも一般に意見の地位をもたない。それらは、志向性の敷居のこちら側に止っている。しかし、それにもかかわらず、これらが、あらゆる志向性の基盤をなしているのではないだろうか。現実的な体験は、知覚と判断の隠れた推論に入りこむ情報の、そして思考過程の中で決定的確信にまで加工される情報の源泉ではないだろうか。たしかにただ「この最終的意見に基づいて、存在していると考えられるもののみが実在的であり、そうでないものは無である。それならば、われわれの外部にある事物の、感官を触発する能力とは何であるのか[53]」。

古い認識理論の形而上学的落し穴である実体化の危険を避けるため、パースは、この問いをかれの研究論理学的準拠枠の中で改めて定式化しなければならない。実在性は、現実性に関する真な言明の中に現われるすべての可能な述語の総体として、もはや先験的な意識一般の構成的はたらきによって規定されるのではなく、原理的に有限な推論と解釈の過程を通じて、研究過程にその時どきに加わるひとびとの集団的努力によって規定される。妥当な、それゆえ普遍的にまた持続的に承認される確信の宇宙へ方法的に前進するために、あの現実的体験の中に現われる感官の触発力は、現在通用している意見を疑問化し、疑問のない確信の獲得を誘発する機能をたしかにもっている。それゆえ、現実の事実性と直接的質とが主張されている感官の触発は、古い解釈を新しい解釈へ変形する永遠の機縁である。しかし、この場合この事物の触発する力は、われわれがこの事物に存在そのものを負わせてならないのであるから、偽の言明を修正し、真な言明を生み出すように動機づける実在性の強制力以外の何ものでもない。

「それで、われわれの外に対象が存在し、それはわれわれの感官に力を及ぼす限りにおいて対象として認識されるという主張は、人間の思考の歴史の中には普遍的一致、すなわち万人の同意（catholic consent）へ至る普遍的な流れが存在するという主張と異らない[54]」。

単独の感覚および感情の質的直接性の中に体現される実在性の強制力は、現実を真な言明の形で構成するきっかけである。しかし、この強制力は、それ自身としては実在性に属さない。そうとすればしかし、われわれはどのようにしてそもそもこの強制力について何かを語ることができるのであろうか。われわれがその意味を説明しているものは、現実性をもたず、従って真な見解の対象ともなりえないようなものであるから、われわれは、実は再び物自体の概念をこっそり使っているのである。これに対してパースは、われわれがその動機づける力に従い、研究過程をおしすすめ、実在性に関する真な言明を形成するに応じて、実在性の強制力が弱くなると、反論することもできたであろう。実在性の強制力とは、この場合には、研究過程の理念に対する相補概念となるであろう。それは、すべての認識可能な事態の総体としての実在性に対比して、ある与えられた時点でわれわれの見解と実在性との間に事実上成り立っている不均衡を表わすのである。けれどもパースは、このような論証を行なわない。かれが試みるのはむしろ言語論理学的正当化である。

もしパースが、上述の意味での論証を行なっていたとすれば、かれは言語論理学的に理由づけられた「物自体」の否定を研究論理学的に取り戻さなければならないということを、意識したであろう。非志向的な経験内容の記号的表示への変換は、整合的なプラグマティズムが研究過程の論理学の枠組の中でのみ展開することのできる、ひとつの綜合の成果である。これに反してパースは、かれの言語論理学的な現実概念の水準において、すぐさまこの問題にとりかかってしまった。それというのも、もし実在性が可能な真な言明の全体によって定義されるのであれば、そしてこの言明が記号的表示であるのならば、現実の構造が言語の構造との連関において解明されない理由など到底あろうはずもないからである。

さて、われわれは、言語の二つの機能を区別することができる。すなわち、それは表示機能と指示機能である。パースが実在的と呼ぶものは、真な命題の中に現われるすべての述語の表示体である。上述の場合に真な述語が帰せられる個別の対象は、指示体であり、――これらは、そのものとしては、意味上の内容に属さない。このようにすれば、現実性に関する言明の述語的内容の中に入ることのできない現実の契機を、言語論理学的に名指せるようになる。パースは、記号の指示的使用を構成している「力」と、記号の意味上の内実をなしている普遍的諸関係とを区別する。現実性の事実性は、どのような言語的内容にも対応しない。従って、われわれは、直接それについてどのような言明もすることができない。しかし、それは、間接的には把捉される。というのも、それは、言語の指標機能に関係づけられるからである。

とはいえ、言語の指示機能の相関者と、認識理論上の諸連関の中でわれわれの外部の事物によって感官の触発とわれわれが呼んでいるものとは、完全に一致するものではない。たしかに記号の指示的使用において諸事実の事実性、従っていきなり主観と出会う存在の純粋な迫力は、証言されるが、しかし、単一の意識状態の中にも現前するあの内容的な質はそうではない。実在性の強制力は、たんに事物一般の抵抗の中にだけでなく、特定の解釈に反対する特殊な抵抗の中にも表出されている。それは、事物の事実性のほかに内容的契機を含んでいるので、それなしには情報の供給ということも考えられないのである。そのためパースは、記号的に媒介された認識の表示機能および指示機能にならんで、さらに第三のカテゴリー――ほかならぬ純粋な質――をためらわずに導入する。

「従って……思考には三つの要素が存在する。第一に、思考を表象たらしめる表示機能。第二に、ある考えを他の考えに関係づける、純粋な指示的使用あるいは実在的結合。そして第三に、考えにその質を与える素材的質、あるいはこう在るという感情（どう感じられるか《ハウ・イット・フィールズ》）である(55)」。

他の箇所には、表示、指示、質という三つのカテゴリーがすべて同様に言語の機能から得られたことを容易に推測させる定式化が見出される。記号は、表示するシンボル、指示する指標《インデクス》、模写する模像《イコーン》として現出する。

「さて、記号そのものは、三つの関係をもっている。第一に、それは、ある思想との関係における記号であり、この思想がそれを解釈する。第二に、それは、ある客体に対する記号であり、この客体にとって記号は、あの思想と同じ意味をもっている。第三に、それは、ある観点あるいは質における記号であり、この質が、記号をその客体に結びつけている(56)」。


この第三の言語機能が、どの点で最初の二つから区別されるのかを知ることは、容易でない。イコーン的記号使用の例として、彫刻または肖像を考えてみると、たしかに、両者はふつうの言語記号ないし命題と次の点で異っている。それは、記号の事物的基体が特定の徴表を指示された対象と共有しており、従ってわれわれが相似関係を確認できるという点である。しかし、それにもかかわらず、このようなイコーン的記号が果している模写機能は、表示機能の特殊な場合にすぎない。われわれは、発生的に、表示作用を模写作用の抽象化と考えることができる――しかし表象作用《レプレゼンタチオーン》は、両者である。質が表示作用および指示作用と区別される、言語構造の第三の独立の規定であるのは、ただそれが、記号の事物的基体そのものに関係している場合だけである。数ページ後には、こう書かれている。

「記号は指示された物と同一ではないから、……それは当然、もともと記号に属していてその表示機能とは何の関係もない二、三の徴表を、もっているにちがいない。これを私は、記号の素材的質と名づける。このような質の例として、たとえば》man《という言葉では、三つの『書かれた』文字から成り立ち、二次元的で凹凸をもたないという事実が考えられる(57)」。

この意味で考えれば、たしかに質は言語記号のある性質の規定である。しかし、そのイコーン的使用連関から純化されたカテゴリーは、もはや言語の機能を少しも記述しない。それは、実在性概念の言語論理学的解明には何も寄与しない。というのは、言語のカテゴリーとしての「質」がこの連関で意味をもつのは、ただそれが、直接的なもの、すなわち記号的表示へ媒介される非志向的な経験内容を保証する限りにおいてだからである。直接的なものの言語論理学的な捉え難さは、まさに、それが単一の感覚において与えられ、そしてこれらの感覚がそれ自体としては全く非合理的である、という点によく示されている。

「なんらかの他のものと全く比較できないもの……はすべて全く説明不可能である。なぜなら、説明するということは、事物を普遍法則あるいは自然的分類のうちに納めることだからである。従って、どのような思想も、それが特殊な感情である限り、端的に、究極的で説明不可能な事実である(58)」。

単一の現象としての意識状態は、どのような認知的内実ももたない。それは、有機体が自己の環境に反応する際の心的現象であり、何物をも表示していない。パースは、この構造が、解釈されない事実は認めることができないという、かれの要請に矛盾していないと考える。

「なぜなら一方において、感覚はわれわれがこのような反省を行なう時間をそもそももつ前に消えてしまうから、われわれは、決して、『これが私にとって現前している』と考えることができない。他方、感触の質がいったん消えてしまえば、われわれは、それを決して本来あったままの姿で呼びもどすことはできない、ないしは、それだけで現われた通りに認識することはできない。それどころかわれわれは、われわれの意識の一般理論から推論する以外の仕方では、この質の存在を発見することすらできない。しかしその場合にしても、われわれはこの質をその固有の姿で発見するのではなく、意識の中に現前しているあるものとしてのみ発見するのである。けれども、現前しているものとしてはどの感情も、ほかの感情と同じであって、なんの説明も必要ではない。なぜなら、それは一般的なものしかふくんでいないからである。そうすると、われわれが実際に感情について言明できるものは、すべて説明不可能なのではなくて、ただわれわれが反省的には認識することのできないあるものだけが説明不可能なのである。こう考えればわれわれは、媒介されたものを無媒介的にするという矛盾におちいらない。結局、現前している現在的な思想（これはたんなる感情である）はなんらの意味、なんらの知的価値ももたないのである。なぜなら、意味とは、現に考えられているものの中にあるのではなく、この考えがそれにつづく他の考えによって表示されることによってこの考えと結びついてくるような、その事柄の中にあるからである。それゆえ、ある思想の意味は全く潜勢的なものである[59]」。

こうしてパースは、一般化された感情表出つまり「感情《フィーリング》」と、志向的内容を少しももたず表象作用となりえない直接的な心情の動き、つまり「情緒《エモーション》」とを区別する。これに応じてパースは、感覚を二重の局相の下に眺める。感覚は、単一の心的現象としては有機的な生命過程に属するが、認知的内容としては記号的に媒介された推論過程に入る。

「このように感覚も、それが何かを表示する限りでは、論理的法則に基づいて、先行する認識によって規定されている。これは言いかえれば、これらの認識が、ある感覚の生じるであろうことを規定している、ということである。しかし、感覚が特殊な種類のたんなる感情にすぎない限り、それは、説明できない、隠れた力によって規定されている。そしてその限り、それは表示ではなく、表示の素材的質にすぎない(60)」。

そうすると論議の的になるのは、ほかでもなく、個別化された単一の状態に結びついている心的現象が、すでに解釈の成分となっている記号的に一般化された感覚に対してどのような関係にあるのか、ということである。パースは、前述の箇所でこれに言語論理学的な答えを与えている。単一な感覚は、

「いかなる表示でもなく、表示の素材的質にすぎない。なぜならば、定義から定義された対象へと推論する際に、論理学者にとって定義された言葉のひびきや文字の数はどうでもいいのと全く同様に、このわれわれの体制に制約された言葉の場合も、それがそのものとしていかなる感情を表わすかは内的法則によっては規定されない。だから感触は、感情として精神的記号の素材的質にほかならない(61)」。

パースは、記号的表示に対する非志向的経験内容の関係を、言語のモデルによって捉えようとする。両者の関係は、ちょうど記号的内容に対する記号の事物的基体の関係と同じである(62)。しかし、前記号的に絶えず流入する情報内容が、どのようにして記号的に媒介された推論過程の中に入りこむことができるのかというわれわれの問題に対して、このモデルがいくらかでも役立つのは、われわれが記号の質をたんに記号の基体としてだけでなく、同時に、相似関係によって規定された模像として、つまりイコーンとして把握している場合だけである。前述のように、模写機能は表示機能の特殊な場合にすぎないから、このようなやり方をすれば、われわれは心的現象に対して、まさにそれがもたないもの、つまり記号的内実をまさしく不正入手してやったことになる。質の概念は、一方では単一の感覚において直接性の契機を言い当てているとされ、他方において、すでに基本的な表示機能を内包しているといわれる。このような「質」を、言語論理学的に導出しようとする試みが挫折するのは、当然で

ある。質が記号の基体に対応しているとすれば、それはイコーン的でないし、それが模写的性格を保持しているとすれば、表示的記号に分類されるにすぎない。そしてそれは、もはや直接的ではない。従って、質は、事実性と同じようには言語構造から導き出されない。事実性が言語の指示機能と結合されうるのに反して、質に対しては、単一の感覚や感情における、事物のあり方の表出についての言明を言語論理学的に立証できるような等価物は何もないのである。現実性（すなわち、すべての真な表示体の全体）および事実性（すなわち、すべての的確な指示体に共通するもの）という二つの次元によって言語論理学的に捉えられた実在性の概念は、どのようにして思考過程がたえず流入する前記号的な情報内容を摂取するのかを納得させるには充分でない。長い間に意見の一致をひきおこすさまざまな推論は、単一の感覚と感情から栄養を採っている。それらの推論は、たんに事実が眼の前にあるのかどうかだけでなく、どのような事実が眼の前にあるのかを指示している。直接的な質のこの層は、言語論理学的な現実概念には手がとどかないところにある。それゆえパースは、この概念を存在論的に拡張するか、あるいは言語の次元から研究論理学の準拠系へ逆戻りして、推論の論理的規則を、研究過程の客観的連関の中での世界構成の規則として分析するかしなければならない。

パースは、両者を企てている。しかしかれは、この二つの視点が一つにまとまるはずもないことを明瞭に意識していない。存在論的解釈の方はカテゴリー論の形をとり、ここでは実在性の根本規定は、もはや言語の構造から読みとられるのでなく、現象学的に導入される。(63) 後期のパースの存在論について、ここで詳しく述べる必要はないであろう。ただ、われわれの興味をひくものは、パースをまず研究論理学的真理概念に対する言語論理学的現実概念の自立化へと導き、次に言語論理学的ゆき方の存在論的完成へ、まさしくそのカテゴリー論へ導いていった理由だけである。この動機は、物自体の解消に関連する問題を、すなわち普遍実在論の復活を考察するとき、明らかになる。

パースは実在性という言葉を、真な言明の総体に対応するものと理解している。かれが真と呼ぶ解釈は、任意に繰り返えされる追試に耐え、そして長い眼で見て間主観的に承認される解釈である。この現実の定義から、パースは次のような結論を出すことができる。すなわちすべての実在するものは認識可能であり、そしてわれわれは、実在性を認識する場合に、それを在るがままに認識する、と。従って、普遍的事態もまた存在しなければならない。唯名論の根本仮定は、パースの実在性概念とは合致しない。もちろん普遍的事態は、われわれがこの事態について語るカテゴリーと無関係には決して存在するものではない。「物の真な概念と物そのものを区別するということは……同一の物をただ二つの異った立場から見ることである。なぜなら、真な判断における思考の直接の対象が実在性なのである」。(64) パースは次の確信に到達する——実在性の存在と、実在性についてのわれわれの真な言明とは同一である。——カント的な「現象主義」は、物自体を除外すれば、パースにとって普遍実在論の諸原則と全く一致しているように見えたのである。

「明らかに、この実在性の見方は不可避的に（普遍）実在論的である。なぜなら、普遍的概念はあらゆる判断の中に、そしてそれとともに真な意見の中に入りこんでいるからである。従って、普遍者の形をした対象も、具体的なものの形をした対象と全く同じように実在的である。すべての白い事物の中には白さがあるということは全く正しい。なぜならこれは、別な言い方をすれば、すべての白い事物は白いということを言っているにすぎないからである。しかし、さまざまな実在的対象が白さをもっているということが真であれば、白さも実在的なあるものである。たしかにそれは、そのことを認識する思考作用の力ではじめて存在する実在物ではある。しかしこの考えは恣意的なもの、あるいは何らかの特異体質にもとずく偶然的な考えではなく、最終的意見の中でも成り立つであろう考えである。この理論は現象主義を内包しているが、しかしそれはカントの現象主義であって、ヒュームのそれではない[65]」。

パースはカントから離れまいとするが、それは現実を構成する普遍的諸関係が、「すべての知的存在者の共同体」がもつであろう可能的な真の解釈との関係においてしか、有意味には考えられないからである。他方、物自体の解消によって、見方を移し変えて、たんに現実性を真な言明の生成という先験的視点の下で考察するだけでなく、逆に真な言明の生成を、それ自体として存在する普遍的世界の現実性という存在論的視点の下で理解することが可能になってくる。

「この実在性の理論は、物自体を、すなわち意識がそれについてもちうる概念となんの関係もなく独立に存在する物の観念を、ただちに破壊する。けれどもそれは、感性的現象をたんに実在性の記号とみなすことを禁ずるものではなく、むしろそうするようにわれわれをはげますであろう。感性的現象によって表示されているこの実在性は、たんに認識不可能な感覚の原因にすぎないのではなく、感覚によって動かされる精神の活動の最終的所産であるノウメナあるいは英知的概念であろう。感覚の素材は、全く偶然的である。つまり、全く同一の情報が、実際は異った感官によって媒介されることもある。そして真理を構成する包括的同意は、決してこの地上に生きている人間、つまり人類だけに限られているのではなく、知性をもったすべての存在者の共同体に及んでいる。この共同体には、われわれが属しているだけでなく、もしかするとわれわれとは非常に異った感覚をもつ二、三の存在者もふくまれているかもしれない。従って、感覚的質の証言は、ただこのようにある種の感覚が触発されるということが承認された場合にのみ、あの合意に加わることができるのである[66]」。

真な言明において表示される事態の普遍実在論的自立化は、現実そのものの中に言語のモデルを想定する見解へすすむ。現実は、感官ごとに異る特殊な刺戟の多重性（個物）がおのおの、現在的な意識状態から独立に存在する普遍的関係を指示しているという意味で「記号的」である。この普遍者は、その偶発的特殊化によって表示されるが、それはちょうど、単語の意味が、言語記号として機能できる多様な事物的基体によって表示されるのと同様である。具体的なものが形づくる指示連関は、それ自体は主観的、無媒介的、偶発的、非恒常的そして偶然的であるが、しかしつねに同一の客観的な、すべての英知的存在者の共同体にとって必然的で不変な、普遍的概念を示している。つまり、われわれは、具体的な感覚的諸現象を通じて、実在する普遍者へ「連れていかれる」のである。

明らかに、実在性の構造に関するさまざまな存在論的言明は、それを通じてわれわれが実在性を認識する媒介過程を説明している。しかし一方では、この実在性の概念は、当初ただ、最終的に妥当する言明の累積的な獲得を保証する研究過程の相関者としてのみ導入されたのであった。この出発点を想い出しさえすれば、パース的な普遍実在論が元来は方法論的な問いの存在論化である、と見抜くことはたやすい。普遍と特殊の関係の問題は、たしかにパースにとって伝統の外部で、すなわち決して論理学的・存在論的問いとしてではなく、方法論的真理概念との関連において、研究論理学の問いとして提起されたのであった。自然科学の事実上の認識の進歩に感銘をうけて、パースは真理を次のように定義していた――普遍的命題もまた真でありうる、そして特に普遍的命題は真でありうる。すなわち、研究過程が完了する以前には、すべての個別的見解の最終的妥当性についてはどんな確信も不可能である。それにもかかわらず諸科学の進歩に比例して客観的には、研究過程の終りまでその妥当性が全般的にはもはや修正されないような、さまざまな見解が累積してゆく――「たとえわれわれは、何らかの特殊な事例においてこのことが実際その通りだと、絶対に確信はできないとしても」(67)。このような事態から、パースは普遍者の存在を推論するのである。「……われわれの認識はどれも絶対的に規定されていないので、普遍者は実在的存在をもたなければならないことが結論される」(68)。

科学の進歩という事実に誘われてパースは、普遍的命題の真理性をもっぱら研究過程全般の予想される終局に関連づけて規定しているが、同時にこう仮定もしている――われわれは、客観的にはこの過程の完了以前であっても、少しずつ度合を増して真な言明に達しつつある――これらの言明が個々にもつ真理の状態について、主観的には不確実であるとしても。もしも事態がこの通りであるとすれば、たとえわれわれにとってこの手続きの効力が充分説得的でなく、せいぜい公算が大きい程度であるにしても、即自的には、われわれは、有限個の単一な事例から普遍的事態を推論できるはずである。研究論理学的にみれば、綜合的推論は可能なはずである――これが、パースがかつて普遍と特殊の関係の問題に突き当った方法論上の脈絡である。

普遍実在論的見解には、綜合的推論の可能性を存在論的にひと目で納得させるものがある。――それはほかでもない次のような見解である。普遍はたんに認識主観の構想としてのみならず、それ自体において存在し、しかもこの普遍は具体的な諸事例の「中に」存在し、これらの事例は普遍を「指さしている」。――他方において、研究論理学的行き方に強いられてパースは、方法論的真理概念から導出された実在性概念へ向う。かれは、普遍的諸概念の存在を、それらが定式化されている一般的言明に定着させなければならない。こうしてパースは、どうしても普遍実在論を、研究論理学的に転化された先験哲学が確保している諸原則に合致させなければならなくなる。しかし実際には、かれは、言語論理学的に狭められた実在性概念を研究論理学的な出発点から切り離すのであり、そして次のように断定することで満足している――現実は一般的言明の文法形式を条件として構成される、と。この前提の下では、普遍実在論の形而上学的把握がメタ言語学的把握に変形されるようにみえる。しかし言語先験主義の限界は、前述のように、直接的な質的多様性という契機において明らかである。存在者が存在者についてのわれわれの解釈から独立であることは、事実性の契機とともに、この契機によってはじめて保証されるのである。それで結局は、言語論理学の代わりにカテゴリー論が現われなければならないが、これは、暗黙のうちに先験的行き方を捨てて、まだこっそりとではあるにしても、存在論を復活する。しかしこの基礎の上では、パースが当初方法論的真理概念から帰結し、こうして科学の進歩の事実の説明として理解していた概念と事象の同一性は、もはやヘーゲルと大して変わらない観念論の意味においてどうにか基礎づけられるにすぎない。パースは、こういう帰結をかれの後期哲学の中であからさまに引き出しはしなかった。しかし、私の考えが正しければ、後期哲学を支配する、観念の漸次的具象化という考えは、絶対的主体としての自然という困難な概念を避けることができない。それゆえ、われわれは論証の研究論理学的な出発点に戻ることにしよう。

　綜合的推論の可能性の諸条件は、研究過程そのものの次元で探究できるものである。つまり、普遍と特殊の関係の問題を性急に、方法論的水準から存在論的水準へ移す必要はない。もちろんこの場合、問題は別な形で立てられる。すなわち、その枠の中でわれわれは個物の中に普遍を捉えることができ、有限個の単独の事例から普遍的命題の妥当性を推論することができるように現実が客観化される、その研究過程の先験的諸条件は、どのような性質であるのか、という形である。この先験的視点の下では、普遍実在論の言語で普遍者の存在について語ることは有意味ではない。むしろ、われわれは、研究過程とともに設定された枠の内部で可能的経験の対象を構成するのであり、その結果として、現実が普遍と特殊の特定の組み合せの形で開示されるのである。この組み合せは、研究の進歩が論理的に依存しているいくつかの推論操作に従って示される。

第六節　自然科学の自己反省

——プラグマティズム的意味批判——

パースが推論過程というのは、ある命題からの他の命題の論理的な導出という狭い意味においてではない。むしろ「推論《リーズニング》」という言葉は、われわれがその助けによって実在性に関する真な言明を手に入れる論証にまで及んでいる。推理（inference）の論理的諸形式といっても、それは分析的に正しい命題を演繹的に獲得する諸規則ではなく、綜合的に適切な言明を方法的に達成する諸規則である。研究論理学的にみて必然的な推論形式とは、それに従えば、次々に供給される情報を条件として、ある言明を別な言明に変換することができる諸規則である。もちろん個々の情報はすべて、それ自体またこの種の、少くとも隠れた推論に還元できるにちがいない。なぜなら、われわれは最高原理も、究極的事実も当てにすることができないからである。それにもかかわらず、もしそれ自体で存在する実在に関する言明を特徴づけているあの二つの契機を、すなわち質的に新しい内容と命題の事実的妥当性とを保証するものが情報の供給であるとするならば、疑問となった信念を妥当な解釈へ変える転換は、非志向的な経験内容を記号的表示に変える、いわば滲透的な変換を可能にする諸規則——すなわち綜合の諸規則に従って、遂行されなければならない。

　パースは三つの推論形式を区別する。すなわち演繹、帰納、推定である。演繹は、或るものが必ず特定の状態をとるはずだということを証明する。帰納は、或るものが事実上そのような状態にあるということを証明し、推定は、或るものが多分そのような状態にあるということを証明する。推定は、われわれの知識を拡大する論証形式である。それは、われわれが新しい仮説を導入する際に従う規則である。その限り、研究過程を前進させるものは推定的な思考だけである。われわれは、演繹的に仮説から、初期条件に助けられて帰結を引き出す。われわれは、仮説を個々の事例に適用し、そしてもしその仮説が適切ならば生じるはずである現象の予告を演繹する。われわれは、この予測が確証されるかどうか、そしてどのような確率で確証されるかを、帰納的に検証する。研究過程が仮説の事実的有効性を追試する限り、帰納は、真の研究過程の論理的形式である。分析的には有効な推論形式である演繹も、科学の進歩の論理という視点の下では最も重要でない推論形式である。なぜなら、われわれには、演繹的な仕方ではどんな新しい情報も手に入らないからである。(69)

研究論理学的にみて重要なものは、推定と帰納である。経験から供給される情報は、この道を通ってわれわれの解釈の中に入りこむ。現実に関するわれわれの理論の内容は、推定的に新しい仮説の発見によって拡大される。他方において、われわれは仮説と事実の合致を帰納的に制御する。

「推定は、説明仮説の発生過程である。それは、なんらかの新しい観念を導びき入れるただひとつの論理的操作である。なぜなら、帰納は、ただたんに純粋な仮説の価値を規定するだけであり、演繹は、その必然的帰結を引き出すにすぎないからである。……それ（推定）を是認させる唯一のものは、演繹が帰納によってテストされうる予言を引き出せるのはただ推定的推測からであるという事実であり、また、一般にわれわれがあるとき何かを経験したりあるいはある現象の意味を理解したりしているとすれば、それは必ず推定によって生じているという事実である(70)」。

推定的推論は、パースのカテゴリー論が一次性《ファーストネス》ないし質として把握する、あの言語論理学的には捉えられない現実の契機にかかわっている。帰納的推論は、現実の事実性という他の契機に関わっているが、この事実性は、言語の指示機能に対応しており、のちに二次性《セカンドネス》のカテゴリーとして出現する。

「われわれは推定から得られた仮説に基づいて演繹を行なうが、この演繹は、われわれの将来の経験に関する条件づきの予言を生み出すのである。すなわち、われわれは演繹的にこう推論する――もしこの仮説が真であれば、将来起こるであろう何らかの特定の種類の現象はこれこれの性格をもつはずである。これに続いて、われわれは一連の実験に準じたことを行なうが、それは、この予言をテストし、仮説の価値を最終的に評価するためである。この最後の操作を、私は帰納と呼ぶ[71]」。

パースは演繹という分析的な推論形式を、いわゆる綜合的な推論形式である推定および帰納から区別する。論理学的には、これら二つの形式も必然的に推論のバリエーションとみなされる。三段論法の第一格第一式を演繹の典型的な例示として挙げるとすると、われわれは、大前提の普遍命題を法則仮説と、小前提の個別的事例をこの法則仮説の初期条件の表現と、そして最後に帰結を予言とみることができる。私は、この予言を法則から、ある事例（原因）の帰結（結果）として演繹する。パースが推定というのは、私が演繹的に法則と事例から帰結を導出するのでなく、帰結と法則から事例を導出する場合である。この脈絡の中でわれわれが帰結という言葉で理解しているものは、現在妥当している解釈に基づいては予言できなかった、予見されない事実のことである。この事実が説明できないとすれば、それは、われわれがこの帰結から原因を推論することができるための仮説をもたないからである。それゆえ、推定の独自のはたらきは、帰結および法則から事例へのこの推論を可能にする適当な仮説を探し出し、考案する点にある[72]。最後に、帰納といわれるのは、われわれが演繹的に法則と事例から帰結を推論するのでも、推定的に帰結と法則から事例を推論するのでもなく、事例と帰結から法則を推論する場合である。この事例とは、実験的につくり出されるか、あるいは準実験的に選び出された、予測の諸条件であり、そして帰結とは、条件づき予測を裏づける実験の結果である。われわれがそれに基づいて事例から帰結を導き出し、あるいは諸条件から予測を導き出すことができる、あの仮説の有効性は、この二つから推論されるのである。

これら三つの推論式の研究論理学的連関は、研究過程を規定するその本旨を、すなわち長い眼で見れば実在に関する真な言明に達するというその本旨を満たそうとすればわれわれがそれに従って処置しなければならない、諸規則を表わしている。これらの規則がなぜ研究過程の目標を事実上保証しているのかを説明することは、それらを記述的に捉えるよりもはるかに難しい。演繹は、内在的に強制力をもって正しい言明へ導く推論形式であるが、この優位をその分析性に負っている。ということは、しかし、演繹はなんらの新しい情報ももたらさず、認識の進歩のためにはあくまで不妊であるということにほかならない。反対に、この進歩がそれに基づく綜合的な推論形式は、強制的ではない。すなわちわれわれは、なぜそれらが妥当なのかを、ア・プリオリには洞察できない。

「われわれが知っているのは、もしわれわれが信念をもってあの推論方法に頼るなら、全体として見ればわれわれは真理に近ずくであろう、ということだけである(73)」。

時折、パースは、推定と帰納の研究論理学的有効性に対する経験的説明を思案している。これらの、情報獲得のために生産的な規則は、有機体の行動の規則性のように、自然淘汰の結果であるのかもしれない。「どのようにこの能力の存在は説明されるのか。ある意味では疑いもなく、それは、自然淘汰によって説明される。人間のように精巧な有機体を維持するにはこの能力は絶対に必要であるから、それをもたない種属は、生き残れなかったのである。これで、この能力がこれほど広く普及した理由は説明される。……しかし、どのようにしてそれは可能となりうるのか」。けれどパースは、結局、論理的諸規則の有効性の問いは直接経験的には答えられず、まず先験論理学的な答えを必要とすることを知る。「諸事実はふつう、真な前提からの帰納的帰結や仮言的帰結が表示するようなありさまで存在しているが、それは何によってなのか。特定の種類の事実は、もしこれに対して一定の（論理的）関係にある事実が真であれば、ふつうは真である。その理由は何か。これこそ問題である(74)」。

この問いは、可能的認識の諸条件に対する先験論理学的問いである。そのことは、推定および帰納の有効性は形式論理学的に証明することも、経験的に（あるいは現実の構造を参照することによって存在論的に）説明することもできない、という点によく示されている。「一方において、蓋然的推論の妥当性は対象の規定、すなわち事実からは帰結できない。他方では、かかる推論は、事実がどうあるかにかかわらず妥当な、あの形式に還元することもできない(75)」。とはいえ、パースは、カントの問いをカント的準拠系の中で繰り返えしているのではない。かれが尋ねるものは、先天的綜合判断の可能性ではなくて、綜合的思惟一般の可能性である。カントは、かれがそれを手引きにして、いかにして認識は先験的に可能であるかを尋ねた綜合判断が、分析判断と同様に強制力をもって妥当すると仮定した。しかし、パースはただ次のように言うにすぎない――もしも全体としては偶発的な研究過程のようなものが可能であるとすれば、綜合的推論は事実上妥当しなければならない。われわれはいやでも現実を、長い間には成功する研究過程の相関者とみなさないわけにいかないから、一般に実在的なものが在るということによって、綜合的思考の事実的有効性を確信することができる。そしてこの思考の可能性の条件に対する問いは、「そもそもなぜ実在的な何かが存在するのかという問いと同じ意味をもつ(76)」。パースは、この問いがかれの実在性の理論によって答えられると信じている。

「問いというものは――自己自身の緊急性を主張するので――何かが存在することを前提とするから、もし実在的なものが何も存在しないとしても、すべての問いは、幻想だけは存在することを前提している。しかし幻想の存在でも実在である。なぜなら、幻想は、あらゆる人間に作用を及ぼすか、全く及ぼさないかのどちらかであるが、第一の場合には、それは、われわれの実在性の理論に従えば実在であるし、第二の場合も、幻想は、それがたまたま作用を及ぼしている個人を別にすれば、いずれの個人の悟性構造とも関わりがない。従ってこの場合、『なぜ或るものが実在的であるのか』という問いに対する答えは、次の通りである。この問いは、『或るものが存在すると仮定して、なぜその場合この或るものは実在的であるのか』という意味である。その答えは、ほかでもないあの存在こそ定義によって実在である、ということになる。……それで私は、通常の論理学の諸法則の妥当性に関して首尾一貫した理論を首唱することが可能であるのをはっきりと示した、とまず第一に主張する」(77)。

しかしパースの論議が堂々めぐりしていることは、容易にわかる。研究論理学的な現実概念とともに、パースは、ある事態の存在は綜合的推論から独立には考えられないということを、すでに前提している。それならば、どんな任意の事態からも、それがただ存在していると認められなければならない限り、あの推論式もまた妥当しなければならないということが帰結されるのは、当然である。ニイチェは、これと反対に、多元論の中ではその位置に応じた虚構から生じる実在性も充分に考えられることを証明する、遠近法的真理概念と非合理主義的現実概念を展開した。――この実在性は、原理的に任意な局相をもった多様性として構成されている。パースが実在性という言葉で理解しているものに対する、この反対概念と対照すれば、同語反復はすぐ明らかになる。もしわれわれが、実在性は研究過程が従っている諸規則から独立には構成されないという仮定から出発するなら、この実在性への参照は、研究過程の諸規則、すなわちあの二つの推論式の有効性を基礎づけるのに利用できない(78)。

今までに累積的な学習過程が存在したということ、そしてもしこの学習過程が方法的に研究過程として充分に長く続けられるならば、この過程は、実在性の完全な認識に達するはずであるということも、それらの規則の有効性について、さしあたり基本的信念以上のものを——それ以下でないとしても——保証するものではない。研究過程が事実上成就するための経験的諸条件の実現をあてにするという要請は、これに結びついている。しかしそれは、「諸事実はふつう、真な前提からの帰納的帰結と仮言的帰結が表示するようなありさまで存在しているが、それは何によってなのか」という問いに答えるものではない。

もしわれわれが研究過程を、現実の可能的客観化の準拠系とみるならば、この過程の論理的諸規則の有効性は、先験的諸規則の有効性でしかありえない。しかし他方において、それらの推論方式は、一概に先験的に必然的であると考えることはできない。なぜなら、それらは、普遍的に、すなわちつねにどこでも妥当するのではなく、たんに長い眼で見て真な言明へ達する方法の有効性を基礎づけているにすぎないからである。綜合的推論形式が可能にする諸帰結は、それらが必然的に真であるとか、あるいはその公算が大であるとかいうことによって是認されるのではない。それらの帰結が有効性をもつのは、もっぱら、それらが方法の——「もし研究者がそれにどこまでも従ってゆけば、必ずかれを真理に導くか、またはかれの推論が真理の極限値に近ずくようにこの推論を導くにちがいない[79]」ようなその方法の——成果であるという事情からである。研究過程の論理的諸規則は、決して先験的な必然性をもって可能的認識の諸条件を確定するものではない。さもなければ、それらの規則の中にふくまれている判断は、先天的綜合判断ということになる。しかし、ともかくそれらの規則は、それらが経験的諸条件の下で持続して行使されるならば、間主観的に承認された見解を徐々に増加するという、手続きを確定している。もっぱらこの方法だけが真な言明の達成を保証しているとすれば、あの諸規則は、方法の諸規定としては経験の可能的対象の先験的諸条件と同じ位置価をもっている。しかしこれらの規則は、後者のように、意識一般の構造からは導出されるものではない。それらはすべて、あくまで偶発的である。

妥当な見解に導くすべての方法のうちで、研究という方法が事実上最も成功した方法であることは、すでに実証ずみである。パースは、「科学的方法《サイエンティフィック・メソッド》」と並んで、他の三つの方法を論じている。かれは、それらを「固執の方法《メソッド・オブ・テイネシテイ》」、「権威の方法《メソッド・オブ・オーソリテイ》」、「先天的方法《アプリオリ・メソッド》」と呼ぶ。これらの方法は、すべてある長所をもっているけれども、どのようにすればわれわれは最もうまく最終的に妥当な見解へ達するか、すなわち、将来のどんな現象によっても疑わしくなることなく、むしろ裏付けられるような信念へ達するか、ということだけが評価の規準とみなされれば、これらの方法は、科学的方法に敵わない。研究過程の結論がどのような意味で「妥当」しうるのかは、この規準に懸っている。カントにおいては先験的意識の諸規定、つまり直観形式と悟性のカテゴリーが認識の客観性の諸条件ならびに言明の真理性の意味を規定しているのに反して、パースにとっては、このような真理概念は、研究過程の論理的諸規則からは明らかにならない。それは、研究過程がその中で挙示可能な諸機能を果している客観的な生の連関からはじめて明らかになるのである。この機能とは、意見の安定化、不確実性の消去、疑問のない信念の獲得——「信念の確定《フィクセーション・オブ・ビリーフ》」である。三つの推論方式は、客観的連関の中でこれらの課題を果すが、その連関とは目的合理的行動の作用圏である。なぜなら信念というものは、われわれがそれに則して自分たちの行動を方向づけることで、定義されるからである。「信念とは主に、行動に際して自分が信じる方式によって、自分を導びく覚悟がある、ということである」[80]。その際「信念の本質は……行動様式の整序である。異る信念は、それが生み出す異る行動様式によって互いに区別される」[81]。

信念は行動規則であって、慣習によって規定された行動そのものではない。信念の妥当性の規準は、行動の確実性である。すなわち、ある信念に御される行動様式が実在に逢着して挫折しない限り、その信念に疑問は残らない。ある行動習慣が実在の抵抗によって不確かになると、すぐさま行動制御の方針に対する疑念が生じる。習慣(habits)の動揺は、それに対応する信念(beliefs)の妥当性に対する疑念を呼びさます。そしてこの疑念は、挫折した行動をもう一度安定させる新しい解釈を見出すためのさまざまな努力を生み出す動機となる。[82] 綜合的推論の結果は、この目的合理的な、そして成果によって点検される習慣的行動の作用圏内で位置価をもつにすぎない。真な信念は、行動するひとによって点検される未来の行動の領域を規定するのである。[83]

妥当な信念とは、与えられた初期条件の下で条件づきの予測に基づいて、さまざまな技術的勧告に変換される、実在性についての普遍的言明である。これが、そしてただこれだけがプラグマティズムの実質である。

「プラグマティズムとは、直説法の命題として表現されるすべての理論的判断は思想の混乱した形式であり、思想の唯一の意味は――もしそれがそもそも意味をもつべきであるならば――それに対応する格律に有効性を与えようとするその傾向の中にある、という主義主張である。この格律は、条件文として表現されるべきであり、その主文章は、命令形をとる[84]」。

この根本仮定から、無意味な言明を消去させ[85]、曖昧な概念の意味をたださせるプラグマティズムの意味規準が導出される。しかし、パースがプラグマティズムと呼ぶものの、そして後に心理主義的誤解からそれを守るためにプラグマティシズムと呼ぶものの志向は、さらにそれ以上のものを目指している。重要なのは、意味の規準を導出することではなく、実証主義の根本経験への反省によって導かれる研究論理学の中心的な問い、すなわち科学の進歩はいかにして可能かという問いである。プラグマティズムは、綜合的推論形式の有効性を道具的行動の先験的連関からみて正当化することにより、この問いに答える。

信念は、さまざまな概念のうちに結晶化されている。これらの概念は、法則仮説の形式をもつ普遍的判断の形で展開される。この仮説は、さらに条件づきの予測としてそれらから導き出される帰結において説明される。概念の修正と拡張は、推論の諸過程の中で動いてゆくが、この過程の中で推定、演繹、帰納は互いに補い合い、相互に他を前提している。概念と判断が推論へ展示されるのと同様に、推論が判断と概念へ凝集されることもある。しかし、この「概念の運動」は絶対的なものでも、自己充足的なものでもない。それはただ可能的な、成果によって点検される行動という準拠系からのみ、その意味を得ているのである。その目標は、行動の不確実性の除去である。それゆえ、すべての論理的諸形式（概念、判断、推論）は、先験的必然的に、記号によって表示された普遍的諸関係のプラグマティズム的意味と関係づけられている。この関係づけの原型は、どのような事象が指示可能な、ということは原理的に言えば操作可能な諸条件の下で将来現われるか、という条件づきの予測の中に表現されている。それゆえ、言明の有効性の意味は、経験量の連関に対する可能的な技術的処理の度合によって測られる。それらの言明は「『したい行動《ウッド・アクツ》』に、習慣的行動の『したいこと《ウッド・ドゥース》』に」関連している。「実際に起こった事柄はいくら集ってもひとつの『ありたい《ウッド・ビー》』の意味を完全にみたすことはできない[86]」。これに応じて、仮説の目的もまた、成果によって点検される行動の確定と拡大となる。「その〔＝仮説の〕目的は、仮説を実験の検証にかけることによって、どんな番狂わせも避けられるようにすること、および決して失望させられることのない、積極的期待をもつ行動習慣を樹立することである[87]」。こうなると、あの三つの推論式は、道具的行動の作用圏にたんにあとからはめ込まれたものではない。むしろこの作用圏が、それらの有効性の諸条件を内包しているのである。ある箇所でパースは、ド・モーガンの言明論理学に反対して、こう論じている。「形式論理学は形式的でありすぎてはならない。それは、心理学的事実を表示しなければならない。さもないと、数学的遊びに退化する危険がある[88]」。これは、心理主義の立場で言われているのではない。なぜなら、パースは繰り返えしエネルギッシュに、志向性をもつ内容と心的現象との混同に対して抗議しているからである。しかしかれは同時に、論理的諸形式は、基本的な生過程の連関の中でその機能を果しているのであるから、この生の過程にカテゴリー的にも属している、と主張する。パースは、三つの推論式を、この意味で生の過程の諸機能として把握するのである。

演繹は、この意味において、「決意」と同じ位置価をもっている。演繹が達する帰結は、一般的行動規則の個別的事例への適用から生じる特定の行動反応で「ある」。「結果（三段論法第一格第一式の帰結の意味での）の認識は、機会が与えられれば特定の仕方で行動しようという決意の性質をもつ」(89)。パースは、成果によって点検される行動の循環過程が生の過程であることを強調するために、反射弧のモデルに従って生じる動物の行動反応と、推論過程に媒介された目的合理的な人間の行動との間にある類比を作り出している。

「実際、首を切った蛙の脚に刺戟を与えるなら、そこには第一式第一格の三段論法が潜勢的に見出される。求心性神経と遠心性神経の間の結合はひとつの行動習慣（神経的習慣《ナーバス・ハビット》）、つまり行動の規則を構成しているが、これは、三段論法における大前提の生理学的類比物である。刺戟によってひきおこされる、交感神経系内の平衡の阻害は、心理学的にみれば感覚であり、論理学的にみればある事例の出現に相当するものの、生理学的形式である。遠心性神経系を通っての放電は、心理学的には意志実現（volition）であり、論理学的には帰結の推論であるものの生理学的形式である。下等な神経分布の形式から最高の形式へと移行すれば、さまざまの生理学的等価物が容易に眼に入る。しかし心理学的な考察法においても、われわれはつねに次の諸契機を見出すのである。(1)行動習慣――これはその最高の形式においては理解であり、三段論法《バルバラ》の大前提に相当する。(2)感情(feeling)あるいは現在意識――三段論法の小前提に対応して。(3)意志決定（volition）――三段論法の帰結に対応して」(90)。

演繹が行動反応そのもの、すなわち「帰結」を導き出すのと同様に、推定は、行動を呼びおこす刺戟、つまり

「事例」を導びき出し、帰納は、行動を安定させる「規則」を導びき出すのである。パースはこの視点の下に、これらの推論形式に、それぞれ、行動圏の特定の要素を割り当てることは意味がある、と考える。推定は、予期しない結果に対して、この結果を説明する事例を遡ぼって推論するべく適切な規則を見出すが、これには感覚的要素が対応する。感覚的所与は、ただ見かけ上直接的であるにすぎず、推論過程の媒介によってのみ確認できるからである。帰納は、出来事（結果）の予測を初期条件（事例）から引き出すことを可能にする規則の妥当性を、事例と結果から推論するが、これには習慣的要素が対応する。すなわち、目的合理的行動の根底に存在する普遍的諸仮定は、たえずテストされている。この耐久テストに合格するゆえに、そしてその限りで、それらの仮定は、行動習慣として蓄積されうるのである。演繹は、規則と事例から結果を推論し、そして条件づきの予測の導出を可能にするが、これには意志的要素が対応する。すなわち、目的合理的行動の作用は、演繹の実現であると理解されるが、また反対に、演繹が、潜勢的に先取りされた道具的行動であるとも理解されるのである。(91) こうして三つの推論式は、道具的行動の作用圏内におけるそれらの位置価によって、はじめて相互の方法論的連関を獲得する。

この行動圏は、もっとも、静的に把握されているのではなく、累積的に進行する過程の枠組として把握されている。たしかに道具的行動は、経験的諸条件の下での規則に従った操作として把握される。そしてこの場合には、諸条件の確認に推定を、規則の習慣化に帰納を、操作の実施に演繹を割り当てることは、たしかに意味がある。しかし、推論という記号的過程と行動という事実的過程との連関は、われわれが、道具的行動を生存の外的諸条件の制御とみるときにはじめて明らかになるのであり、そしてこの制御は、ただ累積的な学習過程を条件としてのみ獲得され、また行使されるのである。すなわち、技術的規則に従うどのような行動も、同時にこの規則のテストである。成果によって点検される行動のどのような失敗も、同時に仮説の反駁であり、阻止された行動体系のどのような再編成も、それまで行使された技術的処理力とともに学習過程の成果の拡大である。研究はこの、道具的行動そのものとともにもう始まる前科学的な学習過程の反省形式である。研究過程は、むろん次の三つの附帯条件をみたしている。(1)それは、学習経過を生の過程から分離する。そのため、実施される操作は選び出された成果の点検に集中する。(2)それは、精確さと間主観的信頼性とを保証する。そのため、行動は実験という抽象的な、測定操作に媒介された形式をとる。(3)それは、認識の進行を体系化する。そのために、できるだけ多数の普遍的仮定が、できるだけ単純な理論的連関の中に統合される。これらの連関は、仮説演繹的な言明系の形式をもっている。

　われわれの学習過程のプラグマティズム的枠組が意識されている限り、仮説の形成は、条件づきの予測の導出およびこのような予言を手引きとする仮説の検証と同様に、行動と累積的学習との自己調節的な体系における必然的要素として承認される。個別的事象の確認ですら、すでに普遍的法則仮説を内包するカテゴリーを必要としている。それゆえ、どのような事象も、それがある仮説から導き出された予言を反証している場合、われわれがともかくそれを何らかのものとして捉えうるためには、代わりの仮定にまとめられなければならない。もっとも、制度化された研究過程の中では、理論的命題と一々の経験の制御とは別々に現われるので、その結果、この経験の論理的構造は眼にとまらないかもしれない。研究論理学的事態の心理学化は、このことに関連している。反証は、必然的に新しい仮説の推定による産出をうながし、こうしてこれは限定された否定の位置価を得る、ということが、論理的関係として見分けられなくなる。テストと仮定、行動と仮説がただ外的に前後の関係におかれるならば、すぐさま推定は、研究心理学の偶発的事象として現われる。ただ道具的行動の先験的枠組の内部でのみ、新しい仮説は、本当は推定の規則に従って形成されなければならず、決して仮説を作る想像力の任意性にまかされているのではない、ということが認められるのである。プラグマティズム的準拠系の中では、他方、法則仮説の演繹とその帰納的確証との間に全く論理的関係はない、ということが明らかになる。論理学的に見て実験の結果が強制力をもちうるのは、つねに反証の場合だけである。(92) しかし、科学の進歩という事実がまともに否定できないものであるとすれば、その事実は、仮説を帰納的に確証する検証能力によってのみ説明されなければならない。帰納の有効性は、推定の有効性と同様に、行動習慣の可能的安定化と技術的に利用可能な知識の可能的拡大とのための先験的枠組として、道具的行動の作用圏とともに措定される、あのメタ論理学的な演繹との連関によってのみ基礎づけられるのである。

成果によって点検される行動と三つの推論式との連関の先験的位置価は、次のように見ればはっきりする。すなわち、われわれが疑問となった見解から、習慣化可能な新しい信念へ学習しながら前進するというのも、われわれが現実を特定の図式の下に捉えていればこそである、と。自然の現実のこの客体化は、行動圏の中に等位なものとして置かれた推論形式によって確立される。われわれが新しい仮説を推論によって見出したり、そこから条件づきの予言を演繹したり、その根底にある仮説をそれにつづく帰納によって確証したりできるのは、ただわれわれが自然そのものの中に道具的行動と同じようなものを仮定する場合である。われわれは、まるで観察できる諸事象がある主体の産出物であるかのように、そしてこの主体が、偶発的な初期条件の下で有限個の最終的に妥当な規則に従って、三段論法の形でたえず帰結を引き出すとともに、この演繹された諸事象を、あらかじめ立てられた予測と合致するように実際にも産出するかのように、ふるまわなければならない。その場合、この主体は、すべての「自然法則」を自らの行動規則として習慣化している自然であるだろう。道具的に行動する人間が、かれの自然環境をこの視点の下に構成し、そして自分を道具的に行動する自然の相手とみなすとき、ただそのときにのみ人間は、自分の方法の成功を期待することができる。

「われわれはいつも、まるで自然がひそかに三段論法の形で演繹的推論を行なっているかのように、自然を考えている。これは、われわれの自然な擬人的形而上学である。われわれは、自然の規則ないし大前提であるような自然法則が存在していると考える。次にこの法則を前提として、さまざまな事例が生じると考える。つまり、これらの事例は(自然の)三段論法の小前提を表わす諸原因の提示ないし発現である。最後にわれわれは、原因が現われれば、自然法則によってある結果が生じると考えるが、これは（自然の）三段論法の帰結に相当する。われわれが自然をこのような仕方で捉えているから、われわれは、当然のなりゆきとして次の三つの自然科学（science）の課題を心に留めるようになるのである。(1)法則の発見——これは帰納によって生じる。(2)原因の発見——仮言的推論によって生じる。(3)結果の予言——演繹によって生じる」[93]。

人間の行動図式を自然の上に投影するとは、道具的行動の作用圏が先験的枠組となって、これが現実に関する可能的言明の客観性の諸条件を確立する、ということである。研究過程の水準では、この行動圏は実験という形式をとってきた。つまり可能的経験の先験的諸条件と可能的実験の諸条件とは、同一である。実験において、われわれは、制御された諸現象の継起によって、少くとも二つの経験量の関係を表示している。この関係は次の二つの条件をみたしている。(1)それは、文法的に、普遍的法則仮説から初期条件の助けで演繹されうる条件づきの予測という形で表示される。(2)同時にそれは、事実的に、初期条件を操作して、行動の成否が結果の出現をめどにして点検できるような、道具的行動という形で表示される。「自然法則」がその根底にある、二つの経験量の間のこの関係は、「xであれば、つねにyである」という形式の命題で言い表わされるものである。この関係は同時に、状態xを引き起こすことによって状態yを作り出す操作によっても表示されるものである。あの命題は、この操作を導く、プランないし志向の定式化であると考えられる。すなわちそれは、道具的行動の一定の規則(habit)として機能する信念(belief)の厳密な形式である。

さて、この規則は、任意の数の将来の操作によって実現されるが、もしその規則が経験的に真であれば、この操作を際立たせているのは、厳密に同じ条件の下では同じ結果を必ず引き起こすということである。その場合しかし、これらの操作の各々は、実際は個別な事象で「ある」のに、それ以上のものを「意味し」ていなければならない。すべての個々の実験が保証しているものは、厳密に同じ条件の下で同じ実験を繰り返せば将来いつであっても必ず確かめられる普遍的関係である。

「実際、合理的な意味があるのは実験ではなく、実験的現象である。実験家がホール効果、ゼーマン効果とそのバリエーション、マイケルソン効果、あるいは石だたみ現象というような現象について語るとき、かれは、決して誰かが過ぎ去った昔に出会った何らかの特殊な現象のことを言っているのではなく、ある条件が満たされれば誰でもこれから、確実に出会うであろうある現象のことを言っているのである。この現象の本質は、もし実験家がかれの頭の中にあるある特定の図式に結局従って行動しても、そこから別な結果が生じるであろうし、そしてそれは、預言者エリヤの祭壇に下った主の火のように、懐疑論者たちの疑念をぐらつかせるという点にある」(94)。

実験の諸条件の下で得られた諸結果は、そのつど個別の実験において得られるが、それにもかかわらず、普遍的関係の確認を意味している。個別の事象が同時に、一般的現象である。それというのも、この一般的現象が、将来行なわれるどのような操作も厳密に同じ条件の下で最初の実験を繰り返えすものであれば、必ず「同じ」結果に達するということを保証するからである。このような事態は、もちろん経験の成果ではなく、ア・プリオリに必然的である。すなわち、実験的行動は、それが原理的に、厳密な繰り返えしを好きな回数だけ行なうことを許しそして同じ結果の反復を強要する、ということによって定義される。なぜなら、ただこの前提の下でのみ、実験は、間主観的に強制力をもつ反論のために役立たせられるからである。

特定の予測の検証には原理的に一回の実験で充分であるから、初期条件を系統的に変えることによって、当初は普遍的とみられた法則仮説の可能な適用限界を見つけ出すことができる。それぞれの個別的実験において私が従っている特定の技術的規則は、根底に存在する法則仮説から私が導き出すことのできる無限に多くの予測のうち、わずかにその一つを実現するにすぎない。しかし、実験の諸条件の下で産出されたこれらの結果は、すべてア・プリオリに普遍的である。言いかえると、それは、初期条件を変えずに実験が繰り返えされれば、必ず出現するはずである。この先天性《アプリオリテート》は、道具的行動の諸条件に拘束されている。なぜなら実験的行動とは、測定操作によって可能となった道具的行動一般の精密な形式にすぎないからである。実験的ないし準実験的行動の作用圏は、先験的枠組の位置価をもっている。すなわち、実験の諸条件の下では、現実の客体化は、初期条件の操作に対する観察可能な反応が先験的必然的に、それだけで普遍的な結果を表わす個別の事象であるように、行なわれるのである。パースはある箇所で、プラグマティズムの精神は、この普遍と特殊の間の必然的関係の導出である、とのべている。「帰納の妥当性は、普遍と特殊の間の必然的関係に依存している。プラグマティズムは、全くこの関係に支えられている[95]」。個別の事象が普遍的事象として解釈されてよいのは、道具的行動の作用圏内では現実が、あの普遍と特殊との必然的関係を産み出す諸条件の下で客体化される、ということに依っている。「あるひとが目的合理的に行動するとき、そのひとは、いつも実験的現象によって確定された信念に基づいて行動しているのである[96]」。

これは同時に、綜合的推論に基礎を置く科学の進歩はいかにして可能か、という問いへの先験論理学的に規定されたプラグマティズムの答えである。なぜなら、帰納的推論の妥当性は論理的に証明できないが、それは、このように方法論的に、帰納される個別の事象が実験的に産出された現象として普遍的結果を表わしている、と立証されることによって、是認されるからである。(97)

可能的認識の先験的諸条件が意識一般によってではなく、行動圏によって措定されるとなると、可能性という先験的概念もまた、未来の行動に対する具体的指示という意味を獲得する。指示可能な操作の可能的成果は、実在的である。なぜなら、それが一般に指示された条件の下で行なわれるなら、いつ私がこれらの操作を行なっても、また何回行なっても、これらの結果が得られるからである。道具的行動の先験的諸条件下で可能な経験は、さまざまな操作によって私が現実に介入するとき、そしてその限りで、私が現実を通じて得る教訓である。すなわち、私は先験的必然的に、可能的な道具的行動の成否にかかわる事実的条件の下でのみ、経験を行なうのである。しかし、もしプラグマティズムがこの厳密な意味で先験論理学的に解釈されなければならないとすると、経験的言明の有効性の意味は次のようになる——有効性は、道具的行動の作用圏の中を動く生物に、それが事実その中に住んでいる環境に対する技術的処理力を与えるものである。

ところで、われわれが普遍的言明の中で主張される諸関係を実在的と呼ぶ場合、(98)われわれは、どのような意味でこのような普遍的諸関係の存在について語ることができるのか。パースは、プラグマティズムの脈絡の中で、普遍概念の問題をもう一度取り上げている。

「『最終的信念の帰結として存在するにすぎない、その信念の対象が、それ自身信念を生み出す』、という断定は、一見逆説的であるように見える。……たしかに信念の対象は、信念が存在するからこそ、存在するのである。

しかし、これは、決して信念が存在し始めるとき、その対象がはじめて存在し始める、ということと同じ意味ではない。ダイヤモンドが硬いと言う場合、この硬さは何の中にあるのか。それはただ、ダイヤモンドを傷つけるものは何ひとつ存在しないという事実の中だけにある。従ってダイヤモンドの硬さは、何かが強い力でダイヤモンドにこすりつけられてもそれによってダイヤモンドは傷つかない、という事実だけによって構成される。もし何かをこのような仕方でダイヤモンドに押しつけることが不可能であるとすれば、ダイヤモンドが硬いと言うことは、全く意味をもたないであろう。それは、徳やその他なんらかの抽象物が硬い、と言うことが意味をもたないのと同様である。しかし、たとえ硬さが、ダイヤモンドに他の石が押しつけられるという事実によって完全に構成されるとしても、われわれは、他の石が押しつけられるときにはじめて、ダイヤモンドが硬くなり始めるとは決して考えない。われわれはむしろ反対に、ダイヤモンドはずっと実際に硬かったし、それがダイヤモンドとなった時からすでに硬かったと言うであろう。それでも他の石がそれに押しつけられるまでは、ダイヤモンドを他のそれほど硬くない何らかのものから区別するどのような事実も、どのような事象も全く存在しなかったのである。[99]」

他の箇所でパースは、研究論理学的な実在性概念のパラドックスを同じ例を用いてもう一度先鋭化している。

「ダイヤモンドがたまたままだその時発見されていなかったという偶然のために、ダイヤモンドの硬さが、さもなければ疑いもなくもっていたであろう実在性をもつことを妨げられてきた、と言うことは、実在的という言葉と概念の奇怪な転倒ではないだろうか[100]」。

先験的につきつめられたプラグマティズムの本意においては、このパラドックスは容易に解決される。ダイヤモンドと呼ばれる対象の「硬さ」という普遍的事態は、ダイヤモンドが存在するなら、そしてその限り、誰かが実際にどれかのダイヤモンドを鋭い物体で傷つけようと試みるか否かに関わりなく、存在をもっている。他方において、ダイヤモンドと呼ばれる対象に「硬い」という述語を与えることは、もしその言明が、せいぜい暗黙の内にせよ、可能的道具的行動の準拠系を考慮して行なわれるのではないとすれば、何の意味ももたない。たしかにわれわれは現実が、道具的に行動もしさまざまな言明に関して合意を作り出しもする人間から独立しても、存在することを考えに入れている。しかし、さまざまな性質の述語づけがこの現実の「もとで」出会う事態は、可能的技術的処理という視点の下ではじめて構成されるのである。私は、パースが『プラグマティシズム論』の中で提案しているパラドックスの解決を、このような意味に理解している。

「われわれは、ダイヤモンドの硬さの実在性を構成する隠された事態が(原子間の関係であろうと他の何かであろうと)もしかすると普遍的な条件文の真理性以外の何かの中にあるかもしれない、という考えを捨てなければならない。なぜなら、化学がわれわれに教えるすべての事柄は、もし物質的実体のさまざまな可能な種類の『振舞い』(behavior)に関するものでないとすれば、一体何に関するものであろうか。そしてこの振舞いの本質は、特定の種類の実体が特定の種類の活動性にさらされる場合、われわれの従来の経験によれば特定の種類の感覚的結果がそれに続いて出てくるという点にないとすれば、どこにあるのであろうか」[101]。

硬さの概念を説明できる一群のすべての条件づきの予測が、この予測の初期条件を満たす対象について明らかにしているのは、それの「硬さ」は、われわれが一度だけでもテストを行なうか行なわないかと無関係に、それ自体として存在する、ということである。しかし、この普遍的事態が実在的であるのは、ただこの種の可能的操作一般との関係においてである。ダイヤモンドと呼ばれる対象は、ただそれが可能的な技術的処理の対象として構成され、そして道具的行動の作用圏に加わりうる限りにおいてのみ、硬いものとして実在する。

もしパースが、普遍概念問題のこのような研究論理学的解決を、擁護できるものと考えていたとすれば、かれはむろん、現実の概念のうちに二つのものを区別したにちがいない。すなわち、人間の累積的学習過程や技術的処理可能性によって構成される世界から独立に、事実上存在するものと、現実がわれわれの世界に加わり、現実についての真な言明の相関者となるときはじめて、この現実の「もとで」われわれが出会うものとをである。この差異は、すでにマルクスの頭にも浮んでいたし、フッサールに続いて、ハイデガーがそれをはっきりと、存在者と存在の差異として言い当てていた。プラグマティズム的に展開された研究論理学的な実在性概念は、この差異を包括すべきであった。けれどもパースは、もっぱらすべての可能な真な言明の相関者であることに終止する実在性の概念だけで満足している。

　実在性概念のこの封鎖において、パースが、かれのプラグマティズム的行き方をしかし先験的な研究論理学の意味では徹底させず、首尾一貫して展開しなかったことがよく示されている。かれは、むしろ存在論化へ逆行するので、原理上研究論理学的な問題設定を言語論理学的に解釈するのは、それへの橋渡しである。『一八七三年の論理学』の中の、次のダイヤモンドの実例の定式化を想い出してみよう。「ダイヤモンドの硬さは、何かが強い力でダイヤモンドにこすりつけられてもそれによってダイヤモンドは傷つかない、という事実だけによって構成される」。パースはここで「何か《サムシング》」に言及するが、「こすりつける誰か《サムバディ・ラビング》」、すなわち道具的行動をする主体には言及しない。かれは、「何かがそれにこすりつけられる」という客観主義的言い廻しで満足している。かれは、仮説から普遍的結果を予告するために必要な初期条件がある操作によって作り出される――あるいは少なくとも、操作によって作り出されたかのように受けとられなければならない、ということを捨象する。ただこのように受けとられる場合にのみ、まさしく予測された事象は行動の成果である。パースは、前述の定式化の中では、諸事象が道具的行動者としてのわれわれに対してはじめて構成される場である準拠系を、無視している。

道具的行動の作用圏から解放された原因と結果の間の関係――「あることがある状況の下で起こるであろう」》something will happen under certain circumstances《――は、むしろその関係が定式化される命題に直接帰属する。しかし、もしこの関係をも同時に表わしている操作が、偶然的なものとしてたんにあとから加わるにすぎないとすれば、普遍者の存在に関する問いは、言語論理学の水準へ引き戻される。すなわち、普遍的諸関係はそれ自体で存在するが、とはいえ実在性に関する可能的な真な言明の相関者としてである。パースはのちになって、かれの、独特な仕方で言語先験論的に屈折した普遍実在論の難点を、大胆な自然進化論によって止揚しようと企てた。その中では、自然法則は「能産的自然《ナトウラ・ナトウランス》」の累積された行動習慣として現われるが、これに反して人間は、自分の目的合理的行動を自然法則に従わせる度合に応じて、ますます観念を具象化し、宇宙の合理化を押しすすめるのである。[102] いまのべている脈絡において興味ぶかいものは、これと結びついている、観照的な認識概念への退行である。

特殊に対するその必然的関係において行動圏の内部ではじめて構成される、あの普遍的諸関係の誤った存在論化には、ひとつの、たとえ推論過程によって媒介されているにしても、認識が対応していなければならない。そしてこの認識は、それ自体として存在する普遍的事態をそのまま観照的に捉えるものである。しかしもし事態がそのようであるとすれば、認識の進歩の動機は、ただ理論的好奇心の中にのみ求められなければならない。パースは「知的本能」について次のように語っている。

「知的本能は純粋に理論的な各研究の原因であり、あらゆる科学的発見は好奇心の満足を表わす、ということは全く正しい。しかし、この本能の満足を目指せば、純粋な科学の推進に成功する、あるいは成功するかもしれないということは真実ではない。……好奇心は、その（理論的科学の）動機であるが、好奇心の満足は、科学の目標ではない[103]」。

客観主義的な認識概念は、理論を理論自体によってしか説明できないが、この概念は、再建された普遍実在論の対応物である。

その反面パースは、かれが認識と道具的行動（理性と行動《リーズン・アンド・コンダクト》）の先験的連関を容認する限りでは、実証された経験的言明の有効性の意味を非常によく示すことができる。すなわち認識は、成果によって制御される目的合理的行動を、可能的技術的処理の視点の下で客観化された環境の中で安定させるのである。研究過程の先験的枠組は、技術的に利用できる知識の可能的拡大の必要条件を確定する。この枠組は、道具的行動の作用圏とともに措定されているから、先験的な意識一般の規定と考えることはできない。この枠組はむしろ、自己の生命を目的合理的行動によって再生産せざるをえないような種属の、有機的装備に依存している。その限りにおいて、経験的言明の有効性の意味をア・プリオリに決定しているこの枠組も、そのものとしては偶発的である。しかし、この枠組が純粋なノウメナ的諸規定の超経験的水準にまで高められえないのと同様に――いずれにせよこの枠組の成立を、この枠組自体によってはじめて規定される当のカテゴリーの下で考えるわけにいかない限り、それはまた、経験的諸条件の下で成立したものと考えることはできない。

それどころか、見出される二、三の暗示は、パースが研究の方法論的枠組を、それがはめ込まれている道具的行動の作用圏をふくめて、すでに失われた、あるいは損われた動物的な制御機構に対する進化史的代償と考えていたことを推定させる。この、有機的装備の欠如に対する代償という視点は、すでに一度ヘルダーがその下に文化を捉えたことのあるものである。

「本能をその時々の機会に結びつけるには、わずかばかりの推論が必要である。……ただ人間という注目に値する生物、あるいは注目に価する状況にある生物だけが——適用可能などんな原則ももたなかったので——止むをえず、かれのさまざまな行動予定を第一原理から帰結しなければならなかった。……たまたま人間は、どんな状況にも応じるに充分な本能の蓄積をもつという幸運な状態になかった。そこで人間は止むをえず推論という冒険的仕事を行なうことをおぼえた。この仕事に際して多くのひとびとは難破したが、少数のひとびとは、たしかに古き良き時代の幸福ではないけれども、成功という、それに代わる素晴しい代償を見出した。……従ってわれわれは、できるだけ本能に基づいて行動するとき、全体として最もうまく行動する。しかし、われわれが推論する限り、厳密に科学的な論理によって推論するのが最もよい[104]」。

もしわれわれが、このような仕方で、認識の機能を失われた本能的な行動制御の代補と解釈するならば、成果によって点検される行動の合理性は、ある関心の実現の度合で測られる。しかし、この関心は経験的関心でも、純粋な関心でもありえない。もし認識過程が直接に生の過程であるとすれば、認識を主導する関心の実現は、本能的運動と同様に直接的な欲望の充足をひき起こしたにちがいない。——しかし実現された関心は、享受《ハッピネス》で終るのではなく、成功《サクセス》で終る。そして成功の度合を測る問題解決は、生命的位置価をもつと同時に、認知的位置価をもっている。従って、この「関心《インテレッセ》」は、われわれが本能と名づけることのできるあの動物的行動制御と同一の段階にあるのでもないし、他方、生の過程の客観的連関から完全に解離されているのでもない。われわれは、この、さしあたり否定的に限定された意味で、認識を主導する、可能的技術的処理への関心という言葉を使っておく。それが研究過程の先験的枠組の中で必然的な、現実の客体化の方向を規定しているのである。

もっとも、この種の関心を帰することができるものは、ただ、自然の歴史から生じた類の経験的性格と、先験的視点の下で世界を構成する共同体の英知的性格とを統一する主体だけである。すなわち、このような主体が多分、学習過程と研究過程の主体であって、それは、実在性が最終的にまた完全に認識される時点までは、それ自身形成過程の中にあるのである。しかし、パースが考えることができないものは、まさにこのような主体である。それはかれの手が触れるやいなや、崩壊する。その理由は、かれがプラグマティズム的な意味規準を、精神の概念と物質の概念にひとしく適用するからである。それによって主張されるものは、結局、ひそかな、しかし頑強な実証主義である。というのは、パースは、かれが、すべて操作化しえない概念は消去すべしという要求をそれによって正当化する当の構成連関へ、外ならぬこのプラグマティズムの要求をも向け返えすはめになるからである。

　プラグマティズムの原則に従えば、物質という実体的概念は、要素から合成された事実世界という実証主義的な表象と同じく、認められないものである。物質は、せいぜいのところ、あらゆる可能的な真な予測に基づいて出現した、あるいは出現するであろうすべての事象の総体である。たとえ物質の粒子が力点と考えられたとしても、この概念の意味論的内容は少しも変わらない。「かの諸力は、ただ特定の条件の下で或ることが生じるという状況によってのみ存在するのだから、『物質』もただこの意味においてのみ存在しうるのである」[105]。ところで精神の概念も、これに応じた仕方で把握される。われわれは精神をも、精神的力の中心点として表象することができる。精神的力は、物質的力と同様に、「ある状況の下で或ることが起こるであろう」ということ以外の何ものも意味していない。——特定の状況の下では特定の観念が発生する。そしてこのような観念の総体が、われわれによって「精神」と名づけられているものである。注目すべきことに、パースは、観念ないし信念は条件づきの予測を実現する諸現象と同じ地位をもつと仮定している——そしてこれらの予言そのものが、観念および信念であることを考慮しない。パースはこの循環に気づかない。

「従って、すべての心理学者のみならず物理学者によっても主張されているこの見解を生み出した論証に従えば、精神の存在は、物質の存在と同様に、ただ二、三の仮言的条件に基づいているようにみえる。これらの条件は将来になって、はじめて現われるかもしれず、あるいは全く現われないかもしれない。それゆえに、次のように言うことは、少しも異常なことではない——さまざまの外的実在性の存在は、われわれの意見がその存在についての最終的意見としていつか固まるだろう、という事実に依存している、と。それでも、これらの実在性は信念が発生する以前から存在するとか、これらの実在性が信念の原因だった、と言うのは、重力がインクびんの倒れる原因である、と言うのと同じである。——しかし本当は、重力は、インクびんその他の物体は倒れるであろうという事実の中にのみ、ある(106)」。

経験的諸現象の連関に関わるさまざまな信念は、パースによって、精神の概念からすべての形而上学的仮象をはぎとるために、経験的現象そのものと同一の段階に置かれる。事実的事態の解釈は、この解釈が関わる事実そのものと同様に、経験的な諸条件の下で発生した現象とみなされる。この客観主義は、マッハの要素論とほとんど異るところがない。それが何にもまして、研究過程の全体的主体の分析が立脚すべき地盤を破壊しているのである。この主体、すなわち「研究者の共同体《コミュニティ・オブ・インベスティゲーターズ》」は、たしかに経験的な諸条件の下で発生し、作業する。しかし、それは同時に、先験的位置価をもった研究論理学的規則に従って行動しているのである。

パースが物質の概念になぞらえて作り上げた操作主義的な精神の概念は、道具的行動の作用圏が構成連関であることを明らかにした当のプラグマティズムが、なぜ構成された諸事態と、その内部で現実が研究主体に対して客体化される方法論的枠組との決定的区別を再び打ち消して、言語論理学的に解釈された普遍実在論へ逆行するかを、説明している。研究者の共同体は、可能的技術的処理という先験的視点の下に現実を対象化する論理学の規則に従って、累積的な研究過程を推進することによって、綜合を成し遂げるのである。けれども、もしこの綜合が、あの「精神」の概念の下にはいり、客観主義的に、ひと組の経験的現象に解体されるならば、残るのはただ、それ自体として存在する普遍的事態とこの事態を表示する記号の結合だけである。

なぜパースがひそかな実証主義に屈服し、プラグマティズム的意味規準を、それがプラグマティズムそのものの基礎を破壊するほど、絶対主義的に扱うのかは、憶測するほかはない。しかし、もしパースが研究者たちのコミュニケーションを、経験的諸条件の下で形成されつつある先験的主体として重視していたならば、プラグマティズムは否応なく自己反省に達し、自身の制限を乗り越えたにちがいない。もっと分析を続けていれば、かれは必ず、研究者たちがメタ理論的問題について合意を作り出そうと試みるとき、かれらが立っている間主観性の地盤は、原理的に孤独な目的合理的行動の地盤ではない、ということに気づいたはずである。たしかに、道具的に行動する主体もまた、表示する記号を要求する。なぜなら、習慣として累積されうる技術的諸規則は、諸事象の関係に関する言明の形で定式化されなければならないからである。しかし、可能的技術的処理という先験的視点の下で認識される事態の記号的表示は、すでに明らかにしたように、ただ表現を推論過程に変形するのに役立つだけである。演繹、帰納、推定は、言明間の関係をうちたてるが、それらの関係は原理的に独白《モノローグ》である。推論式においては、考えることはできるが、対話は行なわれない。私は議論の代わりに推論によって、論証を得ることができる。しかし私は、推論的に相手と論議することはできない。道具的行動の作用圏に対して、記号の使用が本質的なものである限りでは、独白《モノローグ》的な言語使用が重要である。しかし研究者たちのコミュニケーションは、対象化された自然過程の技術的処理という限界に封じ込められない言語使用を必要とする。この言語使用は、社会化された主体間の記号的に媒介された相互行為から発展するが、これらの主体は互いに相手をかけがえのない個体として認識し、また承認するのである。この伝達的行動は、道具的行動の枠組に還元することのできない準拠系である。

そのことは、自我ないし自己のカテゴリーにおいてよく示されている。パースは、人間がかれの同一性をたんに道具的行動の成否に縛りつけている限り、人間は自己を欠如的にしか把握できないということを、すばらしい首尾一貫さでもって証明している。人間は、ただ自分自身の見解が、公共的合意に裏付けられ最終的意見と考えられている意見と相違した瞬間にのみ、自己自身を確認するのである。

「子供は、ひとがストーブは熱いと言っているのを聞いている。しかし、ストーブは熱くない、とかれは言う。それは実際に、かの中枢体がストーブに触れていないからで、それが触れたものだけが、熱いか冷たいかなのである。しかし、やがて中枢体がストーブに触れ、子供は他のひとびとの証言が明らかに正しいことを知る。このようにして、子供は自分の無知を自覚する。そして必然的にこの無知という性質をもった自己を想定せざるをえない。こうして、他人の証言は、自己意識の最初の薄明を生み出すのである(107)」。

もっぱら、真な言明が可能である事態だけが存在するとすれば、個人的意識はただ、実在性として公共的に認められたものの否定態としてのみ、可視的になることができる。実在する意識としての個々の意識は、真な命題全体の「一般的知性《ゼネラル・インテレクト》」に直接包摂される。

「従って、私の言葉は私自身の総計である。……個人としての人間は、かれの特殊な存在をただ無知と誤謬において示すにすぎないから、かれが一般に仲間なしでひとりでいる限り、そしてかれと仲間とがあるべき姿から眺める限り、かれは否定態にすぎない。これが人間である(108)」。

これに反して、コミュニケーションは、たんに個人を抽象的普遍の下に包摂すること、従って公共的な、万人が復唱しうる独白《モノローグ》の下へ原則的に黙って服属させることを意味しない。それゆえすべてのコミュニケーション、すべての対話は、互いに自我性のカテゴリーの下で相手を確認すると同時に相互の非・同一性を堅持する、主体間の相互承認という、全く別な基礎の上で展開する。個体的自我の概念は、道具的行動の作用圏の中では決して考えることのできない普遍と特殊の弁証法的関係をふくんでいるのである。

科学の進歩は、可能的な技術的処理という先験的視点の下で研究者たちのコミュニケーションを通じて遂行されている。この研究者の共同体に対する反省が、プラグマティズム的枠組を打ち壊すべきだったのである。まさにこの自己反省こそ、研究過程の主体は間主観性という地盤の上に形成されるものであり、この間主観性はそれ自身として道具的行動の先験的枠組をはみ出している、ということを示さなければならなかったのである。研究者たちのコミュニケーションは、メタ理論的問題を対話的に解明する際に、ひとつの、記号的に媒介された相互行為の枠組に拘束された認識を要求する。この認識は、たとえ技術的に利用可能な知識というカテゴリーの下ではみずからを正当化できないとしても、この知識を獲得するための前提となっているのである。

第七節　ディルタイの表現理解の理論

——自我の同一性と言語によるコミュニケーション——

研究過程に参加する者が自然科学の背後に前提している了解の基盤こそ、精神科学の本来の領域である、とこの科学は申し立てる。研究者たちのコミュニケーションの連関と実験者の共同体は、日常言語的に分節された先行知の水準でとどこおりなく機能している。精密な経験科学は、この問いただされない地平の内部ですすめられる。それゆえにおそらくパースも、方法上の発想と理論上の仮定とが発見され、討議され、検証され、ときに受け入れられもし、またときに却けられもするような、記号を媒介とする相互行為のこの水準を、道具的行動の水準から明白に区別する必要を認めなかったのであろう。これに反して、ディルタイにとって、あらゆる可能な研究過程のこの補助文化的な背景は、たんに、社会的生世界の一端を現わしているにすぎない。諸科学の体系は、包括的な生連関の一つの要素である。この生連関こそ、精神科学の対象領域である。自然科学のプラグマティズム的な自己反省を徹底しておしすすめたとすれば、これは、研究者自身が暗黙のうちに前提しているコミュニケーションの限界に止まるものではないから、精神科学のこの対象領域は、自然科学の対象領域と段階上、異なっていることがはっきりしたであろう。この徹底化は、物理学を科学的論理学の範型とする研究が総じて認識であるとする、実証主義の独占的な要求を放棄させたはずである。精密な経験科学の立場においては前提されることがあっても分析されることがないこの間主観性の水準で、文化的生連関が形成されるとすると、精神科学は、プラグマティズムがさしあたり捉えた自然科学とは別個の方法論的枠組の中ですすめられるのではないか、また別個の認識関心によって主導されるのではないか、ということが問題になる。

ディルタイは、精神科学のそのような方法論上の特殊な立場を証示しようと試みる。(109) かれは、自分の仕事がらよく通じていた研究の実際を――パースもまた、かれの実験室の仕事がら自然科学の研究の実際によく通じていたが――糸口にする。精神科学の基礎づけと言えば、ヴォルフとフンボルト、ニーブール、アイヒホルン、サヴィニー、ボップ、シュライエルマッヘル、そしてグリムの名が必ずあがってくるが、精神科学の規準は、十九世紀の半ば頃までに、とりわけドイツの歴史学派の研究をもとに形成された。

「自然科学と並んで、主題の共通性のゆえに相互に結び合っている一群の認識が、生そのものの諸課題から、自然発生的に展開した。このような科学は、歴史学、国民経済学、法学、国家学、宗教学、文学および詩の研究、空間芸術および音楽の研究、哲学的世界観および哲学体系の研究、最後に心理学である。これらの科学はすべて、人類という同一の巨大な事実に関係している。それらは、この事実との関係において、概念と理論とを記述しまた解説し、判断しまた形成する。……こうしてさしあたり、この科学群を、人間性という同一の事実に対するそれに共通の関係によって規定し、自然科学から区別することが可能になってくる(110)」。

ただちにディルタイは、自分自身に対して異論をとなえている――対象領域を書き換えるだけでは、二つの科学群を論理必然的に区分するのに充分ではない。生理学も人間を取り扱うが、やはり自然科学の学科である。事実のさまざまな領域は、存在論的に捉えられるのではなく、もっぱら認識理論的に捉えられなければならない。すなわち、それらの領域は「存在する」のではなく、むしろ構成されるのである。それゆえに、自然科学と精神科学との区別は、認識主観の客観に対する「関わり方」に、その立場に引きもどされなければならない(111)。ディルタイは、さしあたりカントの問題設定――「自然科学の構築は、その対象である自然がどのような仕方で与えられるかによって規定されている(112)」――から出発する。

もっともディルタイは、自然科学的「関わり方」と精神科学的「関わり方」との、第二の先験論理学的な区別を、客観化の二つの別々な投企のうちにではなく、客観化の作用そのものの度合のうちに見ている。われわれは、現象の世界としての自然を普遍的諸法則の下でどのようにして獲得することができるのか、というこの視点の下でわれわれが自然を確定する限り、体験主体の排除が必要である。

「われわれは、この自然の世界を、その諸法則の研究を通じて獲得する。自然についてのわれわれの印象の体験的性格、われわれ自身が自然である限りわれわれがそれと関わる連関、われわれが自然を享受する際のいきいきとした感情、これらが、空間、時間、質量、運動の諸関係に従う自然の抽象的な把捉のかげにいっそう後退するにつれて、はじめて自然諸法則の発見が可能になる。空間等これらすべての契機が共に作用する結果、人間は、自分自身を排除して、自分の印象から、自然というこの巨大な対象を法則に従う一つの秩序として構成するのである。そうなると、自然が人間にとって現実の中心になる(113)」。

われわれが、諸法則に従って獲得されるべきものとして自然をその内部で客観化する、この準拠系の間主観性は、広く流布され、伝記的に規定され、歴史的に刻印されている感受性の中性化と、前科学的日常経験のスペクトル全部の排除とを代償にして得られるが、しかし、認識主観一般の隔離を代償にして得られるのではない。むしろ対象化された自然は、道具的に行動しながら現実に割りこんでくるこの自我の相関者である。数、空間、時間、質量というカテゴリーに従って「確固とした」対象をはじめて構成するという捉え方は、計測作業による能動的な確定に対応している。

「外的対象の確固さ、この対象への手の干渉、そしてそれの計測可能性が、自然研究者に実験と数学の適用とを可能にする。従って、観察と実験において発見される経験の一様な成素は、ここで、数学的・力学的構成手段に組み入れられる(114)」。

これに対して、精神科学における主体の立場を際立たせているものは、抑制されない経験である。すなわち、この主体の経験は、系統的な観察のための実験上の諸条件によって「手の干渉」に開放されている領域に、制限されるものではない。体験主体には、現実への通路が開かれている。前科学的に累積されたすべての経験の伝響板が、共鳴する。経験の全範囲にさらされている主体の受容層に対する関与が大きくなれば、それに応じて客体化作用一般の度合はいっそう減じていく。すなわち、体験にとって、実在性がいわば内側から開かれるように見えるのである。

認識過程における主観の異なった立場から、自然科学と精神科学とにおいて、そのつど別個の経験と理論との配置が生じる。道具的行動の枠組の内部で対象化された自然の現象を、われわれは、「おしはかられたもの」によって仮説上補なわなければならない。すなわち、系統的な観察に対して現われてくる諸事象は、物体の運動に関する仮説に関連づけられてのみ、はじめて意味をもつ。それゆえわれわれは、可能的諸連関のモデルを自然の「根底に置か」なければならない。こうすることによって、経験的規則性を法則から説明することができる。構成によってのみ、課題は解決されなければならないし、

「現象の交替と、この交替においていっそうはっきりと現われ出てくる一様性とが捉えられるように、諸対象は思考されなければならない。このことは、諸概念によって生じるが、これらの概念は、思考がそのために創出する補助構成である。こうして自然は、われわれに疎遠であり、把捉主体に遠く及ばないものであり、補助構成において、現象的所与を媒介にしてこの所与からおしはかられるものである。……こうして数学的なまた力学的な構成は、すべての感覚現象を、仮説によって、これらの現象の不変の担い手の、不変の法則に従う運動へ引きもどすための手段になる[115]」。

ディルタイは、古典物理学を念頭に置き、体系的に対象化される経験は理論に関係づけられなければならず、そして、この理論自体は、モデルの形成に依存することを認めている。これに対して精神科学においては、理論の水準とデータの水準とがまだこのように別々に現われていない。概念と理論的手掛りとは、作為の産物というよりはむしろ模倣による追構成である。自然科学における認識が、経験によって点検された理論ないし個別の法

則的言明に帰着するのに対して、ここでは、理論と記述とは、追遂行する体験が産み出すものを運ぶ車として役立つだけである。——「何かを所与の根底に置くような仮説は、ここには何ひとつ存在しない。なぜなら、理解は、自らの体験内容から移入によって他者の生表出に入りこむからである」[116]。

自然科学の方式が、「構成」によって、まさに理論の仮説的投企と事後の実験による検証とによって特徴づけられているのに対して、精神科学は、「移入」を、すなわち客体化された精神の追遂行する体験作用への移し戻しを、目指している[117]。

このことに応じて、自然科学の学科と精神科学の学科の認知作用が区別される。一方では所与の事象を、われわれは、仮説の助けを借りて、開示されている初期条件から説明するのに対し、他方、記号の諸連関は、解明する追遂行によって理解される。「説明」は、系統的な観察において理論に関わりなく確定される事実へ、理論的諸命題を適用するように要求する。これに対して「理解」は、経験と理論的把捉とが融合している作用である。因果分析的方法は、事象の仮言的連関を、構成によってはじめて作り出すが、他方、理解科学の解釈的方法は、客観的に提示されたある連関の内部でつねにすでに行使されている。

「さて、精神科学を自然科学から区別する所以は、自然科学が、外部からのものとして、現象としてまた個別に与えられたものとして、意識のうちに現われてくる諸事実をその対象にしているのに対して、精神科学における事実が、内部から、実在としてまたいきいきとした連関として、独自に現われてくるということにある。ここから、自然科学に対して、この科学においては、推論を補足し、諸仮説を結合することによってのみ自然の連関が与えられている、という結論が生じる。これに反して精神科学に対しては、この科学において、心的生の連関が根源的に与えられた連関として、すべてにわたる根底である、という帰結が出てくる。自然をわれわれは説明し、心的生をわれわれは理解する。なぜならば、内的経験においては、獲得作用の過程にしても、諸機能の結合にしても、全体に対する心的生の個別部分として与えられているからである。体験の連関が、ここでは第一のものであり、この連関の個別部分の弁別は、そのあとにくるものである。このようなことが、心的生、歴史、社会を研究する方法と自然認識が導き出された方法とのきわめて大きな相違の条件になっている」[118]。

　ディルタイの自然科学の論理的分析は、パースの研究論理学に較べて、細目にわたっていないしはなはだ未熟である。しかし、方法論的に習得したカント主義を基礎にして、何といっても多くの一致点が生じているから、ディルタイの示唆は、先験論理学的に仕上げられたプラグマティズムと元来矛盾するものではない。その上これらの示唆は、ディルタイの考案の中では、精神科学の論理学を際立たせるための引き立て役をつとめる任務しかもっていない。この論理学こそ、ディルタイの主題である。それは、体験、客体化、理解の関係に集中している。「体験」というカテゴリーは、ディルタイにとって、当初からかれの精神科学の理論のための鍵であった。系統的観察と因果分析的認識との対象としては、人間性は、やはり自然科学の客観領域の一部分である。この人間性は、「人間的状態が体験される」とただちにたんなる自然的事象ではなくなり、精神科学の客体になる。人間性ではなく、人間の歴史的・社会的生の表出されている世界が、ここでは研究の主題である。科学論理学の問題を記述的、分析的心理学の枠内で明らかにすることは可能である、とディルタイがまだ信じていたとき、かれは、生表出の理解作用を、他者の心的状態の追感をモデルとすることによって得心していた。表現理解と体験とは、相互に関連している――「自らの体験内容から、移入によってわれわれ以外の体験が追形成され、理解される。そして、精神科学の最も抽象的な命題に至るまで、思想のうちに表示される事実的なものは、体験と理解である」[119]。理解しながら私が、自分の自己を外的なもののうちに移置すると、過去の、あるいは他者の体験が私自身の体験のうちによみがえってくる。代置体験としての理解のこのような心理学に、精神科学的解釈学の、ディルタイが決して全面的には克服していないモナド論的な捉え方が根ざしている。

とはいえ、感情移入論に最初の修正を早くも迫るものは、解釈学のロマン主義的伝統そのものである。偉大な作品の、才能を共にする理解が、作品の創り出された根源過程の再生産を要求するとき、そのような理解は、他者の体験に代えて自分の体験を置くということではもはや充分に捉えられない。追遂行されるのは、心的状態ではなく、産出物の産出である。理解は、感情移入に帰着するのではなく、精神的客体化の追構成に帰着する。たしかに解釈者は、持続的に固定された生表出から、創出するもの、評価するもの、行動するもの、自己を表現するもの、自己を客体化するものに向って遡行しなければならない[120]。しかし、この解釈者の理解は記号的連関に向けられているのであり、心的連関に直接向けられているのではない。――「国家、教会、制度、習俗、書物、芸術作品が問題である。それらの事象は、つねに、人間自身と同じく、外部の感性的側面と、感性からまぬがれた、従って内的な側面との関連をふくんでいる[121]」。

外的なものと内的なものというロマン主義的な一組の概念は、解釈学の脈絡においては、記号による表示の関係に、すなわち、外的経験において与えられた記号による内的なものの現示の関係に制限されている。それゆえにディルタイは、「この内的側面についてのわれわれの知識のために、心的な生の経過を、心理学を、もち出す」のは誤りである、と言う。「この（客観的）精神の理解は、心理学的認識ではない。それは、特有の構造と合法則性とをもつ精神的形象への遡行である[122]」。この明確な心理主義批判は、体験そのものが記号的連関によって構造化されている、という見解に基づいている。体験とは、根底の有機的状態の主観的意識化ではなく、志向に関連するのであり、つねに、意味理解の作用によって媒介されている。ディルタイは、歴史的生を、精神の永続的な自己客体化として捉える。活動する精神は、客体化において、目的、価値、意義に凝結するから、そのような客体化は、意味構造を表示している。そしてこの構造を、事実的生過程と無関係に、有機的、心的、歴史的、また社会的な発展から切り離して、把握し分析することは可能である。けれども、通用する記号の客観的連関は、――われわれは、この連関のうちにつねにすでに埋め込まれて存在するが――体験的再構成によってのみ理解されるのであり、そうしてみれば、われわれは、意味の産出過程に遡行するのである。認知意義のある体験は、そのいずれもが作品《ポエーティッシュ》的性格をもっている――もしも作出《ポイエシス》が、意味の創造を、すなわち、精神が自己自身を客体化する生産過程をまさしく指しているとすれば。

ディルタイは、素朴な感情移入論に代えて、体験、表現、理解の方法論的連関を基礎づけるモデルを、反省哲学から借用する。すなわち、精神は、客体化において自らを外化すると同時にこの生表出の反省において自らに還帰する、という点にその生命をもっている。精神のこの形成過程に、人類の歴史が統合されている。それゆえに、社会化された諸個人の日常生活は、精神科学の方法を構成する関係と同一な、体験、表現、理解の関係の中でおくられる。解釈学的理解は、鈍重な再帰性あるいは半透明さを――この中で、前科学的に意向を伝え合い、また社会的に交際している人間の生活がつまりはいとなまれているのであるが――方法的に仕上げた形式にすぎない。

「生、表現、理解の連関は、挙措、表情、かわし合う言葉、あるいは持続する精神的創造物を……あるいは社会的諸形象における精神の間断のない客体化作用を、包括するばかりではない……。身心の生統一もまた、体験と理解との同様の二重関係によって会得されているのであり、この生統一は、現在において、それ自身を覚知し、想起において、それ自身を過ぎ去ったものとして再発見する。……要するに、理解の過程は、生がその深みにおいて、それ自身について開明される過程である。他面、われわれは、われわれの体験された生を自分の生の、また他者の生の各種の表現の中に持ち込むことによってのみ、自分自身を理解し、また他者を理解する。こうして到るところにおいて、体験、表現、理解の連関は、人間性が、精神科学の対象として、われわれにとって（あらゆる科学にあらかじめ先立って——J・ハーバーマス）現存するための特有な方式である。精神科学は、こうして、生、表現、理解のこの連関のうちに基礎づけられている[123]」。

このように解釈は、日常的な生活のいとなみに先立つ理解構造に根ざしているが、ディルタイは、このことを、精神科学を弁別するための基準に選んでいる。「ある科学の対象が、生、表現、理解の連関のうちに基礎づけられているというその特性によってわれわれに開かれている場合にのみ、この科学は精神科学の一つである[124]」。ところで、ディルタイが依拠しているのは、ヴィコによってデカルトに対して認識理論的に申し立てられ、またカントとマルクスによって歴史哲学的思考を是認するために受け入れられたスコラ哲学に由来するあの命題——「真理ト作為トハ転換可能ナリ[125]」——である。社会的生世界における精神の形成過程として、それ自身の客体化に対して遡源的に関係しながらともかく遂行される運動のみを、理解の作用が明示的に繰り返えすのであるから、認識主体は、同時に、文化的世界そのものを現わし出してくる過程の部分である。その限りにおいて、主体は、前科学的に自らがその産出に参与してもいる客体化を、科学的に理解する。「こうして、精神科学の概念は、諸現象が所属するその範囲に従って、外的世界における生の客体化によって規定される。精神が創り出したもののみを、精神は理解する。自然科学の対象である自然は、精神のはたらきと無関係に産み出された現実を包括する[126]」。別の箇所では、いっそう簡潔にこう言われている——「精神科学の可能性にとって第一の条件は、私自身が歴史的存在者であることに、歴史を探究する者が歴史を作る者であることにある[127]」。

ヴィコの原則は、ディルタイがかれの精神科学の論理学の根本特性を展開するための手掛りにしているモデルを正当なものとするために役立つのである。認識主体は、同時に、その認識の対象の産出にあずかっているのであるから、「歴史の普遍妥当的な綜合判断」もまた可能である。[128] けれども、ディルタイは、この論証によって悪循環に巻き込まれる。歴史とは何かについての先天的綜合判断は、歴史的生過程がそれとして捉えられるモデルを、すなわち、自らを客体化すると同時に自らの生表出を再帰させる精神というモデルを、確定する。しかし、この考案は、歴史的世界を認識する者とこの世界を産み出す者とが同一であるというヴィコの命題のすでに基礎となっている。それゆえにディルタイは、その考案を基礎づけるためにこの根本命題を引き合いに出すわけにはいかない。

さて、体験、表現、理解の、さしあたっては方法論的に導入された関係を、生、表現、理解によって先験的に規定された、生世界[129]の仕組という構造に還元することは、諸科学の論理としてみればきわめて不満足なものである。十九世紀後期のもうその終りも近い、実証主義によって規定された状況の中で、ディルタイは、意識哲学の思考モデルの取り戻しを（あるいは、もっぱら現象学的に論証された現存在分析の先取りを）精神科学の理論にとって正当なものとすることができない。それは、パースが、普遍実在論への存在論的逃亡を正当なものとすることができないのと同様である。そのような、伝統から借用された解釈の範型は、ディルタイならびにパースを客観主義に誘いこむのであり、そうなれば、これに妨げられてかれらは、かれらの意味批判の研究論理学的な行き方を首尾一貫して仕上げることができなくなる。方法論的諸問題の領域を性急に飛び超さないような科学の自己反省のみが、実証主義の水準において、カント以前に退行しない認識批判を改めて要求することができる。

ディルタイも、体験、表現、理解の関係を、さしあたり厳密に方法論的な水準で解明している。かれは、精神科学的解釈学の含意を、自叙伝を例として展開する。この例を選ぶことに何ら体系的な意義はない。そこから、伝記的歴史観などが予断されてはならない。自叙伝は、普遍史の解釈に対してもひとしく拘束力のある解釈学的方法を探究するために提示されているのであり、それというのもただ、自叙伝が、「生に対処するためにわれわれの意識は」どのように「働く」のかについてわかりやすいモデルを提供してくれるからである(130)。人生という媒体の中でわれわれは、つねにすでに自分の生活をいとなんでいるが、自叙伝は、この人生の鈍重な再帰性と半透明さとを分節された形態へ展開する。

「自分の生の把握と解釈とは、長い一連の段階を通過する。そのもっとも完全な解明が自叙伝である。ここで自己は、その人生の経歴を把握し、人間の基体を、自己が織りこまれている歴史的関係を、意識する。こうして自叙伝は、ついに歴史画にまで拡大されることがある。この絵画が、体験によって担われていて、この体験の深みから自らの自己とこの自己の世界に対する関係とを理解させるというそのことだけが、この絵画にその限界をしかしまたその意義を与えている。人間の自己自身についての省察が、やはり照準点であり基礎である(131)」。

人生は、人類を包括する生過程の基本単位である。それは、自己完結的な体系である。すなわち、人生は、生誕と死とによって画示された一生として表わされ、さらにそれは、一生の諸部分を結びつける、しかも「意味」によって結びつける体験可能な連関である。人生は、生の諸関連から構成されている。生の諸関連は、一方では自我、他方ではこの自我の世界に入りこんでくる事物および人間というこの両者の間に存立している。生の関連は、事物および人間の、主体に対する特定の有意義性を確定するとともに、環境に対する主体の特定の関わり方をも確定する。この生の関連は、それがある情緒的立場と同時に行動を方向づける視点を確定する度合に応じてのみ、認知的把握を可能にする。生の諸関連の脈絡の中で、対象は、それが価値の方向づけに従って明示され、そして同時に可能な目的活動性の諸規則に従って現示される割合に応じてのみ、理論的に捉えられる。

「たんに私にとっての対象であるばかりで、圧迫あるいは促がし、努力の目標あるいは意志の拘束、重要さ、心づかいの要求と内的な親しみあるいは抵抗、へだてと疎遠をふくんでいないような人間や事柄は、全く存在しない。生の関連は、それが与えられた一瞬に限られるにもせよ、あるいは持続するにもせよ、私にとってのこれらの人間や対象を、幸福の担い手、私の生存の拡大、私の力の高揚とするのであり、あるいはまた、それらは、この生の関連において、私の生存の活動範囲を狭め、私に圧迫を加え、私の力をそぐのである」[132]。

現実が、主体の生関連に入りこんでくるとすぐさま、この現実は、重大さを、すなわち大まかな意味での――ここには記述的、評価的、規約的な諸見地が未分なままに融合しているから――有意義性を獲得する。「これを基底として」とディルタイは続けて言う、「対象的把捉、価値付与、目的措定が、態度の諸類型として、数限りもない入り乱れる色合いのうちに現われ出てくる。これらの類型は、生の経歴のうちで結び合わされて内的諸連関をなし、そしてこれらの連関が、あらゆる活動と発展とを包括し、規定する」[133]。

生の諸関連は、個別の人生に統合されている。すなわち、この諸関連は、それだけを取り出すと、累積的な生経験によってその統一が作成される連関からの抽象物である。人生のそのつどの過去的なすべての事象は、一瞬毎に、回顧する解釈の力に支配されている。そのつどに現在的なこの回顧の解釈枠は、その際、先取られた未来によって規定されるが、そのような規定は、期待されるもの、望まれるもの、願われるものに対して立てられた見通しがそれ自体としては想起に、過去の再帰的な現在化に依存する度合に応じているのである。

「私の生の固有な連関を、私は、自分の生の経歴を回想することによってのみ、時間の本性に従ってもつのである。その場合に、諸過程の長い一連の系列は、私の想起のうちで共に作用し、その一つだけを別個に再生することはできない。すでに記憶において選択が行なわれているのであり、そしてこの選択の原則は、個別の諸体験が、私の生の経歴の連関の理解に対して、それらが過ぎ去ったその時にもっていた意義のうちに、それらが後年の評価に際して保有していた意義のうちに、あるいはまた、想起がなお鮮明であったときにそれらが私の生の新たな把捉から受け取った意義のうちに、存在する。いま、私が追思するとき、私にはなお再生可能な事柄のうちでも、私が目下顧慮している私の生に対して意義のあるもののみが、私の生の連関のうちにその位置を占めるのである。生の、このような私の現在的な把捉によってこそ、生連関の有意義に存在する各部分は、この把捉の光の中で、目下私が把捉しているようなその形態を受け取るのである(134)」。

人生の統一は、回顧的解意の累積を通じて構成されるが、そのような解意は、潜在的につねに、それまでのすべての解釈をふくむ生の全経歴を包括する。ディルタイは、この累積的な生の経験を帰納法になぞらえている。なぜなら、ここでは、そのつどの次の解釈が、先行する解釈の一般化を、これを否定する経験に基づいて是正するからである。歴史についての言明の論理形式は、回顧的解意の特性を反映している。すなわち、それは物語的言明である。この言明は、事象について、その後の事象を見晴らした上で、従って、事象の観察や記録がそこからは行なわれようもなかった立場に関連づけて、報告するのである。

生の経験は、生の経歴において収斂する生の諸関連を統合して、個別の人生を統一する。この統一は、自我の同一性のうちに、また意味あるいは意義の分節のうちに繋留されている。自我の同一性は、多様に動く体験の綜合として、さしあたり時間の次元において規定される。すなわち、この同一性は、心的諸事象の流れの中に、人生の連関の連続性を建立するのである。一貫して保持されるこの同一性は、われわれの生がそのつねに現在的な崩落にたえてこれを克服することをあかす印章である。人生は、時間の流れの中で実現され、また、人生の諸部分がさながら全体に対するように関わっているあの準拠系の持続的同時性において実現される。「諸対象が小部屋の中にひとまとめになっていて、この中に入る者が、これらをつかみ取るといった有様ではない。諸対象は、そのまとまりをただ人格との関連においてのみもっている」[135]。たしかに自我・同一性は、生誕から死に至るまで、空間と時間の座標系の内部で同一の物体として確認されるような、自我が属する有機体の単一性から、区別されなければならない。有機体の場合に、観察者は、特定の時、所を超えて、一定の特性の同一性を、それが間主観的に検証可能であるように確定する。自我の場合に、自我は、生の恒常的な崩落、生の基体の崩壊を意識しながら、自己の同一性を確信している。

「(人生の)身心上の経歴は、外部からの観察者に対しては、この経歴が生じる、現象する身体の自同性に基づいて、自己同一的なものを形づくっている。しかし同時に、この経歴は、注目すべき事情によって特徴づけられている。すなわち、この経歴の各部分は、意識のうちで、このように経過するものの連続性、連関、同一性についての一種独特な体験によって、他の部分と結び合わされているのである」[136]。

ところで、この「一種独特な」体験は、自我の同一性が人生の意味、意義の分節化において構成されることにもっぱら依っている。ディルタイは、人生の連関の全体性を手掛りにして一般的に意義のカテゴリーを導入する。

「体験の連関は、その具体的現実性においては、意義のカテゴリーのうちにある。これは、体験されたものあるいは追体験されたものの経歴を想起において綜合する統一であり、しかも、この経歴の意義は、体験を超えて存在するような統一点において成り立つのではなく、これらの体験のうちにその連関を構成するものとしてふくまれている」[137]。

自我・同一性によってとりまとめられる個人の人生は、全体の部分に対するカテゴリー的関係の範型であり、ここから次に、意義のカテゴリーが獲得される。解釈学的理解が向けられているあの意味は、これをディルタイは強調して意義と言うのであるが、連関における諸契機の位置価からもっぱら生じてくる。そしてこの連関の同一性には、その同一性の恒常的な崩壊並びにこの崩落の持続的な克服がふくまれている。それゆえにこの同一性は、たえず更新され、訂正され、累積的に拡大される人生の回顧的な解意によって、繰り返えし作成されなければならない。「意義」は、その変動がある種の形成過程であるような準拠系においてのみ存在する。この準拠系は、人生の「発展」の諸基準を満たすものでなければならない。

「変化は、われわれが自然の認識において構成する諸対象に特有であるとともに、その諸規定において自らを会得している生にも特有である。しかしただ生においてのみ、現在は、過去の表象を想起のうちに包みこみ、未来の表象をその可能性を追求する想像のうちに、またこの可能性に従って目的を定める活動のうちに包みこむ。こうして現在は、過去によって満たされ、また未来を自らのうちに担っている。このことが、精神科学における『発展』という言葉の意味である(138)」。

人や事物が個別の生関連において主体に対して獲得する意義は、それゆえに、主体がつねに回顧しつつたとえ潜在的にでもあれ会得している発展史全体の意味からのたんなる派生態であるにすぎない。このことによって請け合われているのは、それぞれの特定の意義が一つの意味連関に統合されている、ということである。そしてこの意味連関は、自我中心的な世界と、自我・同一性によってとりまとめられた人生との、かけがえもなく個体的な(そしてたんに単数的なというのではない)統一を表出している。

他面、意義は、実際、記号によって確定される外はないから、厳密な意味においては決して私的なものではない。それは、つねに間主観的に妥当している。それゆえに、モナド的に考えられた人生があるとすれば、そこでは意義の類いが構成されるはずもない。いうまでもなく、ある生の表出は、その意味論上の内実を、伝記的連関におけるその位置価に負っているとともに、他の主体に対しても妥当する言語体系におけるその位置価にも負っているのである。——さもなければ、伝記的連関は、記号的に全く表現されようもないことになってしまう。生の経験は、他の生の経験とのコミュニケーションにおいて構築される。「個人の生経験につきまとっている個別の視点は、普遍的な生経験において修正され、拡大される。この生経験に基づいて私は、ひとびとのある共属圏において形成されまたこのひとびとに共通している諸命題を、理解するのである。……この諸命題の特徴は、それらが共同の生の創出物である、ということである[139]」。「共同」（共通）という概念を、ディルタイは、特別な意味で導入している。すなわち、共同（共通）性とは、同一の言語によって相互に伝達し合っている諸主体の集団に対して同一の記号がもっている間主観的な拘束性のことである。それは、さまざまな要素の、共通の指標における一致のことではないし、従って、諸要素の同一クラスへの論理的な帰属のことではない。

人生は、個人の累積的経験の時間的連関として、垂直方向において構成されるばかりではない。それは、さまざまな主体に共通なコミュニケーションの間主観性の水準で、一瞬毎に、水平方向において形成されるのである。「個別の生表出はそのいずれにしても、この客観的精神の領域においては、ある共同なものを表示している。それぞれの単語、それぞれの文章、それぞれの挙措、作法、それぞれの芸術作品、それぞれの歴史的行為は、ある共同性が、それらのうちに表出されているものを理解者に媒介するからこそわかるのである。個人は、つねに共同なものの分野において体験し、思考し、行動する。そしてこのような分野においてのみ、個人は理解する[140]」。

人生の連続性を、累積的な自己・自身の・理解によって、自叙伝的解意の階梯として作り出す再帰的な生の経験は、いつもすでに、他の主体の了解を媒体にしていとなまれていなければならない。私は、私自身を、もっぱらあの「共同なものの分野」において理解し、同時に、私は、ここで、他者をその客体化において理解する。なぜなら、われわれ（私と他者）双方の生表出は、われわれを間主観的に拘束する同一の言語において分節されるからである。この視点の下では個別の人生が、間主観性の水準で生じる諸過程の産物としてすら捉えられている。生を経験する個人がまさしく個人であるのは、ある意味では、かれ自身の形成過程の成果としてである。それゆえに、個別の人生は、さしあたりは精神科学的分析のための座標軸として推挙されたのであるが、いまや、それとしては、包括的な構造連関と社会体制との関数として捉えられることになる。

「無限の生の富は、ひとびとの個別の生活のうちに、環境、他者、事物に対するかれらの関連を力として展開する。しかし各個人は、それと同時に、諸連関の交点である。この連関は、諸個人を通り抜け、かれらのうちに存続しながらもかれらの生を超えて伸びすすみ、かれらのうちに実現される内実、価値、目的に基づいて独立の存在と特有の発展とを保有するのである(141)」。

ディルタイは、文化的価値体系を、社会の外的組織の諸体制から区別する。しかし、相互行為のいずれの形式も、また個人間の了解のいずれの形式も、諸記号の、間主観的に拘束されている使用を媒介としている。そしてこの使用には、結局、日常言語の参照が要求される。言語は、間主観性の基盤であり、各人は、最初の生表出――それが言葉であれ態度であれ、あるいは行動であれ――のうちに自分を客体化するに先立って、すでにこの基盤の上にしっかり立っていたはずである。ディルタイは、あるとき、言語について、ここにおいて「のみ、人間の内的なものが、完全な、余すところのない、客観的に理解される表現を見出すのである(142)」と述べているが、このような言語は媒体であり、その中で、認知的な意味においてのみならず、情緒的なまた規範的な見地を包括する有意義性という包括的な意味において、諸意義が区分される。「相互理解が、個人間に存続する共同性をわれわれに保証する。……この共同性は、理性の同一性に、感情生活における共感に、当為の意識を伴う義務と権利における相互拘束に、現われている[143]」。

さて、この言語的に構造化された共同性に見られる特殊な点は、ここにおいて、個別化された個人がコミュニケーションを行なう、ということである。個人は、間主観性を基盤として、相互の一致を確認し、また同種の主体として相互に承認し合うとともに認知し合い、こうして普遍的なものにおいて合致する。しかしそれと同時に、諸個人は、コミュニケーションにおいて、相互のへだたりを保ち、相互にそれぞれのかけがえのない自我の同一性を主張し合いもする。言語的記号の間主観的妥当性に基づく共同性は、これらの二つの事態――相互の同一化および一方と他方との非・同一性の確保――をともに可能にする。対話関係において、普遍と個別との弁証法的関係が実現されている。そしてこの関係なしに、自我・同一性を考えることはできない。すなわち、自我・同一性と日常言語によるコミュニケーションとは、相補概念である。これら二つの概念は、相互承認の水準における相互行為の条件に対して、別々の側面からつけられた呼び名である。

この点から見れば、人生の連関の連続性を瞬時的体験の崩壊の中で確保する自我の同一性も、対話関係として明らかにされる。すなわち、生の経歴の回顧的な解意において、自我は、その他者としての自らと交信するのである。自己意識は、他者の間主観的な了解という水平面と、自己自身の内主観的な了解という垂直面との接線において構成される。一方では、自我の自らとのコミュニケーションは、自我と他者とのコミュニケーションの、累積的な生経験の垂直面に対する投影として、理解される。他方では、人生の連関の同一性は、言語によるコミュニケーションに欠如している時間の次元をそのうちにとりこんでいる。それゆえに、逆に、個別の人生を貫通する包括的構造は、歴史的発展の垂直方向において、人生の統一をモデルにしてのみ、考えられるのである[144]。

「個的生の共同性」は――ディルタイは客観的精神をこのように捉えるが――全体とその部分との二重の弁証法によって特徴づけられている。すなわち、コミュニケーションの水平面において、それは、言語共同体という全体と個人との関係によって特徴づけられている。諸個人は、この共同体において、かれらが相互に非同一であることを主張し合うが、同時にまた全く同程度に、相互に同一であることを確認し合うのである。また、垂直に、時間の次元において、個的生の共同性は、人生という全体に対する個々の体験および生の関連の――これから人生が構築されるが――関係によって特徴づけられている。その場合、連関の同一性は、先行する生の諸断面が非・同一であることを知る意識のうちに見とどけられる。対話関係および相互承認、自我・同一性および人生の形成過程――これらによって規定される「個的生の共同性」を、ディルタイは、精神科学のための客観的枠組として前提するが、このことはちょうど、パースが、自然科学のための客観的枠組として、実験者の共同体によって担われている研究過程全体を前提するのと同様である。そしてパースは、科学の帰納法による進歩という事実によって、普遍と特殊との必然的関係という方法論上の根本問題に直面させられたが、同様に、ディルタイもまた、歴史的にそして同時に言語的に構造化された共同性によって、普遍と特殊との関係に直面させられていることを知るのである。けれどもここでは、問題は、研究論理学の水準においてはじめて立てられるのではなく、すでに論理学の水準において立てられている。すなわち、解釈学的理解は、普遍的である外はないカテゴリーにおいてかけがえのない個体的意味を把捉しなければならないのである[145]。

「さて、個的生の共同性は、精神科学におけるあらゆる特殊と普遍との関係のための出発点である。精神的世界の把捉全部を、このような根本経験が貫ぬいている。この経験のうちで、統一的自己の意識と、他者と同種であることの意識が、人間本性の自同性と個体性が、相互に結び合わされている。この経験が、理解のための前提をなすものである。言葉の意義についての知識を、またこの言葉を文章において一つの意味に結びつける規則についての知識を、従って言語と思考との共通性を、要求するだけの基本的解釈からはじまって、理解過程を可能にする共通なものの範囲はたえず拡大していく[146]」。

ディルタイは、普遍と個体との関係が生の経験にとってのみならず、他者とのコミュニケーションにとっても本質的であることを意識していたが、この関係が解釈学的理解のうちで回帰する。つねに新たな「普遍的真理」は、「一回的なものの世界」を分析するために必要である[147]。

「こうして、精神科学の研究において、体験、理解、普遍的諸概念における精神的世界の表示の循環が生じる。さて、この研究のそれぞれの段階は、個別の知識と普遍の真理とが交互に関連しつつ展開することによって、精神的世界についてのその把握において内的統一をもつのである[148]」。

科学の進歩という事実は、自然科学に対して方法論上の根本問題を投げかける。すなわち、有限な数の確定された個別事象を手掛りにして、普遍的関係はどのようにして認識されうるのか。われわれ自身の生表出および他者の生表出についてのわれわれの理解地平の体系的拡大という事実は、同様に、精神科学に対して方法論上の根本問題を投げかける。すなわち、個体化された生連関の意味が、どのようにして普遍的である外はないカテゴリーにおいて把捉され、また表示されうるのか。

第八節　精神科学の自己反省
——歴史主義的意味批判——

解釈学的理解は、諸意義の伝承された脈絡に向けられている。それは、理論的命題が必要とするあの独白的《モノローグ》意味理解から区別される。問題になるのが同語反復的言明であれ、経験的内実に満たされた命題であれ、形式化された言語において表現されるかまたはそのような言語に変換されるかする命題はすべて理論的である、と言われる。われわれはまた、理論的命題は「純粋」言語の要素である、と言うことができる。カルキュラスは、空であるにせよ解釈されているにせよ、そのような「純粋」言語である。というのも、形式化された言明は、記号的関係の水準に存在しないすべての契機から純化されているからである。それは、経験科学の理論の場合に、この理論が命題と事実との厳格な分離の要求に充分にこたえなければならないということから明らかである。すなわち、この理論の仮説演繹の経験的的確さは、理論に無関係な系統的観察の成果を表現する経験的命題によって、あとから点検されるのである。「純粋」言語は、それが経験と関連する場合には、論理的連関の理解と経験的事象の観察との原則的な分離を要求する。独白的《モノローグ》意味理解が事実的関係の排除によって定義されるのと同様に、点検された観察は、記号的関係の排除によって定義される。このような限定こそ、解釈学的理解によって消去されるのである。

意味理解は、精神科学において見られるように、伝承された意義内容の会得が重要である場合に、方法論上の見地から問題になる。すなわち、解明しようとする「意味」が、ここでは、その記号的表現にもかかわらず、事実の地位を、経験的に見出されるものの地位を占めている。解釈学的理解は、その対象の構造を、その中の偶発的なものがすべて除去されてしまうまで分析しようとするのでは全くない。もしそのような分析であるとすれば、この理解は、再構成へ、いいかえれば形式的関係の意味理解へ移り変わってしまうであろう。形式化された言語の一つに加えられるものに、メタ言語的構成規則があるが、その助けを借りてわれわれは、この言語において可能なすべての言明を再構成することが、いいかえれば、もう一度自分で作り出すことができる。われわれは、伝承された意味連関に対して再構成のそのような規則を駆使するのではないから、この連関は、記号的関係を事実的関係として捉える解釈学的な意味理解を必要とする。解釈学とは、経験の形式であると同時に文法的分析の形式である。

経験を、一定の仕方であらかじめ形成する先験的枠組においてのみ、理論的命題の現実に対する適用が可能であることを、パースは明らかにしていた。経験科学の理論は、提示される諸条件の下で、いつでもどこにおいても技術的処理を行なうことが可能であるという視点から、現実に関する情報を受けとっている。それゆえに、この技術的処理には、道具的行動の作用圏において一般化された経験が、すなわち生の経歴のすべての関連を捨象する経験が相応する。実験的に作り出された現象において、生の経験のすべての契機は、普遍的な結果を、すなわち任意に反復可能な結果を得るために抑制されている。現実のこの特定の客体化は、主体的に鋳造された具体的経験を刈りこむために使われる。すなわち、この客体化は、具体的経験を、個人名の現われるべくもない理論言語の普遍的表現に、先験的に先立って適合させるために使われる。普遍と特殊との関係という問題は、個々の経験を抽象的に普遍的なカテゴリーに合致させなければならない場合に生じてくる。解釈学的理解にとって、事情は全く逆である。この理解は個別の生経験のすべてにわたって広くゆきとどいているが、しかし、自我を中心にたばねられた志向に言語の普遍的カテゴリーを適合させなければならないのである。普遍と特殊の関係という問題は、ここでは、普遍的言明の論理の背後に具体的な経験世界が残留しているために立てられるのではなく、この論理が生の経験に適合しないために——もっとも生の経験は、日常言語においてつねにすでに分節しているが——立てられる。経験的・分析的科学の帰納的進行は、可能的経験が理論言語の普遍的表現に対して先験的に先立って適応していることを基礎にしてのみ可能である。これに対して、解釈学的科学の準帰納的な進行は、日常言語の特殊なはたらきをよりどころにしている。すなわち、このはたらきは、具体的生連関における普遍的カテゴリーの位置価を間接的に伝達することを可能にしているのである。このことを基礎にして、解釈者の言語は、解釈の歩みにつれて、個体的意味をめぐって凝集する生経験に適合していく。

明らかに、日常言語には構造があり、事実、この構造のゆえに、対話関係において個別的なものが普遍的カテゴリーによって理解されるのである。これと同様の構造を、解釈学的理解も使用しなければならないが、その構造は、自己の理解と他者の理解についてのまさに日常的な伝達の経験をただ方法的にのみ規制するのである。とはいえ、明示的な方法に解釈学が仕上げられるのは、なによりもまず、日常言語のこの構造がうまく解明される場合である。そして、純粋言語の統辞論がかたく禁じていることを、すなわち言い表わすことのできない個別を、たとえ間接的にであっても、伝達できるのは日常言語の構造によっている、とみなす見地から、この解明が行なわれるのである。

私は「理解の基本的形態」[149]についてのディルタイの分類のうちにある示唆があると思う。それによると、解釈学的理解は、生表出の三つの部類、すなわち言語的表現、行動、体験の表現に向けられている。

(1)言語的表現　言語的表現を、具体的生連関から完全に切り離しておくことは可能である。その場合には、これらの表現は、「それらが由来する生の特殊性に対する指意を何一つ」ふくんで「いない」[150]。解釈学的解釈は、そのような事例においては不必要である。なぜなら、伝達者とその相手との間の対話関係がどうにかやっと与えられているにすぎないからである。「判断は、それを言明する者においてもまた理解する者においても、同一である。判断は、さながら運送されるように、それを言明する者の所有からそれを理解する者の所有にそのまま移動していく[151]」。言語的表現が絶対的形式をとって現われ、そしてこの形式が、その表現内容を、伝達の状況、「時の違いあるいは人の違い」に無関係なものにしてしまえば、そのとき、理解は、独白的《モノローグ》である。理解は「ここで、他の思考内容そのものに向けられ、この内容は、どの連関においても不変同一であり、従って理解は、ここで、他のどの生表出に関わる場合よりも完全である」[152]。純粋言語の言明だけが、この意味で完全に理解できる。他面、言語的表現が、具体的な生連関にしっかり結びついていればいるほど、特定の対話関係におけるその位置価がますます重要になる。「運送」は、表現の内容にとってもはや外面的なものに止っていない。完全な理解にくもりが生じる。というのも、不変な意味についての一般的同意がもはや成立しないからである。

異質なものが、透明であるはずの論理的関係の結節の中に割りこんでくるために、言語は、いわば不純になる。言語的表現のうちに、間接的に、いく分かの「心的生の暗い背景と中味」とがまざりこむ。これらは、表現の明白な内実のうちに取りこめないから、他者に対して解釈を必要とする。ここで解釈学が、当然、登場する。解釈学は、語り合う諸主体の間で、かれらの了解のさ中において、さしあたりなお疎遠であるものを解読する。というのも、これが、ただ間接的にしか伝達できないからである。「解釈は、もし生の表出が全面的に疎遠であるとすれば、不可能である。解釈は、もしこれらの表出のうちに何も疎遠なものがないとすれば、不必要である。それゆえ、これら両極端の中間に解釈学が存在する。解釈学は、何かが疎遠であるところではどこにおいても必要とされる。この疎遠なものを、理解の技法が理解できるものにしようとする」[153]。独白《モノローグ》と、言語によるコミュニケーション全般の不可能さとの中間のところで、日常言語による対話がすすめられる。この対話のうちには、つねに生の諸関係が表現されている。これらの関係は、個体的意味をもっているために直接伝達することができないから、疎遠なものとして、対話の相手によって解釈学的に、まさしく伝達されたものの解釈を経て、受け取られなければならない。対話の言語使用が、解釈学的理解をつねに必要とするということは、生連関の言語による客体化と生連関そのものとの間の原則的なくいちがいを示している。どれほどある言語的表現がその場にふさわしくまたその特殊性を言い表わしているにしても、この表現と、個別の生関連の内側から志向されているものとの間の裂け目は、あくまで残る。そしてこのような裂け目が、ときどきに解釈によって埋められなければならないのである。

(2)行動　諸意義は、言語の次元においてのみならず、言語外の行動の水準においても客体化されるから、解釈の仕事はそれだけ容易になる。行動は、理解が向けられる生表出の第二の部類をなしている。その場合、ディルタイは、志向的行動を思い浮かべている。すなわち、この行動は、諸規範に従うものであり、そしてこれらの規範に行動する者が方向づけられている。伝達的行動は、相互の行動期待を基礎とする相互行為の形式をとり、「伝達を意図して生じるのではない」が、しかし「行動と、そのうちに表現されている精神的なものとの関連は、規則的であり、この精神的なものについてのおおよその想定を許すのである」[154]。記号に媒介される相互行為は、言語によるコミュニケーションと同様に、表示の一つの形式である。一方の媒体から他方の媒体へ運送される意義が存在するように見える。命題から行動へそして行動から命題へ意味をこのように転換できるということが、交互の解釈を許すのである。伝達的行動に対して、いまや言語によるコミュニケーションに対するのと同じことがあてはまる。つまり、伝達的行動においても、自我・同一性によって統合された個別の生の経歴の脈絡は、断たれることなくその表現を得ているのではない。ディルタイが強調するのは、再びこの裂け目である。

「行動は、それを決定する行動根拠の力によって、生の充実の中からその一面として出現する。この行動がどのように評量されるにしても、それは、われわれの本質の一部を言い表わすにすぎない。この本質のうちに存在した諸可能性は、この行動によって否定される。こうして行動もまた、その背景である生の連関から切り離される。行動のうちで状況、目的、手段、生の連関がどのように結びつくのかについて解明されるのでなければ、行動は、それが発現してくる内面の全面的な規定とはみなされないのである」(155)。

行動もまた、解釈学的解読を必要とする。というのも、かけがえのない主体は、日常言語による了解の普遍的カテゴリーにおけると同様に、普遍的規範に従う行動においても、直接に表出されないからである。個体的生関係は、言語のうちにも行動のうちにもそっくり転置されないから、主体は、もしその言葉どおりに受けとられ、またその表示されている行動どおりに見られるとすれば、誤解される。間接的な伝達を理解するための技法である解釈学は、主体が、生の経歴の連関の同一性としての自己とその客体化との間で保持すると同時に表現しなければならないこのへだたりに、即応している。――さもなければ、主体の行動は、これを受け取る者たちによる物象化の報いを受ける。

(3)体験の表現　理解が向けられる生表出の第三の部類は、自我とその言語的および非言語的客体化との関係が明瞭になる次元を表わしている。ディルタイは、体験の表現について語っている。これには、とりわけ、人間の身体という伝響板に結びつく心理学的な表現現象がふくまれている。表情、顔つき、しぐさ――赤くなったり蒼くなったり、こわばったり、眼をちらつかせたり、うつろになったり、笑いまた泣いたりする半ば身体的な反応。これらについて、H・プレスナーは、全くディルタイ的な趣旨で、非言語的表現の解釈学を提案し、その根本について詳細に論じている。[156] ディルタイは、心理学に対してではなく、人間の表現の解釈学に対して関心をもっている。すなわち、解釈学的には、体験の表現は、言い表わされていない志向の合図として、また、自我とその客体化との言い表わしにくい関係の合図として、理解される。それゆえに、体験の表現は、命題および行動と同一の水準にあるのではない。一方でこの表現は、日常言語や伝達的行動の記号的な表現よりも、自発的生連関の方にいっそう近い。それは、まぎれもなく、繰り返しのきかないある状況の中での特定の有機体に関わっている。他方、体験の表現には、命題あるいは行動においてであれば完全に解釈することのできるような認知内容が欠けている。

「体験の表現が現われ出てくる生と、この表現が作り出す理解との間には、ある特定の関係が存在する。すなわち、表現には、どのような内部観察が認めるよりも多くの心的連関がふくまれている。……しかし同時に、この表現とそのうちに表現される精神的なものとの間の関係は、かなり留保をした上でのみ、理解の根底に置かれるのでなければならない、ということも体験の表現の一つの本性である。体験の表現は、真か偽かという判断に従うのではなく、不確かさと確かさという判断に従うのである。なぜなら、偽装、虚言、欺瞞は、ここでは、表現と表現された精神的なものとの関係をうち破っているからである。[157]」

体験の表現は、他のどのような記号体よりも生の連関に密接にからまり合っていて、従って、客体化の度合も少ないから、解釈学の視点の下では、それは、主体がその行動と対話との脈絡においてときどきに自らが占める、あるいは占めることを主張する位置価を示唆するのに適している。自我の同一性は、その生表出の普遍的カテゴリーあるいは普遍的規範において、無媒介に示されるものではなく、そこでただ間接的に伝えられ、まさに現象してくるものであるから、存在と仮象あるいは本質と現象の次元は、記号による表示の次元に帰属している。この次元において、体験の表現は、顕在的な伝達に較べれば、潜在的な意味を徴候のように告示する。すなわち、体験の表現は、認証し、保証し、否認し、拒否し、皮肉の屈曲を明瞭にし、仮装をあばき、まどわしをまどわしとして合図する。この表現は、言葉および行動との関連についてみれば、情況証拠として――あることがどのように真剣に考えられているのか、伝達主体は自分をあるいは他者を欺いているのか、どの程度にこの主体は現実の生表出と同一視されようとするのかあるいは同一視されてよいのか、考え合わされていること、秘められていること、反対に意図されていることなどのスペクトルはどの程度に拡がっているのか――これらに関する情況証拠として使われるのである。

解釈学的理解の特有なはたらきに見合う日常言語の構造は、しかし、われわれが、日常の生活実践における生表出の三つの部類の統合に注目するときにはじめて捉えられる。社会的生世界の枠組の中で、日常言語によるコミュニケーションは、とどこおりなくいとなまれる相互行為や付随的な、あるいは断続的な体験表現から決して切り離されてはいない。言語的記号についての了解は、脈絡上期待されている行動が実際にもそのとおりになることによって、つねに点検されている。そしてこの行動の方は、合意が妨げられる場合に、言語による伝達によって解釈される。言語的記号の意義は、通常の相互行為における共同作用によって明白になる。言語と行動とは、交互に解釈される。このことは、ヴィットゲンシュタインの言語遊戯という考案のうちに展開されている。(158) 発話と行動との間主観性において可能になる普遍と個別の弁証法は、さらに、随伴する、半ば身体的な表現の自発的表出に支えられ、またこの表出において修正される。顕在的な伝達に必然的な不適切さに逆らって、暗示と間接的伝達とを介して自我の同一性は現われ、決して体験の表現を離れない。日常言語は、純粋言語の統辞論に従わない。それは、相互行為および身体的な表現形式とかみ合うことによってはじめて完結する。完全な生活実践を趣旨とする言語遊戯の文法は、記号の結合を規制するのみならず、同時に、行動と表現とによる言語的記号の解釈をも規制する。「純粋」言語を特色づけるものは、これが、メタ言語的な構成規則によって、とはいえあくまで記号的な手段を使って、余すところなく定義づけられることである。これに対して、自然言語は、非言語的なものによって解釈可能であるから、形式上厳密な、すなわち内部言語的な再構成をまぬがれている。

日常言語の特殊性は、この再帰性にある。形式言語の視点からは、日常言語はそれ自身のメタ言語である、と言うこともできよう。このような独自な機能を日常言語が獲得するというのも、この言語が、その言語を解釈する非言語的な生表出をもそれ自体の次元において受けとめるためである。すなわち、われわれは、行動について語り、これを記述する。われわれは、表現に名前をつけ、さらに言語そのものを体験の表現の媒体にすらする——われわれが、音声過程の表現性を十分に利用することによって、音声的にであれ、また、われわれが、言語そのものにおいて主体とその言語による客体化との関係を叙述することによって、様式的にであれ——。言い表わされていないものに対する再帰的な示唆は、どのような日常言語にも認められる。この種の暗示についての多くのカテゴリーは、それどころか慣用化されていて、それが、たとえば機智、詩歌のような副次の系であり、あるいは皮肉、隠語、模倣といった言葉づかいのような様式化された言語形式であり、あるいはまた、修辞的な問い、婉曲語法などのようなおきまりの文飾である。

これらの事例のうちに、日常言語が原則上つねに満たしているはたらき、すなわち、自分自身を解釈するというはたらきが、たしかに定着している。このはたらきを、日常言語は、行動と表現という非言辞的な表現形式に対するそれの相補的な関係に負っているのであり、そして、日常言語は、この相補的な関係を、さらに言語そのものを媒体にして表現することができる。非言語的な客体化が補足されるのでなければ、自然言語は、断片的である外はない。しかし、自然言語は、欠如している補足の潜在的な現存をあてにすることができる。――そしてこの点に、この言語のそれ自体に対する再帰的関係が成り立っている。すなわち、日常言語は、これを補充する非言語的なものの迂路を経て言語的に解釈されるのである。このような自己解釈を解読することが、解釈学の課題である。解釈者は、この仕事に際して、論証の確実性を望むことができない。なぜなら、日常言語への非言語的なもののくいこみに対する「証明」がかりに得られるとすれば、それはただ、われわれが、伝承されたテキストをそのときどきに同時代の生活実践――書き言葉や話し言葉がかつて実際にこれを補完していたが――のうちに置きもどすことができる、とする場合だけだからである。

「著作家の思想は、解釈学の技法によってまぎれもなく明瞭に見つけだせる、というヴォルフの主張は、テキスト批判および言語理解の点においてもすでに不満足なものである。実は、思想の連関、暗示の種別は、個体的な結合の仕方の捉え方にかかっているのである。この仕方の見定め方は……予見的であり、決して論証の確実さを生むものではない。」(159)

もっとも、言語の間接的伝達を、その顕在的な内実のうちに辿るこの予見は、「比較」による点検抜きでは存続しない。すなわち、「予見と比較とは、時間的に区別されずに相互に結び合っている。われわれは、個体的なものに関しては、比較の手法なしにすますことができない。」(160)

方法論の脈絡においては、予見という言い方は誤解を招くかもしれない。なぜなら、精神科学の中で仕上げられた解釈学の方法は、たしかに、個体の意味から非合理性の仮象を、また伝承された意義内容の会得からたんなる恣意の疑いをすっかり取り払うはずだからである。それにしてもこの手続きは、経験的・分析的方法と同じ程度に強制的なものではない。すなわち、論理的に見るならば、この手続きは、避けがたい循環のうちを動く。パースが三つの推論式の連関によって特色づけた研究論理学に、解釈学的科学においては準帰納的な進行が対応するのである。

「この進行は、規定され・規定されていない諸部分の把握から、さらに全体の意味を捉える企てへすすみ、この意味に従って諸部分をいっそうしっかりと規定する企てに逆に転ずるのである。失敗しても、個々の部分がこのようには理解されそうにないというのであるから、それは有効である。そして、次には、この失敗から、意味の、今度はそれを満足させる新たな規定が必要とされる。こうしてこの企ては、全部の意味が汲みつくされるまですすめられるのである[161]」。

精神科学的分析がすすめられるためのカテゴリーの枠組にしても、循環的な概念形成を経てそのつど手に入れられる。

「科学的思考が、概念形成をしとげようと企てるとき、いつも、概念を構成する諸指標の規定は、何といっても、概念のうちにとりまとめられるはずの諸事実の確定を前提している。そして、これらの事実の確定と選別は、これらが概念の枠内に納まることを確かめるための指標を必要とする。たとえば、詩という概念を規定しようとすれば、私は、この中味を構成している諸事態からこの概念をひき出してこなければならないが、どの作品が詩に属しているのかを確定するためには、私は、この作品が詩的であることがそれによって認識できる指標を、あらかじめもっていなければならない。このような関係が、精神科学の構造のもっとも一般的な特質である[162]」。

理論的諸概念と準拠系とは、分析的比較のために暫定的に固定される、方策上有効な先行理解を確定したものにすぎない。

精神科学的な扱い方に特有な難問が、解釈学的循環と呼ばれてきた。しかし、この問題が、その用語からうかがわれるように、ただ論理学の視点からのみ捉えられるとすれば、この形式違反の方法論上の権利は、充分に納得できるものではない。何が解釈学的循環をそれほど「有効に」させているのか。そして何がこの循環を誤った循環から区別しているのか。もしあくまで言語論的分析が、あるいは純然たる経験的分析が問題であるとすれば、解釈の実践と解釈学的概念形成とは、通常の意味での循環に誘いこまれることになるであろう。体系的に秩序づけられた諸記号間の関係の分析は、客体言語についてのメタ言語的言明に役立てられる。もしここのところで解釈学の仕事がはじまるとすれば、なぜ解釈学は、この二つの言語水準を分けておいてはいけないのか、また、分析的諸概念と言語的客体との間の循環する交互規定を避けてはならないのか、まるでわからなくなってしまう。他面、もし解釈学的理解の対象が、言語的客体としてではなく、経験のデータとして捉えられるとすれば、理論領域とデータとの間には、論理的視点から見れば、上の場合と同様に、何ら問題にならない関係が成立することになる。外見上の循環は、精神科学の客体が、ある特有の二重の地位を授けられていることからはじめて生じてくる。すなわち、解釈学的理解が向けられている、言語あるいは行動のうちに客体化されている伝承された意義内容は、同程度に記号であり事実である。それゆえに理解は、言語論的分析を経験と結び合わさなければならない。この特有な結合が強要されていなければ、解釈過程の循環的進行は、悪循環のうちにとらわれていることになるであろう。

あるテキストの解釈は、はじめは漫然と先立って理解された「全体」によって「部分」を解釈し、そしてこの先取って把握されたものを全体に包摂された部分によって修正するという、その双方の間の交互関係に依存している。全体に引き立てられて部分が解釈されるにしても、むろん、修正を迫る力は、「部分」から予断された全体に対して働き返えす外はない。というのも、この部分は、この解釈学的先取りに関わりなくすでに解釈されているからである。たしかに、テキスト全体の複雑な先行する理解は、一つの可変的な解釈図式という位置価をもっている。そして個別の要素は、理解を得るためにこの図式のうちに組みこまれるのである。しかし、この図式は、そのうちにふくまれている諸要素を、その図式そのものがまたこの「データ」において修正される程度にだけ理解させることができる。諸要素は解釈図式に対して、事実が理論に対するように関わっているのでもないし、客体言語的表現がメタ言語の解釈するための表現に対するように関わっているのでもない。解釈されるべきものと解釈するものとの双方は、同一の言語体系に属している。それゆえにディルタイは、これら双方の間に（事実と理論、客体言語とメタ言語の間に見られるような）段階的な関係を想定するのではなく、部分と全体との間の関係を想定する。解釈者は、かれが解釈する言語を自分で話すように学ばなければならない。その場合にのみ解釈者は、日常言語の再帰性を支えにすることができる。この再帰性は、すでに明らかにしたように、日常言語の「文法」が、言語内部の諸関係を確定するばかりではなく、命題、行動、体験のすべての伝達連関を、すなわち、社会的にいとなまれている生活実践をも規制することに基づいている。言語と実践とのこのかみ合いから、なぜここに基礎をもつ解釈学的運動は、論理学的な意味において循環と呼ばれないのかがわかってくる。解釈図式とこれにふくまれる諸要素との間の連関は、解釈者にとっては、もっぱら文法の規則に従う言語内在的な連関として提示される。しかし、それ自身においては、この連関のうちに、同時に、普遍的カテゴリーにそのまま編入されない個体的な意味を現示する生の連関が、分節している。その限りにおいて、言語分析は、間接的に伝達された生経験の経験的内実をも開示するのである。

解釈学的理解が向けられる記号的諸連関は、メタ言語的構成規則によって完全に定義づけられた純粋な言語の諸要素へ引きもどされるものではない。それゆえに、記号的諸連関の解釈は、一般規則の適用による分析必然的な再構成という形式をとることができない――またこの解釈は、そのような基準によって測られてはならない。日常言語の開放的体系は、同時にそれ自身に対するメタ言語として役立つが、この体系においてわれわれは、どのような解釈をはじめるためにも、当面の解釈図式を選ぶ。この図式は、はじめからすでに、解釈過程全体の成果を先取りしているものである。解釈が言語論的分析である限り、この先取りは、厳密な意味においては経験的内容を何らもっていない。他面、解釈は、仮説の位置をもち、おおむね実証を必要とする。この点で解釈は、経験的分析の課題をもまた引き受けることが明らかになる。解釈学と、実践ともからみ合っている日常言語との結びつきから、文法的連関において同時に個別化された生関係の経験的内容を開示する、というこの方法の二重性格の説明がつく。選択された準拠枠の中に、与えられた記号を組み入れるという、つまり適用の過程は、素材の開示であると同時に、素材によるこの開示手段の吟味でもある。それゆえに、言語論的分析と経験の点検とは統一されている。ディルタイは、このような結合を、「すべての解釈技法のうちで一番の難かしさ」と言っている。「個々の言葉およびそれらの結合から、一つの作品が理解されなければならないけれども、個別の完全な理解は、すでに全体の理解を前提している。この循環は、作者の精神状態および作者の発展に対する一つの作品の関係においても繰り返されるし、この一作品の文学的ジャンルに対する関係においても立ち返えってくるのである[163]」。

解釈学的循環は、言語と実践との特有な統合が、またこれに対応する言語論的分析と経験とのかみ合いが証拠立てられることによって、解消されるとなると、この循環の論理学上の嫌疑は晴れる。それと同時にしかし、この循環は、解釈学が直接に実践的な生連関であることの情況証拠となるのである。社会化された個人の生存が、信頼できる了解の間主観性に拘束されている限り、解釈学は、「思想を形成する生の仕事[164]」のうちに根ざしている。

「理解は、さしあたり、実践的生の関心のうちで生育する。ここでひとびとは、相互の交渉にさし向けられている。かれらは、相互に理解し合わなければならない。ある者は、他の者が欲することを知らなければならない。こうしてはじめに、理解の基本形態が成立する。……そのような基本形態に従って、私は、個別の生表出の解意を捉える。[165]」

とはいえ、個別の生表出は、個体的生連関のうちに埋めこまれているし、間主観的に通用する言語において言葉にされている。それゆえに、理解の基本形態は、潜在的には、いっそう高次の形態をすでにその前提としている。これらの形態は、個別の要素がはじめて理解されてくるその脈絡を把捉するために、解釈学的に用立てられるのである。通訳の範例を見れば、解釈学の生連関とその認識を主導する関心とが、はっきりしてくる。

「理解の基本形態からいっそう高次の形態への移行は、すでにこの基本形態のうちに備えられている。与えられた生表出と理解者との間の内的な距離がひらけばひらくほど、不確実さがいっそう増してくる。その除去が企てられる。理解のいっそう高次の形態へ移行する第一歩は、理解が、生表出の正常な連関から、そしてこの生表出のうちに表現されている精神的なものから出発することによって、生じる。理解の成果のうちに内的な難点あるいは既知のものとの矛盾が現われてくると、理解者はその検討を迫られる。かれは、生表出とその内容との正常な関係が生じない事例を想起する。このようなずれは、われわれが、われわれの内的状態、われわれの観念、われわれの意図を、わけのわからない態度をしたりあるいは沈黙したりすることによって、さしでがましいまなざしから守るような場合に、すでに存在している。ここでは、生表出が見当らないばかりに、観察者によって誤った解釈が下される。しかし、それ以上にわれわれを故意に欺むこうとする場合も少なくないことを、われわれは考えに入れておかなければならない。顔つき、しぐさ、言葉が内心と裏腹である。こうして、余分な生表出を除いたり、あるいはこれを生連関全体に引きもどしたりしてわれわれの疑念に決着をつける仕事が、さまざまに生まれるのである(166)」。

生の実践における理解の機能は、パースが経験的・分析的研究に対して明示した位置価に相当している。探究のこの二つのカテゴリーは、行動の諸体系のうちにはめこまれている。双方とも、自然とであれ他者とであれ、慣習的な交渉が阻害されると表立ってくる。双方とも、疑念を除去し、問題のない行動様式の再現をねらいにしている。疑問は、期待が裏切られることから生まれる。しかし、一方の場合には、この失望の基準は、成果によって点検された目的合理的行動の挫折であり、他方の場合には、合意の阻害、すなわち、少なくとも二人の行動主体の間での相互期待の不一致である。そうしてみると、両方の研究方向の志向が区別される。前者の場合には、現実に当って挫折した行動格律は、見込みのある技術的規則ととり代えられるべきであるし、後者の場合には、理解のできない、また行動期待の相互性を妨げている生表出が、解釈されるべきである。実験は、道具的行動の諸規則による成果の日常的な点検を、方法上の検証形式に高めるが、これに対して解釈学は、解釈学的な日常のいとなみの科学的形式である。「解釈と批判とは、歴史の中で、その課題を解決するために、ちょうど自然科学の研究が新しい精巧な実験をつねに発展させてきたように、新しい補助手段をつねに発展させてきたのである(167)」。

テキストについての解釈学的問いかけには「実験における自然への問いかけ」に共通するものがある。両方ともに、一般的規則に従って発揮される熟達した力量を必要とする。けれどもその際、解釈学的技法の会得には、測定操作の会得によりも、いっそう高度に人格的「達人性」が伴っている(168)。

経験的・分析的科学が、道具的行動の作用圏のうちで形成されているように、解釈学的科学は、日常言語に媒介された相互行為のうちで形成されている。双方とも、伝達的行動の、また道具的行動の生連関に根ざしている認識関心によって主導される。経験的・分析的方法が、現実を、可能な技術的処理という先験的視点の下で開放し把捉することをねらいにしているのに対して、解釈学的方法は、日常言語によるコミュニケーションと行動とにおける了解の間主観性を、共通の規範の下で確保することを目指している。解釈学的理解は、文化的伝承の内部で、個人および集団の、行動を方向づける可能な自己理解と、別々の個人および別々の集団の相互的な他者理解とを保証することに、構造上その本旨がある。解釈学的理解は、自在な合意の形式を可能にし、また伝達的行動が依拠しているある種の屈折した間主観性を可能にする。この理解は、二つの方向において――個別の生の経歴とひとびとが帰属している集団的伝承という垂直方向ならびにさまざまな個人、集団、文化がもつ諸伝承の間の媒介という水平方向――コミュニケーションが断絶する危険を封じている。このようなコミュニケーションの流れが切断され、了解の間主観性が硬直するか崩壊するかすると、生存の条件――これは、それを補完する、道具的行動の成果の条件と同様に基本的である――すなわち、自在な一致と自由な承認との可能性が破壊される。この可能性は実践の前提であるから、われわれは、認識を主導する精神科学の関心を「実践的」と呼ぶのである。技術的な認識関心からこの関心を区別する所以は、この関心が、客体化された現実の把捉に向けられるのではなく、その地平において現実がはじめてしかじかのものとして現象してくる了解のこの間主観性の保持に向けられる、ということにある。

解釈学の実践的生関連は、たんに理解の構造それ自体から導き出されるばかりではない。精神科学は、職業知のカテゴリーからもまた生じたのであり、そしてこのカテゴリーが、解釈の作用を組織づけて一つの技能としたのである。法律学は、ローマの司法から産み出され、同じように、古典的政治学は、古代都市国家における市民および雄弁家の討議から産み出された。精神科学の諸分野は、職人的分野、および技能的知識を必要とする職種から発展してきたのではなく、実践知を要求する専門化された行動領域から発展してきた。

「社会の内部の職種がますます多様に分化し、これらのための技術的予備教育がますます理論を発展させ、そのうちにとりこんでいく……につれて、この技術的理論は、その実践上の必要からますます深く社会の本質に入りこんでいく。……社会についての個別科学の分化は、こうして、歴史的・社会的世界の事実の問題を研究されるべき対象の方法的な細分化によって解決することをはかろうとでもするような、理論的悟性の術策によって遂行されたのではない。生そのものが、この分化を成就したのである(169)」。

精神科学の成立史を支配しているこの実践的関心は、解釈学的知識の使用連関をも規定している。十九世紀の後半、おそくとも精神科学の規準が仕上げられて以来、教養ある大衆の、行動を方向づける自己理解に及ぼす精神科学の反作用は、明白になる。歴史記述と文献学とは、文化的伝承が領有され、教養あるブルジョア層の実践的意識の中でこの伝承がさらに形成されていく方向を規定する。——「生と生の経験とは、社会的・歴史的世界の理解のつねに新鮮な源流である。……生と社会とに対する反作用において、精神科学は、その最高の意義を獲得し、そしてこの意義は、とみに増大していく(170)」。とはいえディルタイは、実践的な認識関心のうちに、解釈学の学問的性格に対する危険もまた見ている。それゆえにかれはつけ加える——「しかし、このような作用に至る道は、科学的認識の客観性を通過しなければならない(171)」。

この最後のただし書きが出てくるもとの考察は、ディルタイによる精神科学の基礎づけのうちのあるゆゆしい不斉合さを明らかにしている。というのも、精神科学の歴史的成立もその事実的使用連関も規定するこの科学の実践的生関連は、解釈学的方法にただ外面的に付随しているのではなく、むしろ実践的認識関心は、解釈学の水準そのものを、技術的認識関心が経験的・分析的科学の枠組に対して行なうのと同様に、ア・プリオリに限定するのであり、そうとすれば、ここから科学の客観性の侵害は生じるはずもないのである。――なぜなら、認識を主導する関心が、認識の可能的客観性の条件をはじめて確定するからである。上に引いた箇所で、これに反してディルタイは、二つの傾向――「科学」と「生」――が対立すると見ている。

「こうして、生からの出発と、この生との持続的な連関とが、精神科学における第一の根本特性をなしている。精神科学は、何といっても、体験、理解、生の経験に基づいている。生と精神科学とが相互に関わっているこの直接の関係は、精神科学においては、生の傾向とこの科学の科学的目標との間の対立に行きつく。歴史家、経済学者、国法学の教師、宗教研究者は、生のうちに在りながら、この生に力を及ぼそうとする。かれらは、歴史的人物、歴史的大衆運動、歴史的方向に対して自分の判断を下すが、この判断は、かれらの個性、かれらが帰属する国家、かれらが生きている時代によって制約されている。かれらが、無前提に取り扱うと信じている場合でさえも、かれらは、このかれらの視圏によって規定されている。実際、ある過去の世代の諸概念についてくわえられるどのような分析にしても、これらの概念の構成要素が時代の諸前提から生じていることを示すのである。それにしても同時に、いずれの科学のうちにも、科学として見れば、普遍妥当性の要求がふくまれている。精神科学が、厳密な意味における科学であるとするならば、それは、なおいっそう意識的にまた批判的にこの目標を掲げなければならない(172)」。

実践的生関連と科学的客観性とのこのような対置のうちに、ディルタイの場合、ひそかな実証主義が貫徹している。ディルタイは、解釈学的理解を――それが先験的水準においては関心の連関に埋めこまれているにもかかわらず——この関心の連関から取り除こうとし、また、純粋記述を理想として、観想に退こうとする。実践的認識関心は、可能な解釈学的認識の基礎であり、その退廃ではないことが見通されてくるちょうどそこのところでディルタイは、精神科学の自己反省を中断し、客観主義に退落するのであるから、その限りでは、かれは、パースと同じく、結局のところ、実証主義の力にとらわれているのである。(173)

自叙伝をモデルに出発する、まとまりはないが説得的な方法論的研究は、体験、表現、理解の非対称性を証示していた。すなわち、体験と客体化とは、外面に余すところなく投影される内面のように、対称的に関わり合っているのではない。もしも、あくまでもしもそのように関わり合っているとすれば、理解は、体験に対して厳密に相補性をもつことになるから、与えられた表現の根底にある原体験を追形成し、こうして客体化の成立を創造的に再構成するはたらきとみなされることになるであろう。実際にはこれと違って、いずれの客体化も、間主観的に拘束される記号連関の一部であることが明らかにされた。この客体化が、多くの主体にとって共通であるのは、これらの主体が、非・同一なものとして相互に自らを主張し合うのと同じ程度に、普遍的記号を媒介にして相互が同一であることを確認する、という事情からである。ある者ならびに他の者は、間主観性の水準においてその体験を客体化するが、それは決して屈折なしにではない。両者とも、同一性喪失の報いを受けて、かれらの直接性を間接的に伝達する外はない。解釈学的理解は、記号的表現に対して従属の位置にある。というのも、この表現においては、内的なものが決して直接に外面に現われ出てこないからである。普遍と個別の弁証法、すなわち、客体化と体験との関係を規定し、そして、「共通なもの」を媒体にしてそれとして表現されてくるこの弁証法を、解釈学が受け入れなければならない事情にあるとすれば、理解そのものは、一つの状況に拘束されていることになる。すなわち、この状況において、少なくとも二つの主体が、一つの言語によって意志を伝達し、またこの状況のゆえにこれらの主体は、間主観的に拘束された諸記号に基づいて、端的に分割不可能なもの、個体的なものを分割し、まさしく伝達可能にするのである。解釈学的理解は、解釈者に、対話の相手という役割を課する。活潑なコミュニケーションへの参加というこのモデルのみが、解釈者の特殊なはたらきを解明することができる。けれどもディルタイは、意味創造の追構成の一つの変形であるにもせよ、転置、すなわち、原則的に独立した追形成と追体験という反対のモデルを決して手放さなかった。感情移入は、後期の著作においても、根本的考案としてやはり保持されている。

「高次の理解がその対象に対して占める位置は、所与のうちに生の連関を見つけ出すというその課題によって規定されている。このことが可能なのは、ただ、自分の体験のうちに存続しまた数多くの事例において経験された連関が、つねに現前し、用意されているからである。このような、理解の過程のうちに与えられている仕組を、われわれは、人間に対してであれ作品に対してであれ、それらに対する自己転置と呼ぶ。……このことは、また、自分の自己の、生連関の所与の総体への転入とも言われる。この転置、移置を基礎として、いまや、心的生の全体を理解において活性化する最高の方法——追形成あるいは追体験が成立する(174)」。

ディルタイは、カントを手引きにしているにもかかわらず、観想的な真理概念の克服に成功していないから、理解の感情移入モデルから離れることができない。追体験は、いわば観察と等価である。双方とも、経験論の水準において、真理の模写説の基準を満たしている。すなわち、それらは、主観的でしかないくもりからすっかり洗い清められた孤独な意識において直接的なものが再生産されることを保証している、と思われる。そうなると、認識の客観性とは、このようなくもりを与える諸影響の除去に基づいて定義される。そうであるとすれば、本質的に、コミュニケーションの連関と結びついている理解は、この条件を原則的に満たすことができないであろう。

なぜなら、相互行為において――この行為は、恒常的な諸意義に関する了解の、日常言語的に作り出された間主観性を枠組として、その中で少なくとも二つの主体を結びつけるが――解釈者は、解釈されるべき者であるとともに参加者だからである。ここでは、観察する主体と対立物との関係に代わって、参加する主体と相手役の関係が出てくる。経験は、この両者の相互行為によって媒介される。――理解とは、伝達的経験である。理解の客観性は、従って、双方の側から脅かされている。すなわち、それは、参加した解釈者の主観性が解答を歪めるから、その解釈者の影響によって脅かされるが、それに劣らず、参与する観察者をとまどわせる相手の反応によっても脅かされるのである。もっとも――われわれが、客観性の危うくされる有様をこのように記述するならば、もうわれわれは、実証主義が点検可能な観察を範としながらわれわれに示唆したがっているあの真理の模写説の見地をとっているのである。この伝統の強要は、ディルタイにおいてもなお大変強いから、かれは、コミュニケーションの経験領域を孤立した観察という範型へ引きもどす外はない。すなわち、他者の主観性のうちへ自分を転置しその体験を再生する者は、実験の観察者と同様に、かれに独自の同一性というこの特殊なものを消滅させるのである。もしもディルタイが、かれの研究の帰結を辿ったとすれば、かれは、理解の客観性が、コミュニケーションの連関における再帰的な共演者という役割の内部においてのみ、可能であることを見たであろう。

解釈者は、同時代の客体化に関わり合うのであれ、あるいは歴史的伝承に関わり合うのであれ、いずれにしても自分の解釈学的初期状態から、抽象によって離れることができない。かれは、すべてのものが渾然一体として享受されてよい歴史の基底の生の流れに身を投じようとして、自分の生実践の開かれた地平を簡単に飛び超えることができないし、かれの主体性が形成される伝統の連関をあっさりと中断することもできない。けれども、解釈学的理解の即物性は、理解する主体が、異質な客体化のコミュニケーションによる会得を媒介にして、かれ独自の形成過程のうちに自己自身を見通すことを学ぶ程度に応じて、獲得されるのである。解釈者が、事態と同時にまた自分自身を、この双方を共に包括し可能にする連関の契機として反省する場合に、解釈は、この事態に的中し、貫入する。このような意味において、理解の客観性は、ディルタイが自叙伝に対して妥当するものとしている主観主義的な――といってもたんにそう見えるにすぎないが――原則に依っている。――「(ある社会集団、ある時期の)人間の自己自身についての省察が、照準点であり基礎である[175]」。われわれが、実践的認識関心を感情移入の無私の普遍性によって廃棄するゆえに、生の傾向と科学との間の対立と思われているものも調停される、とディルタイは見ようとしている。これに対して、実践的認識関心の背後への遡及は不可能であることを明らかにする当のディルタイによってはじめられている反省に従うとすれば、上に述べた対立は仮象であることがあからさまになったであろうし、また解釈学的理解の客観性は、伝達的経験をよりどころとし対話関係によって取り消しようもなく媒介されている認識の形式において、釈明されたであろう。しかし、ディルタイは、「他者の心的状態の追感」というモデルに固執している。

「文献学的なまた歴史的な科学のすべては、個別的なもののこの追理解が客観性をもつまでに高められる、という前提にその基礎を置いている。この前提の上に構築された歴史的意識によって、現代人には、人間の過去のすべてを自分のうちに現在化することが可能になる。すなわち、現代人は、自分の時代のあらゆる制約を超えて、過去の文化をかいま見る。この文化の力を、かれは自分のうちに受け入れ、その魔法をあとから享受する。この魔法から幸福が生まれて大きく育ってゆく。体系的精神科学は、個別的なもののこのような客観的把捉から、一般的な法則的関係および包括的連関を導き出すが、その際、理解と解釈の過程は、何といってもやはりこれらの科学にとってもまた基礎である。それゆえに、これらの科学は、歴史と同様に、その確実性という点では、個別的なものの理解が普遍妥当性をもつまでに高められるかどうかにかかっている」[176]。

ディルタイは、精神科学的認識の可能的客観性を、解釈者とその対象との潜在的な同時性という条件に結びつけている。「空間的へだたりあるいは言語の異質さ」に対抗して、精神科学的認識は、「作者の時代、環境から読者の状態に……その位置を転じなければならない」[177]。同時性は、精神科学において、自然科学における実験の反復可能性と同一の機能を満たしている。すなわち、認識対象の交換可能性が保証される。

もっとも、解釈者と対象との可能的同時性という方法論的仮定は自明ではないから、これを明白にするためには生の哲学が必要とされる。精神的世界の客体化が、時間のうちで伸長していく汎在的な生の流れの突出を表わし、そして、この生の流れの統一が、潜在的同時性とこの流れの産出の汎在性とによって確保される限りにおいて、歴史的世界は、実証主義的に理解することができる、すなわち、すべての可能的体験の総体として把捉することができる。――体験されうるものが、解釈者にとって問題となるものである。現代人の歴史意識において模写されるこの世界に、全面理解の天才性が対応している。なぜなら、原物に自分を転置する者の追形成する体験が、一つなる汎在的生の流れへの参与を約束するからである。この生そのものは、非合理的である。なぜなら、この生について言うことのできるただ一つのことは、これがその客体化においてのみ捉えられるということだからである。生の非合理性は、解釈者が公平な観察者の役目にあることを正当とする。というのも、生そのものが、その客体化を虚構の同時性という平面へ投影するときに、観察者は、「客観的に」、「汎人間的なものと、これを基礎として多様な精神的存在に拡大する個体化との連関を」[178]見晴らすからである。解釈学的理解は、こうして、普遍と個別との特殊な、日常言語によるコミュニケーションに密着している弁証法を、外延論理学的に一義的な諸現象の分類でもって片付けてしまう。ディルタイは、一般化の三段階をあげている。かれは、「汎人間的なものにおける規則性と構造とから諸類型にすすみ、そしてこれらによって理解が個別を捉えるような[179]」整理枠について語るのである。

生の哲学の根本の確信に従ってディルタイは、自然科学的客観性の理想を精神科学に転置する。このことは、ディルタイが体系的精神科学と呼んで、伝記から普遍史にまで及ぶ歴史科学に対置する一群の分野にとって、特別の意義をもっている。歴史科学が、そのつど、具体的な発展連関と指示可能な社会的主体の形成過程とにさし向けられているのに対して、体系的精神科学は、不動の構造を、すなわち、横断面においては分離可能な、歴史の運動がいわばそこを貫通していく、社会的生の諸部分体系を、事としている。ディルタイは、これらの科学を、独立して構成された、人間についての精神科学体系とするが、ここには、言語、経済、法、宗教、芸術についての科学がふくまれている[180]。かれは、よく経済学を例に出して、体系的精神科学と歴史的精神科学との相違を明らかにしようとする。すなわち、体系的精神科学は、つねに同一の構造連関によって特色づけられそしてそれ自身が体系を表示するような、社会的生の断面についての一般理論を展開するのである。そのような社会体系は、

「社会における諸個人の交互作用にさしあたりは基づいている。もっともこれは、個人の交互作用が、人間本性の個人に共通な構成要素を基礎にして、結果としては諸活動のからみ合いとなり、そしてこのからみ合いにおいて、人間本性のこの構成要素が落着する限りにおいてのことである。……ひとりひとりの個人は、多くの体系の交点であるが、これらの体系は、文化の進展につれてますます細分化する。……抽象的科学は、いまや、このように歴史的・社会的現実のうちに編みこまれたこれらの体系を並立させる。……各体系は……人間本性の一つの構成要素からの産物である。……これらの体系が、高度の文化段階においてはじめて別々の、内的に豊かな展開を遂げるようになったとしても、それらの体系は、すべての時代の社会に共通するこの基礎の上にすえられて

いるのである[181]」。

生の哲学によって根拠づけられる客観主義に力を得て、ディルタイは、社会体系およびその部分体系の一般理論を、解釈学的理解を基礎として導入する。尽きることのない生の同一性によって、いつでも呼び出せる客体化を解釈者の初期状態に左右されずに現在のものとすることが、方法論的に可能になる。同時に、この生の同一性は、歴史的に保持されている諸構造およびそれに対応する理論的準拠枠に対して、きわめて広範な基礎を人間学的に確保する。

とはいえこのようにして、かつてディルタイがヴィンデルバントのテーゼを論難した際に、体系的精神科学の論理的根本問題として挙げた難点——一般者と個別者との結合[182]——は、手品のようにかき消えてしまう。先立って散漫に理解されている全体の光に照らして部分を解明し、またその逆に、一歩一歩確定される部分の反照の中で全体を解明するという、この交互的な解明の、外見上循環的な手続きは、一定の生表出および具体的な発展史を解釈する者にとってみれば、それで充分なものであろう。すなわち、解釈学は、歴史的精神科学の基礎である。しかし、体系的精神科学をこの解釈学のもとに追いやって、同時に、これらの科学が普遍と個別の弁証法からまぬがれている、とみなすわけにはいかない。体系的精神科学にとって、歴史的精神科学の方法論的基礎はあまりにも狭すぎるのである。体系的精神科学は、意義連関の解明に局限されるのではなく、経験量の間の法則的関係を分析するのである。これらの科学が法則定立的科学である限り、これらは、経験的・分析的方法に従わなければならない。それらの科学が精神科学の意向に従う限り、同時にそれらは、解釈学の方法論上の枠組に依然として結びつけられているのであり、自然科学と同じように道具的行動の作用圏のうちに引きこもるのではない。経験的・分析的方法と解釈学との交差というこの問題および体系的精神科学における理論形成の問題は、二〇世紀になってはじめて完全に展開した社会科学の論理学にとって、中心的な意義をもっている。(183) ディルタイは、明らかに、この意義を受けとっていない。精神科学的解釈学の自己反省を立ち止まらせるこの客観主義への転落は、私の見るところではただ一箇所、『精神科学における歴史的世界の構築』に関する草稿の終わりの部分に姿を見せている問題性に、ふたをしてしまう。

「文化体系のそれぞれは、共通性に」(すなわち、日常言語に媒介された相互行為の間主観性に)「基づく一つの連関を形成する。この連関はあるはたらきを具現するから、それは、目的論的性格をもっている」(すなわち、それは、機能主義的観点の下で分析可能な連関である)。「しかしここで、これらの科学における概念形成につきまとうある難点が現われてくる。このようなはたらきと作用を共にする個人がこの連関に帰属するのは、ただこの個人がそのはたらきの具現に協力する過程においてである。しかし、個人は、この過程において何といってもその全存在をあげて活動しているのであり、従って、そのはたらきの目的からそのような領域を構成することは全くできない」(けれども、このことが、経験的・分析的科学においては生じる)。「むしろ、そのはたらきに向けられたエネルギーと並んで、その領域においてつねに、人間本性の側面もまた協力するのである。人間本性の歴史的変化が有力になる。この点に、文化体系の科学の論理的根本問題が存在する」。(184)

体系的精神科学は、一般理論を設け、しかも普遍史の土台から簡単には離れようとしない。これらの科学がその理論のために申し立てている普遍性の要求は、個別の歴史過程を捉えようとするそれらの意向とどのようにして統一されるのか。フロイトは、この問いを方法論的問いとして受けとってはいなかったが、しかし、われわれが、精神分析学を生活歴の形成過程の一般理論とみなすとすれば、たしかにこの精神分析学は、この問いに対する一つの答えを与えている。

第三章　認識と関心の統一としての批判

古い実証主義が最初におこなった認識理論の科学理論への還元は、パースとディルタイが手本を示した反対運動によって中断された。もっとも、この自然科学と精神科学の自己反省は、実証主義の勝利の行進をただ中断しただけであって、押し止めたのではない。それで認識を主導する関心も、いったん露わにされながら、すぐ心理主義的に誤解され、心理主義批判の手中におちてしまった。そしてこの心理主義批判に基づいて、論理的経験論の形をした新しい実証主義が建設され、今日にいたるまで諸科学の科学主義的自己理解を規定しているのである。

　この方法論的に見出された認識と関心との連関は、カントとフィヒテ、とくに後者の理性的関心の概念を頼りとすることによって明確にされるし、誤解を防ぐことができる。もっとも、反省哲学をただ歴史的な糸口とするだけでは、自己反省の次元をそのものとして取り戻すことはできない。そのため、精神分析学を例にとって、この次元が実証主義の基盤そのものにおいてもまたその姿をのぞかせているということを立証してみたいと思う。というのも、フロイトは阻害され、異常となった形成過程に対するひとつの解釈の枠組を開発したが、それによるとこれらの形成過程は、治療学的に指導された自己反省によって正常な軌道に導びくことができるのである。もっともフロイトは、かれの理論を、体系的に一般化された自己反省として捉えるのでは全くなく、精密な経験科学として捉えていた。フロイトは、何が精神分析学を経験的・分析的科学や、もっぱら解釈学的にすすめられる学問から区別しているのかを、方法論的に意識化せず、それを精神分析学的技術の特色に数えている。それゆえにフロイトの理論は、たしかにいまなおひとつの断片である。フロイト以後、実証主義的科学論理学がこれを消化しようと試み、また行動主義的研究活動がこれを統合しようと試みているが徒労に終っている。しかし、つまづきの石である隠された自己反省は、それとしても知られていないのである。ニイチェは、方法論的探究の射程に対する感覚と自己反省の次元の中をかるがると動く能力とをあわせもった少数の同時代人の一人である。しかし、反啓蒙主義の弁証法家であるかれこそ、自己反省の形で反省の力を自ら否定し、それによって、かれには充分感知される認識を主導する関心を、心理主義に引き渡すことに全てを賭けている。

第九節　理性と関心
——カントとフィヒテへの回顧——

パースは自然科学の自己反省を、ディルタイは精神科学の自己反省を押しすすめて、認識を主導する関心がそれと明らかになる段階にまで達した。経験的・分析的研究は、前科学的に道具的行動の作用圏内で遂行されている、累積的学習過程の体系的継続である。解釈学的研究は、前科学的に、記号によって媒介された相互行為の伝承連関の中で慣用されていた了解過程（および自己了解過程）に、方法的形式を与えるのである。前者では、技術的に使用可能な知識の産出が問題であり、後者では、実践的に有効な知識の解明が問題である。経験的分析は、行動を対象化された自然過程の可能的技術的処理という視点の下に、現実を開示する。これに反して解釈学は、行動を方向づけている可能な了解の間主観性を（異質の文化の解釈という水平面と自身の伝統の領得という垂直面とにおいて）保証する。精密な経験科学は、道具的行動の先験的諸条件に従うのに対し、解釈学的科学は、伝達的行動の水準ですすめられる。

これら二つの場合、言語、行動、経験の配置は原理的に違っている。道具的行動の作用圏では、現実は、可能的技術的処理という視点の下で経験されうるものの総体として、構成される。すなわち、この先験的諸条件の下で客体化された現実に対応するものは、抑制された経験である。現実に関する経験的・分析的言明の言語もまた、同じ条件の下で形成される。理論的な諸命題は、形式化された言語か、または少くとも形式化されうる言語に属している。論理的形式について言えば、重要なのは、われわれが規則化された記号操作によって作り出すことができ、またいつでも再現することができるような計算である。道具的行動の諸条件の下では、規則に従う操作によって作り出されるこのような記号的連関の総体として、純粋言語が構成される。客体化された「自然」が、日常言語的経験のなまのままの素材からの抽象のおかげであるように、「純粋言語」も、日常言語のなまのままの素材からの抽象のおかげである。両者、すなわち抑制された経験と抑制された言語とは、それらが記号の操作であれ、または運動物体の操作であれ、ともかく操作から生じるということによって定義される。道具的行動そのものと同じように、それに統合されている言語使用もまた独白《モノローグ》的である。この言語使用が、理論的諸命題相互の間に、導出規則に従って不可避な体系的連関を確保している。道具的行動の先験的位置価は、理論と経験を結びつけるこの結合手続きにおいて確認される。なぜなら、系統的観測は、実験的な（あるいは準実験的な）手はずをもっていて、それが測定操作の成果を記録することを可能にしているからである。測定操作は、操作上確認された事象と体系的に結合された記号とを、可逆的な仕方で一義的に秩序づけることを許している。もしも経験的・分析的研究の枠組に、ひとつの先験的主体が対応しているとすれば、測定こそ、この主体を真に特徴づける綜合的はたらきであろう。それゆえ、測定の理論がはじめて、法則定立的科学の本旨とする、可能的認識の客観性の諸条件を解明することができるのである。

伝達的行動の脈絡においては、言語と経験は、行動そのものの先験的諸条件に加わらない。先験的位置価をもっているのは、むしろ日常言語の文法であり、これが同時に、習い覚えた生実践の非言語的要素をも規制している。言語遊戯の文法は記号、行動、表現を結合している。従って、それが世界把握と相互行為の図式を確定している。この文法的規則が、社会化された諸個人の間の屈折した間主観性の基盤を規定するのであり、そしてわれわれは、ただこの諸規則を自分のものとする度合いに応じてのみ——非党派的傍観者としてではなく、社会化した共演者として——この地盤に足をふみ入れることができる。現実は、伝達し合う集団の日常言語的に組織された生形式の枠内で、構成される。現実的なのは、いま通用している記号系の解釈の下で経験されるものである。その限りにおいて、可能的技術的処理という視点の下で客体化されたあの現実、ならびにそれにふさわしく操作化された経験は、ひとつの極端な事例と考えることができる。この極端な事例を特徴づけているものは、次の事柄である。言語は相互行為とのかみ合いからはずされ、独白的《モノローグ》に完結していること、行動はコミュニケーションから切断され、目的合理的な手段的使用という孤独な行為へ縮小されていること、最後に、道具的行動の成果を繰り返し経験できるように、個別化された生の経験が消去されること——要するに、ここでは伝達的行動の諸条件がまったく廃棄されているのである。もしわれわれが、このようにして道具的行動の先験的枠組を、日常言語的に構成された生世界の極端な変種として（しかも歴史的に個体化された生世界がすべて、そこにおいて抽象的に合致するはずの変種として）把握するならば、伝達的行動の範型は、解釈学的科学に対して、道具的行動の枠組が法則定立的科学に対するのと同じようには先験的位置価をもちえない、ということが明らかになる。なぜなら、精神科学の対象領域は、研究方法論の先験的諸条件の下ではじめて構成されるのではなく、それは、すでに構成されたものとして、眼の前に見出されるからである。たしかにいずれの解釈の規則も、記号に媒介される相互行為一般の範型によって確定されている。しかし解釈者は、かれの母国語のなかで社会化され、解釈作業一般について手引きを受けたあとは、先験的諸規則の下でではなく、先験的な諸連関そのものの水準で動いてゆく。かれは、伝承されたテキストの経験的内容を、かれ自身が属している世界の先験的構造との関係においてしか解読することができない。理論と経験はここでは、経験的・分析的科学の場合のように別々に現われるのではない。世界把握と行動の共通図式の下で頼りとされる伝達的経験が阻害されるとすぐさま解釈が加えられねばならないが、この解釈は、日常言語的に構成された世界のなかで獲得された経験に向けられると同時に、この世界を構成する文法的規則そのものにも向けられている。この解釈は、経験であるとともに、言語論的分析でもある。解釈は、その解釈学的先取りを、相手のひとびとの間で文法的規則に従って得られている合意に即して、それにふさわしく修正する。――この点でも、経験と分析的洞察とは、独特の収斂をする。

パースとディルタイは、自然科学と精神科学の方法論を研究論理学として展開する。そしてかれらは、それぞれ研究過程を、技術のであれ生実践のであれ、そのつど客観的な生の連関から把握する。そのことによって科学の論理は、実証主義的科学理論が見捨てた認識理論の次元をふたたび獲得する。それは、かつて先験的論理学がしたように、可能的認識のア・プリオリな諸条件についての問いに対する答えを求める。とはいえこれらの諸条件は、それ自体としてはもはやア・プリオリなものではなく、この研究過程にとってどうにかア・プリオリであるにすぎない。経験的・分析的科学における進歩に内在する論理の探究も、解釈学的説明の進行に内在する論理の探究も、たちまち限界にぶつかってしまう。つまり、パースが分析した推論諸式の連関も、ディルタイがとらえた解釈の循環運動も、形式論理学の視点の下では満足のゆくものではない。一方ではいかにして帰納は「可能」か、他方ではいかにして解釈学的循環は「可能」か、これらは論理学的に示すことができないのであり、ただ認識理論的にのみ示すことができる。どちらの場合も、次のような命題の論理的変換の規則が問題である。すなわち、それは、変換された命題が、道具的行動の、または日常言語的に構成された生の形式の先験的枠組の内部において、諸経験の特定のカテゴリーにア・プリオリに関連づけられているときにのみ、その効力が納得されるような命題である。これらの準拠系は、先験的位置価をもってはいる。けれども、それが規定しているものは、研究過程の建築術であって、先験的意識一般の建築術ではない。自然科学と精神科学の論理学は、先験的論理学のように純粋理論理性の仕組に関わるのではなく、研究過程の組織のための方法論的諸規則に関わっている。そしてこれらの規則は、もはや純粋な先験的規則の地位をもたない。なぜなら、それらは、先験的位置価をもっているが、事実的な生の連関から生じているからである。すなわち、それらは、社会的に組織された労働の習得過程と、日常言語的に媒介された相互行為における了解過程とを通じて、その生を再生産する類の構造から生じているからである。それゆえ、自然科学的研究過程と精神科学的研究過程の準先験的な準拠系の内部で得ることのできるこの言明の妥当性の意味は、根底にあるこれらの生の諸関係の関心連関に即して測られる。法則定立的知は、解釈学的知が実践的に有効なのと同じ意味において、技術的に利用可能である。

先験的な主観の代わりに、文化的諸条件の下で自己を再生産する、つまり形成過程の中ではじめて自己自身を構成する類が登場するやいなや、法則定立的科学と解釈学的科学の枠組を生の連関へ引きもどすこと、そしてそれに対応して言明の妥当性の意味を認識関心から導出することが、必要となる。この類は、研究過程の主体として、さしあたりわれわれの関心をひくが、その研究過程は、人類史の包括的な形成過程の一部である。自然科学ないし精神科学の研究過程の先験的枠組とともに確定される、可能的経験の客観性の諸条件は、もはやたんに、現象に制限された有限的認識一般の先験的意味を説明するだけではない。むしろそれらの条件は、二つの研究方向の構造を生み出している客観的な生の連関をよりどころにして、二つの方法的認識様式のそのつどに規定される意味そのものを前もって形成しているのである。経験的・分析的科学は、道具的行動の作用圏内に現象する限りでの現実を開示する。それゆえに、この対象領域に関する法則論的言明は、その内在的意味からいって特定の使用連関をねらっている。——要するに、それらの言明は、特殊化された諸条件の下でのいつでもそしてどこにおいても可能な技術的処理を考えに入れて、現実を捉える。解釈学的科学は、別な先験的視点の下で現実を開示するのではない。それはむしろ、現実がその内部で世界把握と行動の文法に従っておのおの異なって解釈される、異なった事実的な生の諸形式の先験的構成に向っている。それゆえ、この種の構造に関する解釈学的言明は、その内在的意味からいって、それにふさわしい使用連関をねらっている。——つまり、それらの言明は、与えられた解釈学的初期状況にとって可能な、行動を方向づける了解の間主観性を考えに入れて、現実の解釈を捉える。それゆえわれわれは、道具的行動および記号に媒介された相互行為の生の諸連関が、研究論理学を経て、可能な言明の妥当性の意味を前もって形成し、こうして、認識を表わす限りでのそれらの言明が、ただこの生の連関の中でのみ機能をもつ——ということは技術的に使用される、また実践的に有効であることに外ならない——というその限りにおいて、技術的な認識関心あるいは実践的な認識関心について語るのである。

この「関心」という概念は、先験論理学的諸規定を経験的諸規定へ自然主義的に引きもどすことを勧めるのではなく、まさにそのような還元を予防しようとするものである。認識を主導する関心は、人類の自然史をその形成過程の論理へ媒介している（この箇所では私は、まだそれを立証することはできず、やっと主張することができるだけであるが）。しかし、それらの関心は、論理学をなんらかの自然的基底へ還元するために要求されるものではない。私が関心と呼ぶものは、人類の可能的な再生産と自己構成のための特定の基本的条件、すなわち労働と相互行為に固く結びついている根本的定位のことである。それゆえ、これらの根本的定位が目指しているものは、直接に経験的な欲望の充足ではなくて体制問題一般の解決である。もっとも、ここでは問題解決といっても、ただ仮りにそう言われるだけである。なぜなら、認識を主導する関心は、それによって確定される方法論的枠組の内部ではじめて問題として出現しうるような類いの問題設定を手引きとして規定されてはならないからである。認識を主導する関心は、客観的に設定された生の維持の諸問題に即してのみ測られるのであり、そしてこれらの問題は、それ自体としてはすでに生存の文化的形式によって答えられている。労働と相互行為は、それ自身ですでに学習過程と了解過程とをふくんでいる。そしてある一定の発展段階に達したとき、もし類の形成過程を危くすまいと思えば、これらの過程は、方法的研究の形で確保されねばならない。人間学的水準における生の再生産は、文化的に労働と相互行為によって規定されているから、労働と相互行為という生存条件にからみついている認識関心は、生殖および種の保存という生物学的準拠枠の中では捉えることができない。認識を主導する関心は、社会的生のたんなる機能として誤解されるかもしれないが、しかし社会的生の再生産は、再生産の文化的諸条件、すなわち二種の形態の認識をすでに内包している形成過程に訴えることなしには、決して充分に特徴づけることができないのである。それゆえに「認識関心」は、経験的諸規定と先験的諸規定、ないし事実的諸規定と記号的諸規定の間の区別にも、動機的な諸規定と認知的な諸規定との間の区別にも適合しない独特なカテゴリーである。というのも、認識は、有機体が変動する環境に適応するためのたんなる道具ではないし、また純粋な理性的存在者の行為でもなく、また観想として、生の諸連関から完全に解放されているわけでもないからである。

パースとディルタイは、科学的認識の関心の基底に突き当ったが、かれらは、この基底をそれとしては反省しなかった。かれらは、認識を主導する関心という概念を形成しなかった。そしてまた、この概念が志向するものを真に把握することもなかった。かれらは、生の諸関係における研究論理学の基礎をたしかに分析はした。しかし、もしもかれらが経験的・分析的科学と解釈学的科学の根本的定位を、認識を主導する関心と同一のものとして受けとることができたとすれば、それはただ、かれらに実際には無縁であった枠組において、すなわち、ほかでもなく形成過程として把握された人類史という構想の内部においてであったであろう。類的主体がそれとしてその中ではじめて構成される形成過程という観念は、ヘーゲルによって展開され、マルクスにより唯物論的諸前提の下で受容されたものである。実証主義の基礎の上では、この理念にいきなりもどるとすれば、これは形而上学への逆行と映らざるをえないであろう。ここからもとにもどる正当な道はただひとつしかない。パースとディルタイが客観的な生の連関からの諸科学の生成を反省し、こうして認識理論の立場において科学方法論を促進するとき、かれらはその道を歩んでいる。しかし、自分たちが何をしているかを、パースもディルタイも見抜かなかった。もし見抜いていたならば、かれらは、ヘーゲルがかつて『精神現象学』において展開したあの反省の経験を避けることはできなかったはずである。私が言いたいのは、主体がその発生史のなかで自己に対して透明になればなるほど自分の内に経験する、反省の解放的力の経験のことである。この反省の経験は、内容的には形成過程の概念のなかに明瞭に語られ、方法的には、理性と理性への意志との同一性がそこから難なく生じてくるひとつの立場に通じている。この自己反省の中で、認識のための認識と成熟への関心とが合致する。なぜなら、反省の遂行は解放の運動であることが知られているからである。理性は同時に理性の関心に従っている。あるいは、こう言ってもよいであろう――理性は、反省の遂行をそれとして目指している解放する認識関心に従っている、と。

もっとも事情をみればむしろ、認識関心のカテゴリーは、理性に固有の関心によって認証されるのである。技術的な認識関心と実践的な認識関心とは、理性的反省の解放する認識関心と連関することによって、認識を主導する関心としてまぎれもなく、いいかえれば、心理学化や新しい客観主義におちいることなしに、はじめて把握されるのである。パースとディルタイの科学方法論は、実は科学の自己反省であるが、かれらは、自分たちの方法論を科学の自己反省として把握しないため、認識と関心の統一点を捉えそこなっている。

理性的関心という概念は、すでにカントの先験哲学のなかに現われている。けれども、理論理性を実践理性に従属させたのち、はじめてフィヒテはこの概念を、行動する理性そのものに内在する解放をめざす関心の意味で展開することができる。

関心とは一般に、われわれがある対象または行動の存在の表象と結びつけている満足のよろこびである。関心は、関心をいだく対象のわれわれの欲求能力への関係を表現しているから、現存在に向かっている。つまり、関心は、欲望を前提としているか、欲望を作り出すかのどちらかである。(1) これに応じて、経験的関心と純粋関心が区別される。ところでカントは、この区別を実践理性について導入する。善、いいかえれば理性の原理によって規定された行為にふれて感じられる実践的よろこびが、純粋関心である。意志が実践理性の法則への尊敬から行動する限り、意志は善に関心をいだいている。しかし、意志は関心から行為するのではない。

「第一の関心は行為に対する実践的関心であり、第二の関心は、行為の対象に対する感覚的関心である。前者のみが、意志の理性それ自体の原理への従属性を示すものであり、後者は、傾向性のための理性原理への従属性を示している。というのは、理性はただ、いかにして傾向性の要求を取り除くかという、実践的規則しか考えないからである。第一の場合に、私の関心をひきおこすものは行為であり、第二の場合には（それが私にとって快い限りでの）行為の対象である」[2]。

快適な対象ないし有用な対象への、感官の（感情的）関心は欲望に起因する。善きものへの理性の（実践的）関心は、欲望を呼びさます。欲求能力は、前者では傾向性によって刺激され、後者では理性の諸原則によって規定されている。もしそれが純粋な関心から生じ、持続的性向として形成されるなら、われわれは、習性化した欲求としての感性的傾向性との類比において、非感性的な知的傾向性という言葉を使ってもよいであろう。

「たんに純粋な理性的関心だけが想定されなければならない場合には、傾向性の関心がそれにとって代わることはできない。しかし、それにもかかわらずわれわれは、ていねいな言い方をすると、知的な快の対象でしかありえないものに対してすらひとつの傾向性があって、これに、純粋な理性的関心からの持続的欲求を認めることができる。しかし、この場合、この傾向性は後出の関心の原因ではなく、結果であろう。そして、われわれはそれを非感覚的傾向性（propensio intellectualis）と名づけることができよう」[3]。

純粋な実践的理性関心の概念の体系的位置価は、『道徳形而上学の基礎』の最後の章において明らかになる。そこで、カントは「あらゆる実践哲学の究極の限界」という表題の下に、いかにして自由は可能か、という問いを立てる。意志の自由を説明するという課題は、パラドックスである。なぜなら、自由はさまざまな経験的動機からの独立によって定義されるのに、説明はただ自然法則を頼りとしてのみ可能だからである。自由はただ、人間が道徳律の遵守に対していだいている関心を名ざすことによってのみ説明されるといわれる。他方、道徳律の遵守は、もしその根底に感性的動機があるならば、いかなる道徳的行為でもなく、従って自由な行為でもないといわれる。それにもかかわらず道徳的感情は、道徳律の実現への関心、すなわち「ただわれわれが、それが自然法則であるかのように自由の格律に従って慎重に行動するときにのみ、その一員となることができる、目的それ自体(理性的存在者)の普遍的王国の荘厳な理想」[4]が現実となることへの関心のようなものが、事実上あることを証言している。この場合、定義からいって感性的関心は問題ではないから、われわれはどうしても純粋な関心、すなわち理性法則が意志に及ぼす作用を予期せざるをえない。カントは、理性には自然的欲求能力と対立するひとつの原因性をどうしても帰属させなければならないと感じている。というのは、理性が実践的となるためには、理性自身が感性を触発できなければならないからである。

「感性的に触発される理性的存在者に、あることをなすべしと命ずるのは理性のみだが、それを意志するためには、義務の遂行にあたって快の感情あるいは満足のよろこびをひきおこす理性の能力、従って感性を自己の原理に従って規定する理性の原因性が必要である。しかし、自己の内に感性的なものを少しもふくまないたんなる思想が、いかにして快不快の感覚を産み出すのかを洞察すること、すなわちア・プリオリに理解することは全く不可能である。なぜなら、それは特別な種類の原因性であり、われわれはそれについて、すべての原因性のように、ア・プリオリに規定することは全くできず、ただ経験に照らしてみるしかないからである[5]」。

意志の自由を説明するという課題が、思わぬところで先験論理学的枠組をばらばらにこわしてしまう。それは、いかにして自由は可能かという問題設定の形式が、われわれはいま実践理性について、可能的自由のではなく現実的自由の諸条件をたずねているのであるという事実から眼をそむけさせてしまうからである。前述の問いが真に意味するものは、いかにして純粋理性は実践的でありうるか、ということである。従って、われわれはどうしても、カントがもともと理性の諸規定とは通約不能であるとした理性の中の契機、すなわち理性関心を、考えに入れなければならない。たしかに理性は、感性の経験的諸条件に加わることはできない。しかし、道徳律の下で行為への関心が発生するというような、理性による感性の触発の表象も、ただうわべでだけ、理性を経験の混入から守っているにすぎない。あの理性に固有な原因性の作用、すなわち純粋な実践的よろこびが偶発的なものであり、経験によってしか証言されないとすれば、そのよろこびの原因も、確たる事実とみなされなければならない。理性のみによって規定される関心という思惟形象は、この事実をたんなる事実的動機に対して充分に際立たせてはいる。しかし、それはただ、事実性という契機が理性そのものの中にもちこまれるという代償を払ってのことである。純粋な関心というものが考えられるのはただ次の条件の下においてである。すなわち、理性は快の感情をひきおこすのと同じ程度に、それ自身、例によって、直接的傾向性とは異なったある傾向に従っている——つまり、理性には、理性を実現しようとする衝動が内在している。——ところが、これまた先験的諸条件の下では考えられないことである。そしてカントも、あらゆる実践哲学のこの究極の限界において、ただ次のことしか打ち明けていないのである。——純粋関心という名称が言い表わしているのは、道徳的感情によって保証されているとはいっても、理性と感性との間の因果関係を考えることはできない、ということである。

「だが、これ（原因性）は二つの経験の対象の間の因果関係以外のいかなる因果関係も与えることができない。しかもここでは、純粋理性がたんなる理念（これは全く経験に対して対象とならない）によって、あきらかに経験の中に存在する結果の（つまり義務を果したときのよろこびの）原因であるとされている。それゆえ、われわれはいかにして、そしてなぜ、法則としての格律の普遍性に、従って倫理に、関心をいだくのかを説明することは、われわれ人間には全く不可能である(6)」。

純粋関心の概念は、カントの体系の内部において特異な位置価をもっている。それは、純粋実践理性の現実性に関するわれわれの確信を支えている事実を規定している。この事実は、たしかに通常の経験の中には与えられていないが、道徳的感情によって確証されている。この感情は、先験的経験の役割を要求しなければならない。なぜなら、道徳律の遵守に対するわれわれの関心は、理性によって産み出されるが、それにしても、偶発的事実であり、それをア・プリオリに洞察することはできないからである。その限りにおいて、理性からの関心は、理性を規定する契機をも考えることを課している。しかし、このような考えは、理性の、非経験的ではあるけれども経験の契機から完全には解放されていない生成という考えに帰着する。これは、先験哲学の諸規定に従えば矛盾である。カントは、整合的にも、この矛盾を実践理性の先験的仮象としては論じない。純粋な実践的よろこびは、純粋理性が実践的でありうることを、われわれに確信させるけれども、われわれは、このことがいかにして可能かを概念的に理解することができないという断定でカントは満足している。自由の原因性は、経験的なものではないが、しかしまたたんに可想的なものでもない。われわれは、それを事実と呼ぶことができるが、しかし、概念的に理解することはできない。純粋関心という名称がわれわれに指し示しているものは、それだけが理性の実現の諸条件を保証するところの理性の基底である。しかしこの基底は、それ自身は理性の諸原理に還元されず、むしろより高次の事実としてそれらの原理の根底に存在する。この理性の基底は、理性関心のうちに確証されるが、人間的認識からは遠くへだたっている。もし人間的認識がこの基底にまで達するとするならば、それは、経験的認識でも純粋認識でもなく、同時に両方でなければならないであろう。カントが純粋実践理性の究極の限界を超え出ることを警戒するのは、ここでは、適用された理論理性の限界におけるように理性が経験を超え出るのではなくて、道徳的感情の経験が理性を超え出ているからである。「純粋関心」は限界概念であり、それは、ある経験が概念的に理解できないことをはっきり語るものである。

「ところで、いかにして純粋理性が、どこか自分以外のところから取られた他の動機なしに、それだけで実践的でありうるのか、いいかえれば、すべての理性の格律の法則としての普遍妥当性というたんなる原理が、いかにして……あらゆる意志の素材（対象）なしに――これには先立ってなんらかの関心を抱くこともできようが――それだけでひとつの動機となり、そして純粋に道徳的と呼びうるような関心をひきおこすことができるのか、別な言葉で言えば、純粋理性はいかにして実践的でありうるか、を説明することは、どんな人間理性にとっても全く不可能である。そして、これを説明しようとするすべての努力と仕事は、無駄である[7]」。

ところで注目すべきことに、カントは、かれが実践理性について展開した純粋関心の概念を、すべての心情能力に移しかえる。「ひとはどの心情の能力にも、関心を、すなわちその下でのみ心情の能力の行使が促進されるような条件をふくむ原理を、帰することができる[8]」。関心の原理へのこの引きもどしが示しているのは、明らかに、もともと体系と矛盾するこの概念の地位が廃棄され、そして理性に内在する事実性の契機が無視されている、ということである。思弁的理性関心が「客体の認識においてア・プリオリな最高原理となるまで[9]」つづいたとしても、このような関心によって理論理性に何がつけ加えられるのかもまた、はっきりとしない。この場合は、実践的な理性関心の場合のように、満足のよろこびの経験は確認できないというのに。それどころか、いかにして純粋な実践的よろこびとの類比において、純粋な理論的よろこびが考えられるのかは、全くわからない。なぜなら、純粋な関心であれ経験的な関心であれ、すべての関心は、欲求能力一般との関係において規定され、可能的実践に関わっているからである。思弁的な理性関心もまた、関心である以上、理論理性が実践理性に使われるということによって――ただしそのために、認識のための認識という理論理性本来の志向が疎隔されてはならないが――釈明されるであろう。認識関心には、理性の思弁的使用そのものの促進が必要とされるだけでなく、純粋思弁的理性と純粋実践理性との結合が、しかもまさしくこの実践理性の指導の下での結合が必要とされる。

「しかし、思弁的理性に従属することを、それゆえこの順序を逆にすることを、純粋実践理性に要求することは決してできない。なぜなら、すべての関心は結局実践的だからである。そして思弁的理性の関心ですら制約されたものにすぎず、実践的使用においてのみ完全だからである[10]」。

思弁的な理性関心について語ることができるのは、厳密に言うと、ただ理論理性が実践理性と結合して「ひとつの認識に」なっているときだけであることを、カントは結局、認めるのである。

実践的見地における理論理性の合法的使用は、ひとつ存在する。この場合、純粋な実践的関心が、認識を主導する関心の役割を引き受けているように思われる。つまり、われわれの理性のあらゆる関心がすべてそのなかに収斂する三つの問いのうち、第三の問いが、このような実践的見地における思弁的理性の使用を要求するのである。第一の問い「私は何を知ることができるか」はたんに思弁的である。第二の問い「私は何をなすべきか」は、たんに実践的である。しかし第三の問い「私は何を希望してよいか」は、実践的であると同時に理論的である。ここでは、事態はこうなっている。「実践的なものは、ただ、理論的な、そしてつきつめれば思弁的な問いの解答に達するための糸口であるにすぎない[11]」。希望の原理が実践的見地を規定し、その見地から思弁的理性が使われる。認識は、周知のようにこの点において、純粋実践理性の要請としての霊魂の不死と神の存在へ達する。カントは、思弁的理性のこの関心をもった使用を弁護しようと努めているが、同時に、理論理性の経験的使用を拡大するのではない。実践的見地における理性認識は、理論理性が自分自身の能力で、そして純粋な実践的関心による指導なしに主唱する認識に対して、いくらか弱い独自の地位を保っている。

「もし純粋理性がそれだけで実践的でありうるとしても、そして、道徳律の意識が証明しているように、現実に実践的であるとしても、しかし、理論的見地ないし実践的見地において、原理に従ってア・プリオリに判断する理性は、つねに同一の理性である。そしてここで次のことは明らかである。たとえ第一の見地における理性の能力が、ある命題を断固として確立するには不充分であるとしても、しかし、理性はそれらの命題にことさら反対しないにちがいない。そしてそれらが純粋理性の実践的関心に不可分に属しているならば、ただちにこれらの命題を、たしかに理論理性の地盤に生じたのではない、理論理性にとっては無縁な申し出だが、しかし充分に確証された申し出とみなし、それらを、思弁的理性としての理性が掌握しているすべてのものと比較、結合しようとするにちがいない。しかもこれらは思弁的理性の洞察ではないが、しかしその使用をなんらかの別な見地、すなわち実践的見地で拡張したものであるという考えに安んじるだろう。このことは、思弁的放らつを制限されている理性の関心と少しも矛盾するものではない(12)」。

カントは、思弁的理性の関心をもった使用から、あいまいさを完全に取り除くことができない。かれは、一方において理性の統一を引き合いに出すが、それは理論理性の実践的使用が、他方の理性能力による一方の理性能力の機能変換ないしあとからの道具化と思われてはならないからである。しかし他方において、理論理性と実践理性とは少しもひとつではなく、純粋実践理性の要請は理論理性にとって「無縁な申し出」に止まっている。それゆえ、理論理性の関心をもった使用は、厳密な意味における認識には達しない。実践的見地における理性の拡張を可能的な理論的認識の範囲の拡大と混同する者は、「思弁的放らつ」の罪を犯すことになるであろう。この思弁的放らつへ、純粋理性批判、なかんづく先験的弁証論の全努力は向けられていたのである。実践的理性関心は、カントが理論理性と実践理性の統一を真剣に考えたときにはじめて、狭い意味における認識を主導する関心の役割をになうことができるであろう。カントにおいてはまだ同語反復的に、認識のための理論的能力の行使を目指している思弁的な理性関心が、本気で、純粋な実践的関心と考えられたとき、ようやく理論理性は、理性関心から独立しているその能力を失うはずである。

フィヒテは、この一歩をすすめる。かれは理性の行為、すなわち知的直観を、反省され、自己に還帰する行動として捉え、そして従来の関係を逆転して実践理性の優位を原則的なものとする。「ひとつの認識へ」純粋思弁的理性と純粋実践理性とが偶然的に結合する代わりに、実践理性に対する思弁的理性の原理的従属が現われる。この理性の組織は、自己自身を定立する主観という実践的見地に従っている。『知識学』が示すように、理性は、根源的な自己反省の形式において、直接に実践的である。自我は、その自己産出行為の主体が自身であることを見抜くとき、独断論から解放される。自我が知的直観へ飛躍するためには、解放への意志という倫理的質が必要である。観念論者「のみが、前述の自我の行為を、自己のうちに、直観することができる。そして、それを直観できるためには、かれは、その行為を遂行しなければならない。かれは、その行為を自由意志的に、そして自由によって自己の内に作り出す[13]」。これに反して、自己を自分のまわりの物の所産として、つまり自然的所産として捉える意識は、独断論にとらわれている。「独断論者たちの原理は、物への信仰であるが、それはかれら自身のためにある。それゆえにそれは、分散した、ただ客体によって支えられているかれら自身の自己への間接的な信仰である[14]」。この独断論の制限を脱するためには、あらかじめ理性の関心がわがものとされていなければならない。「観念論者と独断論者の差異の究極の根拠は、従って、かれらの関心の差異である[15]」。解放への欲求および根源的に遂行される自由の行為は、人間が成年期の観念論的立場に高まるための、あらゆる論理学に先立つ前提である。そしてこの立場から、自然的意識の独断論への、またそれとともに自我と世界の自己構成の隠されたメカニズムへの批判的洞察が可能となる。「最高の関心、そして他のすべての関心の根拠は、われわれ自身に対する関心である。哲学者の場合もそうである。論理的推論の中でかれの自己を失うことなく、自己を保持しまた主張すること、このことが、眼に見えないが、かれのすべての思惟を導びいている関心である[16]」。

カントも、純粋理性のアンチノミーの展開において、独断論者と経験論者との双方をそれぞれ独断論的な仕方で導びいている関心を挙げている。しかし、カントは結局、関心一般の放棄のうちにのみ、一方はテーゼを、他方はアンチテーゼを弁護する二つの党派へ向けられた「この自己矛盾における理性の関心[17]」を見ている。すなわち、自己自身を反省する理性は、「すべての党派性を完全に脱しなければならない[18]」のである。思弁的理性にとって、実践理性とこの理性の純粋な関心はどこまでも外的なものに止まっている。これに反してフィヒテは、二つの哲学体系の弁護に割り込んでくる関心を二種類のひとびととの間の基礎的対立へ還元する。すなわちそれは、自我の解放と自立性に対する理性の関心に心を動かされるひとびとと、自分の経験的な傾向性および関心にこだわって、いつまでも自然に従属しているひとびとである。

「さて、人類には二つの段階が存在する。そして、後の段階が一般的に登りつめられる以前、われわれの種属の発展時には、二つの主な種類の人間が存在する。まだ、自己の自由および絶対的自立性の完全な感情にまで達しない若干のひとびとは、自己自身をただ物の表象の中にのみ見出すのである。かれらは、あの散漫な、客体にとらわれた、そして客体の多様性の中から拾い集められなければならない自己意識しかもたない。かれらは自己の姿を、鏡を通してのように、ただ物を通して、投げ与えられる。この物がかれらの前からなくなれば、同時にかれらの自己も失われる。かれらは、自分自身のためにも、物の自立性への信仰を捨てることができない。かれら自身が、ただ物と一緒でしか存立できないからである。かれらは実際に外界によって、自分が現にそれであるすべてのものになっている。事実上物の所産でしかないひとは、これからもそれ以外の仕方で自分を眺めようとしないであろう。そしてかれがただ自分や自分の同類のひとびとについて語る限り、かれの言うことは正しいであろう。……けれども、自分の外部に存在するすべてのものから自分が自立し、また独立していることを意識しているひとは――そしてこの意識は、ひとがあらゆるものから独立に自分自身で、なにかになることによってのみ生じるのだが――かれの自己を支えるために物を必要としないし、また必要とすることはできない。なぜなら、物はかの自立性を廃棄して、空虚な仮象に変えてしまうからである。かれが所有し、そしてかれの関心をひきつける自我は、あの物への信仰を廃棄する。かれは、自分が傾向性から自立していることを信じている。かれはこの自立性を情熱をもって捉える。かれの自己自身への信仰は直接的である[19]」。

　自我の自立性への情熱的な連係と自由への関心とは、まだカントの純粋な実践的よろこびとの連関を示している。すなわち、たしかにカントは、理性関心の概念を、自由な理性的存在者の王国という理想の実現に対する情熱に即して獲得していた。しかし、フィヒテは、この純粋な実践的動因、すなわち「定言命法の意識」を実践理性の所産としてではなく、理性そのものの行為として把握する。すなわち、自我が、その中で自分が自己に還帰する行動であることを透明にしてゆくこの自己反省として把握する。フィヒテは、理論理性の諸成果のなかに実践理性の働きを確認し、両者の統一点を知的直観と呼ぶ。

　「知識学がのべている知的直観は、存在にではなく、行動に向うものである。それは、カントにおいては（強いて言うと純粋統覚という表現による以外は）全く言い表わされていない。しかしカントの体系のなかにも、知的直観という言葉が使われるべきだった箇所を正確に指摘することができる。定言命法は、カントの言う通りに果して意識されているだろうか。これは一体、どのような意識であろうか。カントは、この問いを自分に出すのを忘れた。それは、かれがどの箇所でもすべての哲学の基礎を論じなかったからである。かれは純粋理性批判では理論哲学のみを論じたが、その中には定言命法は現われることができなかった。また実践理性批判ではただ実践哲学のみを論じたが、その中では内容だけが問題であった。そして、意識の種類についての問いは発生しえなかった[20]」。

カントは、実践理性を把握するとき秘かに理論理性をモデルにしたので、当然、道徳的感情の、すなわち道徳律の遵守に対する関心の先験的経験が、かれに対して提起する問題は、それ自身は感性的なものを全くふくまないたんなる思想が、いかにして快あるいは不快の感覚を産み出すことができるのか、というのであった。反対に、実践理性が理論理性のための範型を提供するならば、この困惑は、理性の特殊な原因性という補助構造もふくめて、すぐさま不用になる。というのはこの場合、実践的な理性関心は理性自身に属しているからである。自我の自立性への関心において、理性は、理性の行為そのものが自由を生み出すのと同じ度合いで、自己を貫徹する。この自己反省は、直観であると同時に解放であり、洞察であると同時に独断論的従属性から自由になることである。理性は独断論を分析的に解体するとともに、実践的にも解体するが、その独断論とは虚偽意識、すなわち誤謬と、なかんずく非自由な生存である。知的直観において、自分が自己自身を定立する主体であることを見抜く自我だけが、自律性を獲得する。これに反して、独断論者はその力を自己反省にまで育て上げないから、客体によって規定され、自己を物とした非独立的主体として、放心のうちに生きている。かれは、非自由な生存を送っているが、それはかれが、自己の内に還帰するかれの自己活動性をさとらないからである。独断論は、理論的な不能であるのと同じ度合で道徳的な欠如である。それゆえ観念論者は、独断論者を啓蒙する代わりに、かれを非難して、軽べつする危険がある。しばしば心理主義的に誤解されている次の有名なフィヒテの言葉は、この脈絡で言われたものである。

「ひとがいかなる哲学を選ぶかは、そのひとがどういう人間であるかにかかっている。なぜなら、哲学体系というものは、好みに応じて拒否したり受け入れたりできる死んだ格言ではないからである。それは、それをもつ人間の魂によって息吹きを与えられる。生れつきぼんやりした性格のひとや、奴隷根性、衒学趣味、虚栄心などによって無気力になり、ねじ曲げられた性格のひとは、決して観念論へ高まることはないであろう[21]」。

フィヒテは、この明白な定式化の中でもう一度だけ理論理性と実践理性の同一性を言い表わしている。われわれが理性の関心によって浸透され、自我の自立性に対する情熱につき動かされて、自己反省のなかを前進する度合いは、同時に、獲得された自律性の度合いと存在および意識に関するわれわれの哲学的把握の立場とを規定しているのである。

理性関心の概念がカントからフィヒテへ展開してゆく道は、実践理性によってひき起こされた、自由意志の行動への関心という概念から、理性そのものの中に働いている、自我の自立性への関心という概念へ通じている。フィヒテが企てている理論理性と実践理性の同一化は、この関心に即して明らかにされる。この関心は、自由の作用《アクト》として自己反省に先行しているとともに、また自己反省の解放的力のなかに貫徹してもいる。この理性と、関心をもった理性使用との統一は、観照的な認識概念と矛盾する。純粋理論のもつ伝統的な意味が、認識過程を生の諸連関から原理的に切断しているかぎり、関心は、理論と無縁な、外からつけ加わって認識の客観性をくもらせる契機として捉えられるにちがいない。われわれが諸科学の方法論を通り抜けてくる際に出会った、認識と関心とのこの独特な交差は、例の通りの一種の純粋認識の模写説を背景とすれば、つねに心理主義的に誤解される危険にさらされている。われわれは、これまで分析したあの二つの認識を主導する関心を、あたかもそれらが、予断をもって認識過程に介入するために、すでに構成された認識装置にかぶせられるかのように理解したい誘惑にかられる。カントにおいても、権利を要求している関心は例の通りの実践理性の純粋関心としてすでに把握されているにもかかわらず、実践的見地における思弁的理性の使用には、まだ何かそうしたものがこびりついている。フィヒテの、関心をもった自己反省の概念においてようやく、理性に織りこまれた関心は、その附加物的性格を失い、そして認識に対しても行動に対しても同様に本質的となる。フィヒテによって展開された、自己に還帰する行動としての自己反省の概念は、認識を主導する関心のカテゴリーにとって体系的意義をもっている。この水準においてもまた、関心は認識に先行するとともに、認識の力によってはじめて自己を実現するのである。

われわれは、たった一つの行為《アクト》によってその読者を自己と世界を絶対的に産出する自我の自己直観の統一点へ移しかえると称する、『知識学』の体系的もくろみには従わないことにしよう。ヘーゲルは正当にも、それに代わる道として現象学的経験の道をえらんでいる。それは独断論をひととびでとび超えるのではなく、現象する意識の諸段階を、それと同じ数の反省の段階として、通りぬけてゆくものである。だが、読者を絶対知まで、そして思弁的学問の概念にまで導くと称する『精神現象学』のもくろみにも、われわれは同様に従うことができない。経験的意識の中で起こる反省の運動が、理性と関心とを統一させていることはたしかである。それは、各段階において、世俗的見解の教養学と生活形式の教義学とに同時に出会うから、認識過程は形成過程と符合しているのである。しかしわれわれは、自己構成する類的主体の生を、反省の絶対的運動として捉えることはできない。というのは、人類がその下で自己を構成する諸条件は、たんに反省によって措定された諸条件だけではないからである。その形成過程は、フィヒテの自我の絶対的な自己定立や精神の絶対的運動のように、無制約的ではない。それは、主体的自然ならびに客体的自然の偶発的諸条件に依存している。すなわち一方では、相互作用し合う個々人の個別化する社会化の諸条件に、他方では伝達的行動と技術的に処理可能とされるべき環境との「代謝」の諸条件に依存している。また、類の形成過程につつみこまれ、反省の運動を貫通している解放に対する理性の関心が、あの記号に媒介される相互行為と道具的行動の諸条件をみたすことに向けられている限り、それは、実践的認識関心および技術的認識関心という制限された形をとる。そこで、どうしても、観念論的な仕方で導入された理性関心を、次のように唯物論的に再解釈する必要がある。――すなわち、解放をめざす関心は、それ自身、可能的な間主観的行動定位への関心ならびに可能的な技術的支配への関心に依存している。

この水準で認識過程を主導している関心は、客体の存在に対する関心ではなく、効果的な道具的行動とうまくいっている相互行為そのものに対する関心である。――同じ意味でカントは、われわれが道徳的行動に対していだく純粋な関心を、行動対象が存在してはじめて火がつく経験的傾向性から区別した。けれども、前述の二つの関心をひき起こす理性が、今はもはや純粋実践理性ではなく、自己反省のなかで認識を関心と統一する理性であるのと同様に、伝達的行動と道具的行動とに向けられた関心もまた、それらに適合した知のカテゴリーを必然的にふくんでいる。まさにそれゆえに、それらの関心は、認識を主導する関心という位置価を得ているのである。すなわち、もしそれらにふさわしい知のカテゴリー、つまり累積的学習過程と、伝統が媒介する持続的解釈とが確保されていなければ、前述の二つの行動形式も持続して確立されることがないのである。

すでに示したように、道具的行動の作用圏では行動、言語、経験は、記号に媒介される相互行為の枠内とは別な配置をもっている。道具的行動と伝達的行動の諸条件が、同時に可能的認識の客観性の諸条件である。なぜなら、それらが、法則論的言明と解釈学的言明との妥当性の意味を確定するからである。このように認識過程を生の連関のなかに埋めこむことが、認識を主導する関心の役割に注目させるのである。生の連関は関心の連関である。しかしこの関心の連関は、社会生活が再生産される水準と同様に、前述の行動形式およびそれに適合した知のカテゴリーと関わりなく定義できるものではない。人間学の水準では、生の維持への関心は、認識と行動によって組織づけられた生に固着している。従って、認識を主導する関心は、二つの契機によって規定されている。すなわち、それは一方において、認識過程が生の諸連関から生じ、またその中で機能するということの証言である。しかし他方、その中には、社会的に再生産される生の形式は、認識と行動の特殊な連関によってはじめて性格づけられる、ということも表現されている。

関心は、行動に依存している。そして、行動は、たとえ異なった構造においてであるにしても、可能的認識の諸条件を確立するとともにまた、それ自身としては認識過程に依存している。この認識と関心との交差を、われわれはすでに、反省の「活動性」と合致する「行動」のカテゴリー、すなわち解放的行動について明らかにした。「生を変える」自己反省の行為《アクト》は、解放の運動である。フィヒテが倦むことなく説くように、ここでは認識と行動がひとつの行為に融合しているから、理性の関心が理性の認知的力をそこなうことはない。それと同様に、行動と認識の二つの契機がすでに別々に現われているところでは、つまり道具的行動と伝達的行動の水準では、関心は認識に対して外的なものに止まっていない。

もちろん、われわれが自然科学と精神科学の認識を主導する関心を方法論的に確かめることができるのは、ただ反省の次元に足をふみ入れたあとのことである。理性は、自己反省を実行するときに、関心をもつ理性として自己を把握する。それゆえ、われわれが認識と関心の基本的連関に出会うのは、われわれが、科学の方法論を反省の経験という仕方が展開するとき、つまり客観主義の批判的解体として、言いかえると、先立って形成された可能的認識の諸対象に主体的活動が関与していることを隠す、諸科学の客観主義的自己理解の批判的解体として展開するときである。パースもディルタイもかれらの方法論的探究を、この意味における諸科学の自己反省としては捉えなかった。パースは、かれの研究論理学を科学の進歩との連関で理解する。かれの論理学は、この進歩の諸条件を分析する。つまり、それは、研究過程全体の有効な制度化と加速に役立ち、従って現実のたえざる合理化に役立つ補助科学である。ディルタイは、かれの精神科学の論理学を解釈学の前進との連関で理解する。かれの論理学は、解釈学の諸条件を分析する。つまりそれは、歴史的意識の拡大に寄与するとともに、あらゆる場所の歴史的生活の美的現在化に寄与する補助科学である。二人のうちどちらも、認識理論としての科学方法論が、もっと深い所にある人類史的経験を再構成し、そのようにして類の形成過程における自己反省の新しい段階へと連れて行かないかどうか、考えてみようとしないのである。

第一〇節　科学としての自己反省
――フロイトの精神分析学的意味批判――

十九世紀の終りに、はじめは一個人の仕事として、一つの研究分野が成立した。この分野は、当初から自己反省の圏内《エレメント》を動いていたが、それにもかかわらず、厳密な意味において科学であることを認証するように、確信ありげに要求していた。フロイトは、パースやディルタイのような、すでに科学として確立している研究分野の中で自分たちの経験に対して反省的に立ち向かうことのできる科学論理学者ではない。逆に、かれは、一つの新しい研究分野を開拓しながら、その諸前提を反省した。フロイトは、哲学者ではなかった。神経症理論の医学的研究が、かれを独自の理論へ導いた。ある科学を基礎づけるというまさにそのことが新しい端緒への反省を強いるにつれて、かれは、方法論的検討を迫られる。この意味では、ガリレイもまた、たんに新しい物理学を創始しただけではなく、それを方法論的にも解明した。われわれにとって精神分析学が重要なのは、それが方法的に自己反省を要求する科学のただ一つの実例だからである。精神分析学の成立とともに、あの実証主義によって埋められてしまった次元に到達する、研究自体の論理によってつけられた方法論的通路の可能性が開かれる。この可能性は、現実化しなかった。なぜなら、精神分析学の科学主義的自己誤解がこの可能性を隠蔽してしまったからであり、もともと生理学者であったフロイトが自らこの自己誤解の口火を切ってしまったからである。もっとも、この誤解は、まったく理由のないことではない。というのも、精神分析学は、解釈学を、もっぱら自然科学のために留保されているように見えたいくつかのはたらきと結びつけるからである。(22)

精神分析学は、はじめ、解釈の一つの特殊な形式として登場するにすぎない。それは、記号的諸連関を解釈するための理論的視点と技術的規則とを提供する。フロイトは、たえず、文献学的作業を解釈学の手本として、夢解釈の方向を定めていた。かれは、ときとして、夢解釈を、外国の作家の翻訳と、たとえばリヴィウスのあるテキストの翻訳と比較している。(23) しかし、精神分析家の解釈の仕事は、たんにある特殊な対象領域を分担することだけで、文献学者の仕事と違っているというのではない。精神分析家は、従来の精神科学的解釈に対して新しい次元を考慮する特別に拡大された解釈学を要求しているのである。ディルタイが伝記をかれの理解の分析の出発点としたのは、偶然ではなかった。回想可能な経歴的連関の再構成は、記号的連関一般の解釈のモデルだからである。ディルタイが伝記を手本に選ぶのは、人生の経歴が、透明という利点をもっているように見えるからである。伝記は、不透明なものの抵抗を回想に対して示さない。ここで、すなわち人生の経歴の回想を焦点として、人生は、「内側からよく知られているもの」として凝集し、これは、「その背後に遡ることのできないもの(24)」

である。これに対して、フロイトにとって伝記が分析の対象であるのは、それが、内側からよく知られているものであると同時に未知のものでもあり、従って、顕在的に想い出されたものの背後へ遡ぼっていくことが必要になる限りにおいてである。ディルタイは、解釈学を主観的な思いこみに結びつけるが、その思いこみの意味は、直接の回想によって保証されるのである。

「生は、それが時間の中でのその運動と、こうして生じる作用連関とにおいて捉えられる限り、経歴である。このことの可能性は、回想におけるこの経過の追形成にある。回想は、個々のものを再生するのではなく、この連関そのものとその諸段階とを追形成するからである。人生の経過そのものの把捉において回想がなしとげる事柄は、歴史においては、客観的精神がふくんでいるさまざまな生の表出を媒介にして、この運動と作用とに従う結合によってひき起こされる」(25)。

むろん、ディルタイは、現在化される人生の地平を超えれば、われわれが、直接の回想の主観的な保証をあてにできなくなるということを知っている。それゆえ、人類のそこなわれた回想を、テキストの批判的修復によって扶助するために、理解は、意味連関が客体化されている記号的な形象およびテキストに向けられる。

「それゆえ、歴史的世界を構築するための第一条件は、混乱し、幾重にもそこなわれている、人類の自己自身についての回想を、解釈と相互関係にある批判によって整理することである。それゆえ、歴史の基礎学は、形式的な意味における文献学である。すなわち、それは、伝承が蓄積されている諸言語の科学的研究であり、これまでの人間があとに残したものの収集であり、それらの誤謬の一掃であり、これらの記録を内的に関係づける年代的な順序づけおよび組合せである。この意味における文献学は、歴史家の補助手段ではなく、かれの取り扱い方の基盤を表わしている」(26)。

フロイトと同様にディルタイも、主観的回想の頼りなさと乱雑さとを考えに入れている。二人とも、伝承のそこなわれたテキストを整理する批判が必要であることを認めている。しかし、文献学的批判を精神分析学的批判から区別する所以は、文献学的批判が、客観的精神の領得を経て、経験の究極の基底である、主観的思いこみの志向的連関へ遡及することにある。たしかにディルタイは、心理学的表現理解を解釈学的意味理解のために克服したのであり、「心理学的技巧に代わって精神的形象の理解が」登場した。(27) しかし、記号の連関に向けられる文献学にしても、意識的に志向されたものが表現されている言語にあくまで制約されている。文献学は、それが客体化を理解できるものとすることによって、客体化の志向的内容を、日常的生経験を媒体にして活性化する。その限りで文献学は、たんに、正常な諸条件の下で機能している経歴的回想の力を助ける補助的機能を引き受けているにすぎない。文献学が、批判的作業において、すなわちテキストの整備にあたって排除するものは、偶然的な欠如である。文献学的批判が除去する脱落、歪曲は、体系的位置価をもっていない。なぜなら、解釈学が取り扱うテキストの意味連関は、いつもただ外部の作用によってのみ脅かされているからである。意味は、伝達回路の――それが、追憶の回路であれ文化的伝承の回路であれ――容量と出力が限られているためにときとして破壊されるのである。

精神分析学的解釈は、これに対して、意識的に志向されたものの次元における意味連関に向けられているのではない。その批判的作業は、偶然的な欠如を排除するのではない。それが除去する脱落、歪曲は、体系的位置価をもっている。なぜなら、精神分析学が捉えようと努める記号的連関は、内部の作用によってそこなわれているからである。毀損しているものは、それなりに一つの意味をもっている。この種のそこなわれたテキストは、損傷の意味そのものがうまく解明されたあとになってはじめて、その意味するところについて充分に理解することができる。このことが、文献学の取り扱い方に限定されることなく、言語分析と因果的連関の心理学的探究とを統一する解釈学に特有な課題である。意味の不完全なあるいはゆがんだ顕在は、このような事例においては、不充分な伝承からの結果ではない。主体それ自身にとって通じなくなった伝記的連関の意味こそ、つねに問題である。現在化された生の経歴の地平の内部で回想は停止するが、それは、回想の機能障害が、まさに障害として、解釈学を召集し、客観的な意味連関から理解されることを要求するためである。

　ディルタイは、経歴の回想を可能な解釈学的理解の条件として捉え、そのために理解を意識的に志向されたものに結びつけていた。フロイトは、回想の体系的混濁に突き当るが、この混濁は、それとしてはさまざまな志向を表現している。しかしこの場合、これらの志向は、主観的思いこみの領域を乗り超えていなければならない。ディルタイは、命題、行動、体験の表現の間のくいちがいの極限の事例に、日常言語のかれの分析によってただ近寄ったにすぎない。しかし、この事例は、精神分析家にとっては正常な事例である。

　日常言語の文法は、諸記号の連関を規制するのみならず、言語的諸要素、行動範型、体験の表現《エクスプレシイオーン》の交差をも規制する。正常な事例においては、表現のこれら三つのカテゴリーが相補的な関係にあるから、従って、たとえ統合が不完全で、間接的な伝達を必要とする余地がどれほど残っているにしても、言語的表現は相互行為に、そしてこれら二つはさらに体験の表現に「適合する」。しかし極限の事例においては、言語活動は、表現の三つのカテゴリーがもはや合致しなくなるほどまでに、分散することがある。その場合、行動と言語外の表現は、言語的表現によって表出されるものの嘘をあばく。しかし、行動主体の嘘があばかれるのは、かれと交際し、言語活動の文法的規則からのかれの逸脱に気づいている他のひとびとに対してだけである。行動主体自身は、このくいちがいに気づくことができないか、あるいは気づいても、理解することができない。というのも、この行動主体は、このくいちがいにおいて同時に自分を言い表わし、そして自分を誤解するからである。すなわち、かれの自己理解は、意識的に志向されたもの、言語的な表現、要するに言語化できるものに頼らなければならない。それにもかかわらず、くいちがう行動および体験の表現のうちに現われ出てくる志向内容は、主観的に思いこまれたさまざまな意義とまったく同様に、主体の経歴の連関のうちに入りこむ。従って、言語的表現と統合されないこの言語外の表現について、主体はどうしても思い違いをする。しかも主体は、この言語外の表現のうちにも自分を客体化しているから、主体は自分自身について思い違いをする。

さて、精神分析学的解釈は、主体が自分自身について思い違いをしているこのような記号的連関を取りあげるのである。フロイトが、ディルタイの文献学的解釈学に対置する「深層解釈学」は、作者の自己欺瞞を告げるテキストに関わっている。そのようなテキストにおいては、顕在内容（およびこれと結びつく間接的な、しかし志向された伝達）の外に、作者自身捉えることができずそれから疎外されているにもかかわらず、作者に属していて方向を与えているような部分の潜在的内容が記録されている。フロイトは、主体にたしかに委ねられているものが外化するこの性格を言いあてるために、「内面の外国[28]」という定式を造り出している。もっとも、この部類のテキストに属する記号的表出の性格を明らかにする諸特性は、言語的表現とその他の客体化との共同作用というもっと巾ひろい脈絡の中でのみ現われてくる。

「私が、言語研究者のもつ関心は精神分析学のためにも必要であるというとき、たしかに私は、慣用の語義からはずれている。ここで、言語という表現の下で、たんに言葉を使った思考の表現ばかりではなく、身ぶり言語およびあらゆる別種の、たとえば筆跡のような、心的活動性の表現が理解されなければならない。その場合しかし、精神分析学の諸解意は、さしあたって、われわれに疎遠な表現様式からわれわれの思考にとって親しい表現様式への翻訳であることが、認められてよい」[29]。

われわれの日常的な言語活動（談話と行動）を貫流しているテキストが、一見偶然的にみえる失錯、すなわち削除、歪曲によって乱されるということがよくある。それらは、通常の許容限度内にある場合には、偶然として片附けまた無視することができる。このような失錯行為のなかに、フロイトは、忘却、言い間違い、書き違い、読み違い、やりそこないおよびいわゆる偶発的な行動といったさまざまな事例を数え入れているが、それらは、欠陥のあるテキストが作者の自己欺瞞を表現すると同時に隠蔽していることの指標である[30]。テキストの欠陥がいっそうめだっていて、病理学の領域に入っている場合に、われわれはこれを症状と言う。それは、無視することも理解することもできない。それにもかかわらず、症状は、志向連関の一部である。日常的言語活動を貫流しているテキストは、外的作用によってではなく、内部の障害によってそこなわれている。神経症は、三つの次元のすべてにおいて、すなわち、言語的表現（強迫観念）、行動（反復強迫）、身体と結びついた体験の表現（ヒステリー性身体症状）において、記号的連関をゆがめる。精神身体医学的障害の場合には、しかしながら、症状が原テキストからはるかに隔たっているので、その記号的性格は、解釈作業そのものによってはじめて証示されなければならない。狭義の神経症の症状は、失錯行為と精神身体医学的疾患とのいわば中間に位置している。これらは、偶然として軽視することができないし、しかも、これらが記号的連関の一断片であることを立証するその記号的性格の点で、いつまでも否認することもできない。これらの症状は、そこなわれたテキストの瘢痕であるが、このテキストに対して当の本人は、自分には理解できないという態度をとるのである。

そのようなテキストの非病理学的な範型は、夢である[31]。夢をみるひとは、夢のテキストそのものを、言うまでもなく志向的連関として作り出している。しかし、目が覚めてみると、夢の作者とある程度は同一であるはずの主体は、自分の作り出したものがもうわからない。夢は、行動と体験の表現から切り離されている。もっぱら言語活動ばかりが、映像化されるだけである。それゆえに夢の場合、失錯行為と症状が、言語的表現と非言語的表現とのくいちがいとして現われることはない。しかし、夢の生産を挙動からこのように切り離すことは、同時に、昼間の意識が残響しているテキスト（「昼の残基」）を破って夢のテキストに変える諸力に、最大の活動の場を与えるための条件である。

こうしてフロイトは、夢を、病理的な情動の「正常な手本」として捉えた。夢の解釈は、つねに、病理的に歪められた意味連関を解明するためのモデルであった。その上、この夢の解釈は、精神分析学の発展のなかで中心の位置を占めている。というのも、フロイトは、夢のテキストの解釈学的解読によって、防衛と症状形成の機制に突き当るからである。

「ある表現様式から他の表現様式へ、すなわち、われわれに雑作もなく理解できるある表現様式から、われわれの心的活動のはたらきとして承認されなければならないにもかかわらず、指導と努力とによってはじめてわれわれがその理解に迫ることができるような他の表現様式へ、心的素材を転換する、はじめて知られるようになった実例として、潜在的な夢の思考の顕在的な夢の内容への転換が、われわれの充分な注目に値いするのである」(32)。

フロイトは、夢の分析家に解釈者の厳格な態度を義務づける。『夢の解釈』の重要な第七章において、かれは、少なからず満足げに自分の解釈について打ち明けている。

「(多くの) 著作者たちの意見によれば、気まま勝手な、苦しまぎれにあわててこしらえられた即興詩であると言われているものを、われわれは、一つの聖書のように取り扱った」(33)。

他面、解釈学的把捉だけでは充分でない。なぜなら、夢は、疎遠なもの、不可解なものとしてその作者自身に対立するテキストのうちの一つだからである。精神分析家は、夢のテキストの顕在内容の背後に遡ぼって問い、このうちに表現されている潜在的な夢の思考を捉えなければならない。夢解釈の技法は、歪曲されていると思われるテキストの意味のみならず、テキストの歪曲そのものの意味をも、すなわち潜在的な夢の思考の顕在的な夢への転換をも、言いあてて、フロイトが「夢の作業」と名づけていたものを再構成しなければならないから、この限りにおいてこの技法は、解釈学の技法を超え出ている。夢の解釈は、夢のテキストが成立したのと同じ道を逆にすすむ反省に導く。すなわち、夢の解釈は、夢の作業と相補的な関係にある。その場合、精神分析家は、個々の夢の要素に対する自由連想とはじめに伝えられた夢のテキストに対する事後の自発的な補足とを、よりどころにすることができる。

このようにして確認し整頓することができる夢の最表層が、夢の正面《ファサーデ》であり、それは、夢の記憶が、夢から目を覚ました者の意識に客体としてのぼってきたあとになってはじめてはじまった二次的加工の所産である。この合理化する活動は、混乱した内容を整理し、欠けたところを埋め、矛盾を除こうと努める。夢の次の層は、片づいていない昼の残基に、従って、障害に突き当たり終結しなかった前日の言語活動のテキストの諸部分に還元される。解釈作業に対して抵抗をみせる記号的内容をもった深層が、最後に残る。フロイトは、この内容を本来の夢の記号《シンボル》と呼んでいる。すなわちそれは、潜在的内容を、暗喩的に、あるいは寓意的に、あるいは別の組織だった仮装において言い表わす表象である。われわれがこの夢の記号から入手しているその次の情報は、この記号が解釈者に対置する抵抗の特有な経験に由来している。フロイトが夢の検閲に還元するこの抵抗は、欠如し、ためらい、回り道をする連想のうちに、事後につけ加えられるテキスト部分の忘却の場合と全く同様に、よく示されている。

「解釈作業がつづく間、この抵抗の発現を見逃してはならない。多くの箇所で、連想はためらいなく与えられ、一、二の思いつきがもう解き明かしてくれる。他の箇所においては患者は、連想を話す前から口ごもり、とまどっている。そしてその場合、夢を理解するのに何か役立ちそうなものを手に入れるまでに、思いつきが長くつながるのにしばしば耳を傾けてやらなければならない。この連想のつながりが長くまわりくどいほど、抵抗はいっそう強い、とわれわれは極めて当然に考える。夢の忘却のうちにも、われわれは同じ影響を感じる。患者が、たいへんに努力しているにもかかわらずもう自分の夢の一つを思い出せない、ということがよく起こる。ところが、われわれが、精神分析に患者が関わる際にかれを妨げていた困難を、この分析作業からそっくりとり除いてしまうと、忘れていた夢が突然、再び姿を現わすのである。次の二つの別の観察も、これに属している。ある夢から最初に一部分が脱け落ちて、次にはこれが追補としてつけ加えられる、ということが非常にしばしば生じる。これは、この部分を忘れようとする試みとして捉えることができる。この部分こそもっとも有意義な部分であることを、経験は示している。この部分を伝えることは、他の部分の場合よりもっと強い抵抗に出会っている、とわれわれは想定する。さらに、夢をみる者が、その夢を目が覚めたあとすぐに文字に認めて、夢を忘れないように苦心するということがしばしばある。……これらすべてのことからわれわれが引き出す結論は、夢解釈の作業においてわれわれが気づく抵抗は、夢の成立にもまた関与しているにちがいない、ということである。低い抵抗の圧力の下で成立した夢と、高い抵抗の圧力の下で成立した夢とは、すぐに区別することができる。しかし、この圧力は、同じ夢の内部でも次々とその箇所を変える。この圧力のために欠けたところ、曖昧なところ、混乱したところが生じ、これらが、しばしばもっとも甘美な夢のつながりを中断するのである(34)」。

フロイトは、のちに懲罰の夢をも先行する欲望に対する検閲の反作用として捉えた(35)。潜在的な夢の思考をその仮装から解き放そうと試みるときに精神分析家が経験する抵抗は、夢の作業の機構を開く鍵である。抵抗は、葛藤の確実なしるしである。

「何かを表現しようとする一つの力と、この表出を認めることに反対する別の力とが、そこにはあるにちがいない。とすれば、顕在的な夢となって現われるものは、おそらく二つの勢力のこの争いが圧縮されている決定を、すべて集約しているであろう。ある箇所において、ある力は、たくみに言おうとすることを貫きとおしたであろうし、他の箇所においては、抵抗する審級《インスタンツ》が、意図された伝達を完全に抹消するか、それともこの伝達の痕跡をさとらせないものと取り替えるかするのに成功したのである。きわめて多くの場合に、そして夢の形成にとってはたいがいの場合に特徴的なのは、葛藤が妥協に終って、その結果、伝達したがっている審級が、たしかに言いたいことを言えるのであるが、しかし、思いどおりにではなく、やわらげ、ゆがめ、またわからないように言うという事例である。従って、夢が、夢の思考を忠実には再現しないとすれば、この両方の間の間隙を埋めるために解釈作業が必要になるとすれば、これは、われわれが夢の解釈に際しての抵抗の知覚から明らかにした、抵抗し抑制し制限を加える審級の成果である[36]」。

昼の間は話し行動することを制御し、しかし睡眠中は、鎮静した運動機能を頼みにしてその支配をゆるめるこの制限審級が、行動の動機を抑圧する、とわれわれは仮定してよい。この審級は、望ましくない動機に対応する解釈を、すなわち観念や記号を、交流からはずすことによってこの動機の転換を妨げる。その交流は、日常言語によるコミュニケーションによって拘束されている練達な相互行為から成り立っている。社会的交流の諸制度は、ただ特定の行動動機だけを認可する。従って、日常言語による解釈に同じように束縛されている他の欲求性向には、顕在的行動へ至る道が、相手の直接の暴力によってであれ公認された社会的規範の裁可によってであれ、禁じられている。そのようなはじめ外的な葛藤は、それが意識的に解決されない限り、心の内部で、社会的抑圧を代理する防衛審級と実現不可能な行動動機との間の持続的葛藤として、進行していく。望ましくない欲求性向を無害にする心的にもっとも有効な方途は、この性向が束縛されている解釈を、公共のコミュニケーションから排除すること――まさしく抑圧――である。締め出された記号と、それによって抑圧された動機とを、フロイトは、無意識の欲望と呼ぶ。公共の言語使用のうちに現前している意識的な動機は、抑圧の機制によって、無意識の、いわば言語を失った動機に変えられる。行動の運動性が麻痺しているために検閲がゆるめられる睡眠中に、抑圧された動機は、公的に許容された、昼の残基の記号と結びつくことによって、言語を見つけ出すのである。しかし、これは私物化された言語である――「なぜなら、夢は、それ自体、社会的な表出ではないし、了解の手段でもないからである」[37]。

　夢のテキストは、妥協として捉えることができる。これは、一方、自己のうちで代行されている社会的検閲と、他方、コミュニケーションから排除された無意識の動機との間で結ばれる。無意識の動機は、睡眠の例外的な諸条件の下で、公的に交信可能な前意識の素材の中へ押し入っていくから、夢のテキストの妥協言語は、公的言語と私的言語との特有な結びつきによって特色づけられている。夢の中の視覚的光景の成り行きは、もはや統辞論の諸規則によって順序だてられているのではない。なぜなら、論理的関係のための言語的な細分化の手段が欠けているからである。論理学の基本的な根本規則すら、無効にされている。文法の枠をはずれた夢の言語において、諸連関は、重ね合わせによってまた素材の圧搾によって作り出される。フロイトは、これを「圧縮」と言う。夢の原始言語のこの圧縮された諸形象は、意義の力点を置き変え、こうして原義を移動するには好都合なものである。「移動」の機制は、検閲審級が原意を歪曲するには役に立っている。もう一つの機制は、テキストの不快な箇所の抹消である。夢言語の構造には、それがゆるやかにしか連関していない圧縮であることから、さまざまな削除もまた適っている。

夢の分析は、削除と移動とが防衛の二つの別個の方策であることを明らかにしている。すなわち、第一の方策は自分の自己に対して抑圧的に向けられている狭義の抑圧であり、第二の方策は、自己を外部に向けて投射的に転ずるための基礎にもなりうる仮装である。われわれの脈絡において興味をひくのは、フロイトが、これらの防衛方策を最初、夢のテキストの毀損とひずみとにおいて発見したことである。すなわち、防衛は、行動動機の解釈に対して直接にさし向けられる。この解釈は、欲求性向が結びつけられている記号が公共のコミュニケーションから消滅することによって、無害にされる。従って、「検閲」は、きわめて厳密な意味において話題になる。すなわち、心理学的検閲は、職務上の検閲と同様に、言語素材とこのうちに分節している意義とを抑圧する。検閲の両形態は、防衛の同一の機制を使っている。テキストの禁止とテキストの修正という取り扱い方に、削除(抑圧)と移動という心的機構が対応する。[38]

最後に、夢の分析が通常、露呈する潜在的内容は、夢の産出一般の位置価をはっきりさせる。幼児期に由来する、葛藤に占められた諸光景の反復が問題である。「夢をみることとは、制圧された幼児の心的生活の一部分である」[39]。幼児期の光景から推測されるのは、もっとも生産的な無意識の欲望が、かなり早期の抑圧に由来し、従ってさまざまな葛藤から導き出されるということである。これらの葛藤において、幼児の未熟なまた依存的な人格は、第一次関連人格の権威と、この人格によって代表される社会的要求とに長い間服従させられていたのである。こうしてフロイトは、早くも一九〇〇年に、夢の過程の心理学の成果をテーゼにまとめることができた。それは、「正常な思想特性が、幼児期に由来しそして抑圧のうちにある無意識の欲望の翻訳となったときにのみ、この思想特性の」、夢にとって典型的な「加工が生じる」[40]、というのである。それゆえ、夢の分析家に与えられる特定の課題は、「最初の幼児期を蔽う記憶喪失のヴェールをはずし、この時期にふくまれている幼児初期の性生活の表出を意識的に回想させること」[41]である。

幼児期の段階へ心的生が夜間、退行することが、無意識の動機に特有な無時間的性格を理解させてくれる。分断された記号体と抑圧された行動動機とが、備えつけられた検閲に対抗して、夢の場合のように意識可能な素材への通路を見つけだすか、あるいはさまざまな神経症の症状の場合のように、公共のコミュニケーションと練達な相互行為との領域への通路を見つけだすかすると、これらはたちまち、現在を過去の諸配置に結びつけるのである。

フロイトは、夢のテキストを正常な手本にして手に入れた諸規定を、文法の枠をはずれた夢の言語によく似た形でその記号体がそこなわれゆがめられている、目覚めた生の諸現象へ転用する。この場合、転換ヒステリー、強迫神経症、さまざまな恐怖症といった疾患像が登場するが、これらは、一部は正常の領域にあり、一部は正常とみなされるものの標準にすらなっている、欠陥をもった態度の、ある段階での極端な病理学的症例にすぎない。方法的に厳密な意味において「欠陥をもった」とは、伝達的行動の言語活動のモデル——ここでは、行動動機と言語的に表現された志向とが合致する——からのあらゆる逸脱のことである。分断された記号とこれに結びつく欲求性向は、このモデルにおいては認められていない。すなわち、これらは存在していないか、あるいは存在しているにしても、公共のコミュニケーション、慣れ親しんだ相互行為、観察可能な表現の水準においては全く影響するところがない、と仮定されているのである。もっとも、このようなモデルは、抑圧のない社会の諸条件の下でのみ全面的な適用をみるであろう。それゆえ、このモデルからの逸脱は、すべてのよく知られている社会的諸条件の下では、正常な事例である。

　われわれの日常的な言語活動のテキストが、内的障害のために、理解されない記号によって突き破られている箇所は、すべて深層解釈学の対象領域に属している。そのような記号が理解されないというのも、それらが、日常言語の文法的規則、行動の規範、表現の文化的に習得された範型に従わないからである。それらは、無視され押しかくされるか、あるいは（もしそれ自体が合理化の成果でないとすれば）二次的加工によって合理化されるか、あるいはまた、外的、身体的障害に還元されるかである。フロイトは、かれが夢について範例的に研究したこのような逸脱した記号形成に、症状という医学的表現を与える。症状は、持続的であり、それは通常、機能的に等価なものによって代用される場合にのみ、消失する。症状の持続性は、恒常的で強制的な範型に表象と行動様式とが固定されていることの表現である。症状は、話と伝達的行動とが柔軟に作用する場所をせばめる。それは、しばしば、知覚と思考過程の実在的内容を低めるとともに、情動の均衡を失なわせ、態度を儀礼化させ、また身体機能を直接に傷ける。症状は、幼児期に由来をもつ抑圧された欲望と、欲望充足の社会的に権威づけられた禁止との間の妥協の産物として捉えられる。それゆえに、症状は、その分担は変わるにしても、たいがいこの二つの契機をもっている。すなわち、それは、不満な欲求を埋め合わせる代理形成という性格をもつとともに、それはまた、防衛審級が無意識の欲望をそれによって脅やかすあの裁可の表現である。最後に、症状は、当の主体の特殊な自己疎外のしるしである。テキストの破損箇所において、自己によって産み出されながらしかも自己に疎遠な解釈の力が貫徹する。抑圧された欲求を解釈する記号は、公共のコミュニケーションから排除されているから、話し行動する主体の自分自身とのコミュニケーションはさえぎられている。無意識な動機の私物化された言語は、自我から奪いとられているが、それにしても、この言語は、自我によって制御された言語使用と自我の行動の動機づけとに対して、内部的に、たしかに反作用を及ぼしている。——自我が意識的に産み出す記号的連関の中で、自我は、自分の同一性について必然的に思い違いをする、というのがその結果である。

通常であれば、解釈者は、別々の言語をもった二人のパートナーの間のコミュニケーションを仲立ちするという任務をもっている。かれは、一方の言語を他方の言語に翻訳する。かれは、言語的な記号および規則の妥当性の間主観性を導き出し、歴史的に、社会的にあるいは文化的にであれ、引き離されているパートナーたちの間の了解の困難さを克服する。精神科学的解釈学のこのモデルは、精神分析学的な解釈の作業にあてはまらない。なぜなら、神経症という病理学的な極端な事例においてさえも、患者とかれの対話の相手および役割の相手との了解は、直接に妨げられているのではなく、ただ間接的に、症状の反作用によって制限されているだけだからである。神経症患者は、抑圧の諸条件の下にあってさえも、日常的了解の間主観性を堅持するのに気をつかい、公認の期待にこたえる、というのが実情である。欲求不満のこの状態の下でコミュニケーションを円滑にすすめるために、この場合、神経症患者は、自分自身におけるコミュニケーション障害という代価を支払うのである。支配関係において制度上必要な、公共のコミュニケーションの制限が、それにもかかわらず自由な伝達的行動の間主観性という外見に抵触してはならないとすれば、コミュニケーションの仕切りは、主体の内面に立てられる外はない。こうして、コミュニケーションから排除された言語の私的な持分は、望ましくない行動動機といっしょに、神経症患者の人格のうちにひそかに置かれていて、かれ自身に通じないものになっている。このコミュニケーション障害は、解釈者を必要とする。そして解釈者は、別々の言語をもったパートナーたちの仲立ちをするのではなく、同一の主体に自分の言語が捉えられるように教えるのである。精神分析家は患者を指導して、患者が、かれ自身によってそこなわれ、ゆがめられた自分のテキストを読むことを習い、また、私的言語に変形された表現の仕方から公共のコミュニケーションの表現の仕方に記号を翻訳することを習うようにする。この翻訳は、それまで妨げられていた回想に、人生の経歴の発生的に重要な局面を開示し、それ自身の形成過程を意識させる。その限りにおいて、精神分析学的解釈学は、精神科学的解釈学のように記号的連関一般の理解を目指しているのではない。それが導いていく理解の作用は、自己反省である。

精神分析学的認識は自己反省の類型に属しているというこのテーゼは、分析技術についてのフロイトの研究において容易に立証することができる。[42] 精神分析の治療は、反省の経験を引き合いに出さなければ規定することができないからである。解釈学は、自己意識の成立過程のうちにその位置価をもっている。テキストの翻訳について語るのでは、充分ではない。翻訳そのものが反省である――「無意識的なものの意識的なものへの翻訳」。[43] 抑圧は、反省によってのみ止揚することができる。

「精神分析学の方法が解決しようと努めている課題は、さまざまな定式で言い表わせるが、しかしそれらは、その本質上等価である。たとえば、治療の課題は記憶喪失を除去することである、と言うことができる。もし記憶の空白がすべて満たされ、心的生の謎めいた効果がすべて解明されているとすれば、苦悩の存続、それどころかその新たな形成さえも、不可能になっているであろう。条件を別のように言うこともできる。すなわち、課題はすべての抑圧を解消することである、と。その場合、心的状態は、記憶喪失の空白がすべて満たされている状態と同一である。さらに続ければ、別の言い廻しがある。意識が無意識にとどくようにすることが問題である、と。このことは、抵抗の克服によって生じる」。[44]

精神分析学の理論の出発点は、抵抗の経験であり、抑圧された内容の自由で公共的なコミュニケーションに対立するまさしくあの妨害する力の経験である。精神分析による意識化が反省過程であることは、この意識化が、認知の水準における過程であるのみならず、同時に情動の水準において抵抗を解消するということから明らかである。虚偽意識の独断的な制限は、情報の不足によっているのみならず、情報の特殊な通じにくさにもよっている。この制限は、認知上の欠如であるばかりではない。この欠如は、情動の立場を基礎とする習慣的な標準によって固定されているのである。それゆえ、情報をたんに伝達し、また抵抗を名指しても、治療上の効果はない。

「患者はある種の無知のために苦しんでいるのであり、従って、（かれの疾患と生活との因果連関について、かれの幼児期の体験について等々の）伝達によってこの無知が除去されるならば、かれは、健康になるにちがいない、と言うのは、とっくに克服された、皮相な見方にとらわれた見解である。この無知そのものではなく、この無知が内的抵抗のうちに根拠をもっていることが、病因である。そしてこの抵抗が、最初に無知をひき起こしたのであり、今なお無知を保持しているのである。この抵抗と闘うことに、治療の任務がある。患者が抑圧しているゆえに知らないことを伝えるのは、治療のために必要な準備の一つにすぎない。もし、精神分析学を知らない者が信じているように、意識されていないものを知ることが患者にとって重要であるというのなら、患者が講義を聞き、あるいは本を読めば、それで治癒するにちがいない。しかしこの処置は、神経症の苦痛の症状に大きな影響を及ぼすのである。それは、ちょうど飢きんの時代に献立表を配付すれば、飢餓に大きな影響を及ぼすのと同じことである。この比喩は、それどころか、このような使い方にもまして役に立つのである。なぜなら、患者に意識されていないものを伝えれば、通常、かれの心のうちで葛藤が先鋭化し、苦悩が高まっていく、というのがその結果だからである(45)」。

精神分析家の仕事は、さしあたり、歴史家の、もっと正確に言えば、考古学者の仕事と合致するように見える。なぜなら、その課題が、まさしく患者の先史を再構成することにあるからである。分析が終れば、分析をはじめたときには医師も患者も知らなかったあの病歴にとって重要な、忘れられた歳月の諸事象を、物語り的に述べることができるはずである。この知的な作業は、医師と患者の間で分担され、一方の医師は、忘れられたことを、患者の欠陥のあるテキストから、すなわちかれの夢、思いつき、反復から再構成し、これに対して他方の患者は、医師が仮説として提示した構成に刺激され、回想する。解釈する精神分析家の構成作業は、方法的には、たとえば考古学者が遺跡について企てるような再構成と巾広く一致している。けれども、忘れられた過程、あるいは「歴史」の物語り的叙述が考古学者の目標であるのに対して、「精神分析家の構成からはじまる道は……被分析者の（活性化した）回想に」[46]終る。患者の回想がはじめて、構成の的確さを決定する。それが的中していれば、それはまた、患者に失われた経歴の一部分を「再現させる」、言いかえれば、自己反省をひき起こさせることができるにちがいない。

　分析作業の歩みをはじめたときには、構成する医師の知識と、抵抗をみせる患者の知識とは違っている。精神分析家の立場から見れば、そこなわれゆがめられたテキストのばらばらな要素を補充して一つの理解できる範型にする、仮説として評量された構成は、この構成の伝達が啓蒙に、すなわち「それに対する《フュール・エス》」患者の意識に対する知識へ変わらない限り、たんに「われわれに対する《フュール・ウンス》」ものでしかない。――「この部分についてのわれわれの知識は、そのときにはまたかれの知識になった」[47]。伝達と啓蒙との間のこのへだたりを克服する共通の努力を、フロイトは、「徹底操作《ドゥルッヒアルバイテン》」と呼んでいる。徹底操作とは、抵抗にひたすら逆って再認識を導く認知的はたらきの動的な関与を表わしている。

　精神分析家が啓蒙過程を導入できる度合は、かれが、抑圧の力学の機能を変えて、この抑圧を抵抗の安定化のためにではなく、その批判的解消のために働かせることに成功する程度に応じている。

「意識されていない刺激は、治療が望んでいるようには回想されたがらず、無意識の無時間性と幻覚可能性とに対応して再現されるように努める。患者は、まるで夢の中にいるように、かれの意識されていない刺激の呼びさまされた結果に、現在性と実在性とを与える。かれは、現実の状況をかえりみることなく、自分の情念を働かせる。医師は、患者を強制して、この感情の刺激を治療の連関と、患者の経歴の連関とのうちに編入させ、この刺激を思慮のある観察に従わせ、その心的価値を認識させようとする。医師と患者との、知性と欲動的生との、認識作用と行為化《アギーレン》意欲とのこの戦いは、ほとんどもっぱら、この転移の諸現象において演じられる」(48)。

患者は、原葛藤を検閲の諸条件の下で反復せよという強迫の下にいる。かれは、幼児期における欲望充足と防衛との間の妥協として固定されてしまっている病理学的な立場と代理形成の軌道のなかで、行動する。医師が再構成するつもりでいる過程は、経歴的要件としてではなく、現実の力としてかれに向って現われてくる。ところで精神分析学的状況の試行手順は、一方では、意識的制御を低くおさえること(弛緩、自由連想、無条件の伝達)によって防衛機制を弱め、行為化《アギーレン》の欲求をさしあたり強化し、他方ではしかし、控え目で、緊張状態を沈静する相手が立ち合って、これらの反復反動を放出させ、これによってこの反動を患者自身に働き返えさせる、という点に眼目がある。こうして普通の神経症は、転移神経症に変わる。病理学的な反復強迫は、人工的な疾患の制御された諸条件の下で、「回想のための一つの動機」に改造される。症状に新しい転義を与え、「患者がある行為によって拒絶したがっていたものを回想の作業によって片付ける」(49)機会を、医師は利用する。精神分析学的状況の諸条件の下での「反復」のいわば実験的な制御は、医師に認識および治療の機会をひとしく提供する。転移況状における（そして治療の際に比較可能な日常の状況における）活動は、幼児期の葛藤の原光景を再構成するための拠点を与える諸光景へ導いていく。しかし患者が、転移という一時凍結された緊張状態においてかれの行動の結果と対決し、第三者の眼で自分を見、そしてさまざまな症状においてかれ自身の行動からの派生物を反省することを習うに応じてのみ、医師の構成は、患者の活動的な回想に置き換えられることができるのである。

われわれは、医師によって誘導される患者の認識過程は自己反省として捉えられる、というテーゼから出発した。転移状況の論理および、構成する医師と行為化を回想へ置換する患者との間のコミュニケーションにおける分担が、このテーゼのよりどころである。精神分析の洞察は、誤って導かれた形成過程に対して相補的である。この洞察は、分裂過程を退行させる代償的な学習過程をもとにしているのである。この場合に肝要なのは、公共の言語使用から記号が切り離されているということ、すなわち、一方では、コミュニケーションの通用規則が私的言語によって歪められ、他方には、排除された記号と結びついている行動動機が無害なものにされているということである。この分裂によって断ち切られている潜勢的な全体は、純粋な伝達的行動というモデルによって再現される。このモデルによれば、慣れ親んだすべての相互行為と生の実践に対して有効なすべての解釈とは、自在で公共的なコミュニケーションの制限されていない日常言語という内面化された装置を基礎にして、いつでも達成可能であり、従って、回想された経歴の透明さもまた守られている。このモデルからはずれる形成過程は――そしてフロイトは、潜在期を強いられている二峰的な性発達の諸条件の下では、すべての社会化過程がこの意味において変則的な経過を辿らざるをえない、ということに全く疑念をいだいていない――社会的諸機構による抑圧へ返送される。この外部のはたらきかけが、内面に設けられた審級の精神内部の防衛によって引き継がれ、持続化されたのである。その防衛は、全体から切り離された部分の諸要求との長期にわたる妥協となるが、この妥協は、病理学的強迫と自己錯誤を代償にして成り立っているのである。これが、症状形成の基礎である。日常的な言語活動のテキストは、特徴的な形でこの形成に巻きこまれ、こうして可能的な精神分析的加工の対象にされるのである。

　精神分析が直接に治療上の効果をもつのは、意識の遮断を批判的に克服し、虚偽の客体化を打破することが、経歴の失われた断片の獲得の手はじめになるとともに分裂過程を取り消すからである。それゆえに、精神分析学的認識は、自己反省である。またそれゆえに、フロイトは、精神分析と化学分析との比較を拒否したのである。精神分析においては、複合体《コンプレックス》をその単純な成分に解体し分解することは、そのあとで統辞論的に合成されるような多様な諸要素を得ることにつながらないのである。「精神綜合」という表現をフロイトが内容空虚な空文句と呼ぶのは、これには自己反省に特有なはたらきが欠けているからである。自己反省においては、分析による解体が、とりもなおさず綜合であり、退落した統一の再生である。

「神経症患者は、分裂し抵抗によって引き裂かれた心的生をわれわれに示している。そしてわれわれがこれに精神分析を行ない、抵抗を除去する間に、この心的生は合生し、われわれがかれの自我と呼んでいる大きな統一が、これまでこの自我から切り離され遠ざけられていた欲動活動のすべてに適合する」[50]。

　この上さらに三つの特徴が、精神分析学的認識は自己反省であることを証示している。第一に、この認識のなかには、認知的契機と情動動機的契機という二つの契機が、同じ程度にふくまれている。精神分析学的認識は、その洞察に独断的な心的態度を解体する分析的な力が内在しているという意味において、批判である。批判は、情動動機的基礎が変化すれば終るが、同様に、実践的変化の要求があれば始まるのである。もし批判の情熱によって駆り立てられていなければ、この批判は、虚偽の意識を打破する力をもたないであろう。最初に存在するのは、苦悩と困窮の経験であり、この障害状態を止揚したいと思う関心である。患者が医師を訪れるのは、かれが自分の症状に苦しんでいて、そこから回復したいと思うからである。——精神分析もまたそれを前提してよい。

しかし、他の医学的治療と異って、その苦悩の圧力と健康になることへの関心は、治療を開始するきっかけであるだけではなく、治療の成功それ自体の前提である。

「治療している間に、あなた方は、患者の苦悩状態が改善されるごとに回復のテンポが遅くなり、治癒へと駆り立てる衝動力が減少するのを観察することがあると思う。しかし、われわれはこの衝動力を放棄してはならない。……どのように残酷に聞こえようと、われわれは、患者の苦しみが効果のある程度にいくらかは存続して、はやばやとなくなってしまわないように配慮しなければならない。もし症状が分解し消えてしまって、その苦悩の度合が軽減してしまったならば、われわれはどこか別なところで、はっきりと感じられる欠乏として、もう一度それを目覚めさせなければならない。さもないと、われわれは、わずかばかりの、しかも持続力のない改善以上のものには決して到達できないという危険を冒すことになるのである」(51)。

フロイトは、精神分析的治療が禁制の諸条件の下で遂行されることを要求する。かれは、治療行為が進行中に患者が、その症状をあまり急ぎすぎて苦悩の性格を欠いている代理充足によって補塡してしまうのを、阻止したいと考える。通常の医療行為においては、たぶんこのような要求は不合理と思われるに違いない。この要求が精神分析的療法において有意義であるのは、その治療法の成否が、医師による技術的に効果のある、病気の有機体の制御にではなく、患者の自己反省の進行にかかっているからである。しかし、この自己反省が進むのは、精神分析学的認識が、動機づけを行なう抵抗に対し、自己認識への関心に駆り立てられて刃向う場合だけである。

第二の特徴は、いま述べたことと関連している。フロイトは、精神分析的治療を受ける患者が自分の疾患に対してとる態度は、決して肉体的苦痛に対するのと同じであってはならないと、いつも強調していた。患者は、その疾患現象を自分自身の一部とみなすようにならねばならない。かれは、症状とその原因を外的なものとして取り扱うのではなく、ある程度までその疾患に対する責任をひきうける用意がなくてはならない。フロイトは、この問題を、夢の内容に対する責任という類比的な事例において、次のように論じている。

「言うまでもないことだが、誰でも自分の悪い夢の動きに対して責任を負わなければならない。……もしその……夢の内容が見知らぬ霊どもがそそぎこんだものでないとすれば、それは私の存在の一部である。私が自分の中に見出す諸性向を、社会的尺度に従って善い性向と悪い性向に分類しようと思えば、私はどちらの種類に対しても責任をとらなければならない。もし私が自己防衛的に、自分のうちの未知のもの、無意識のもの、抑圧されたものは私の『自我』でないと言うとすれば、私は精神分析の基盤に立っていないのであり、精神分析の解明することがらを認めなかったのであり、そして、私の隣人の批判、自分の行動の錯乱、自分の感情の混乱によって自分の誤りを正されることになるであろう。私は、この私によって否定されたものが、たんに私の中に『存在する』だけではなく、時には私の中から外へ『作用している』ことを経験するであろう(52)」。

精神分析が疾患の「内容に対する倫理的責任」を要求するのは、それが患者に対して自己反省の経験を期待しているからである。なぜなら、精神分析が導びくはずの洞察は、外でもないただひとつ次のことだからである——すなわち、患者の自我が、疾患によって代表されるかれの他者を、かれから疎外された自我の自己とし、そのうちにおいて自己を再認識し、それと同一化する、ということである。ヘーゲルの人倫の弁証法におけるのと同様に、犯罪者はその犠牲者のなかに自分の破滅した本質を認識する。このような自己反省によって、抽象的に相互に対立する諸党派は、破壊された人倫的総体性をそれらに共通の根拠として認識し、しかもそのことによってこの根拠へ還帰するのである。精神分析学的認識が同時に倫理的洞察であるのは、自己反省の運動のなかでは理論理性と実践理性の統一がまだ止揚されていないからである。

このような性格を確証しているのが精神分析の第三の特徴である。あらかじめ教育分析を受けていなければ、誰も精神分析を実施してはならない、という要求は、一見、通常の、医師資格の要求と合致しているように見える。自分が従事したいと思う職業を習得していなければならない、というわけである。しかし、「乱暴」な精神分析の危険を防止するこの要求は、充分な練達以上のことを要請しているのである。むしろ精神分析家に求められているのは、のちにかれが精神分析家として治療しなければならない外ならぬその疾患から解放されるために、患者の役割で分析を遂行せよ、ということである。このような事情は注目に値いする。

「精神分析以外のところでは、あるひとの内部諸器官が健康でないときにはそのひとが内科医に向いていないなどと、主張されることはない。反対に、自分自身が結核患者であるひとが結核治療の専門家となるならば、そこにある種の利点を見出すことができるのである[53]」。

ところが精神分析の状況は、他の医療行為にとっては必ずしも特徴的ではない危険を明らかに内包している。すなわち、それは「人格的同一化に基づく誤謬の源泉」である。医師は、もしかれ自身が、無意識の動機に強制されて自分の不安をその相手に投射したり、患者の特定の行動様式に気づかなかったりすれば、その精神分析的な解釈の作業を阻止され、正しい構成を逸してしまう。

「結核医や心臓病医は、一般に有能である限り、本人が病気であることで、内臓的疾患の診断や治療が邪魔されることはないであろう。これに反して精神分析家は、精神分析作業という特殊な条件のため、自分自身の故障のために、患者の態度を正しく把握し、適切にそれに応ずることを現実に妨げられるのである[54]。」

他の箇所で、フロイトはこの事情を「対象に付随する特殊契機」に帰している。「それというのも心理学において重要なのは、物理学におけるように、冷静な科学的関心しか呼び覚ませないような事物ではないからである」(55)。転移状況における医師の態度は、観想的ではない。むしろ、かれが方法的に共演者の役割を引き受けるその度合に応じて、すなわち、かれが神経症的反復強迫を転移的同一化に転換し、両面価値的な転移を保持すると同時に潜勢化して、しかるべき時に患者の自己拘束を解くその度合に応じて、かれは、かれの解釈を得るのである。いずれにせよ、医師は、自分自身を認識の道具にするのであるが、しかし遮断によってではなく、まさにかれの主観性の制御された投入(56)によってそうするのである。

フロイトは、かれの発展の後期に、精神分析の基本前提をひとつの構造モデルにまとめた(57)。自我、エス、超自我という三つの審級の共同作用は、心的装置の機能的連関を表わしている。これら三つの審級の名称は、なるほど心的装置がはたらく仕方を説明するために役立つはずであるが、心的生の構造についてのフロイトの機械論的な基本把握に似つかわしいものではない。自我、エス、超自我の概念的構成がその名称を反省の経験に負っているのは偶然ではない。これらの名称は、あとになってはじめて客観主義的準拠枠に移され、再解釈されたのである。自我の機能は、他の二つの審級、エスと超自我との関連で、フロイトが夢の解釈の際にそして精神分析的な対話において、従って、特殊な仕方でそこなわれ、歪められたテキストの解読において、発見したものである。かれは次のように強調している。「もともと精神分析の理論全体は、自分の無意識を患者に意識させようと試みるときに、患者がわれわれにみせる抵抗の認知をもとに築かれている」(58)。抵抗のうちに、特有の防衛作用が顕われているが、これは、防衛審級の見地においても防衛され抑圧された素材それ自体の見地においても、捉えられなければならない。

抵抗とは、意識を寄せつけないことである。従って、われわれが考えに入れるのは、意識の領域と、意識の地平に随伴していていつでも呼び起こすことができる前意識の領域である。そしてこの前意識は、言語によるコミュニケーションおよび行動にひとしく結びつけられている。それは、公共性の規準を、すなわち、言語によってであれ、行動によってであれ、伝達可能性の規準を満たしている。これに反して、無意識は、公共的コミュニケーションから遠ざけられている。それにもかかわらず無意識が記号や行動として外化されると、その限りにおいてそれは、症状として、すなわち日常慣れ親んだ言語活動のテキストの損傷および歪曲として現われる。抵抗の経験と記号的諸連関の特有な歪みとが、相補的に同一のものを、すなわち無意識を指示する。この無意識は、一方において「禁圧され」、つまり自由な伝達を禁じられているが、しかし他方において、回り道をして公共的な談話と観察可能な行動とのうちに忍びこみ、こうして意識へ「迫る」。この禁圧と浮力は、「抑圧」の二つの契機である。

フロイトは、医師と患者のコミュニケーションの経験から出発して、日常言語によるコミュニケーション障害に特有の形式に即して無意識の概念を獲得した。本来ならば、このためにはひとつの言語理論が必要であったが、その当時は存在していなかったし、今日でもやっとその輪郭が描かれているにすぎない。それにしても二、三の示唆に富む所見が見出される。たとえば、人類を動物から区別するものは、

「複雑な機能化であり、……それによって自我内の内的過程もまた意識という質を獲得できるのである。これは、言語機能の仕事であり、そしてこの機能が、自我の諸内容を視覚的知覚の記憶痕跡に、しかもとりわけ聴覚的知覚の記憶痕跡にしっかりと結合するのである。そこから大脳皮質層の知覚末梢は、より広範囲にわたって内部からも刺激されるようになり、観念の流れや思考過程のような内的過程が意識されるようになり、そして二つの可能性（外界からの刺激と内部からの刺激）を区別する特別な装置が必要になるが、これがいわゆる現実吟味である。知覚=現実（外界）という等式は成立しなくなった。いまや容易に生じてくる誤謬は、夢の中では通例のことであるが、幻覚と呼ばれる[59]」。

フロイトがこの箇所で眼に留めている言語機能は、「内的なもの」が記号に固定されて「外的」実在を獲得することによる意識過程の安定化である。この機能に基づいて、動物的な知的作用の制限は突破され、適応的な態度は道具的行動に変換される。フロイトはここで、思考とはテスト行為である、つまり「わずかな放出消費を伴う運動性の模索(60)」である、という思考に関するプラグマティズムの捉え方に与している。言語的記号を通じて、選択的な行動連鎖を試行的に遂行してみることが、まさしく計算してみることができる。それゆえに、言語は、自我の諸作用の基盤であり、そして現実吟味の能力はこの作用に依存している。他方、厳密な意味での現実吟味が必要となるのは、なによりも、欲求が、充足の言語的先取りと幻覚において結びつけられ、そしてそれによって文化的に規定された欲求として流路が定められるときからである。リビドー的方向と攻撃的方向においてはたしかに先決されているが、他の面では遺伝の随意運動から切り離されているゆえに無規定である、可塑的な潜勢《アントリープスポ》的衝動《テンチアール》という自然史的遺産は、言語を媒体にしてはじめて、解釈された欲求の形で分節化される。人間学の水準では、これらの欲動の諸要求は、解釈によって、すなわち幻覚による欲望充足によって代理される。過剰なリビドー的要求および攻撃的要求は、個体ならびに種属の自己主張にとって逆に機能するから、これらの要求は現実と衝突する。現実を吟味する自我審級は、これらの葛藤を予見可能にする。すなわち、この審級は、欲動刺激が行動動機となるとき、どのような欲動刺激が危険な状況を招き、外的葛藤を避け難くするかを認識する。自我は、このような欲動刺激が間接的に自分にとって危険であることを認識する。自我は、不安と不安防衛の技術とによって反応する。欲望と現実との間の葛藤が、現実への攻撃によって解消できない場合には、残っているのは逃避だけである。しかし、欲望幻想が現実に充足できる可能性をつねに上廻っていて、その上正常な状況が逃避する機会を提供しないとき、不安を防衛する技術は、直接的な危険源としての現実から外れて、間接的な危険源と認められた欲動欲求に対して向けられる。

「明らかにこの場合、(心の内部の)防衛過程は、自我が、外から迫る危険から逃れようとする逃避とよく似ているのであり、まさしくこの過程は危険な欲動から逃避する試みを表わしている、と思われる[61]」。内部的な防衛過程を逃避反動という範型に従って把握しようとするこの企ては、精神分析の解釈学的洞察と驚くほど一致しているいくつかの定式化に到達している。すなわち、逃避する自我は、外的現実からもはや逃れられなくなると、自己を自己自身から隠さざるをえないのである。それゆえ、自我が自分の置かれた状況において自己自身を理解するテキストは、望ましくない欲動要求の代理によって清められ、まさしく検閲される。この防衛された心的部分と、自己との同一性は否認され、その部分は、自我にとって中性的なもの、すなわちエスへと物化される。このことはまた、清められた記号的連関の水準でのエスの代理、すなわち症状にもあてはまる。

「抑圧によって症状となった過程は、いまや自我の機構の外に、それから独立してその存在を主張する。そしてこの過程のみならず、この過程のすべての派生物が同じ特権を享受する。それは、治外法権の特権と言ってよい。そしてこれらのものが自我の機構の分担部分と連想的に合致する場合には、それらが、この自我の機構を自分の方に引きずりこみ、こうして獲得したものを利用し自我を犠牲にして拡張しないかどうか、怪しくなる。われわれが長いこと親しんできた比喩は、症状を、身体組織のなかに埋めこまれて、そこでたえず刺激と反動との現象を保ちつづける異物とみなしている。なるほど、好ましくない欲動刺激に対する防衛の戦いが、症状形成で終ることはある。われわれの知る限り、このようなことは、ヒステリー性の転換の場合にもっとも生じやすい。しかし、一般にはその過程は別である。抑圧の最初の作用のあとに、長期の、あるいは決して終ることのない余波が続き、欲動刺激に対する戦いは、症状に対する戦いに引き継がれる[62]」。

症状に対する、この二次的な防衛の戦いが示すのは、自我がそれによって自己を自己自身から隠す内部的な逃避過程は、外的な敵の代わりに、中性化されて異物となった、エスの派生物を置くということである。

この自我の自己自身からの逃避は、言語において、しかも言語によって遂行される操作である。さもなければ、防衛過程を解釈学的に、言語分析の道を通って復原することは不可能であろう。フロイトは、抑圧の作用を、言語論の枠の中で、欲動を代理している諸表象を言語そのものから分離することとして捉えようと試みた。その際、かれは次の想定から出発している。

「無意識の表象と前意識の表象(思考)との実際の区別は、前者がどこまでも認識されない何らかの素材について生じるのに対し、後者(前意識的表象)においては、言語表象との結びつきが加わる、という点にある。……従って、いかにしてあるものが意識されるか、と問うよりも、いかにしてあるものが前もって意識されるか、と問う方がより目的にかなっている。そしてその答えはおそらく、それに対応する言語表象との結合によって、であろう。(63)」

ところで言語表象と記号に関わりのない表象との間の区別は、後者の、言語から分離した表象がそれに即して「生じる」とされる非言語的基体の想定が不充分であるのと同様に、問題のある区別である。しかも、もし文法的規則に従ってでないとすれば、無意識の表象は、どのような規則に従って言語痕跡と結合されるのかよくわからない。この点で、発達した言語理論の欠けていることがはっきりしてくる。それに較べて、抑圧の作用を欲求の諸解釈そのものの追放として捉えることは、私にはもっともなことと思われる。文法の枠をはずされ、映像的に圧縮された夢の言語が、このようなコミュニケーション排除のモデルにとっての支点を与えるからである。おそらくこのような過程は、その効力が原始時代には特にはっきりと感じられた、刑罰の特定のカテゴリー、すなわち排斥と追放、言いかえれば、犯罪者がその言語を使っている社会的連合体からのかれの孤立——このようなカテゴリーの心の内部での複製であろう。個々の記号が公共的コミュニケーションから切り離されるのと同時に、おそらくその意味内容の私物化も生じたであろう。[64] それにもかかわらず、変形された言語と公共的言語との論理的連関は、私的言語の方言からの翻訳が可能でありつづける限り——まさにこの点に臨床医の言語分析的活動がある——依然として保たれているのである。

自我とエスという概念の構成は、患者の「抵抗」についての精神分析家の経験から生れたものである。フロイトは、防衛過程を反省の裏返しとして、すなわち自我が自己を自己自身から隠す逃避に似た過程として、捉えた。この場合、「エス」とは、防衛によって外面化した、自己の部分に対する名称であり、これに対し「自我」とは、現実吟味および欲動の検閲という課題を遂行する審級である。無意識と意識（および前意識）という位相論《トポロギー》的区分は、この構造上の区分と一見一致しているように見えた。もし無意識を意識化することを反省と呼ぶことができるとすれば、反省に逆行する過程は、意識を無意識に変えるにちがいない。ところがしかし、そこから自我とエスの構成がはじまった、同じ臨床的経験が示すのは、防衛審級の活動は必ずしも意識的に生じるのではなく、それどころかむしろほとんどの場合無意識的に生じる、ということである。このことが、「超自我」のカテゴリーの導入を余儀なくしたのである。

「抵抗の客観的徴表は、かれの思いつきが停滞したり、当面のテーマからはるかに離れてしまうことである。そのテーマに近づくときには苦痛を自分で感じるということで、かれはこの抵抗を主観的にも認識することがある。しかしこの後の、苦痛を感じるという徴表が全く現われないこともある。この場合、われわれは患者に向って、あなたの態度から推して、あなたはいま抵抗していますね、と言う。それに対し患者は、私は少しもそれを知りませんでした、ただ思いつきにくくなったことにだけは気がついていました、と答える。この答えでわれわれが正しかったことが示されるが、しかし、このときかれの抵抗は意識されなかったのであり、それは、われわれが取り除こうと努めている抑圧が意識されなかったのと同様である。おそらく、このように意識されない抵抗がかれの心的生のどの部分から始っているのか、という問いをとっくに出しておくべきであったと思われるかもしれない。精神分析の初心者なら、たちどころに次の答えを手にしているであろう。すなわち、それはまさしく無意識の抵抗である、と。なんと曖昧で役立たずの答えであろうか。もし、抵抗が抑圧されるものに始まるという意味で言われているのなら、われわれは次のように言わなければならない。決してそうではない、と。われわれは抑圧されるものに対しては、むしろ強い浮力を、つまり意識へ迫ってくる衝動力を帰さなければならない。抵抗は一重に、かつて抑圧を遂行し、いまもそれを保持したいと思っている自我の表出でしかありえない。われわれはこれまでもずっとそのように捉えてきた。われわれが自我のうちに、制限的で拒否的な要求を代表する、特殊な審級、つまり超自我を想定してからは、次のように言えるようになった。抑圧は、この超自我の働きであり、超自我がこの抑圧を自分で遂行するか、あるいはその指令によって超自我に忠実な自我がこれを遂行するかのどちらかである、と(65)」。

自我に現実吟味の能力を与える、外的実在への知的適応に対応しているのは、社会的役割の獲得であり、これは、社会的に認可された期待を幼児に対して代弁する他の主体との同一化を経由して行なわれる。超自我は、この期待を内面化することによって、取り込みを、すなわち課された愛の対象の自我のなかでの建立を基礎にして形成される。課された対象選択の累積が良心の審級を成り立たせるのであり、そして社会の抑圧的な諸要求が、「過剰な」、従って葛藤をはらんだ欲動要求、「危険」と認定された欲動要求に対して、この審級を人格構造そのもののなかに固定化するのである。超自我は、心の内部にまで引き延ばされた社会的権威である。この場合、自我はいわば超自我の保護の下で、欲動を検閲するという機能を果している。自我が、超自我の執行機関として行動する限り、防衛は意識されないままである。抑圧と意識的な欲動支配とは、この点で区別される。幼児の依存的自我は、時に応じ、しかも有効に、自分自身の力で防衛のはたらきを遂行するにはあまりにも弱すぎることは明らかである。このようにして自己のうちにあの良心の審級が設置され、この審級は、他方でまたエスの派生物が、抑圧の成果として、それをもって自我に客観的に立ち向ってくる、その客観的な力と同じ力をもって、自己自身から逃避するように自我を強制する。

禁止的規範をこのように内在化することは、望ましくない諸動機の防衛とよく似た段階の過程であるように見える。[66]このことが、超自我とエスの類縁性を基礎づけているのであり、これら両者は、あくまでも無意識である。もっとも、内在化の過程と防衛過程とは、相補的に関わり合う。すなわち、防衛過程では、欲望幻想としてさしあたり自我に属している、社会的には好ましくない行動動機が抑圧されるのに対し、内在化過程では、抵抗する自我に向って社会的に好ましい行動の動機が外部から押しつけられる。内在化が防衛過程と較べられるのは、内在化もまた、さしあたっては言語的に分節化されている命令を討議するのを許さないからである。しかし、このような討議の遮断は、私的言語による変形と結びついていない。フロイトは、この脈絡において次のように強調している。

「超自我が……耳にしたことに由来するのは否定できない。実際、それは、自我の一部であり、あくまでもこれらの言語表象（概念、抽象的観念）から意識に到達できるのである。しかし、その備給エネルギーは、聴覚的知覚、教育、読書からではなく、エスのなかの源泉から超自我のこのような内容に供給されているのである」。[67]

特定の命題が一種の聖化を実現するように見えるのは、抑圧されたリビドー的行動動機に結合しているからである。こうして、超自我の命令を表わす記号は、公共的コミュニケーションにどうしても到達できないようなものになるのではないが、リビドーに拘束された基本命題として、何といってもすべての批判的異議から免がれているのである。このことはまた、権威を要求する超自我に対する、現実を吟味する自我の弱さをも基礎づけている。自我は、それにもかかわらず、共通の、そこなわれていない言語を基盤として超自我にやはり結びつけられている。

構造モデルを精神分析的状況の経験から導き出すことによって、自我、エス、超自我の三つのカテゴリーは、医師と患者が、啓蒙過程を進行させて患者を自己反省へ導くことを目標にして入りこんでいく、この特殊な意味をもったコミュニケーションのカテゴリーとなる。それゆえに、われわれが、自我、エス、超自我を解明するためにはどうしても戻らなければならないその同じ連関を、こうして導入された構造モデルの助けを借りてこのモデルに即して記述することには余り意味がない。しかし、フロイトはそれを行なう。かれは、医師の解釈作業を構造モデルの理論的表現へ翻訳する。それによって、最初は精神分析的技術の視点の下で記述されたコミュニケーションが、理論的に捉え返されるように見える。しかし、本当は、この理論的叙述は、技術の暫定的記述を超え出るような要素を少しも含んでいない。なぜなら、理論言語が含んでいる基本的述語は、ただ前理論的な、技術の叙述との関連においてのみ導入されうるものだからである。理論言語は、技術を記述する言語よりも貧しい。このことは、精神分析の特殊な意味に関連する諸表現についても完全にあてはまる。無意識となったものを意識に変え、ふたたび自我のものとするとか、抑圧された刺激が探知され、批判されるとか、あるいは、引き裂かれた自己はもはやいかなる綜合も実現できない、等々と言われている。[68] しかし、構造モデルにおいては、自我審級は、そのような表現で訴えられる能力を全然備えていない。すなわち、そこで自我は、知的適応と欲動検閲の機能を果してはいるが、その特有のはたらきである自己反省を欠いているのであり、防衛のはたらきはたんにその陰画にすぎないのである。

フロイトは、一次過程としての移動と、昇華を非常にはっきりと区別している。昇華は自我の制御の下で行なわれる移動である。同じようにかれは、無意識的反動としての防衛と、合理的欲動支配とを区別している。後者はたんに自我を媒介とするだけではなく、自我の制御の下での防衛である。しかし、ある状態を別の状態へ変形する反省の運動、すなわち、強迫と自己偽瞞という病理学的状態を葛藤の止揚およびコミュニケーションから排除された言語との和解の状態へ変形する、解放的な批判作業——これだけは、メタ心理学の水準において、自我の諸機能のなかに出現しない。これは奇異なことである。なぜなら、この構造モデルは、それ自身のカテゴリーが啓蒙過程に由来することを否定しているからである。

第一一節　メタ心理学の科学主義的自己誤解
——一般的解釈の論理について——

フロイトは『自伝』のなかでのべている——かれの学問的関心は、青年時代からすでに「自然的対象よりもむしろ人間的関係へ」向かっていた。かれは当時もその後も、医師の地位や活動に対してまったく執着していなかった。それにもかかわらず、この学生は、生理学のうちにはじめて「安らぎと完全な満足」を見出す。かれは、エルンスト・ブリュッケの研究室で六年間、神経系組織学の問題を研究した[69]。フロイトが事実上は新しい人間科学を創設しながら、それをつねに自然科学と考えていたという事情は、あるいはこの関心の分裂から来ているのかもしれない。それどころかフロイトは、理論形成のために決定的なモデルを神経生理学から借りてくるのであるが、これは、かれがかつて、人間学的に重要な諸問題を医学的・自然科学的方法で研究することを学んだその学問である。フロイトは、心理学が自然科学であることを一度も疑わなかった[70]。心的過程は、観察可能な自然現象と同じように研究対象とすることができる[71]。概念的諸構成は、心理学においても自然科学におけるそれと異なる位置価をもつわけではない。なぜなら、物理学者もまた電気の本質についてなんらかの情報を与えるわけではなく、心理学者が「欲動」という言葉を使うのと同じように、理論的概念として「電気」という言葉を使っているからである[72]。とはいえ、精神分析学がはじめて心理学を科学としたのである。

「われわれは、空間的に拡りをもち合目的的に組み合せられた、生の欲求によって発達する心的装置を仮定した。そしてこの装置が、ある条件の下でただ特定の箇所で意識現象として生じると仮定した。この仮定によってわれわれは、心理学を他の自然科学、たとえば物理学と似たような基礎の上に建設することができた[73]」。

フロイトは、この精神分析学と自然科学との等置から生じる帰結をおそれない。かれは、いつの日か、精神分析学の治療学的使用が生化学の薬理学的応用によって取って替わられることも、原理的に可能であると考えている。この自然科学であるとする、精神分析学の自己理解が、科学的情報の技術的利用のモデルを示唆するのである。もしも精神分析学が、テキストの解釈とみえるのはただみかけの上だけのことであり、事実は心的装置を技術的に処理可能にすることへ向っているとすれば、心理学的制御が、いつの日か身体的治療技術によってもっと効果的に取って替わられるかもしれない、という考えも驚くにあたらない。

「未来はわれわれに、特殊な化学的物質によって心的装置のなかのエネルギー量とその分布を直接に制御することを、教えるかもしれない。……われわれが、いま精神分析学的技術以上のものを使うことができないとしても、それは一時的なことである」[74]。

もっとも、この命題は、すでに次のことを打ち明けている。すなわち、この精神分析の工学的な把握と合致する理論はただ一つしかなく、それは、自己反省のカテゴリー的枠組から解放され、そして形成過程に適合する構造モデルをエネルギー分布モデルによって代置した理論である。この理論がその趣旨から言って、あくまで生活歴の失なわれた断片の再構成に、従ってまた自己反省に関連している限り、その応用は必然的に実践的である。それは、社会化された個々人の、日常言語的に構成され、行動を方向づけている自己了解の再編成をひきおこすのである。しかし、この役割において、精神分析学が他の、厳密な意味で経験科学的な諸理論から得られた工学技術によって代替されるということは、決してありえない。なぜなら精神薬理学は、ただ、それが対象化された自然過程としての人間的有機体の諸機能を自由に処理できる度合においてのみ、意識変化をひきおこすにすぎないからである。これに反して、啓蒙によって誘導された反省の経験は、主体が、自分に対して客体となっていた立場から、まさしく解放される行為である。この特有のはたらきは、主体自身に帰せられなければならない。これに代わるものは存在しえないし、——もしも技術が、主体に対してそれ自身のはたらきを明らかにするのに役立つのでなければ——これに代わる工学技術というものも存在しえない。

初期の数年間、フロイトは、同時代の神経生理学の中でよく知られていたニューロンの走行運動というモデルから出発するひとつの心理学を構想したが、まもなくそれから離れていった[75]。フロイトは当時、心理学を直接自然科学として、つまりそれ自体は力学をモデルとする大脳生理学の特殊部門として、創設することができると期待していた。この心理学は、「心的諸過程を、挙示可能な物質的部位の量的に規定された諸状態として」[76]記述するといわれた。緊張、放出、興奮、抑止等のカテゴリーは、神経系内のエネルギー分布と、固体力学をモデルにしたニューロンの運動経路に結びつけられた。フロイトがこの物理主義的プログラムを放棄したのは、狭い意味での心理学的行き方をするためであった。この行き方もまた、神経生理学の言語を保存しているけれども、その基本的述語は、暗黙のうちに精神主義的に再解釈できるようになっている。エネルギーは、欲動エネルギーとなるが、その肉体的基体についてはいかなる言明も可能ではない。エネルギー蓄積の抑止と放出、およびその分布の機構は、空間的な拡りをもった系を範型として働いているといわれるが、その局在化はこの時以来断念される。

「われわれが使うことができる観念は、心的局在性の観念である。われわれは、いま述べた心的装置を、解剖学的載片としても知っているという考えを完全に捨てることにしたい。そして心的局在性を解剖学的に規定するという試みを、細心の注意をもって避けてゆきたい。われわれはあくまで心理学の基盤に止まり、次のような要求だけに従ってゆくつもりである。——さまざまな心の働きを生ずる器具を、複合顕微鏡やカメラのようなものと考えよう。すると、心的局在性は、装置の内部の、像の前段階が生じる場所に対応する。顕微鏡や望遠鏡では、周知のようにこれは虚像の位置であり、その場所には手でつかめる装置の部分は何もない。もちろん、この種のすべての比喩が不完全なものであることは、断わるまでもないことである。これらの比喩は、ただ心の働きの複雑さを納得してもらうために、この働きを分解し、個々の働きを装置の個々の部分に帰着させようと企てる場合にのみ、われわれを助けるものである」[77]。

「それゆえ、われわれは、心的装置をひとつの複合器具と考え、その構成部分を審級ないしはもっと直観的に系と呼ぶことにしたいと思う。そうするとこれらの系は、望遠鏡の異なるレンズ系が前後に並んでいるのと同様に、おそらく恒常的な空間的順序を相互にもっていると予期することができる。厳密に言えば、われわれは、心的な系が実際に空間的な配置をもっていると仮定する必要はない。ある心的過程においては、それらの系が特定の、刺激の時間的継起を通りぬけるという、このことによって確固とした順序が作り出されるなら、それで充分である[78]」。

フロイトは、主観的経験と客観的なものと考えられたエネルギー放出との間に二、三の基本的対応をつける。不快は興奮の蓄積によって生じるが、この場合、興奮の強度はエネルギー量に比例するとされる。反対に、快はせき止められたエネルギーが放出する際に生じ、従って興奮の低下によって生じる。心的装置のさまざまな運動は、興奮の蓄積を避けようとする傾向によって制御されている[79]。この精神主義的表現（欲動、興奮、不快、快、欲望といったような）の物理的過程（エネルギー量、エネルギー圧力とその解除、および系の特質としてのエネルギー流出の傾向といった）への対応は、最初は医師と患者との間のコミュニケーションから得られた意識と無意識のカテゴリーを、自己反省の準拠系から解離してエネルギー分布モデルへ移すために充分な役割を果している。

「最初の欲望は、充足の記憶の幻覚における備給であったように思われる。けれどもこの幻覚は、それが完全になくなるまで保持されなければ、欲求の休止、従って充足と結びついた快をひきおこすには役立たないことがわかった。こうして第二の活動性――われわれの用語では第二の系の活動性――が必要となった。この活動性は、記憶の備給が知覚にまですすみそこからこの備給が心的諸力を拘束するということを許すのではなく、欲求の刺激にはじまる興奮を回り道に導くのである。そしてこの回り道が最後に随意運動能力によって外界を変える結果、充足対象の実在的知覚が生じることになる。われわれは、心的装置の図式をすでにここまで追求した。これら二つの系は、われわれが完成した装置のなかへ無意識（Ubw）および前意識（Vbw）として据えつけるものの萠芽である[80]」。

一八九五年にフロイトは、ブロイアと共同で『ヒステリーの研究』を公刊した。そこではすでに病理的な諸現象が、後に展開されたモデルによって説明されている。催眠をかけられたブロイアの女性患者は、かの女の症状が、強い興奮を抑圧しなければならなかった過去の生活歴のなかの光景と関連していること認識させた。これらの情動は、正常な解除軌道から遮断されてそのために異常に使われる外はなかった置換可能なエネルギー量として、捉えることができた。心理学的にみれば、症状は情動の蓄積によって生じるが、このことは模式的に、放出を妨げられたエネルギー量の置き換え（転換）としても記述されるのである。ブロイアによって用いられた治療法の目的は、「誤った軌道におちこみ、いわばそこにはまり込んでしまって症状の維持に使われている情動量を、その放出が可能になる（除反応化する）ような正常な道に導く[81]」ことであるといわれている。フロイトは、まもなく催眠法の不利をさとり、その代わりに自由連想法を導入した。「精神分析の基本原則」は、医師と患者の間のコミュニケーションを持続するために「緊張状態」が、従って社会的制裁の圧力が、考えられる限り無力化される、抑圧のない保護区の条件を定式化している。

この古い技法から新しい技法への移行は、本質的なものである。それは治療上の合目的性を考慮して生じたのではなく、次のような原理的洞察の結果である。すなわち、治療の上で有益と認められた患者の記憶は、禁圧された生活歴の断片の意識的な獲得にまで導かれなければならない。――これに反して、催眠法による無意識の解放は、意識過程を操作するだけで、それを主体自身にゆだねないから、記憶の障害を決定的に打破することができない。フロイトがブロイアの技法を捨てたのは、分析が、制御された自然過程ではなく、医師と患者の間の日常言語的間主観性の水準における自己反省の運動だからである。フロイトは、このことを特に「記憶、反復、破壊」に関する前述の論文の中で強調している。それでもまだかれは、同じ論文の最後のところで、精神分析学的原則の諸条件の下に誘発されるあの自己反省の運動を、ブロイアの古いモデル、すなわち除反応としての回想というモデルによって捉えている。

「抵抗のこの徹底操作は、おそらく実際は、患者にとって困難な課題となり、医師にとっては忍耐力のテストになるかもしれない。しかし、作業のこの部分こそ、患者に対して最大の変化作用をもつものであり、精神分析的療法をすべての暗示作用から区別しているものである。理論的には、それは、抑圧によって締めつけられた情動量の『除反応』に等置されてよい。そして、この反応がなければ、催眠療法は効果の全くないものである[82]」。

フロイトは、はじめから終りまで科学主義的な自己理解にとりつかれているので、かれは客観主義におちいるが、その客観主義も、自己反省の段階からいきなりマッハ流の同時代の実証主義に戻るものであり、それゆえ特に粗雑な形をとっている。この著作のおいたちと関わりなく、この方法論上の間違った道は、おおよそ次のように再構成される。新しい教説の基本的カテゴリー、概念的構成、心的装置の機能的連関と症状の発生機構ならびに病理的強迫の解体機構に関する諸仮定——このメタ心理学的枠組が、まず精神分析的状況の諸経験と夢の解釈とから展開された。このことの確認は、方法論上意味があるのであり、たんに研究心理学上意味があるのではない。すなわち、前述のカテゴリーと連関とは、特別に保護されたコミュニケーションの特定の諸条件下で、発見されただけではない。それらは、この諸条件と無関係には全く説明がつかないのである。従って、このコミュニケーションの諸条件は、二人のパートナー、つまり医師と患者にとって同じように精神分析学的認識の可能性の諸条件である。フロイトは、「そこでは研究と治療が一致する[83]」ことを精神分析療法の名誉と呼んだとき、たぶんこの含意を念頭においていたにちがいない。けれども、われわれがその構造モデルについて立証したように、もし精神分析学のカテゴリー的枠組が、作者がそれによって自分自身を欺むいているそこなわれゆがめられたテキストの解釈のための諸前提と、科学論理学的に結びついているとすれば、その理論形成もまた、どこまでも自己反省の連関のなかに埋め込まれているのである。

ただ精神分析学的諸仮定を、精密な経験科学のカテゴリー的枠組のなかで定式化し直すという試みだけが、それに代わる代案を示している。こうして諸定理は、行動主義的に計画された学習心理学の枠組のなかで新らたに定式化され、それから今まで通りの検証手続きにゆだねられた。自我心理学的にひきつづき形成されているが、欲動力学によって基礎づけられた人格性モデルを、新しい機能主義の手段を使って、ひとつの自己制御系として再構成しようという試みは、もう少し欲張っている。どちらの場合も、新しい理論的枠組は概念の操作主義化を可能にし、どちらの場合にも、それは、導出された仮説を実験的条件の下で検証することを要求している。そしてフロイトも、おそらく次のことを暗黙のうちに認めていた。すなわち、かれのメタ心理学は、その構造モデルを、医師と患者の間のコミュニケーションという基礎から切り離して、その代り定義によってエネルギー分布モデルと結合するが、このようなメタ心理学は、この種の経験科学的に厳密な定式化を表わしている、と。

もっともかれは、メタ心理学に対して両面価値的でなくもない関係を保っていた。かれは、時折りこのメタ心理学を「魔女」と呼んだが、それは、メタ心理学の不気味な思弁的傾向から身を守るためであった[84]。この両面価値性のなかには、この学問の地位に対するかすかな疑惑も隠されていたようであるが、それでもかれ自身は、その地位を強く弁護した。フロイトは、次の点について思い違いをしていたのである。それは、心理学が精密な経験科学として理解される限り、それが満足できるモデルというものは、たんに物理主義的用語法に固執するだけでなく、操作化できる諸仮定へ本当に導びくものでなければならないということである。エネルギー分布モデルはただ、精神分析学的言明が測定可能なエネルギー変換と関連しているかのような見掛けをつくり出すにすぎない。しかし、欲動経済の視点の下に導出された、量的関係に関する諸言明のうち、ただのひとつもかつて実験的に検証されたものはなかったのである。心的装置のモデルはこう理解されている――メタ心理学が言明する諸事象には、たしかに言葉の上では観察可能性が結びついている。しかし事実上は、それは空手形である――そして空手形であってもいい。

　フロイトはおそらく、この制限が方法論にどの範囲にまで拡っているかはっきり知らなかったのである。というのも、かれは、精神分析学的対話状況を準実験的性格をもった手はずとみなしており、それゆえ、臨床的な経験的基底を実験的検証に充分代わりうるものと考えていたからである。精神分析学は実験的証明ができないという非難に応えて、かれは、天文学を引き合いに出している。天文学もまた天体を使って実験するのではなく、その観察に終始するというのである[85]。けれども天文学的観察と精神分析学的対話の間の真の区別は、天文学では初期条件の準実験的選択によって、予測される現象の観察を点検することが可能であるのに対して、精神分析学的対話においては、道具的行動の成果の点検[86]という水準が全く欠けていて、それが理解されない記号の意味に関する了解の間主観性の水準によって代行される、ということである。それにもかかわらず、フロイトが、精神分析学的対話をメタ心理学の発展にとってだけでなく、この理論の妥当性にとっても唯一の経験的基底とみなし、断固としてそれに固執するということは、他方において、この学問の現実的地位についてのかれのある意識を物語っている。フロイトは、「自然科学的」心理学という、あるいはただたんに厳密に行動科学的な心理学というプログラムを首尾一貫して実現することは、まさにそれによってのみ精神分析学が存在しているかけがえのない志向を当然犠牲としなければならないだろう、ということをはっきり予感していたのである。すなわちそれは、その結果としてエスから自我が生成するといわれる性的啓蒙の志向である。けれども、かれは前述のプログラムを棄てなかったし、メタ心理学が形成過程の一般的解釈であることを理解しなかった。だが、メタ心理学は、自己反省の準拠系のなかでは、ただこういうものでしかありえないのである。

メタ心理学という名称を、日常言語と相互行為との病的連関に関わる基本的諸仮定のために、また言語理論的に基礎づけられた構造モデルによって表わされる基本的諸仮定のために留保しておいた方がよかったように思う。そうなれば問題は、経験的な理論ではなく、精神分析学的認識の可能性の諸条件を明確にするメタ理論、ないしもっと正しくはメタ解釈学である。このメタ心理学が展開するものは、精神分析的対話状況における解釈の論理である。その限りにおいて、それは、自然科学ならびに精神科学の方法論と同一の水準にある。それは、これらの方法論と同じように、組織化された研究過程——これはここでは同時に自己探究過程でもある——の客観的連関として、精神分析学的認識の先験的枠組を反省する。たしかに自己反省の段階では、自然科学および精神科学の論理学と異なって、素材的内容と切り離された方法論などというものは存在するはずもない。というのも、認識連関の構造と認識されるべき対象の構造とがひとつだからである。可能的認識の条件である感情移入状況を理解することは、同時に病的連関を捉えることを意味している。まさにこの素材的内容のために、われわれがメタ心理学のために留保しておきたいと思うさまざまな理論的命題も、メタ理論的命題であることが認識されず、異常な形成過程の経験的内容にみちた解釈そのものとほとんど区別されなかったのである。それにしても、方法論的段階の区別は存在する。すなわち、一般的解釈は、経験科学の諸理論と同様に、その経験的基底がどれほど異なっているにしても、直接に経験的検証が可能である。これに反して、伝達的行動や言語の変形、行動病理等に関するメタ解釈学的基本仮定は、可能的な精神分析学的認識の諸条件に対するあとからの反省に由来している。そしてその真偽は、ただ間接的にしか、すなわち研究過程のいわば全カテゴリーの成果によってしか、決めることができないのである。

自己反省の段階では、自然科学の方法論は、言語と道具的行動の特有な連関をあばき出すことができるし、精神科学の方法論は、言語と相互行為の間の特有な連関をあばき出し、この連関を、客観的な連関として認識するとともに、その先験的役割において規定することができる。メタ心理学も、同様に基礎的な連関を取り扱うものであり、それは言語の変形と行動病理の間の連関である。この場合、メタ心理学の前提となるものは、記号の間主観的妥当性と相互行為の言語による媒介とを、相互承認に基づいて明確にするとともに、社会化しながら言語遊戯の文法になじむことが個別化過程であることを納得させる、というこれらを課題とするような日常言語の理論である。この理論に従えば、言語の構造は、言語と生活実践とをひとしく規定しているから、行動動機も、言語的に解釈された欲求として把握され、こうして動機づけも、背後から迫ってくる衝動を表わすのではなく、記号によって媒介されると同時に相互に交差し合う主導的志向を表わしていることになる。

ところでメタ心理学の課題は、この正常な事例が、公共的に伝達された欲求の解釈と禁圧され私的なものとなった欲求の解釈とに同時に依存している動機づけ構造の極限の事例であることの立証である。切り離された記号と防衛された動機が発展すれば、個々の主体の手に負えない力となり、補償充足と代理的記号化を強要するようになる。こうして、それらは、日常の言語遊戯のテキストを歪曲し、とどこおりなく行なわれる相互行為の障害となって目立ってくる――すなわち、強迫と虚言によって、また社会的に義務づけられた期待に対する無能さによって。このため、意識的動機づけに対して無意識の動機づけが、背後から駆り立てるもの、欲動的なものという契機をとりもどすのである。そしてさまざまな潜在的衝動は、集団的自己保存の社会組織の中に受容されるものであれ、あるいはこの中に吸収されずに禁圧されるものであれ、明らかにリビドー的な、攻撃的方向を認知させるから、どうしてもひとつの欲動理論が必要である。しかし、この理論は誤った客観主義と無縁でなければならない。すでに動物的行動と結びつけられる本能概念にしてからが、例によって矮小化された、とはいっても日常言語的に解釈された人間世界の先行する理解から、すなわち、ありていに言うと飢餓や愛や憎しみの状況から、欠如的な仕方で獲得されたのである。動物的なものから逆に人間へ転移された欲動の概念も、この生世界の意味構造とのつながりを、いかにそれが原初的であろうと、失ってはいない。ところが、さまざまの志向がねじ曲げられ、方向をそらされると、それらは、意識された動機から原因に変ってしまい、そして伝達的行動を、自然のままの関係の原因性にゆだねることになる。この原因性は運命の原因性であって、自然の原因性ではない。なぜなら、それは、精神の記号的媒体を通じて支配するからである。――そうであるからこそこれはまた、反省の力によって克服されもするのである。

　アルフレート・ロレンツァは、欲動の力学的過程の分析を深層解釈学の意味における言語分析と考えているが[87]、かれの仕事によって、われわれは、言語病理、内的な言語構造と行動構造の変形およびその精神分析的解除などの決定的な機制をより正確に捉えることができるようになった。言語分析は、テキストの抹消された箇所や欠落箇所から検閲者によって隠蔽された意味を読みとるのと同様に、症状のうちから無意識の動機を読みとるが、このような分析が、志向的行動の主観的に思いこまれている意味の次元を乗り超えるのである。それは、コミュニケーションに役立つ限りでの言語から抜け出し、そして、主体がその中で言語によって自分について思い違いをしていると同時に言語の中で自分の秘密を打ち明けている、あの記号の層の中へ侵入する。それゆえに、精神分析は、因果的連関に固執するが、この因果的連関は、抑圧によって公共的コミュニケーションから締め出されてしまった言語がすぐさま補充強迫をともなって反応し、意識と伝達的行動とをある第二の自然の力に服従させる場合に発生するものである。この連鎖の両端のうち一方の端は、幼児期の光景のたいがい外傷的な経験であり、他の一端は、反復強迫の下に恒久化された現実偽造と異常な行動様式である。幼児の葛藤状況においては、優れた相手からの逃避として原初的な防衛過程が生じる。それが、公共的コミュニケーションに、防衛された行動動機の言語的解釈を封じるのである。その結果、公共的言語の文法的連関は無傷のままであるが、しかし、その意味論的内容の諸部分は私物化される。症状形成は、こうしていまや変更された位置価をもつにいたった記号に対する代償である。切り離された記号は、公共的言語との連関から完全に脱落してしまうというわけではない。しかし、この文法的連関は、いわば地下に隠れたものとなってしまう。それは、公共的言語使用の論理を意味論的には虚偽の同一化によって混乱させることによって、その力を獲得するのである。この禁圧された記号は、生活歴の偶発的事情から結果として出てくる、客観的に理解可能な諸規則に従うならばたしかに、公共的テキストの水準と結びつけられているが、しかしそれは、間主観的に承認された諸規則に従って結びつけられているのでは決してない。そのために、症状的な意味隠蔽とそれに対応する相互行為の障害は、さしあたり他のひとびとにとっても、主体自身にとっても理解できない。それが理解できるようになるのは、間主観性の水準においてであるが、この間主観性は、医師と患者とが協力してコミュニケーションの途絶を反省的に打破することによって、自我としての主体とエスとしての主体の間にはじめて作り出されなければならない。このことは、転移状況によって容易になる。というのも、医師に対して無意識の行為化《アギーレン》が放出され、その結果、反復された葛藤が患者につき返され、そして分析者の解釈に助けられて、その強迫性において認識され、まだ分析にかからない反復光景と関連づけられ、そして最後に原光景に引きもどされるからである。この再構成は、一般言語的表現と私的言語的意味との虚偽の同一化を解消し、また切り離された記号と症状的にゆがめられた公共的テキストの間にある隠れた文法的連関を理解させる。この言語記号間の、その本質上は文法的な連関は、その現象の仕方から言うと、経験的事象と固定した人格特性の間の因果的連関として現われる。(88) 自己反省は、この因果的連関を止揚し、それによって、私的言語の変形は、抑圧されていたがいまは意識的制御が可能になった行動動機の症状的代理充足と同様に、消滅するのである。

自我、エス、超自我という三審級モデルは、言語の変形と行動病理の構造の体系的叙述を可能にしている。このモデルにおいて組織立てられているものは、メタ解釈学的言明である。それらは、経験的内容にみちた、形成過程の解釈が展開される方法論的枠組を明確にしている。しかし、これらの一般的解釈は、メタ心理学的枠組から充分に区別されなければならない。一般的解釈とは、幼児初期の精神的発達(動機づけの基礎の発生とそれに並行した自我機能の形成)の解釈であり、根強い葛藤の原光景を見つけるためには、どのような個別の症例においても、解釈の図式として生活歴の根底に置かれていなければならない下敷きの物語のはたらきをするものである。フロイトはここにいくつかの学習の機制を見込んでいる(対象の選択、手本との同一化、断念された愛の対象の取りこみ)が、それらは、記号に媒介された相互行為の水準における自我構造の発生の力動性を、よく理解させる。さまざまな社会的規範が、第一次関連人格の期待に具体化して、幼児の自我を耐えがたい力と対決させ、自己から逃れてエスのなかに自己自身を客体化するように強要している限り、防衛機制がこの過程に割りこんでくる。幼児の形成過程は、このようにさまざまな問題によって規定されていて、これらの問題の解決に、その後の社会化過程が未処理の葛藤と制限された自我機能という担保を負わされるかどうか、そしてそれはどの程度か、こうしてまた、社会化過程が初期状況から先決されているために、幻滅や強迫や不満（そしてまた拒否）を積み重ねていくばかりかどうか、そしてそれはどの程度か——それともこの過程が、それと相関する自我の同一性の発達を可能にするかどうか、これらのことが左右されるのである。

フロイトの一般的解釈は、幼児とその第一次関連人格との相互行為のさまざまな範型についての、またそれに対応する葛藤と葛藤処理形態についての、さらにそこから生じた、幼児初期の社会化過程のはじめにおける人格構造についての諸仮定をふくんでいる。——この人格構造は、それはそれでその後の生活歴に対する潜在力を表わしており、限られた予測を可能にする。学習過程は伝達的行動の軌道内で遂行されるから、その理論は、幼児の精神力学的発達を行動の経過として物語風に叙述する物語の形式をとることができる。すなわち、それは、典型的配役、つぎつぎに現われる基本的葛藤、再来する相互行為の諸範型、冒険と危機と打開、勝利と敗北などをもった物語である。他方、葛藤は防衛の視点の下に、そして人格構造は自我・エス・超自我という関係に従って、メタ心理学的に捉えられるから、前述の物語は、図式的には、自己客体化のさまざまな段階を経過し、そして反省されて自己のものとなった生活歴の自己意識のなかにその目的をもつ、形成過程として叙述される。

前提となったメタ心理学だけが、形成過程の体系的一般化を可能にしている。さもなければ、それは物語に止まっていたであろう。このメタ心理学は、言語の変形と行動病理の連関に全般的に及ぶ、ひと組のカテゴリーおよび根本仮定を提供している。この枠組のなかで展開される一般的解釈は、多様な、そして何度も繰り返えされた臨床的経験の成果である。すなわち、この解釈は、循環的に確証される解釈学的先取りという弾力的な手続きに従って獲得されている。しかし、これらの経験もすでに、妨げられた形成過程の図式の一般的先取りの下にあったのである。その上、ある解釈が「一般的」解釈の地位を要求すると、すぐさまそれは、テキストに即してその先行する理解をひきつづき修正するあの解釈学的手続きをまぬがれてしまう。一般的解釈は、文献学者の解釈学的先取りと異って、「確定され」ているし、一般理論と同様に、それから導出された予測に即して真であることが立証されなければならない。もし精神分析学が、中断された形成過程を補って完全な経歴とするための物語の下敷きを提供するものであるとすれば、その助けによって得られた予言は、過去の再構成に使われる。しかしこの予言もまた、失敗するかもしれない仮説である。

一般的解釈は、形成過程を、合法則的な、初期条件によってそのつど選択される、ひと組の系の状態として規定する。それゆえに、重要な発達史的変数は、系全体に対する従属関係において分析される。もっとも、自己反省を通じてのみ知られる生活歴の客観的・志向的連関は、通常の意味における機能主義的連関ではない。基本的な事象は、ひとつのドラマのなかの諸事件である。それらは、目的合理的な手段的組織や適応的行動という道具主義的視点の下には現われない。機能上の連関は、舞台のモデルに従って解釈される。すなわち、基本的諸事件は、ひとつの意味が実現されるその相互行為の連関の一部分として現われる。この意味をわれわれは、職人のモデルに従って、手段によって実現される目的と同一視することはできない。道具的行動の作用圏から取り出されるような意味のカテゴリー、たとえば、変化する外的諸条件の下での系の状態の維持が問題ではない。問題となっているのは、たとえそのものとして志向されていなくても、伝達的行動を通じて形成され、反省的に生活歴の経験として分節するような意味である。ドラマの進行においては、「意味」はこのようにしてあからさまになってゆく。自分自身の形成過程のなかで、明らかにわれわれは演技者でもあり、批評家でもある。この人生のドラマのなかに巻きこまれているわれわれに、最後には、その事件自身の意味が批判的に意識されるはずである。最後には、主体は、自分自身の経歴を物語ることもできるはずであるし、また自己反省を妨げていた抑制が何であったかを理解してしまっているはずである。というのは、この形成過程の最終状態は、主体が自分のさまざまな同一化と疎外を、かれに強要されたさまざまな客体化とかれが戦いとったさまざまな反省を、自分自身が構成されてきた道程として回想するとき、はじめて達成されるからである。

さまざまな変異型をもったこの幼児初期の発達の、メタ心理学的に基礎づけられ体系的に一般化された経歴（物語《ヒストーリエ》）のみが、精神分析的対話の中で得られた断片的情報を組立てる能力を医師に与える。こうして、かれは、記憶の空白部を再構成することができるし、最初のうち患者には不可能な反省の経験を仮説的に先取ることができる。かれは、患者が語ることのできない経歴《ゲシヒテ》（物語）に対する解釈をいろいろ提案する。とはいえ、それらの提案は、患者がそれらを受け入れ、それらの助けを借りて自分自身の経歴《ゲシヒテ》（物語）を語るということによってのみ、実際には立証される。症例の解釈は、中断された形成過程の継続に成功することによってのみ、確証されるのである。

一般的解釈は、研究主体と探究される客体領域の間に独特な位置をもっている。その他の場合に、理論がふくんでいる対象領域についての言明は、言明としてはあくまでこの領域の外にあるのに対して、一般的解釈の妥当性は、客体領域についての言明が、その「客体」によって、すなわち当人自身によって自分に適用されるかどうかにまさしくかかっている。通常の経験科学的情報は、ただ、その研究過程に加わっているひとびとにとってのみ意味がある。その次に意味があるとすれば、それは、この情報を使うひとびとにとってである。どちらの場合も、その情報の妥当性は、結論の的確さと経験的的中性という基準によってのみ測られる。それらの情報は、現実への適用を通じてすでに客体について験された認識を表わしている。しかし、それらが妥当性をもっているのは、当然のことながら、ただ主体にとってだけである。これに反して、精神分析学的洞察は、それが分析を受けるひと自身によって、認識として受け入れられていてこそ、分析する者にとって妥当性をもつことができる。なぜなら、一般的解釈が経験的に的中していることは、観測の点検と、それにつづく研究者の間のコミュニケーションによってきまるのではなく、もっぱら自己反省の遂行と、それにつづく研究者とかれの「対象」との間のコミュニケーションによってきまるからである。

こう言うと、次のような非難がなされるかもしれない。一般的解釈の経験的妥当性は、一般理論のそれと全く同様に、実在的な初期条件に繰り返し適用されることによって決定される、そして、その妥当性は、いちど立証されたならば、ともかく認識を行なうことのできるすべての主体にとって、不可避的に成立する、と。これは、当然な言い分であるけれども、しかし、固有な次の区別を隠蔽している。すなわち、観測による理論の検証においては(従って道具的行動の作用圏のなかでは)、仮定を現実へ適用することは、あくまで研究主体の仕事である。ところが、自己反省による一般的解釈の検証においては(従って医師と患者の間のコミュニケーションの枠のなかでは)、適用は、この認識過程に加わっている研究客体の自己適用となる。研究過程は、患者の自己探求に変容することを介してのみ妥当な情報に達することができる。理論は、もしそれが妥当するとすれば、研究主体とその立場をとることのできるすべてのひとに対して、ただ、個々の解釈の対象となっているひとびとがそこに自己自身を認識する度合に応じて、妥当する。主体は、その認識が客体にとっても認識となり、そしてその認識によって客体が解放されて主体となることがなければ、客体についての認識を獲得することができない。

このような構造は、それほど不思議ではない。適切な解釈はそのいずれもが、精神科学的解釈もふくめて、了解の間主観性をその障害から回復させるのであるから、解釈者とその対象に共通する言語の中でのみ可能である。

それゆえそのような解釈は、主体にとっても客体にとっても、同じように妥当するはずである。とはいえ、形成過程の一般的解釈に対する考え方のこのような立場からの帰結は、精神科学的な諸解釈にとって生じるものではない。というのは、一般的解釈は、さらにすすんで因果的説明と条件づき予測とを可能にするという要求を、一般理論と共有しているからである。しかし、精神分析学は、精密な経験科学と異なって、客体領域を理論的言明の水準から方法論的に明瞭に分離することに基づいてはこの要求を実現することができない。そこから、(1)解釈言語の構成にとって、(2)経験的検証の諸条件にとって、最後に、(3)説明の論理そのものにとって、次にのべるいくつかの帰結が生じてくる。

(1)解釈言語の構成。解釈一般がそうであるように、一般的解釈も、日常言語の次元に執着している。それは、たしかに体系的に一般化された物語であるが、しかし、あくまで史実に基づいている。そして、史実に基づく叙述には、物語体の言明が用いられる。この言明が、物語体の言明と呼ばれるのは、それが諸事件を経歴《ゲシヒテ》（物語）の要素として叙述するからである。[89] われわれは、ある主体がいかにしてある経歴にまきこまれてゆくかを示すとき、ひとつの事件を物語体で説明している。どの経歴にも個人の名が現われるが、それは、つねに主体あるいは一体と考えられる主体のグループの状態変化が問題だからである。経歴の統一性は、この状態変化に帰責させることのできる期待の地平が同一であることによって、設定される。というのは、物語が報告しているものは、主体的に経験されて、生世界の一部となり行動主体にとって重要な意義をもつにいたった諸事件が状態を変える作用だからである。行動主体は、このような経歴（物語）において必ず、自己自身とその世界を理解することができるのである。諸事件の史実的な意義は、潜在的に、自我・同一性によってまとめられた生活歴、または集団の同一性によって規定された集団史の意味連関に、つねに関係づけられている。そのために、物語体の叙述は日常言語に拘束される。なぜなら、日常言語がもつ独特な再帰性だけが、普遍的である外はない表現において個別的なものを伝達することを可能にしているからである。(90)

すべての経歴は、個別化された連関を表示するのであるから、特殊な経歴である。史実にもとずく叙述はどれもみな、一回性の要求を内包している。これに反して一般的解釈は、物語体の叙述の水準に止まっていながら、この史実的なものの魔力を打ち破らねばならない。一般的解釈が物語の形式をもっているのは、主体がかれ自身の生活歴を物語形式で再構成するために、それが役立つとされているからである。しかし、それは、たんに個別の事例にとってのみ妥当するのではないとされているから、多くのこのような物語のための下敷でしかありえない。それは、体系的に一般化された経歴（物語）である。なぜなら、これらの経歴のそれぞれが、つぎには、個別化されたものの自叙伝的叙述であるという主張を伴って、改めて現われ出てくるのでなければならないにしても、一般的解釈は、予見できる他のさまざまな経過を伴った多くの経歴に対する図式を提供するからである。では、いかにしてこのような一般化が可能であろうか。いかに偶発的な経歴であっても、すべての経歴のなかには普遍的なものが隠されている。それは、どの経歴からも、当事者でないほかのひとは、範型的なものを読み取ることができるからである。経歴がひとつの範型として理解されればされるほど、それは、ますます類型的な内容をふくむことになる。この場合、この類型という概念は、転置可能というひとつの質を指示している。すなわち、もしある経歴（物語）の「筋書き」が容易にその脈絡からはずされて、他の同様に個別化された生の関係へ転移されることがあるとすれば、その経歴は、所与の状況においてまた特定の公衆に関して、類型的である。われわれは、この「類型的」事例を自分自身の事例に適用することができる。すなわち、この適用を行なって、比較可能なものを違っているもののうちから抽象し、そしてこの抽出されたモデルを自分自身の事例が属する特定の生の状況の下で、もう一度具象化するのは、われわれ自身である。

与えられた素材を手掛りにして、患者の生活歴を再構成する医師もまた、同じように行動する。また、提供された図式を手掛りにして、自分の生活歴をそれまで忘れていた場面においても物語るとき、患者自身も同様に行動する。両者は、明らかに実例によってではなく、まさしく――図式によって行動を方向づけている。一般的解釈のなかには、実例がもつ個別的特徴はなくなっていて、すでに抽象の一歩がすすめられているのである。医師と患者が事としているのは、ただその後の適用の一歩だけである。それゆえに、体系的一般化は、それに先立つ解釈学的諸経験のなかで多数の類型的経歴が、多数の個別的事例に関して、すでに抽象されてしまっている、という点にその本質がある。一般的解釈にはどのような個人名もふくまれず、ただ匿名の役割のみがふくまれている。それは、偶発的状態ではなくて、再三繰り返えされる状況および行動の範型をふくんでいる。それは、慣用的な語法ではなく、標準化された語彙をふくんでいる。それは、いかなる類型的過程を叙述しているのでもなく、類型の概念によって、特定条件下におけるさまざまな変異型をふくむ行動のための図式を記述しているのである。

フロイトは、このような仕方でエディプス葛藤とその解釈を叙述している。すなわち、(精神分析的対話の諸経験から得られた)自我・エス・超自我という構造概念の助けによって。(家族構造から明らかになる)役割、人格、および相互行為の範型という概念の助けによって。最後に(対象選択、同一視、内面化という)行動とコミュニケーションの機制の助けによって。精神分析学が術語化された日常言語を使っていることは、精神分析学がたまたま置かれている発展状態を特徴的に表わしているのではない。むしろ、メタ心理学に、より精密な形式を与えようとするすべての試みは失敗した。というのも、一般的解釈の適用のための諸条件が、日常言語の形式化をまったく受けつけないからである。すなわち、日常言語の中で使われる術語は、物語に構造を与える働きをしている。医師と患者の二人が、分析のための物語の図式をひとつの物語に仕上げるとき、これらの術語が、患者の日常言語において糸口となるのである。医師と患者が、個人の名を匿名の役割にあてはめ、相互行為の範型を補ってかつて体験された光景へ仕上げることによって、かれらは、適宜、一般的解釈の言語を患者の言語に合致させるような新しい言語を開発する。

この歩みが、適用は翻訳であることをあからさまにしている。この事実は、精神分析理論の術語化された日常言語が、ブルジョア出身、ギュムナジウムの学校教育といった共通の社会的背景に支えられて、患者の言語を快く迎え入れている限り、いつまでも隠蔽されている。言葉の社会的距離が増大すれば、翻訳の問題もそれとして明瞭になる。フロイトは、それを意識している。このことは、将来は精神分析学が大衆的規模で広まるかもしれないという可能性についての次の議論のうちに示されている。

「そのときは、われわれの技法を新しい条件に適合させるという課題がわれわれにとって生じるであろう。われわれの心理学上の仮定の正しさが、やがて教育のないひとびとにも深い感銘を与えると、私は信じて疑わない。しかし、われわれは自分たちの理論的教説を伝える最も単純で、最もわかりやすい表現を探す必要があるだろう」(91)。

適用の問題は経験科学の諸理論にとっても生じるが、それらが精神分析学の適用問題と似ているのは、ただみかけの上だけである。ある法則仮説をある初期条件に適用する場合にも、たしかに、存在命題の形で表現された単一の事象（「この石」）が、理論的命題の普遍的表現に関係づけられる。しかし、この包摂はすこしも問題的ではない。というのも、その単一事象は、ただそれが普遍的述語の基準を満たす限りにおいて考察されるからである（「この石」は、たとえば「質量」とみなされる）。従って、その単一事象が、理論的命題を規定している操作上の定義に適っているかどうかを確認すれば、充分である。この操作上の適用は、必ず道具的行動の枠内で行なわれる。従って、それは、一般的解釈の理論的表現の適用にとっては充分ではない。この表現が適用される素材は、単一の事象からではなくて、断片的な生活歴の記号的表現から、それゆえに、特有な個別化されたひとつの連関の成分から成り立っている。この場合、生活歴の要素が、提供された理論的表現によって充分に解釈されるかどうかは、この素材を供給するひとの解釈学的了解に依存している。この解釈学上の適用は、必然的に日常言語的コミュニケーションの枠内で行なわれる。そして、その働きは操作上の適用と同じではない。操作上の適用においては、ある与えられた経験的条件が、理論に対する適用事例として適当であるとしてよいかどうかが判定されるのであり、理論的導出そのものは、この場合あくまで無関係であるが、これに反して、解釈学上の適用は、一般的解釈の物語の下敷が完成されてひとつの物語となるように、それゆえに個人的経歴の物語的叙述となるように取り計らう。すなわち、その適用の諸条件は、一般的解釈そのものの水準ではあくまで全く空白でなければならない解釈の詳細を決定するのである。それらの理論的導出は、たしかに医師とのコミュニケーションによって媒介されているが、しかし、それらは患者自身によって着手されなければならない。

(2)経験的検証の諸条件。ところで、つぎの一般的解釈の方法論的特質は、一般的解釈が一般理論と同じ反証の規準には従っていない、ということと関連している。もしも、ある法則仮説と初期条件とから導出された条件づき予測が、誤っていたことが立証されるとすれば、その仮説は、反証されたとみなされてよい。われわれは、一般的解釈から導出される帰結のひとつと患者の話とから、ひとつの構成を導き出すことによって、一般的解釈を同じように検証することができる。そして、この構成に条件づき予測の形式を与えることも可能である。もしそれが的中していれば、患者は一定の記憶をとりもどし、忘れていた生活歴の一定部分を反省して、コミュニケーションと行動の障害を克服するように誘われる。けれども、それが誤りであることを立証する方法は、この場合、一般理論の場合と同じではない。なぜなら、もしも患者がある構成を拒否したとしても、それだけではまだ、その構成が導出された解釈は、反証されたとは全然みなされないからである。というのは、精神分析学的諸仮定は、経験が中断される諸条件に関わっているが、しかもそれらの仮定は、まさしくこの経験によって真とされなければならないからである。すなわち、反省の経験が、仮説の真偽をきめることのできる唯一の法廷である。この経験が行なわれないとき、依然として二つの可能性がある。すなわち、解釈が（言いかえると理論あるいは与えられた事例へのその適用が）誤っているか、それとも、その他の場合には正しく診断された抵抗がここでは強すぎるかである。誤った構成を誤りであると決定できるものは、観測の点検でも、伝達的経験でもない。ある症例の解釈が真であるのは、もっぱら形成過程の継続が成功することによって、いいかえれば、自己反省の遂行によってのみ立証されるのである。そして、まぎれもなく患者の言葉や行動によってではない。ここでは成功と失敗は、道具的行動の枠内や伝達的行動の枠内のように、それぞれがそれなりに間主観的に確定することができない。症状が消滅しても、それで断固とした結論が下せるわけではない。すなわちその症状は、いまはまだ観察からも相互行為の経験からもまぬがれている別な症状によって代替されたのかもしれないのである。そして、症状はまた、それが、防衛する主体にとってもっている意味に原理的に結びつけられている。それは、自己対象化と自己反省の連関の中にひきいれられているのであり、この連関と無関係には、反証あるいは検証する力をもたない。フロイトは、この方法論的困難を意識している。かれは、提案された構成を拒否する患者の「いいえ」が多義的であることを、知っている。

「それが正当な拒否の表現であることは、ごく稀れである。ずっと多くの場合、それは抵抗の表出である。この抵抗は、伝達された構成の内容によってひきおこされるが、しかし、複雑な精神分析的状況の他の要因によっても、同じように生じることがある。それゆえ、患者の『いいえ』は、構成の正しさについて何も証明するものではないが、しかしその可能性を充分にもっている。このような構成はどれも不完全であり、忘れられた生活歴の小部分を捉えるにすぎないから、われわれは、患者が伝えられた内容を本当に否定しているのではなく、まだ明るみに出ていない関心から、頑くなに抵抗している、と仮定することもできる。通常、患者は、真実全体を経験し終ったとき、はじめて同意を表わす、といえる。そして、その同意は、しばしば非常にまわりくどいものである。それゆえ、かれの『いいえ』の唯一の安全な解釈は、それを構成が不完全なためと解釈することである。すなわち、その構成は、きっとかれにすべてを告げなかったのである。そうしてみると、ある構成を伝えたあと患者が直ちに表明するものからは、その忠告が正しかったのかどうかを決める手掛りは、あまり得られないということになる。それだけに、それを間接的に確証する仕方があるということは、ますます面白いことである」(92)。

フロイトが考えているのは、夢のなかでそれまで忘れられていたテキストの部分を思い出したり新しい夢を見たりする、睡眠中の患者の、裏書する連想のことである。他方、これらの夢は、医師の示唆に影響されて起こるのではないか、という疑惑も生じる。

「もしもその夢のなかの状況が、患者の過去にあったある光景にもとづいて解釈できるとすると、この夢の内容にも医師の影響が加わりうるのかどうかという問いは、特に重要と思われる。この問いは、分析を受けたあとで見る、いわゆる裏書きする夢の場合にもっとも切実になる。かなり多くの患者は、ただこの種の夢しか見ない。かれらは、症状や思いつきや暗示などから医師がそれを構成して、かれらに伝えたあとではじめて、忘れていた幼児期の体験を再現する。そして次に、これが裏書きする夢となる。これに対して、それらの夢は、夢を見る患者の無意識のなかからおのずから現われたというよりも、医師の提案に応じて抱かれた幻想であるのかもしれないから、全く証明力をもたない、と疑念がのべられる。それを避けることは、この多義的な状況の分析においてはできないことである。なぜなら、これらの患者の場合、われわれが解釈し、構成し、伝達しなければ、かれらの内部で抑圧されているものに達する道は決して見出されないからである」(93)。

フロイトは、医師の示唆には限界があって、夢の形成機構そのものが、それに影響されることはないと確信している。それはともかく、この精神分析的状況が、患者の「いいえ」のみならず「はい」にも、特殊な位置価を与えるのである。医師は、これらの確証をも真に受けることはできない。精神分析学の批判者の多くは、新しい用語法を使うように患者を説得することによってのみ、分析医は、生活歴のそれまで拘束されていた解釈から再解釈を引き出すことができると想像している(94)。フロイトはこれに反対して、構成の検証にとって、患者の確証はかれの反対と同じ位置価しかもたないと主張している。

「われわれが患者の『いいえ』を全面的に受け入れないことは、正しい。しかし、同様にわれわれは、かれの『はい』をも認めることはできない。われわれが患者の表明をどんな場合にも確証と再解釈している、という非難は全く不当である。実際は、問題はそんなに単純ではなく、われわれは、それほどやすやすと決定を下しているわけではない。患者の直接的な『はい』は、多義的である。それは、かれがいま聞いた構成を正しいものとして承認したことを、実際に示していることもある。しかし、無意味なこともあり、さらに『へつらいの肯定』と呼びうる場合さえある。それは、まだ明るみに出ない真実をこのような同意によって引き続き隠しておくほうが、かれの心のなかの抵抗に好ましい場合である。このような『はい』が価値をもっているのは、ただ間接的な確証がそれに続くとき、すなわち、患者がかれの『はい』にすぐ続けて、その構成を補完し拡大するような新しい記憶を再生するときだけである。この場合にのみ、われわれはその『はい』を問題点の完全な解決として承認する」(55)。

連想による間接的確証ですら、それが孤立して考察されるならば、相対的価値をもつにすぎない。フロイトが、ある構成が使えるか使えないかを決定できるものは、精神分析の進行だけである、と主張しているのは極めて正しい。なぜなら、形成過程全体の脈絡だけが、その真偽を確証し反証する力をもっているからである(96)。

仮説の検証は、一般的解釈の場合にも、その検証状況に適合した規則に従ってしか行なうことができない。この規則だけが、その妥当性に厳密な客観性を保証するのである。これに反して、一般的解釈を、テキストの文献学的分析や一般理論と同様に扱い、それが機能する言語遊戯の規準であれ、制御された観察の規準であれ、要するに外から持ちこまれた規準に従わせようと望むひとは、はじめから自己反省の次元の外に立っている。しかし、精神分析学的言明は、ただこの次元においてのみ意味をもちうるのである。

(3)説明の論理。一般的解釈の論理の最後の特有性は、解釈学的理解と因果的説明の結合から生じている。すなわち、理解そのものが説明する力を獲得するのである。さまざまな構成が症状について見ればこれを説明する仮説の形式をとることができるという事態は、因果的・分析的方法との類縁性を示している。それと同時に、構成自体はひとつの解釈であり、その検証の法廷は患者の回想と同意の行為であるという事態は、因果的・分析的方法との相異を示しているけれども、また解釈学的・説明的方法とのある類縁性を示している。フロイトは、精神分析学が真の意味で原因療法と呼ばれてよいのかどうかを問い、こうして医学的な言い廻しで、この問題を取り上げている。かれの答えは矛盾しているし、問いそのものの立て方も誤っているようにみえる。

「精神分析療法は、それが症状の除去をさしあたっての課題としない限りにおいて、原因療法らしく振舞う。あなた方は、他の点から見れば、そうではない、ということもできる。というのも、われわれは因果の連鎖を、すでに抑圧をこえて、欲動性向と体質内でのその相対的強度、そしてその性向の発達過程の逸脱に至るまで辿ってきた。かりにわれわれが化学的な方法等によって、この仕組みに介入し、そのときどき存在するリビドーの量を増減したり、他の欲動の代わりにある欲動を強化したりすることができると考えてみよう。これこそ真の意味における原因療法であろう。そして、われわれの分析は、そのために不可欠な偵察の予備作業を行なったということになるかもしれない。むろん、目下問題になっているのは、このようなリビドー過程への作用ではない。われわれの精神分析療法は、連関の別な箇所を攻撃するのであり、よくわかっている現象の根元を直接に攻撃するのではない。しかし、それは、症状とは遠くはなれていて、非常に注目すべき関係を通じてわれわれが近づくことのできるようになった箇所である(97)」。

この精神分析学と生化学的分析との比較は、精神分析学の仮説が観察可能な経験的事象の因果的連関に及ぶものではないことを、示している。なぜなら、もしそうとすれば、われわれはどちらの場合にも、科学的情報に基づいて所与の状態を操作的に変えることができるようになるであろう。精神分析学は、生化学が病める有機体に対してもつ力と比較できるような技術的処理力を、病める心に対してもつことを、われわれに認めていない。それでもやはり、精神分析学はたんなる対症療法以上の働きをしている。というのは、精神分析学が、たとえ物理的現象の水準においてではないにしても、ある箇所――すなわち「非常に注目すべき関係を通じてわれわれが近づくことのできるようになった」箇所において、非常によく因果的連関を捉えているからである。これは、ほかでもない前述の、言語と行動が、切り離された記号と禁圧された動機の原因性によって病理的に変形される箇所である。われわれはヘーゲルとともにこの原因性を、自然の原因性と区別して、運命の原因性と呼ぶことができよう。なぜなら、原光景、防衛、症状の間の因果的連関は、自然法則的に自然の定常性のなかに繋留されているのではなく、ただ自然発生的に、反復強迫によって代表される生活歴の定常性のなかに繋留されているにすぎず、しかもこの定常性は、反省の力によって解消可能だからである。

われわれが一般的解釈から導き出す仮説は、一般理論の仮説のように自然に関するものではなく、自己客体化によって第二の自然となった領野、すなわち「無意識」に関するものである。この術語は、自身の脈絡から自立化し動機づけとなっている強迫のあらゆる階層を表わすと言われるが、これらの強迫は、社会的に許されない欲求性向に端を発するのであり、また、一方では根源的な不満の状況と、他方では異常な話し方および行動の仕方というこれら両方の間の因果的連関において立証可能である。このような由来をもつ因果的な行動の動機づけの重みが、形成過程の障害と逸脱とを測るための尺度である。自然の技術的支配においては、われわれは、因果連関に関するわれわれの知識に基づいて、自然をわれわれのために働かせるのに対して、精神分析学的洞察は、無意識の原因性そのものに打撃を与える。なぜなら、その治療は、身体医学の狭い意味における「原因」療法のように、認識された因果連関を就労させることに基づくのではない。精神分析療法は、むしろその効果を因果連関そのものの止揚に負っているのである。メタ心理学は、場合によって、防衛、記号の分離、動機の禁圧等の機制に関する諸仮定と、自己反省の補完的な働き方に関する諸仮定を、従って運命の原因性の発生と止揚とを「説明する」諸仮定をふくんでいる。それゆえに、言語構造と行動に関するメタ心理学的根本仮定は、もしかすると一般理論の法則仮説に対応する仮定ではないかと思わせる。けれども、まさにこれらの仮定こそ、メタ理論の水準で展開されたのであり、それゆえに、通常の法則仮説がもつ地位をもたないのである。

この無意識の原因性という概念によって、「分析」の治療上の作用もよくわかるようになる。この言葉のなかに、認識としての批判と変更としての批判がひとつにまとめられているのは偶然ではない。因果的分析が、直接に実践的な、批判の諸成果をあげるのは、ただ、それの捉える経験的連関が同時に志向的連関であり、そしてこの志向的連関は、文法的規則に従って再構成されまた理解される、という事態によってである。われわれは、医師が患者に提示する構成を、さしあたり、一般的解釈といくつかの付加条件とから導出された説明仮説と考えることができる。なぜなら、そこに想定されている因果的連関は、過去の葛藤状況と現在、強迫的に反復されている反動（症状）との間に成立するからである。しかし内容的には、この仮説は意味連関に関するものであり、そしてこの意味連関は、葛藤、葛藤を解消する欲望の防衛、この欲望記号の分離、検閲された欲望の代理充足、症状形成と二次的防衛によって規定されている。因果的連関は、仮言的に、解釈学的に理解可能な意味連関として定式化される。この定式化は、原因仮説の条件と（症状によって歪められたテキストに関する）解釈の条件を同時に満たしている。深層解釈学的理解が、説明の機能を引き受ける。この理解がその説明力を実際に発揮するのは、自己反省においてであり、この自己反省が、理解されると同時に説明された、抑圧された諸動機の、客体化をも止揚するのである。これは、ヘーゲルが「概念的理解」という名称で呼んだものの批判的な働きである。

論理的形式から言えば、この説明的理解は、厳密に経験科学的に定式化された説明とは、決定的な点でたしかに異なっている。両者は、付加条件の助けによって、普遍的命題から、まさしく導出された解釈（条件づけられた変異）から、あるいは法則仮説から、得られた原因結果に関する言明をよりどころとしている。ところで、理論的諸命題の内容は、あくまで現実に対する操作上の適用と無関係である。この場合には、われわれは脈絡からはなれた法則をよりどころに説明することができる。ところが、解釈上の適用の場合には、理論的命題は、個人的経歴の物語体叙述に翻訳される。その結果、原因結果に関する言明は、この脈絡をぬきにしては成り立たない。一般的解釈が、その普遍妥当性を抽象的に主張できるのは、ただ、それから導出されるものが脈絡によって追加的に規定されているからである。物語体の説明は、それが因果関係を主張する事象あるいは状態が、適用の際にさらにそれ以上の規定をうけるということによって、厳密に演繹的な説明と区別される。一般的解釈は、それゆえに、脈絡から離れた説明を許さないのである。(98)

第一二節　精神分析学と社会理論
——ニーチェによる認識関心の縮小——

フロイトは、社会学を応用心理学として理解した。(99) その文化理論的諸著作のなかで、かれは社会学者としての自分自身を試している。かれを社会理論の分野へ導いたものは、精神分析学の諸問題である。

精神分析学者は、特定のコミュニケーション障害、行動障害、器質障害を「症状」と呼ぶとき、正常と異常という予備概念を用いる。けれども、この概念はあきらかに文化的に規定されるもので、確定した事態に照らして定義できるものではない。

「われわれは次のことを認識した。異常の心的基準を学問的に確定することは不可能である。従って、その実用上の重要性にもかかわらず、この区別は、ただ便宜上の価値しかもっていない(100)」。

しかし、もしそのときどきに何が正常な形成過程で、何が異常な形成過程とみなされるべきかが、ある社会の制度的枠組のみを尺度として決められるとすれば、この社会全体が、他の文化と比較して、それ自体病的な体制におちいっているということは、充分にありうるにちがいない。たとえ、その社会が、そのなかに包摂される個々の症例に対しては、正常の尺度になっていようともである。

「個人的神経症の場合には、患者が『正常』と認められたかれの環境からくっきりと浮き上るその対照が、われわれに最初の手掛りを与える。しかし、全員が同じように罹患した大衆の場合には、こうした背景が消えてしまう。それは、どこか他のところからもってこなければならないであろう」[101]。

フロイトが共同体神経症の診断と名づけるものは、与えられた制度的枠組の基準をのりこえて、人類の文化的発展史、すなわち「文化過程」に着目する研究を要求する。それだけでなく、この発展史的見方は、同様に精神分析学そのものから生れるもう一つの考察によって、わかりやすいものとなる。

すなわち、望ましくない欲動動向の防衛という中心的事実は、一方では、外的自然の強迫の下で、社会化された個人の集団的努力によって確保されなければならない自己保存の機能と、他方では、内的自然の過剰な潜勢力、すなわちリビドー的な攻撃的欲求との間の根源的な葛藤を指示している。さらに、第一次関連人格の期待との代理的な同一化の上に建てられる超自我審級は、自己の欲望に支配される自我が直接に外的自然の実在性と対決させられるのではないことを証言している。自我と衝突する実在は、そして葛藤におちいりやすい欲動動向そのものがそれに直面して危険源として現象する実在は、自己保存の体制であり、社会であって、成人になりつつある者に対するこの社会の制度的要求は、両親によって代表される。従って、超自我の設立によって心の中へも拡大された外的権威は、経済的に基礎づけられている。

「人類社会の動因は、究極的には経済的なものである。社会は、その成員をかれらの労働なしに維持できるほど充分な生活物資をもっていないから、その成員の数を制限し、そのエネルギーを性的行為よりも労働へふり向けなければならない。こうして、永遠の、時をわかたぬ生の困難が生れ、現代までつづいている」[102]。

しかし、もしこの基本的葛藤が物質的労働の諸条件と経済的窮乏、すなわち財の不足によって規定されるとすれば、その葛藤から必然的に生じる諸々の欲求不満は、歴史的な可変量である。この場合、実在の圧力とそれに対応する社会的抑圧の度合は、自然諸力の技術的処理の程度に左右されるとともに、その利用体制と生産される財の配分によって左右される。技術的な処理力が拡大し、実在の圧力が阻止されれば、それだけ自己保存の体制によって強要される欲動の検閲は弱くなり、自我の組織およびそれとともに欲求不満を合理的に克服する能力は、強くなる。こうなれば、社会形成の世界史的過程と個人の社会化過程との比較は見やすいことである。実在の圧力が強大すぎるとともに自我組織が弱く、そのためにただ情動的な諸力によってしか欲動を断念できないあいだは、人類は、防衛問題に対して、個人の水準における神経症的解決とよく似た集団的な解釈を見出すのである。個人を神経症に追いこむのと同じ精神的状況が、社会を制度の建設へ動かしている。これらの諸制度を特徴づけるものは、同時に病理学的諸形態とそれらの制度との類似性をなすものである。内からの反復強迫と同じように、外からの制度的強迫も、画一的な行動を没批判的にまた比較的頑固に再現させる作用をもっている。

「個々の人間の神経症的疾患の知識は、大きな社会的諸制度の理解に非常に役立った。なぜなら、神経症そのものが実は、諸制度によって社会的に解決されるべき欲望代償の問題を、個人的に解決しようとする試みであることが明らかになったからである[103]」。

ここからまた、文化的伝承の解読に対する視点が生じる。伝承のなかには、防衛されたさまざまな志向を表現する欲望幻想の投射内容が沈積している。それらは昇華としてとらえることができるが、この昇華は、潜勢的な充足を表わすとともに、強制された文化的断念に対して公共的に認可された補償を与えるものである。

「すべての文化史は、人間が、かれらのみたされない欲望を凝固させるために、たえず変わる、そして技術の進歩によって変えられる、実在の側からの承認と拒否の諸条件の下で、どのような道をきりひらいたかということとをただ示しているのである」[104]。

これを鍵として、精神分析学はひとつの社会理論に達する。この社会理論は、一面においてマルクスの人類史の再構成と驚ろくほど一致するが、とはいえ他の点では、特徴的に新しい視点を主張している。マルクスが社会をそう把握したように、フロイトも文化を、人類がそれによって動物的生存条件を超え出る手段として把握する。文化とは、自己保存の体系であり、それはまず二つの機能、すなわち、自然に対する自己維持および人間の相互関係の組織化に役立つものである[105]。名称こそ異っているが、マルクスと同様にフロイトも、自然過程の技術的処理の状態を示す生産力と、生産関係とを区別する。

「人間の文化――と私がいうのは、そのなかでは、人間の生活が動物的条件を超え出て動物の生活と区別されるすべての状態のことである。私は、文化と文明を区別するような馬鹿な真似はしない――は、周知のように観察する者に二つの側面を示している。すなわち一方において、それは、人間が自然力を支配し、自然の財を人間の欲望を充足するためにだましとろうとして獲得したすべての知識と能力を包括するとともに、他方において、人間の相互関係、とくに入手可能な財の配分を規制するのに必要な、すべての制度を包括している。この文化の二つの方向は相互に無関係ではない。なぜなら、第一に人間の相互関係は、現存する財によって可能となる欲求充足の度合に深く影響されるからであり、第二に、個々の人間は、他の人間がかれの労働力を利用したり、かれを性的対象とみなす限りにおいて、かれ自身他の人間と財産関係に入りうるからである。だがさらに第三の理由は、いかなる個人も潜勢的には、普遍的人間的な関心事とされる文化の敵だからである」[106]。

いかなる人も潜勢的には文化の敵である、という最後の言い方は、すでにそれだけでフロイトとマルクスの間の差異を指示している。マルクスは制度的枠組を、社会的労働の体制の中で社会的補償と心に強くのしかかる負担との比率に応じて直接生じた、さまざまな利害の規制として捉える。従って制度の暴力は、つぎのように感じられる、つまり制度は、暴力に基づく階級的にゆがめられた、補償と負担との配分を永久化する、と。これに反してフロイトは、制度的枠組を、自己保存の体系の中では一般的に、そして財および労苦の階級的な分配にも関わりなく、（一般に窮乏の経済が、すべての享受に代償という強迫的性格をはりつけている限りは）必ず課せられなければならない欲動動向の抑圧との連関において把握する。

「注目すべきことは、人間は決してひとりでは生きられないのに、共同生活を可能にするため文化が人間に要求する犠牲を、重圧と感じることである。従って、文化は、個々人に対抗して防御されなければならない。そして、そのさまざまの慣行、制度、おきては、これを任務にしているのである。それらは、一定の財の配分を生み出すことだけではなく、これを確実に維持することも目的としている。それどころか、それらは、自然の制圧と財の生産に役立つすべてのものを、人間の敵対的動向から守らなければならない。人間の創造物は容易に破壊される。そして、それらを作りあげた科学と技術は、それらを破壊するためにも使うことができる」(107)。

フロイトは、制度を道具的行動の脈絡とは別の脈絡において規定する。規制を必要とするのは労働ではなくて、社会的に分割された労働（社会的分業）への強制である。

「どのような文化も労働の強制と欲動の断念に基づいている、それゆえ、これらの要求を課せられたひとびとにおいては、反対が生じることは避けられない、という認識とともに明らかになったのは、財そのものとそれを獲得する手段およびその配分の秩序が、文化の本質的なものないしは唯一のものではありえない、ということである。なぜなら、それらのものは文化の参加者の反抗と破壊欲によって脅やかされているからである。ここに、財とならんで、文化の防御に用いられるさまざまな手段、すなわち強迫手段や、人間を文化と妥協させ、文化の強いる犠牲を補償することができるとされる他のさまざまな手段が出現する。しかし後者は、文化の心的所有として記述しうるものである(108)」。

社会的労働の体制がもつ制度的枠組は、協業と分業が、そして財の分配が問題である限りにおいて、すなわち目的合理的な行動を相互行為的連関のなかに埋めこむことが問題である限りにおいて、労働組織に奉仕する。伝達的行動のこのネットワークは、たしかに社会的労働の体制の機能的欲求にも奉仕するが、しかしそれと同時に制度的に確定されなければならない。というのは、現実の圧力の下では、解釈されたすべての欲求が充足をみることはないし、それにまた、社会的に過剰となった行動動機は、そのすべてを意識的に防止することができず、情動的な諸力を助けとしてのみ防止することができるからである。それゆえ制度的枠組は、言語的に解釈された欲求をたんに認可するだけでなく、方向変換し、変形しそして抑圧する、強制的な規範からでき上っている。

この社会的規範の支配は防衛に基づいているが、この防衛は、意識的制御の結果ではなく無意識の機制の結果である限り、それとしては代理充足を強要し、さまざまな症状を産み出している。それらは、公開的制裁の顕在的強迫に代わる集団神経症的な隠された強迫によって、すぐに、制度的に固定された不透明な性格を獲得する。同時に、代理充足の一部が現に妥当している規範に対する認定に作りかえられることもある。さまざまな文化的断念を補償する集団的欲望幻想は、それが私的なものではなく、公共的コミュニケーションの水準で、それ自体、全体から引き裂かれて、すなわち批判を免れて存在しているから、世界解釈にまで拡大され、支配の合理化として用いられる。このことをフロイトは「文化の心的所有」と呼ぶのである。それは、宗教的世界像と儀式、理想と価値体系、様式化と芸術作品、投射的形成と客観的仮象の、つまり「幻想《イルジオーネン》」の世界である。

もちろんフロイトは、文化的上部構造を病理的現象に還元してしまうほど軽卒ではない。たとえばユダヤ・キリスト教のように文化的伝承の水準において客観的な形態をとっている幻想は、妄想《ヴァーンイデー》ではない。

「それが人間の願望から導出されたということは、幻想に対してやはり特徴的である。この点で、それは精神病的妄想に近いが、しかし、妄想が複雑な構造をもっていることを別にしても、幻想と妄想とは区別される。われわれは妄想のなかに本質的なものとして、現実との矛盾をとり出すことができる。幻想は、必ず誤っているとは限らない。言いかえると、実現不可能である、あるいは実在と矛盾しているとは限らない[109]」。

個々の人間にとって、既成社会の制度的枠組は動かしがたい実在である。この実在と相容れない願望は実現不可能であり、それゆえ、それらは防衛によって症状に変えられ、そして代理充足の方向に圧迫され、欲望空想の性格を獲得する。けれども人類全体にとっては、この実在の限界は充分に可変である。社会的に必要とされる抑圧の度合は、自然過程の技術的処理力の可変的な射程によって定まる。それゆえ、労苦と補償の分配を規制し、文化的断念を確実にする支配秩序を安定化しているこの制度的枠組は、技術の進歩とともにゆるくなってゆき、最初は投射的内容をもっている文化的伝承の諸部分を、しだいに実在に変えてゆくことができる、つまり潜勢的な充足を制度的に承認された充足に転化することができる。これらの「幻想」は、ただ虚偽の意識であるだけではない。マルクスがイデオロギーと呼んだもののうちにと同様、それらのうちにもユートピアがふくまれている。このユートピア的内容は、技術の進歩が、社会的に必要な抑圧を制度上要求される抑圧の度合以下に引き下げることができる客観的可能性を開示するとき、支配の認証のために機能変換された文化の狂った成分、すなわちイデオロギー的成分との融合から解離され、歴史的に旧弊となった支配形態に対する批判に変わりうるのである。

階級闘争の位置も、またこの脈絡のうちに見出される。一般的な抑圧、つまりすべての社会成員に一様に課せられる抑圧を保証する支配体制が、ある社会的階級によって管理される限り、この一般的抑圧にはまた階級に特有な欠乏と欲求不満とが結びついている。支配を認証するさまざまな伝承は、国民大衆に、一般的欠乏を超えたこれらの特殊な欲求不満をも補償しなければならない。ひびわれのした公的認証にいつまでもとらわれずに、ユートピア的内容を批判的に既存の文化に対してふり向けるのが、最初に、抑圧された大衆であるのは、このためである。

「特定の社会的階級だけに関する制限においては、大きな、見逃しようもない事情が見出される。期待していいことは、この圧迫された階級が優遇されたひとびとの優先権をうらやみ、自分たちの多数が欠乏を免れるためにはどんなことでもするだろうということである。これが不可能なときには、永続的な度合の不満がこの文化の内部において主張され、それは、やがて危険な反抗となるかもしれない。しかし文化というものは、一定数の成員の満足が他の成員の、そして多分より多数のひとびとの抑圧を前提にする、という事態をかつて超え出たことがないのであるから（そしてこのことは現代のあらゆる文化においても同様である）これらの抑圧された人びとが、かれらの労働によって可能になっているのにあまりにもわずかしかその分け前にあずかっていないこの文化に対して、強度の敵意を抱くようになることは明らかである。……その成員の大多数を不満足なままに放置し反抗にかり立てるような文化が、長続きする見込みも価値ももたないことは、言う必要もない[110]」。

マルクスは、人類の自然史的な自己構成作用という考案を二つの次元において展開していた。すなわち、第一に、社会的労働主体の生産活動によって推進され、そして生産諸力のうちに蓄積される自己産出過程として。そして第二に、階級の批判的・革命的活動によって推進され、そして反省の経験の内に蓄積される形成過程として。他方においてマルクスは、批判として、類の自己構成作用を再構成するあの科学の位置について釈明することができなかったが、それは、かれの唯物論的な、人間と自然の綜合の概念があくまで道具的行動のカテゴリー的枠組に限定されていたからであった。[三] この枠組の中で、生産知は正当化されたが、しかし反省知はそうではなかった。同様に、生産活動という範型は、支配とイデオロギーの再構成のためには適当ではなかった。これに反してフロイトは、いまメタ心理学において、損われた伝達的行動の枠組を手に入れた。それは、諸制度の発生と幻想の位置価との、まさしく支配とイデオロギーとの把握を可能にする。こうしてフロイトは、マルクスがついに見破らなかったひとつの脈絡を叙述することができるのである。

　フロイトは諸制度を、急激な外的暴力の代わりに、転倒し自己自身を制限するコミュニケーションの持続する内部強迫を用いた権力として、理解する。それに対応して、かれは文化的伝承を、どのようにでもあれ検閲され、外部に向って折り返えされた集団的無意識と理解する。この無意識の中では、締め出された諸記号が、コミュニケーションから切断されてしまったが落着くあてもなくさまよっている諸動機を、潜在的充足の方向へ導く。それゆえ、これらの記号は、それが支配を認証するときは、外的危険や直接的裁可に代わって意識を呪縛する力である。しかし同時にそれは、自然支配の新しい潜勢力が古い認証を信ずるに足りないものとするとき、イデオロギー的にとらわれた意識が、自己反省によってそれから解放されることも可能な力である。

　マルクスは、支配とイデオロギーが損われたコミュニケーションであることを見抜けなかった。というのもかれは、人間がかれの生活手段を生産しはじめたときに動物から区別された、と仮定したからである。人類がかつて、動物的生存条件を超え出たのは、かれらが動物の知性の限界をのりこえて、適応的ふるまいを道具的行動に変えることができたからである、とマルクスは確信していた。それゆえ、歴史の自然的基底としてかれの関心をひくものは、可能的な労働というカテゴリーの下での人間の種的に特殊で身体的な組織――道具を作る動物である。これに反してフロイトの眼は、社会的労働の体制にではなく、家族に向けられていた。かれは、人間が、生物学的に保護を必要とし長期間独立できない次代の者のために、社会化の代理業をうまく発明したときに、動物から区別された、と仮定した。人類がかつて動物的生存条件を超え出たのは、かれらが動物の社会性をのりこえて、本能に操られたふるまいを伝達的行動に変えることができたからである、とフロイトは確信していた。それゆえ、歴史の自然的基底としてかれの関心をひくものは、過剰衝動およびその排出というカテゴリーの下での人間の種的に特殊で身体的な組織——欲動を抑止されていると同時に幻想をいだく動物である。エディプス・コンプレックスを基礎としてひとつの潜在的局面によって中断される人間の性欲の二峰的発達、および超自我審級の成立における攻撃性の役割から見ると、人間学の根本問題は、労働の組織ではなくて、過剰衝動と実在性強迫との間の葛藤を永続的に解決する諸制度の発展である。それゆえに、フロイトが第一に探究するものは、道具的行動の枠内で認知の水準において展開される自我の諸機能ではない。かれは、伝達的行動の動機的基礎の発生に注意を集中する。かれの関心をひくものは、成人になりつつある者と、かれが長い訓育期間の間ずっと依存している環境との相互作用——これは家庭の構造によって規定されている——の途次に、一次的な潜勢的衝動が辿るさまざまな運命である。

しかし、人類の自然的基底が、本質的に、過剰衝動と延長された幼児期の依存性とによって規定されているとすれば、そしてこの基底の上で、諸制度の産出が損われたコミュニケーションの諸連関から把握されるとすれば、支配とイデオロギーは、マルクスの場合とは別な位置価、つまり実体的な位置価を獲得する。こうして支配とイデオロギーとに向けられた反省の運動——これは、その刺激を社会的労働の体制におけるさまざまな進歩（技術と科学）によって得ているが——の論理が明瞭になる。すなわち、それは試行錯誤の論理である、ただし、世界史の水準へ移調された試行錯誤の論理である。フロイトの理論の諸前提の下では、自然的基底は、生産諸力の発展によっていつの日か制度的枠組を抑圧性から完全に解放する客観的可能性が生み出される、という約束を与えないし、またこのような希望を原理的に押しつぶすわけでもない。フロイトは、労働のカテゴリーの下での自己産出過程によって規定されていると同時に、損われたコミュニケーションの諸条件の下での形成過程によって規定されている人類史の方向を、すでにはっきりと示している。すなわち、生産諸力の発展は、各段階ごとにあらたに、制度的枠組の暴力を緩和して、「その文化的服従の情動的基礎を合理的基礎ととりかえる」[112]客観的可能性を生み出すのである。暴力的に損われたコミュニケーションへの抗議とともに措定されている理念の実現に到る途上には、制度的枠組の変更とイデオロギー破壊のそれぞれの歩みのあとがしるされている。目標は「文化の諸規約に合理的な根拠を与えること」、従って、政治的に有用などのような規範の有効性も、支配から自由なコミュニケーションにおいて得られた合意をよりどころとする、という原理に従う、社会的諸関係の一つの組織である。[113]しかし、フロイトは次の点に固執している——この理念を行動のなかに組み入れ、批判的・革命的に啓蒙を促進しようとするどのような努力も、一義的に確認できる受難という限定された否定をしっかりと覚悟しなければならない——そして、失敗するかもしれない実験を行なうのだという実践的・仮言的意識を同様にしっかりと覚悟しなければならない。

啓蒙の諸理念は、歴史的に伝承された幻想の地盤から生じている。それゆえ、われわれは、啓蒙の諸行為を、文化的伝承のもつユートピア的内容の実現可能性の限界を与えられた環境の下でテストする試行として、捉える必要がある。とはいえ、実践理性の水準における試行錯誤の論理は、経験科学的点検の論理がなしですませることのできるさまざまな制限を必要とする。たとえば、できるだけ「苦痛を制限する」ための諸条件を検討しようとするテストの場合には、苦痛の高まる危険をこの実験装置そのものの一部としてはならない。この考慮から、

「現在、ヨーロッパとアジアの間の広い国で行なわれている巨大な文化実験[114]」に対するフロイトの慎重にほのめかされた留保が生じたのである。諸科学ならびに批判の次元における認識の進歩は、「学問的作業にとって、われわれが自分たちの力をそれによって強め、また自分たちの生をそれに合わせて決めることのできるあるものを、世界の実在性について経験することが可能である」という希望に根拠を与えている。この合理的な希望こそ、啓蒙の志向を原則的にさまざまな教条的伝承から区別するもの――たしかにそれ以上ではないにしても――である。「私の言う幻想とは、宗教的幻想のように訂正不可能ではなく、妄想的性格をもたない。経験が、われわれが誤っていたことを示すとすれば、われわれは自分たちの予期したものを断念するだろう。どうか私の言う試行を、あるがままに受けとってほしい」――というのはほかでもなく、実践的に反駁されるかもしれない試行として、ということである。この用心は、けっして批判的・革命的活動を抑制するものではないが、しかし、充分な理由で確信が導き出される理念なら、それはどんな状況の下でも実現可能なものとして存在する、という全体主義的確信を抑制する。フロイトは、支配とイデオロギーとを過大に評価するあまり、根拠のある希望と制御された試行との論理に代えて、未来への確信を約束することができない[115]。

それは、リビドー的であるとともに攻撃的に方向づけられている、充足の機会をはるかにこえ出た潜勢的衝動という柔軟であるにもせよ自然史的遺産を、歴史の自然的基底に算入する理論の長所である。しかし、逆説的なことに、同じ視点は、客観主義的な歴史主義へ誤って導びくこともできる。それがフロイトを、マルクスが達した反省段階以前に引きもどし、精神分析学の根本的洞察を社会理論として展開することを妨げているのである[116]。マルクスは、人類の自己構成作用を社会的労働の機構に結びつけたから、発展史の力学を、主体としての類の活動から解放して、自然の進化のカテゴリーにおいて捉えようとは決して試みなかった。これに反してフロイトは、すでにメタ心理学の水準において、客体的なものに逆転された、欲動力学のエネルギー・モデルを導入していた。こうしてかれは人類の文化過程も欲動の力学に拘束されていると見ている。すなわち、リビドー的な欲動諸力と攻撃的な欲動諸力という、二つの先史的な進化の暴力が類的主体をいわば貫ぬいていて、その歴史を規定しているのである。ところで、この歴史哲学の生物学的範型は、神学的なお手本の影絵にすぎず、どちらも同じくらいに前批判的である。歴史の第一原因《プリムム・モーベンス》としての欲動、それらの闘争の結果としての文化――このような構想は、おそらく、われわれが、衝動の概念をもっぱら否定的な仕方で言語の変形と行動病理とからやっと手に入れたということを忘れている。実際、人間学の水準では、われわれは、すでに言語的に解釈され、潜勢的行動と記号的に結合されていないような実体的な欲求にはひとつも出会わないのである。特殊化しえない潜勢的衝動という自然史的遺産は、人類の再生産〔生殖〕の初期条件となるにしても、しかし、この社会的再生産の手段は、種の保存に対して始めから自己保存という質を与えている。

ただし、われわれはすぐ次のようにつけ加えなければならない――むしろ集団的自己保存の経験が、先行する理解を、すなわち、われわれが種の保存といったものを人類の動物的前史に対して否定的な仕方でそこから導出してくる、あの先行する理解を定着させる、と。いずれにせよ、批判の基盤を離れない人類史の再構成というものは、その経験の基底を覚えていなければならないし、そして、人類がその生を文化的諸条件の下でのみ再生産しうるようになるその「瞬間」から、人類を、たとえ自己自身を主体としてはじめて産出するにもせよ、主体として捉えなければならないのである。

マルクスのうちにある観念論的伝統の遺産は、暗黙のうちに綜合が座標の原点であると決めている。すなわち、それは、主体的自然の一部とこの自然に対して客体的な自然との綜合である。この場合、綜合の偶然的諸条件は、開示された自然自体を指示している。この「自然自体」は、ひとつの構成である。それは、主体的自然を産出すると同様に、客体的自然としてこれに対立する自然を産出する能産的自然《ナトウラ・ナトウランス》を表わしている。けれどもその結果として、認識主体としてのわれわれは原理的に、この「自然自体」の主体的自然と客体的自然への分裂の外側に、あるいはその「下側に」さえ身を置くことができない。フロイトの再構成された潜勢的衝動は、そのものとしては認識不可能な自然自体に属している。それにもかかわらず、この衝動が、人類を悩ませるあの葛藤の初期状況を規定している限りにおいて、認識可能である。これに反して、葛藤が解決される諸形式は、われわれの生存の文化的諸条件である労働、言語、支配に依存している。ところで、われわれはこの労働、言語、支配の構造をけっして素朴に確定したのではなく、科学理論的に着手し、つぎに先験的に使われ、最後にこの構造の客観的連関をさとる認識の自己反省を経て確定したのである。

　自然科学の研究過程は、道具的行動の先験的枠組の中で組織され、従って自然は、必然的に、可能的な技術的処理の視点の下で認識対象となる。精神科学の研究過程は、伝達的行動の先験的水準ですすめられ、従って意味連関の解明は、必然的に、了解の間主観性の可能的保持の視点の下に立っている。この二つの先験的視点は、労働と相互行為の構造を、従って生の諸連関を反映しているから、われわれは、これらの視点を認識を主導する関心の認知的表現として捉えた。けれども、認識と関心とのこの連関は、批判の類型を満たすその諸科学の自己反省から、はじめて不可避的に生じるのである。われわれは、その一つの実例として精神分析学をえらんだ。研究過程は、同時に自己探究過程でなければならないから、ここでは、精神分析的対話の諸条件に拘束されている。これらの諸条件は、それらが精神分析学的解釈の有効性の意味を確立する限りにおいて、先験的であるが、しかしそれと同時に、それらが病理的諸現象の事実上の処置を可能にしている限りにおいて、客観的である。一つの先験的視点を客観的連関とそれに対応する認識関心へ還元することは、不要である。というのも、行動強迫と虚偽の意識を規定している損われたコミュニケーションの精神分析学的解体は、同時に二つのもの、すなわち理論であるとともに治療でもあるからである。

自己反省の作用において、客体化――この力の根拠はまったく、主体が自己の他者としてのこの客体化のうちに自己を再認識しないという点にあるが――の認識は、認識への関心と、すなわちまさしくあの力からの解放への関心と直接に合致する。精神分析的状況においては、直観と解放との統一、洞察と独断的依存性からの解放との統一が実際に存在するし、フィヒテが自己反省の概念の内に展開した、理性と関心をもった理性使用とのあの統一が実際に存在する。とはいえここでは、自己反省は、もはや絶対自我の行為として遂行されるのではなく、医師と患者の間の病理学的に強制されたコミュニケーションの諸条件の下で行なわれる。それゆえ、唯物論的諸前提の下では、この理性関心は、もはや理性の自足的な自己解明という方法によって捉えることができない。理性に関心が内在している、という定式化が充分な意味をもつのはただ観念論においてである。すなわち、理性は自己定礎という方法によって自ら透明になりうることを、われわれが確信している限りにおいてである。しかし、われわれが、この理性の認知的はたらきと批判的力を、偶発的な自然条件の下での人類の自己構成作用から把握するとき、その理性は、関心に内在している理性である。フロイトは、医師のソクラテス的助産法が、病的な強迫とそれに対応するこの強迫の除去への関心の下においてのみ、患者の自己反省を促進することができるという状況のなかで、この理性と関心との統一に出会う。

何を病的とみなすかということの尺度の歴史的相対性についての反省は、フロイトを個人的段階の病的強迫から、社会全体の病理へと導いていった。さまざまな支配体制と文化的伝承を、フロイトは、過剰な潜勢的衝動と集団的自己保存の諸条件との間の根本葛藤の一時的解決として捉える。この解決が一時的なのは、それが、抑圧を情動的基礎として病的な代理解決の強迫を産み出すからである。しかし、臨床的状況のなかと同じように、社会のなかには病的強迫そのものと一緒に、それを除去することに対する関心もまた措定されている。社会的諸体制の病理も、個人的意識の病理と同様に、言語ならびに伝達的行動の媒体のなかに定着して、コミュニケーションの構造的損傷という形式をとるから、あの苦痛の圧力とともに措定されている関心は、社会組織においてもただちに啓蒙への関心である。——そして反省は、この関心が遂行される唯一の可能な運動である。理性関心は、抑圧された諸動機が仕上げられて希望的空想にまでなった人類の巨大な幻想を、たえず前進しつつ批判的・革命的に、しかし試行的に実現しようとする動向のことである。

この理性関心の動向のうちには、自己保存の関心が生きつづけている。その限りにおいて、理性もまた自然史のなかにその基底をもっている。しかし、この自己保存の関心は屈折している。それは、経験的欲求でも有機体の組織特性でもない。すなわち、自己保存への関心は、労働、言語、支配という文化的諸条件と無関係には定義することができないのである。自己保存への関心は、けっしてうかうかと類の生活の再生産をめざすことはできない。というのは、この類は、文化が与える生存の諸条件の下ではじめて、何が生として値いするかを、自ら解釈しなければならないからである。これらの解釈はさらに、善い生の理念に合わせられている。この場合の「善」とは、しきたりでもなければ、すでに在るもの《ヴェーゼンハイト》でもない。それは、想像されるものであるが、しかし、それは、その根底にある関心に的中しこれを分節するほど精密に想像されていなければならない。従って、それは、歴史的に、与えられた諸条件の下でも操作可能な諸条件の下でも、客観的に可能である解放の度合への関心に外ならない。自己保存への関心は、人間がその生を、欲動断念の下で、従って損われたコミュニケーションの病的強迫の下で、労働と相互行為によって維持しなければならない限り、必然的に理性関心の形態をとる。そして、この関心は、ただ批判の実践的成果に応じて真偽が決められる。

この認識と関心の統一が、批判的学問の典型において見透かされているときはじめて、研究の先験的視点と認識を主導する関心との関係づけもまた必然であることが洞察されるようになる。社会的生活の再生産は労働と相互行為の文化的諸条件によって束縛されているから、自己保存の関心は、直接に経験的欲望の充足に向わないで、労働と相互行為の機能条件に向っている。すなわちそれは、知識の二つの付属的カテゴリーである累積的な学習過程と、伝統に媒介された持続的解釈にまでひとしく及ぶ。この日常的知識が方法的形式で確保され、拡大されるやいなや、またそれに対応するさまざまな研究過程が、あの関心の諸規定の下に現われる。

この自己保存の関心が自然主義的に誤って理解されている限り、いかにしてそれが、認識の機能そのものに対していつまでも外的なものに止っていない、認識を主導する関心という形態をとりうるのか、を理解することは困難である。ところで、われわれは批判的学問の一つの実例において、自己保存の関心は、理性を通じて自ら活動する関心としてのみ、首尾一貫して考えられることを示した。しかし、自己反省の運動においては認識と関心とが一体であるとすると、自然科学と精神科学の先験的諸条件が技術的な認識関心や実践的な認識関心に従属していることも、認識の他律と考えることはできない。それは、つぎのように考えられる——言明の効力の客観性の諸条件を規定している、認識を主導する関心は、それ自体理性的であり、従って認識の意味は、またそれとともに認識の自律の尺度も、関心との連関に戻ることなしには一般に解明することができない、と。フロイトは、認識そのものにとって本質的であるこの認識と関心の連関をみとめていたし、そしてまるで、このことの立証が認識の価値を主観主義的に低下させることと同じ意味であるかのように言う心理主義的誤解から、それを守ったのである。

「ひとびとは、次のような考察によってこの学問的努力の価値を極度に低下させようと試みた。すなわち、この努力はわれわれ自身の体制の諸条件に束縛されているから、主観的な成果以外のものは何ひとつ提供できないし、他方、われわれの外の事物の現実的性質にこの努力は依然としてとどかない、というのである。この場合、ひとびとは学問的作業の把握にとって決定的な二、三の契機を無視している。――それは、第一に、われわれの体制、言いかえるとわれわれの心的装置は、ほかでもない外界を偵察しようという努力のなかで発達したものであり、それゆえ、その構造のなかに一個の合目的性を実現しているはずであること、つまりこの心的装置自体が、われわれの探究すべきだと言われるあの世界の一成分であるということ、第二に、この心的装置は充分にこのような探求を許すから、もしわれわれが科学の課題を、世界が、われわれの体制の特有性の結果としてわれわれに対してどのように現われなければならないかを示すことだけに、制限するならば、科学の課題は完全に書きかえられるということ、すなわち、科学の有限な諸成果は、まさしくその獲得の仕方のゆえに、たんにわれわれの体制によって制約されているだけでなく、この体制に作用を及ぼしたものによっても制約されているということ、最後に、世界の性質の問題は、われわれの知覚する心的装置を顧慮することなしには、空虚な抽象であり、実践的関心をもっていないということである。――断じてわれわれの学問は幻想ではない(117)」。

これに反して、ニイチェが立証しようと試みたのはまさにこのことであった。ニイチェは認識と関心の連関を知っていたが、しかしそれと同時にこの連関を心理学化し、それを認識一般のメタ批判的解体の基礎とした。ニイチェは、ヘーゲルが実行に移し、マルクスが継続した認識理論の自己止揚を完成した。すなわち、反省の自己否認として。

ニイチェの広い意味での認識理論的省察は、暗黙のうちに二つの実証主義的根本仮定から出発している。一方で、ニイチェはこう確信していた――カントからショーペンハウアーに至る伝統的な認識批判は、認識主体の自己自身への反省という履行不可能なことを主張し、そのためにメタ批判を呼び起こすことになった、と。懐疑論のこれらの近代的形態は、仮面をはがせばヴェールをかぶった独断論ということができる。

「私は、認識理論のドグマに深い不信を感じて、あるときはこの窓からあるときは他の窓から眺めるのを好み、そこに腰を落ちつけることを警戒してそのドグマを有害と考えた。そしてつまるところ、道具がそれ自体の有用性を批判できるということは、本当にありうることだろうか――私が着目したのは、むしろ、認識理論的な懐疑ないし独断論は、その背後にある思想なしには決して成立しなかった、ということ――従って、もしひとが、その根底でこの立場に向うように何が強制していたのかを考察するならたちまちあの懐疑は二流の価値しかもたない、ということであった。この根本的洞察は、カントもヘーゲルもショーペンハウアーも、――すなわち懐疑的・判断中止的態度も、歴史化する態度も、ペシミスティックな態度も、――すべて道徳的な起源をもっているということである(118)」。

ここでニイチェは、認識理論への参加を拒むために、ヘーゲルがカントに対して用いた論証を引き合いに出している。ただし、かれはそこから方法論への限定という結論を引き出しはしない。かれは、諸科学の自己反省に充分関わり合うが、しかし、批判と科学の両者を逆説的に欺くことを目標にしてである。

他方において、ニイチェは、科学の概念を実証主義と共有している。経験科学的諸成果の規準に適合する情報だけが、厳密な意味において認識とみなされてよい。これと一緒にひとつの標準がうちたてられるが、その前ではすべての伝承が神話になりさがる。科学が進歩するごとに、古代的世界像、宗教的直観、哲学的解釈などはその地盤を失ってゆく。宇宙論、および行動の定位と規範の正当化とを可能にするすべての前科学的世界解釈は、客体化された自然がその因果的連関において認識され、技術的処理力に従属する度合に応じて、その信ぴょう性を失う。

「因果性の意味が増加する度合に応じて、倫理性の領域の範囲は減少する。なぜなら、ひとびとが必然的な結果を把握し、これをあらゆる偶然、あらゆる一時的な前後関係（post hoc）から区別して考えることを理解するごとに、ひとびとは、それまで道徳の基礎として信じられていた無数の空想された因果性を破壊してきた。――この空想上の世界にくらべれば現実の世界ははるかに小さい。――そしてそのたびに不安と強迫の一部がこの世から消え去った。そして道徳の権威にたいする尊敬の一部も。こうして道徳性全体が損害をうけた。これに反して道徳性を増大しようと思う者は、諸成果が点検可能となることを防止できなければならない[119]」。

かれ以前にコントがしたように、ニイチェは、科学的・技術的進歩の批判的結果を形而上学の克服として捉える。そして、かれのあとでマクス・ヴェーバーがしたように、かれは、この過程の実践的結果を、行動の合理化ならびに行動を方向づけるさまざまな信念の力の主観化として捉える。科学の諸理論は、ひそかな形でつねに実践にかかわっている伝承された解釈の効力の要求を、無効にすることができる。その限りにおいて、それは批判的である。しかし、科学の理論は、実践に対する関係を作り出すことができないから、この反駁された解釈の場所を空けたままにしておかなければならない。その限りにおいて、それはまったく破壊的である。科学の諸理論からは、技術的に利用可能な知は生じるが、しかし規範的知、すなわち行動を方向づける知は生じない。

「科学は自然の動きを探究するが、しかしけっして人間に命令することはできない。傾向性、愛、快楽、不快、興奮、失望――これらすべてのことを科学は知らない。人間は、自分が生き、体験するものを何か別のものから解釈しなければならない。つまり、それによって見積らなければならない[120]」。

科学が可能にする啓蒙の過程は、批判的であるが、しかし、教条の批判的解体はひとびとを解放せず、それは無関心にする。つまり、それは解放的ではなく、ニヒリズム的である。理論と実践の連関をはずれては、情報はいかなる「意義」ももたない。この連関を科学は解体することができるが、理論と技術の新しい連関によって充分にその代わりをつとめさせることはできない。ニイチェは、最初のうち実証主義的啓蒙の内在的強制に従っている。しかし、かつては認識と結びついていた志向が犠牲にされたという意識が、かれを実証主義から引き離す。もはやかれは哲学者であることを許されないが、哲学者ニイチェは、次のような記憶を棄てることができない。「かつてはひとびとは、事物の起源への洞察には人間の救いがかかっているはずだという考えを、つねに前提としていた」。同時に、かれは次の事実を見る。

「これに反して今日では、われわれが起源を追求すればするほど、自分の関心と関わり合うことが少くなる。それどころか、われわれが重視するすべてのもの、われわれが事物のなかにおいてきたすべての『関心事』は、われわれが自分の認識によって遡源し、事物そのものに達することが多ければ多いほど、その意味を失いはじめる[121]」。

実証主義的な科学の概念は、ニイチェに受容されると特有な二義性をもってくる。一方において、近代科学には認識の独占が認められ、そしてこの独占は、形而上学の価値低下によって裏づけられる。他方においてこの独占された認識は、それとして見れば、それが形而上学に特有な実践との連関をどうしても欠いていてそのためにわれわれの関心を失うことから、価値を下げる。実証主義に従えば、経験科学の方法的認識を超え出る認識などというものは存在するはずがない。しかし、実証主義を継受しながらニイチェは、この認識に本気で認識の称号を与えることを了承することができない。なぜなら、科学は、その認識に確実性を保証する当の方法論によって、関心から、すなわちおそらくそれだけが科学の認識に意義を与えることのできる関心から疎外されているからである。技術的処理を超え出ている関心をひきつける対象に関しては、「科学は超然たる無知を用意している。それは、『認識作用』がそこに顔を出すことなど全くないという感情であり、それを夢みることは一種の思い上りであった、いやそれどころか、われわれは、この『認識作用』を一つの可能性として認めようにも、なにほどの概念ももはやもっていないという感情である」[122]。

この自然科学の「意義喪失」と類比される省察を、ニィチェは、すでに『第二の非時代的考察』のなかで歴史に対して行なっていた。精神科学も、それが科学的方法の規準に従うようになると、たちまち生の連関から疎外される。歴史的意識は、それが文化的伝承を現在の地平から批判的に獲得して、継続させる限りにおいてのみ、生の実践に用立てられる。生き生きとした歴史は、過去のそして無縁な事柄を現在の形成過程の成分とする。歴史的教養は、それによって人間ないし文化が、過去のそして無縁な事柄を現在化して自ら透明になる「可塑的な力」の指標である。しかし、歴史的に考える者たちは、

「生存の意味は、生存過程が経過するにつれて次第に明らかになる、と信じている。そのために、かれらは、これまでの過程を考察することによって現在を理解し、未来をより強く熱望することを学ぼうとして、ただ過去を振り返ることしかしない。かれらは、自分たちが、たとえどんな歴史書を書こうと、いかに非歴史的に思考しかつ行動しているかを、全然知らないし、また、かれらの歴史との関わり合いも、純粋認識に役立っているのではなく、いかに生に役立っているのかを、まったく知らない」[123]。

ニイチェは、生の実践によって要求された、その実践から現われてそこへと帰ってゆくこの反省に即してみれ

ば、非歴史的なものの契機に眼がとまると思っている。というのは、この「生と歴史の配置[124]」は、歴史が科学になったとたんに、変わるからである。世界史が博物館のなかに閉じ込められ、その諸対象が観想的にそれを眺めてたのしむ意識の虚構の同時性において客体化されるとき、それらは、認識主体にとって何の影響力ももたないものとなる。伝統も、方法的に対象化されれば、ただちに伝承として中性化され、それゆえにもはや現在の形成過程のなかに入りこむことができない。「知識は……今日ではもはや改造する、外に向って人間を駆り立てる動機としては働かず、ある種の混とんとした内的世界のなかに隠されたままになっている[125]」。

同時代の歴史主義の名手たちの甘やかされた怠惰に対するこの論争は、歴史の科学化に対する批判に根ざしている。その客観主義が誤った科学主義的自己理解であることは、まだニイチェによって見抜かれていない。かれはむしろ、客観主義自体を歴史科学の必然的な含意として受け取っている。それゆえニイチェは、「生に役立つ」歴史は前科学的に非歴史的なものと超歴史的なものに拘束されていなければならない、と信ずるのである[126]。もしもかれが、二年前にエッセイ『道徳以外の意味における真実と虚偽について』のなかで展開した「解釈」の概念を、かれの精神科学批判の脈絡においてもう一度取り上げていたならば、おそらくあのような対決は決してありえなかったであろう。その場合にはむしろ、解意のカテゴリーが文献学的・歴史的方法の隠された基礎であることがはっきりしたはずであるし、そしてまた客観主義も、認識主体の形成過程と不可避的に結合している方法の虚偽の意識であることがはっきりとしたはずである。

ニイチェの困惑は、精神科学に関しても、あい変らず自然科学についての困惑と同じである。つまり、かれは実証主義的な科学の概念の要求をこばむことができないが、それにもかかわらず、生にとって意義のある理論という、いっそう多くの要求をもつ概念をあきらめることもできない。歴史に対しては、かれは、歴史は可能な客観性を犠牲にしても方法論的拘束衣を脱ぎ捨てるべきだ、という要求でもって当座を間に合わせる。かれは、次のように考えて気を休めたかった。「われわれの一九世紀を特徴づけるものは、科学の勝利ではなくて、科学にたいする科学的方法の勝利だ[127]」。しかし、自然科学にはこの公式は適用されなかった。もし自然科学に対して、方法的思考から脱け出ようという同じような要求が行なわれるとすれば、それは自滅したであろう。ここで、ニイチェは、かれが実証主義と偉大な哲学の統一不可能な遺産を統一しようとすれば、やむなく科学の客観主義を内在的に、誤った自己理解として批判し、こうして生の実践との隠された連関を露わにする外はなかった。

　アフォリズムの形で尖鋭化されているにしても、ニイチェの「認識理論」は、自然科学のカテゴリー的枠組（空間、時間、事象）、法則概念（因果性）、操作上の経験的基礎（測定）、ならびに論理学と計算との規則を、自然支配を従ってまた生存維持を目的にして産み出された客観的仮象の世界の相対的ア・プリオリとして捉えようとする試みを、その本質としている。

　「すべての認識装置は、抽象化と単純化の装置であり、――認識に適しているのではなく、事物をわがものにするのに適している。そのかぎりで『目的』と『手段』は、『概念』と同様に本質的である。ひとは『目的』と『手段』でもって過程を自分のものにする（――ひとは、把握できる過程を発明する）、だが『概念』によって、この過程を形づくっている『事物』を自分のものとする[128]」。

　ニイチェは科学を、われわれが「自然」を自然支配のために概念へ変換する活動として、捉える。論理的正当性と経験的確さとの強制において主張されているものは、対象化された自然過程の可能的な技術的処理にたいする関心の強要であり、そして、この関心において主張されているものは、生存維持のための純粋な強迫である。

　「われわれの知能もまた、どこまで生存条件の結果なのだろうか――、われわれは、もし知能を必要としなかったなら、それをもたなかったかもしれない。そして、もしこのような仕方で知能を必要としないで、別な仕方でも生きることができたなら、このような仕方で知能をもつことはなかったかもしれない(129)」。

「概念、種別、形式、目的、法則など（つまり『同一の諸事例にはひとつの世界』）をやむをえず造りあげることの強制を、あたかもそれによってわれわれが真の世界を確立できるものであるかのように考えてはならない。むしろそれは、われわれ自身の生存を可能とする世界を自分で用意しなければならない強制と考えなくてはならない。——つまり、われわれはそれによって、われわれにとって計算可能であり、単純化され、わかりやすい等の世界を創造するのである(130)」。

この命題は、あるいは先験論理学的に規定されたプラグマティズムの趣旨で理解することもできよう。そのように理解するとすれば——認識を主導する、自然支配への関心が、自然認識の可能的な客観性の諸条件を確定する。この関心は、幻想と認識の区別を止揚するどころか、そのなかで現実がわれわれにとって客観的に認識できるようになる枠組を、まず決定する。それによって一方では、形而上学に対する科学的認識の批判的要求が堅持されるが、しかし他方で、近代科学の独占主義的要求も、疑問になる。すなわち、技術的関心のほかにも、認識を導びき、それを公認する他のさまざまの関心が存在するかもしれない。——明らかに、これはニイチェの考え方ではない。自己保存への関心にまで科学を方法論的に引き戻すことは、可能的認識の先験論理学的規定に役立つのではなく、認識一般の可能性の否定に役立つのである。「われわれのもつ認識装置は、『認識』のために配置されているのではない(131)」。ここでもやはり近代科学によって展開された新しい規準に対する反省が、伝承された世界解釈の批判のためのきっかけとなっている。けれどもここでは、同じ批判が科学にまでも向ってゆく。形而上学と科学は、まったく同様に、同一の諸事例からなる計算可能な世界という虚構を生み出してきた。そして、せいぜい科学的ア・プリオリの虚構の方が、より堅牢だということがわかったのである。ニイチェが、実証主義的な科学の自己理解にそそのかされて、哲学について立証した客観主義的「錯誤」は、科学もまた必ずおかすにちがいない錯誤である。

「哲学の錯誤は、ひとびとが論理学と理性カテゴリーの中に有用性の目的のために（従って『原理的に』、有用な偽造のために）世界を整備する手段を見ないで、真理ないしは実在性の規準をその中にもっていると信じたことに基づいている。いわゆる『真理の規準』は、本当は、原理的偽造のこのような体系の生物学的有用性にすぎなかった。そして動物の一種属は自己保存以上に重要なことは何も知らないから、この場合には本当に真理について語ってもよいかもしれない。哲学の素朴さは、人間中心主義的な特異体質を、事物の尺度として、『実在』と『非実在』とを分ける規準として受けとる素朴さにすぎなかった。簡単にいうと、それは制約されたものを絶対化する素朴さである[132]」。

認識の基底となる関心は、認識そのものの可能性を触発する。あらゆる欲望の充足は、自己保存の関心によって保証されているから、どんな気ままな幻想も、もしそのなかでなんらかの欲望が世界を解釈しているとすれば、同様な効力を要求することができる。この自然主義的に捉えられた、認識と関心の連関は、たしかにあらゆる形態における客観主義的仮象を解体するが、しかし、それを主観主義的にふたたび正当化しなくはない。「一般に『認識』という言葉が意味をもつ限りにおいて、世界は認識可能である。けれども、世界は別な仕方でも解釈可能である。世界はひとつの決った意味をもつのではなく、無数の意味をもっている。――『パースペクティブ主義』。世界を解釈するものは、われわれの欲求である。つまりわれわれの欲動であり、そのイエスとノーである[133]」。ニイチェはここから、いまや認識理論の代わりに情動のパースペクティブ論が登場すべきであるという結論を引き出している。(134) それにもかかわらず、もしかれが認識理論を不可能なものとしてはじめから拒否してこなかったなら、ニイチェがパースペクティブ主義に達することもまったくなかっただろう、ということは容易に理解される。

ニイチェは、科学の客観主義的自己理解に対するかれの批判が認識批判であることを納得することもできないほど、つねに実証主義に深くとらえられていたから、かれが出会った認識を主導する関心を自然主義的に誤解せざるをえなかった。ただ関心と欲動が直接に同一であるときにのみ、関心によって措定される、可能的認識の客観性の主観的諸条件が、幻想と認識そのものの区別の意味を触発できるのである。しかし、関心基底を知っている科学の自己反省が、それとして見れば実証主義的に誤解されず、従って批判であることを否定されない限り、認識を主導する関心を経験論的に解釈するように強いるものは何ひとつない。ニイチェは、自分がまさにそうするよう強制されていると感じる。かれは、認識理論の可能性に反対する同じ論証をくりかえし持ち出している。

「ひとは、確実性とは何か、認識とは何か等々を……知らなければならないだろう。だが、われわれはそれを知らないから、認識能力の批判は無意味である。もし道具が、この批判のために自身だけしか使えないとすれば、いったいどのようにして道具は、それ自身を批判できるというのか。それは、断じてそれ自身を定義することができない(135)」。

ヘーゲルはこの議論をカントに対して用いたが、それは、認識批判が、それ自身として自己の諸前提の批判へ向うように強制し、それによって中断された自己反省を前進させるためであった。これに反して、ニイチェがこの論議を借りてくるのは、自己反省一般が不可能であることを確かめるためである。

ニイチェは、反省の経験に対する実証主義時代の盲目性を分かちもっている。かれは、主体が自分で産み出したのだが、主体に対して自立的となった仮象の批判的回想が、つまり虚偽の意識の自己反省が認識である、ということを否定して、次のように言う。「幻想の破壊は、まだいかなる真理も生み出さないことを、われわれは知っている。それが生み出すものは、もう一塊りの無知にすぎず、われわれの『空虚な空間』の拡大、われわれの『荒野』の増加にすぎない[136]」。とはいえ、ニイチェの場合、この反省の否認は、実証主義的な意図をもった同時代のひとびとの場合のように、隠れた志向《インテンツィオーネ・レクタ》によって営まれざるをえないその科学の客観主義的仮象による研究者の魅了から、生じているのではない。ニイチェは、そしてそれがかれを他のすべてのひとびとから際立たせているが、手段として使われる反省の批判的力を否認するのであり、それもただ、反省がそれ自身手段として使われる場合だけを否認するのである。かれのヨーロッパ哲学批判、かれの科学批判、かれの支配的道徳批判は、自己反省、そしてただ自己反省を通じてのみ熱望される認識というものがあることを示す唯一の証拠である。ニイチェはそれを知っている。「われわれは、もともと非論理的な、それゆえ不当な存在者である。そしてこのことを認識することができる。これは、生存の最大にして最も解きがたい不調和のひとつである[137]」。それにもかかわらず、ニイチェは実証主義的な基本信念に深く繋留されているため、かれがそれによって哲学的著作家として生きている反省の認識機能を、体系的に承認することができないのである。この反省の自己否認という皮肉な矛盾は、もっとも、非常に頑固であって、論議の力で解決できるようなものではなく、神おろしによってなだめることしかできない。自己自身を否定する反省は、有難い退行《レグレシイオーン》の助けをあてにはできない。この反省は、それこそ自分がたえず行なっていること、つまり批判を自分から隠すために、自己暗示を必要とする。

「未来の心理学者われわれ——われわれは自己観察しようなどという殊勝な気持は少しももたない。もし道具が『自分自身を認識』しようと企てたりすれば、われわれはそれをほとんど退化の徴候とさえ考える。われわれは認識の道具であり、そして道具のもつすべての素朴さと正確さを持ちたいと望んでいる。したがって、われわれは自分自身を分析することも、『識る』ことも許されない[138]」。

認識理論の科学方法論への解体の歴史は、現代実証主義の前史である。ニイチェは、その最後の章を書いたのであった。自己自身を否認する反省の名人として、かれは認識と関心の連関を展開すると同時に、経験論的に誤って解釈した。新しい行き方をする実証主義にとっては、論理的なまた方法論的な関係として、経験的関係とは同一の水準におくことのできないような諸関係を、諸科学の自己反省はただ心理学化するだけである、ということの証明をまさしくニイチェが提供しているように見えた。諸科学の「自己反省」は、近代哲学史のなかでしばしば、さまざまの結果をともなって繰り返された自然主義的誤謬推理の、もう一つの実例とみることもできた。そこで、ひとびとは、必要なことは、ただ言明の妥当性の問いと言明の生成の問いの間の原理的区別を更新することだけであると信じた。そしてこの場合、ひとびとは、認識理論を、たとえそれが自然科学と精神科学の論理から内在的に展開された認識理論であっても、研究心理学にひき渡すことができた。つぎにこの基盤の上に、現代実証主義が純粋な科学方法論を建設した。ただし、それは、本当に人間の関心をひくさまざまな問いを一掃した科学方法論であった。

原注

序文

(1) 実証主義がその中で成立し、今日イデオロギー的な機能を引き受けているその社会的連関を分析するために提起された一つの解釈が、ヘルベルト・マルクーゼのために書かれた私の論文に収められている。Technik und Wissenschaft als ›Ideologie‹ edition suhrkamp 287. (『イデオロギーとしての技術と学問』長谷川・北原訳、紀伊国屋書店)

(2) ›Erkenntnis und Interesse‹, in: Technik und Wissenschaf als ›Ideologie‹, edition suhrkamp 287.

（3） G・ラートニツキーによる第二巻（Contemporary Schools of Metascience, Göteborg 1968）は、「解釈学的・弁証法的行き方」を取り扱っている。この中に、アドルノ、アーペル、私の論文に由来するいくつかのテーゼが収められ、分析的科学理論を背景にして論じられている。この書物は、私の原稿ができ上ったあとになって刊行されたので、私は、多くの接点をただひとまとめに示唆する外はない。

第Ⅰ章

（1） Vorlesungen über die Geschichte der Philosophie, Bd. III, Ausg. Glockner Bd. XIX, S. 555 ff.; Enzyklopädie, 1830, §. 10, ed. Nicolin u. Pöggeler, S. 43 ff. 参照

（2） Gesch. d. Phil., a. a. O., S. 555 f.

（3） T. W. Adorno, Zur Metakritik der Erkenntnistheorie, Stuttg. 1956, Einleitung, bes. S. 14 ff.

（4） Enzyklopädie, a. a. O., S. 43 f.

（5） Phänomenologie des Geistes, ed. Hoffmeister, S. 64 f.

（6） 認識過程道具説はカントの理性批判の解釈のための糸口をヘーゲルに与えるものであるが、この解釈は驚くほどプラグマティズムの視点を先取している。とりわけ『哲学史講義』の中の次の記述を参照せよ。「認識は道具として表象される。……従って真理そのものに向って行くことができるようになるには、人はまずかれのもっている道具の性質と種類を認識しなければならないといわれる。これは実際、道具が要求された事柄――対象を捉えること――をなしとげる能力があるかどうかを知らなければならない、ということである。……それはあたかも、われわれが槍や長柄を手にして真理にとびかかってゆくことができるかのようである。」（Vorlesungen über die Geschichte der Philosophie, a. a. O., S. 555.）こうなると先験的感性論も道具主義的に次のように解釈することができる。「事態はこう考えられている。まずわれわれの外に物自体が、時間も空間もなしに存在している。そこへ意識がやって来る。そしてこの意識は、食べるために食べる条件として、口や歯などをそれがもっているように、経験の可能性として、時間と空間をあらかじめ自分の内にもっている。食べられるもとの事物は口も歯ももっていない。意識は事物に対して食べるという行為を加えるように、空間と時間をつけ加える。意識は事物を口と歯の間におくように、空間と時間の中におく。」（ebd., S. 563）

ここには有機体のもっている「道具」が実例として使われている。だからこの箇所は生物学的に基礎づけられた認識人間学という人類史的に拡大されたプラグマティズムに対する連接点をすでにふくんでいる。K. Lorenz, Gestaltwahrnehmung als Quelle wissenschaftlicher Erkenntnis, in: Lorenz, Ges. Abhandlungen Bd. II, München 1966, S. 255 ff. 参照

(7) Phän. d. G., S. 64.

(8) K. R. Popper, Die offene Gesellschaft und ihre Feinde, Bd. II, Bern 1958, S. 304 f.

(9) Phän. d. G., S. 67 f.

(10) Phän. d. G., S. 68.

(11) Ebd., S. 70 f.

(12) Ebd., S. 74.

(13) Ebd., S. 68.

(14) Ebd., S. 74.

(15) Lukács, Der junge Hegel, Zürich 1948, S. 592 ff.

(16) ヘーゲルはのちに多くの箇所でこの考えを裏づけている。「私は『精神現象学』の中では……意識をそれと対象との最初の直接的対立から、絶対知にまで前進する姿において叙述した。この道は客観に対する意識の関わりのあらゆる形態を通り抜けてゆき、学の概念をその成果として得る。従ってこの概念は、（それが論理学そのものの内部に現れるという点を除けば）ここではいかなる是認も必要としない。なぜならそれはこの是認をすでにここで得ているからである。それにこの概念は、このように概念を、それ自身の形態をすべて真理としてのこの中に溶解する意識を通じて産出する以外には、他のいかなる是認も不可能である。」(Logik I, ed. Leasson, S. 29, ebd., S. 53. も参照せよ。)

(17) Phän. d. G., S. 75.

(18) Ebd., S. 74.

(19) Logik I. a. a. O., S. 7.

(20) 『エンチュクロペディ』においては精神現象学という標題は実際にこの意味で用いられている。そこでは（Enzykl.

§§ 413–439) 精神現象学とは主観的精神の発展の一段階を意味している。
(21) ハイデルベルク時代の『エンチュクロペディ』においては簡潔に書かれていたこの予備概念を、ヘーゲルはベルリン時代に六〇パラグラフ以上に拡大する。かれはある手紙の中で (Brief III, 126) それについてこう書いている。「この序論は私にとってますます難しい仕事になってきました。というのも、序論は哲学の前に立つことしかできず、哲学そのものの内部に立つことはできないからです」。これについては、さらにペゲラーとニコリンによる『エンチュクロペディ』の新版の解説 (a. a. O., S. IX ff.) を参照せよ。
(22) これはH・フルダの明敏な研究 H. Fulda, Das Problem einer Einleitung in Hegels Wissenschaft der Logik, Ffm. 1965. のテーゼである。
(23) Marx/Engels, Gesamtausgabe. (以下 MEGA として引用する) I. 3, Berlin 1932. S. 150 ff.
(24) Enzyklopädie, § 381.
(25) MEGA, I, 3, S. 171 f.
(26) 「啓示は、抽象的理念としては、直接の移行、自然の生成であるが、自由である精神の啓示としては、精神の世界として自然を措定することである。このような措定は、反省としては同時に自立する自然としての世界を前提することである」。Enzyklopädie, § 384.
(27) 「しっかりした、立派に造りあげられた大地の上に立ち、あらゆる自然力を呼吸している、現実の肉体をもった人間が、かれの現実的で対象的な本質諸力をかれの外化によって異質の対象として措定するとき、この措定が主体ではない。……対象的存在は、それが諸対象によって措定されているからこそ、それがもともと自然であるからこそ、諸対象を創出し、措定するのである。……従って、措定の作用において、対象的存在は、かれの『純粋活動性』から対象の創出へ入りこむのではなく、かれの対象的生産物が、ただかれの対象的活動性を裏づけるのである」。MEGA, I, 3, S. 160.
(28) Ebd., S. 160.
(29) Marx/Engels, Werke, Bd. 3, Berlin 1959, S. 5.
(30) Das Kapital, Berlin 1960, Bd. I, S. 47.
(31) Ebd., S. 185.

(32) Ebd., S. 189.

(33) MEGA, I, 3, S. 162.

(34) 私の次の研究を参照されたい。Zur Diskussion um Marx und den Marxismus, in: Theorie und Praxis, Neuwied 2. Aufl. 1967, S. 261 ff.（『理論と実践』細谷貞雄訳、未来社）

(35) J. P. Sartre, Kritik der dialektischen Vernunft, Hamburg 1967.

(36) プラハの哲学者、K・コシークの次の書物が代表的である。K. Kosík, Die Dialektik des Konkreten, Ffm. 1967. 一九六五年以来ザグレブで刊行されている雑誌》Praxis《を中心とする哲学集団の諸論文も参照されたい。さらに——G. Petrovič, Marx in the Midtwentieth Century, Garden City, N. Y., 1967.

(37) Kapital, I. S. 185.

(38) MEGA, I, 3, S. 162.

(39) Deutsche Ideologie, Werke Bd. 3, S. 38.

(40) Ökonom. philos. Manuskr., MEGA, I, 3, S. 121.

(41) Deutsche Ideologie, Werke Bd. 3, S. 43.

(42) Deutsche Ideologie, Werke Bd. 3, S. 44.

(43) Kapital, I, a. a. O., S. 47.

(44) Grundrisse der Kritik der Politischen Ökonomie, Bln. 1953, S. 389.

(45) 「それらは、人間の産業の生産物である。自然の素材は——自然に対する人間の意志の、ないしは自然におけるこの意志の活動の器官に変わる。それらは、人間の手によって創出された、人間の頭脳の器官である。——対象化された知識力である」(Grundrisse, a. a. O., S. 594.)。

(46) アルフレート・シュミットは、このことに着目している。——「カントとヘーゲルとの間でマルクスは、はなはだ固定しにくい媒介的な地位を占めている。ヘーゲルの主体と客体の同一性に対するかれの唯物論的批判は、かれをカントに引きもどすけれども、マルクスの場合、思惟と同一ではない存在が、紛れもない『物自体』としてふたたび登場することはないのである。カントは、『先験的統覚』の概念によって統一的な経験世界の成立をいわばいっきょに片付けようとしたが、マルクスは、主体と客体の非同一性についてのカントのテーゼを保持しながら、主体と客体とは互にさまざまに配置を入れ替えて現われるというカント以後の、歴史を排除しない見解を堅持している。全く同様の趣旨で、さまざまな労働生産物のうちで実現する、主体的なものと客体的なものとの統一は、同時に、『労働と自然素材との間の均衡が非常にさまざま』であることをその内容として含んでいる」(A. Schmidt, Der Begriff der Natur in der Lehre von Marx, Ffm. 1962, S. 103; マルクスの引用箇所――Zur Kritik der Politischen Ökonomie, Berlin 1958, S. 30.)。

(47) すでにヘーゲルは、論難を意図してであるにしても、この見方を明らかにしていた。注(6)を参照。

(48) 第二章第五節、第六節を参照。

(49) A・シュミットは、この脈絡でマルクスの後期の論文、アドルフ・ヴァグナーの経済学教科書評注を指示している(a. a. O. S. 93.)。以下の引用は B. Fogarasi, Logik, Berlin 1955 による――「教条的な教授にとっては、人間と自然との関係は、はじめから実践的な、言いかえると行動をよりどころとする関係ではなく、理論的関係である。……人間は、外部世界の諸対象を自分の欲求充足の手段とした上でこれらと関わっている。しかし人間は、『外部世界の諸対象とこの理論的関係のうちに』あることから、決して開始するのではない。すべての動物と同様に、人間は、食べ飲む等のことから開始する。言いかえると、人間は、何らかの関係のうちにあるのではなく、人間は、能動的、活動的であり、行動によって外部世界のある種の対象を獲得し、こうして自分の欲求を充足するのである(すなわち、人間は、生産から開始する)。この過程を反復する結果、これらの諸対象は人間の『欲求』を『充足』できるということが、人間の脳髄に刻みこまれる。人間と動物は、欲求の充足に役立つ外的諸対象を他のすべての諸対象から『理論的』にも区別することを学ぶ。人間の欲求とその充足を助ける行動様式とが、やがて複雑になりさらに発達するようになると、この進んだ発達のある水準で、人間は、経験に基づいてすでに外部世界の他の諸対象から区別しているこれらの対象の全部に名前をつける。――このことは必然的な過程である。というのも、人間は、生産過程において、言いかえれば諸対象を獲得する過程において、相互にまた個別の対象とたえまない労働関係に入りこみ、そしてまたただちにこれらの対象をめぐって他の人間との闘争に入りこむからである――なぜなら、この命名は、反復される行動が経験において変換したものごとに対する、すなわちすでにある社会的結合のうちに生活している人間(この仮定は、言語の存立から必然的に出てくる）にとってある外的対象が欲求の充足に役立つということに対する、観念上の表現に外ならないからである」。

（50） Briefe an Kugelmann, Bln. 1952, S. 67, Brief v. 11. 7. 1868.

（51） Kr. d. r. V., §16.

（52） Versuch einer neuen Darstellung der Wissenschaftslehre, Ausg. Werke, ed. Medicus Bd. III, S. 109. Vgl. O. Henrich, Fichtes ursprüngliche Einsicht, Ffm. 1967.

（53） 哲学者は、自己意識の行為《アクト》に自らをゆだねることによって、自分自身を自我として確認する。――「哲学者は、かれの行為を、これまでの経験によってすでにそれについてある概念をもっている行動一般として把握する。――そしてこの特定の、哲学者が自らのうちに直観している自己へ還帰する行動として把握する。すなわち哲学者は、行動を、この特徴的な区別によって行動一般の領域から取り出すのである。――行動とは何かは、ただ直観されるのであり、概念から展開されるのではなくまた概念によって伝えられるのではない。しかし、この直観のうちに在るものは、たんなる存在との対立によって把握される」(Zweite Einl. in d. W. L., Ausgew. Werke, a. a. O., Bd. III, S. 45.)。

（54） 「歴史は、個々の世代の継受に外ならない。その各世代は、先立つすべての世代からゆずり渡された素材、資本、生産諸力を利用し、それゆえ一方では、全く別の状況の下で伝来の活動を継続し、他方では、全く別の活動によって旧来の状況を変更する……」(Deutsche Ideologie, Werke Bd. 3, a. a. O., S. 45.)。

（55） Grundrisse, a. a. O., S. 389.

（56） Deutsche Ideologie, a. a. O., S. 20 f.

（57） MEGA, I, 3, S. 123.

（58） MEGA, I, 3, S. 156.

（59） MEGA, I, 3, S. 122.

（60） 「生が与えられた発展時期を生きのびて、与えられた段階から他の段階へ踏み出していくと、たちまち生は、別の法則によって導かれはじめる。……生産力の異った発展によって、諸関係とこれらを規制する諸法則とが変化する」(Vgl. Kapital, Bd. I, a. a. O., S. 17)。

（61） Ebd., S. 16.

(62) MEGA, I, 3, S. 123.

(63) Grundrisse, a. a. O., S. 594.

(64) Grundrisse, a. a. O., S. 585.

(65) こうして、労働手段はさまざまな変形を通っていくが、「その最後の変形は機械である、というよりはむしろそれ自体で運動する動力によって動かされる機械装置の自動組織（機械装置の組織——自動組織こそ、機械装置のもっとも完成した、もっとも適合する形態であり、機械装置をはじめて組織へ変える）である」(ebd., S. 584)。マルクスは、アリストテレスの想像に従ってオートメイションを先取っている。この基準による生産力の展開は、むろん技術上の応用をふくめて諸科学が第一の生産力になったあとではじめてはじまると、かれは見ている。——「以前に労働者が行なっていたのと同じ労働を機械が行なうようにさせるものは、一面では直接に、科学から生じる、力学および化学の法則の分析と応用である。けれども他面、このような仕方での機械装置の発展は、大工業がすでに高度の段階に達して全科学を資本のためにすっかり用立てられるようになってはじめて現われる」(Ebd., S. 591.)。マルクスは、「生産過程の単純な労働過程から科学的過程への、すなわち、自然力をそれのために従属させて自然力を人間の欲求のために働かせる科学的過程への変遷」について、はっきりと語っている (ebd., S. 588.)。

(66) Grundrisse, a. a. O., S. 592 f.

(67) Grundrisse, a. a. O., S. 374.

(68) Ebd., S. 374.

(69) Ebd., S. 593.

(70) 一八五七年の『経済学批判』の序説において、ここには、経済学の方法についてのいく分詳細な指示が見られるが、社会的実践をその二つの契機のうちの一つ、すなわち労働へ縮小する路線が明瞭に描かれている(Zur Kritik der Politischen Ökonomie, Bln, 1958, S. 235―270)。マルクスは、労働がつねに社会的労働の形態をもつことから出発する。自然の素材を加工する個別の主体、従って道具的行動の範型は、いつもつねに協業としてさまざまな労働作業を、組織的に、相互行為の枠組において結合している労働の一つの抽象物である。「社会において生産しつつある諸個人——それゆえに諸個人の、社会的に規定された生産が、当然、出発点である。スミスやリカードゥがそれからはじめる個々の孤立した猟師や漁夫は、一八世紀のロビンソン物語の幻想のない想像物に属する……」(a. a. O., S. 235.)。それにもかかわらず、社会的生産もまた道具的行動の範型に従って捉えることができる。労働は、欲動と欲動充足との間にずれこみ、こうして、動物の水準では有機体とその環境との直接の交換として遂行される「物質代謝過程」を、媒介する。社会全体の再生産もまた、諸対象が生産され獲得されるこの循環過程に対応する。けれども、この水準での生産と獲得とは、もう一度、財の分配と交換とによって媒介される。「生産においては、社会の成員が人間の諸欲求に自然生産物を適合させる（産み出す、形づくる）。分配は、個人がこれらの生産物の分け前にあずかる割合を規定する。交換は、個人が分配によって自分のものになった分け前をそれととり換えようとする生産物を、かれに供給する。最後に、消費においては、生産物は享受の、個人的獲得の対象となる」(Ebd., S. 242.)。こうして、生産は出発点として、消費は最終生産物として、分配と交換とは中間として現われる。いまや、この全生産過程が生産の視点の下で理解される。生存手段の作出、すなわち生産と生存の維持、すなわち再生産は、同一の過程の二つの局面である。「必要としての、欲求としての消費は、それ自体、生産的活動の一つの内的契機である。しかし、この生産的活動は、実現の出発点であり、それゆえにまた実現を包括する契機であり、全過程が再び経過する行為である。個人は、一つの対象を生産し、それを消費することによって再び自己に還帰するが、しかし、生産的個人としての、自己自身を再生産する個人としての自己に還帰するのである。消費は、こうして生産の契機として現われる」(Ebd., S. 249.)。生産は、人間の「物質代謝過程」を特徴づけている再生産の一定の形態である。このことは、人間を「下から」、まさしく自然的存在として捉える見方から生じている。

　さて、マルクスは、社会的生産において、生産物の獲得もまた社会的に組織されている、と見ている。分配は、「社会的諸法則」によって、社会的生産の成果に対する生産者の分け前を規定する。分け前を確定するこの諸法則は、直接に、私有権の形式をとっている。「すべての生産は、ある一定の社会形態の内部での、またその媒介によっての、個人の側からの自然の獲得である。この意味において、所有（獲得）が生産の一つの条件であると言うことは、同語反復である。……所有のどのような形態も存在しないところではどのような生産についても……語ることができない、というのは同語反復である」(Ebd., S. 241.)。分配が依存する所有関係は、社会的交通の組織に対する基礎である。従って、生産の領域に対する分配の関係において、われわれは、道具的行動に対する制度的枠組の関係を、マルクスが実践という概念において充分に区分していないあの二つの契機の関係を，理解する。「さて，分配は，独立の領域として生産と並んでいるのか，また生産の外にあるのか」という問いに答えることによってマルクスは，相互行為と労働との関係について暗に決定する。

直接の答えは明白である。明らかに，所得の分配は，社会的労働体制における地位の配分に依存している。独立変数は，「生産過程における地位」である。「賃労働の形態で生産に参加する個人は，労賃の形態で生産の成果である生産物に参加する。分配の仕組は，生産の仕組によって完全に規定されている」(Ebd., S. 250.)。しかしながら，「生産の仕組」は，生産用具の配分に依存している，言いかえれば，「さまざまな種類の生産への社会成員の分配（一定の生産諸関係の下への諸個人の包摂）」(Ebd., S. 252.) に依存している。しかも，生産関係は，生産領域においてそれ自体効果的な負担と補償との組織である。それゆえに分配は，どう見ても，制度的枠組に，従ってここでは所有の秩序に依存しているのであり，生産の形態そのものに依存しているのではない。マルクスは，独立量としての生産をただ用語上の逃げ道によって救い出すだけである。「生産にふくまれているこの分配を度外視して生産を考察することは，明らかに空虚な抽象であるが，他方逆に，生産物の分配は，もともと生産の一つの契機を形成しているこの分配とともにおのずから与えられている」(Ebd., S. 252.)。生産の概念が広く捉えられるので，生産関係もこの中に含意されている。このことは，生産は，生産が行なわれる制度的枠組をも産出する，とかたくなにマルクスが主張することを可能にする。「生産そのものを規定するこの分配」！「が生産に対してどのような関係をもつかは，明らかに，生産そのものの内部に属する問題である」(Ebd., S. 252.)。厳密に取れば，しかし，このことは，制度的枠組の変化は生産力の展開に依存するが，同様にまたその逆に，生産過程の発展は生産関係に依存する，と言っているにすぎない。「生産は，生産用具のある一定の分配から出発しなければならないから，その場合少くとも，この意味における分配は生産に先行し，その前提をなしている，とでも誰かが言うとすれば，これに対しては，生産は，たしかに，それの契機をなしている諸条件と諸前提をもっている，と答えることができる。これらは，当初自然発生的なものとして現われるであろう」(Ebd., S. 252.)。この場合，おそらくマルクスは，性，年齢，縁戚関係のような社会的相互行為の自然的質を考えているのであろう。「それらは，生産そのものの過程によって，自然発生的なものから歴史的なものへ転化される。そしてそれらが，ある時代にとって生産の自然的前提として現われるとすると，それらは，他の時代にとっては生産の歴史的成果であった。それらは、生産そのものの内部でたえず変更される」(Ebd., S. 252.)。

社会的実践のすべての契機を、生産という概念の下に定義的にもちこもうとしてみても、マルクスが生産の社会的諸前提を考えに入れないわけにいかないという事実は、覆いかくすことができない。これらの諸前提は、労働素材、労働用具、労働エネルギー、労働組織とは違って、直接に労働過程の諸要素に、それ自体としては属していないのである。マルクスがカテゴリー的枠組を捉えるのに、人類史的発展の機構を見るとき、「前経済的諸事実」は考慮されない、と言うのは正当である。しかし、生産に内包されているあの分配、従って、生産手段の配分を確定する制度化された権力関係は、言語に媒介された相互行為の連関に基づいているのであり、この連関は、生産の諸成分に、すなわち、欲求、道具的行動、直接の消費活動に、たとえ定義上どれほど等置されているにしても、解体されるものではない。

(71) Zur Kritik der Politischen Ökonomie, a. a. O., S. 249.

(72) カール・レーヴィット記念論文集に寄せた私の論文を参照。Arbeit und Interaktion. Bemerkungen zu Hegels Jenenser Philosophie des Geistes, in: Natur und Geschichte, Stuttgart 1968, S. 132 ff. さらに、次の書物に対する私の後記を参照。Hegels Politische Schriften. Ffm. 1966, S. 343 ff.

(73) Kapital, I, a. a. O., S. 77 f.

(74) Theodor W. Adorno, Negative Dialektik, Ffm. 1967. 参照

第二章

(1) 論理学および数学基礎論における形式主義の批判についてはK・カムバルテルの次の著作を参照せよ。F. Kambartel, Erfahrung und Struktur, Efm. 1968.

(2) 現代では、P・ロレンツェンのプロト論理学に関する著作が形式論理学の諸規則を構成の視点の下で導出しようとする、最も成功の見込みある試みをあらわしている。P. Lorenzen, Methodisches Denken, Efm. 1968, und W. Kamlah u. P. Lorenzen, Logische Propädeutik, Mannheim 1967. 参照。

(3) K. R. Popper, The Poverty of Historicism, London 1957. 参照。

(4) Comte, Soziologie, Jena 1923, Bd. I, S. 368 f.

(5) A. Wellmer, Methodologie als Erkenntnistheorie, Ffm. 1967.
(6) Discours sur l'esprit positif, frz./deutsch, ed. Fetscher, Hamburg 1956, S. 82 ff.
(7) Discours, a. a. O., S. 91.
(8) Ebd., S. 27.
(9) Ebd., S. 51.
(10) Soziologie, a. a. O., Bd. III, S. 538.
(11) Ebd., S. 595.
(12) Ebd., S. 622.
(13) Ebd., S. 672.
(14) Discours, a. a. O., S. 85 f.
(15) Ebd., S. 59 f.
(16) Soziologie, a. a. O., Bd. III, S. 614.
(17) Discours, a. a. O., S. 33 f.
(18) Ebd., S. 27; Soziologie, a. a. O., Bd. III, S. 592 f. を参照。
(19) Ebd., S. 91.
(20) Ebd., S. 29.
(21) Ebd., S. 89.
(22) Erkenntnis und Irrtum, Leipzig 1905, S. 8.
(23) Die Analyse der Empfindungen und das Verhältnis des Physischen zum Psychischen, 6. Aufl., Jena 1911, S. 14.
(24) Ebd., S. 299 f.
(25) Ebd., S. 19 ff.
(26) Ebd., S. 17 f.

(27) Ebd., S. 18.

(28) Ebd., S. 290 f.

(29) Erkenntnis und Irrtum, a. a. O., S. 10.

(30) Analyse, S. 9.

(31) Erkenntnis und Irrtum, S. 12 f.

(32) Analyse, S. 257.

(33) Ebd., S. 256.

(34) Ebd., S. 261 ; S. 258 f. も参照。：「従って思想の事実への適応は、すべての自然科学上の作業の目標である。科学はこの点で、日常生活の中では知らない内にひとりでに行なわれていることを、意図的に意識的に続行するだけである。われわれが自分自身を観察できるようになった時は、われわれの思想はすでに何通りもの仕方で事実に適応している。思想はさまざまな要素を、感覚的事実と相似のグループに分けてわれわれに提示する。しかし思想の貯えは限られているから、たえず増大する経験に追いつくほど充分ではない。こうしてほとんどすべての新しい事実は、適応を引きつづき行なわせ、これは判断の過程として外に現われる。……従って判断とはつねに、感覚的事実をより完全に表示するため、感覚的表象を補足することである」。

(35) Ebd., S. 271.

(36) Ch. S. Peirce, Collected Papers, ed. Hartshorne u. Weiss, II, 62; このアラビア数字はページ数ではなく、パラグラフを示す。（訳者注。第二版では以下の部分がない）パースの論議の地位についてはG・ヴァルテンベルクの次の著作を参照せよ。G. Wartenberg, Logischer Sozialismus. Die Transformation der Kantischen Transzendentalphilosophie durch Ch. S. Peirce, Diss. phil. Kiel 1969.

(37) The Logic of 1873, VII, 319.

(38) Collected Papers VIII, 12. ドイツ語では Apel (Hrsg.), Ch. S. Peirce, Schriften I, Ffm. 1967, S. 259 f. (Übersetzung von G. Wartenberg; なお上述のパース論文集第一巻にふくまれていないテキストの翻訳についても、ヴァルテンベルク氏にお礼を申し上げる。これは全集（Collected Papers）の引用記号しか示していないすべての引用についてあてはまる)。

(39) The Logic of 1873, VII, 321.

(40) Scientific Method, VII, 54.

(41) Ebd., VII, 50.

(42) The Logic of 1873, VII, 326.

(43) 「もし別々な人間が全く正反対の考えから出発したとしても、研究過程というものはこれらのひとびとを、かれらの恣意の及ばない力でもって同一の結論へ導くのである。われわれを自分たちの望むところにではなく、あらかじめ定められた目標へ連れてゆく、この思考の能動性は運命の力とよく似ている。最初に選んだ視点を変えようと、他の事実を選んで研究しようと、知性の自然の傾向は人間があらかじめ定められた意見から逃れることを許さない。この大いなる希望が、真理と実在性の概念にはふくまれている。すべての研究者が最終的に一致するように、運命によって定められているこの意見こそ、われわれが真理という言葉によって理解しているものであり、この意見が表示する対象が実在性である。こう言えば実在性という言葉が説明できよう」(How to Make our Ideas Clear, V, 407, Apel, S. 349.)。

(44) Ebd., V, 409, Apel, S. 349 f.

(45) The Logic of 1873, VII, 322.

(46) Die siebte der Questions Concerning Certain Faculties Claimed for Man, V, 259 ff. 参照。

(47) VII, 337.

(48) 「所与の認識が先行する認識によって規定されていないということを、直観的に認識することは不可能であるから、それを認識する唯一の道は、観察された事実から仮定的に推論することである。けれども所与の認識がそれによって規定されている認識を参照するということは、この認識の諸規定を説明するということである。そして、それがこれらの諸規定を説明する唯一の道である。なぜなら、あるものが完全に意識の外にあるならば、たとえわれわれがそれを意識の規定者と考えようと、それ自体としては規定されたこのような認識の中でしか認識することも、参照することもできないからである。従って、ある認識が絶対にわれわれの外部にある何ものかによって規定されていると仮定することは、その諸規定も説明できないということである。ところでこれは、仮説が是認される唯一の可能的理由がそれによって事実が説明されるということである限り、何としても是認され得ない仮説である。説明されると言い、同時に説明不可能だと仮定することは、自己矛盾である」(Concerning Certain Faculties, V, 260, Apel, S. 177 f.)。

(49) パースは、ある意味においてカッシラーの記号的形式の哲学を先取りしている。カッシラーは、カント主義の伝統内で先験的な意識批判から言語批判への転回をなしとげた最初の人であった。悟性はもはや素手では現象の綜合を行なうことはできない。記号がはじめて所与のものの中に、非所与の痕跡を透明ならしめるのである。それゆえ内世界的存在は、精神が直観的には近ずくことのできない現実を表示しうる諸形式を、自己の内からつむぎ出す度合いに応じて、精神の前に現前する。現実は、ただ表示されたものとしてのみ現象する。こうしてカッシラーにとって記号的表示は、先験的意識の基本的機能である。同様に、パースもまた「言葉の形で何かが対応していないような人間的意識の要素は、ひとつも存在しない」(V, 314, Apel, S. 223.) と確信する。記号的表示の自発的なはたらきは、可能的な受容性の条件である。模写実在論のモデルは、認識のどの段階にも、さらに原初的知覚の層にも、適合しない。「しかしもしそうであるとすれば、観念連合の名で呼ばれている過程は本当は判断の連合である。観念連合は相似・近接・因果性の三原理に従って生じるといわれる。しかしそれと同様に、記号がそれらの指示する物を相似・近接・因果性の三原理に基づいて指示しているという方が、おそらく真である。すべての記号はそれぞれあるものに対して存在しているが、このものもつねに相似・近接・因果性によって記号と連合されているということは、疑問の余地がない。また、どの記号も、それが指示する対象を記憶の中に呼びおこすということも、疑いを容れない。従って観念連合とは、ある判断が、それが記号として表している他の判断を呼びおこす、ということである。ところでこれは推論以外の何物でもない」(Consequences of Four Incapacities, V, 307, Apel, S. 217f.)。もちろんパースは、カッシラーのように、記号的媒介過程に対して意識の先験的統一を仮定することはできない。記号的に媒介された推論過程が基礎的なものであり、そこではじめて悟性が構成されるのである。「人間は言葉を創造する。そして言葉が意味するものは、ただ人間がそれに意味させたものだけであり、ただなんらかの人間に対してのみ意味をもつにすぎない。しかし人間は、言葉やその他の外的記号の助けによってのみ思考できるのだから、これらの記号は、逆にこう言うことができよう。『人間よ、お前はわれわれが教えたことしか考えられない。お前は、お前の思想の解釈者としての言葉を頼りにするかぎりで、何かを考えるのだ』。従って、人間と言葉は、事実は互いに教育し合っている。ある人間のもつ情報の増加は、それに対応したある言葉の情報の増加をふくみ、またその反対である」(Ebd., V, 313, Apel, S. 223.)。

(50) V, 265.

(51) V, 289.

(52) Consequences of Four Incapacities, V, 311, Apel, S. 219 f.

(53) Berkeley, VIII, 12, Apel, S. 260.

(54) Ebd.

(55) Consequences of Four Incapacities, V, 290, Apel, S. 204.

(56) V, 283, Apel, S. 198, V, 73. も参照。

(57) V, 287, Apel, S. 200.

(58) V, 289, Apel, S. 203.

(59) V, 289, Apel, S. 203 f.

(60) V, 291, Apel, S. 205.

(61) V, 291, Apel, S. 205 f.

(62) 経験論的な認識概念を記号論的な認識概念と結合しようとする、この独特な試みについての、アーペルの明瞭な再構成も、この難点を免れない。「かれ(パース)は、外界の事物による感官の因果的触発というモデルと、われわれは『自然的記号』(意識内の『印象』)に基づいて外界の事物の存在および性質を推論する、という考えとを受け容れる。しかしかれは、『印象』における感官の触発と認識(この場合これは第一義的に『内省的』、『直観的』認識として記号使用に拘束されないものと考えなければなるまい)とを同一視せず、むしろ認識と外界の事物への仮説的推論とを同一視する。この推論は、純粋に物理学的・心理学的に研究可能な諸条件(『なまの事実《ブリュート・ファクツ》』との事実的出会いにおける神経刺激)と、それ自体はまだ認識でない心的与件(すなわちそこでは神経刺激の結果が純粋に質的に――情緒的な気分という仕方で――与えられるいわゆる『情感《フィーリングス》』)の記号的質とに基づいて行なわれる。認識はパースにとって、物自体に触発されることでも、所与のデータを直観することでもなく、実在物についての矛盾のない意見、いいかえれば外的『諸事実』の正確な『表象』の『媒介』（"mediation"）である。これらの諸事実は、物理学的・心理学的に研究可能な主観と客観の出会いの中に、その存在を示すとともに、感情的所与の混乱した多様の中に、その『様相存在』のあの質的な表現記号ないし対比物（"icons"）を残す。そしてそれらは仮言的推論（あるものの『概念』をあるものとして推論する）の中で、解釈的記号（"interpretant"）の形での述語を見出すことによって、さまざまな外的事実についての無矛盾な命題（"proposition"）の統一に還元される」（K.-O. Apel, Einleitung zu: Ch. S. Peirce, Schriften I, a. a. O., S. 47f.）。

（63） Die zweite der Vorlesungen über den Pragmatismus V, 41 ff.; Apel, Einleitung S. 48 ff. und M. G. Murphy, The Development of Peirce's Philosophy, Cambr., Mass., 1961, S. 303 ff. 参照。

（64） Berkeley, VIII, 16, Apel, S. 263.

（65） VIII, 14 f., Apel, S. 262.

（66） VIII, 13, Apel, S. 261.

（67） Consequences of Four Incapacities, V, 312, Apel, S. 221.

（68） Ebd.

（69） 「演繹または必然的推論においては、われわれは、特定の抽象化された視点の下で定義された仮説的事態から出発する。われわれの大前提である仮説が、外界の事態に多少とも対応しているかどうかという標識は、この推論式においては全く注意されないものの一つである。われわれはこの仮説的事態を考察し、こう結論する。万物が他の点でどうであろうと、またこの仮説がいつどこで実現されようと、かの仮説の中にはっきりと仮定されなかった他の事柄は、依然として真であるだろう」（Lectures on Pragmatism, V, 161.）。

（70） Ebd., V, 171.

（71） Scientific Method, VII, 115; 準実験（quasi-experiment）という表現は、帰納をせまく解釈しすぎるということを予防するものである。「準実験という言葉で私が考えているものは、私が仮説から演繹した、条件づき予言の適用を許す事態を作り出し、あるいは見出す操作全体、ならびにこの予言がどの位的中するかを確認する操作のことである」（Ebd.）。帰納的推論の規則を要求する検証の方策は、このほか、最もありそうもない帰結を選択することをふくんでいる。反証しうる確率が高ければ高いほど、仮説は真剣にテストされる。「仮説の検証は、仮説に基づいて実験結果に関する予言、特にそれが真である公算が最も少ない予言を構成し、そしてこの予言が真か否かを確認するために、実験を行なうということにある」(Ebd., VII 89.)。

(72) パースは推定(abduction)の名の下に二つの違った手続きを、充分明瞭に区別することなしに総括した。一方において、かれは推定という言葉の下に、因果的説明を目的とする法則仮説の使用のみを考えている。この場合、われわれは現在妥当している規則の助けによって、ある結果から事例を推論する。この推論はひとつの説明仮説に達するが、この仮説はそれだけで検証できるものである(後述、注(97)参照)。推定的推論のこの説明的使用を、パースは『演繹・帰納・仮説』(II, 619 ff., Apel, S. 373ff.) の中でナポレオンの例によって説明している。――しかし科学の進歩の可能性を再構成するために重要な推定の使用は、革新的(innovatorisch)使用である。われわれは(驚くべき)結果から出発して、その助けがあれば事例を推論できるような規則を探す。従って、この規則そのものはまだ妥当であるとは考えられていない。それゆえ、推定的推論を規則(大前提としての)および結果(小前提としての)から事例(帰結としての)へ、という風に表現することは、この場合全く不適当である。大前提である規則は、結果としてはじめて生じるのである。新しい法則仮説の制御された発見は、うまい着想のもつ偶然性を免れているが、こうした発見を考えることができるのは、ただ予期しなかった結果によって法則仮説の限定された否定へと、いいかえればそれによってあらかじめ描かれている意味論的空間の内部で、すでに反駁された法則仮説を変更するように止むなく導かれる場合だけである。――もっともこれとならんで、パースは超帰納的な一般化の道をも考えている。それは、われわれが事例と結果を同時に与える経験的規則性から出発して、二つの量のうちの一方を他方の助けによって導出できるような法則仮説を探す場合である。この場合、われわれは「相互に支え合う帰納と仮説の混合物を手に入れるが、物理学の理論はたいていこうした性格をもっている」(II, 640, Apel, S. 389.)。パースは、この手続きを運動学的気体理論の例によって説明したのち、推定と帰納の関係を次のように規定する。「帰納と仮説の間の大きな違いは、前者が、さまざまの同様な事例において観察された諸現象から、存在を推論するのに対して、仮説の方は、直接に観察したものとは別なあるもの、そしてしばしばわれわれが直接に観察することができないあるものを仮定している、という点にある。だから、もしわれわれが帰納を、完全にわれわれの経験の限界をこえて拡大するならば、推論は仮説の性質をもつことになる。一般化が経験の限界を少しでも超えたら、それに対するどのような帰納的保証もできないということは、おそらく不合理である。……しかし、もし帰納がどんなに押し進められたとしても、かかる証明によって、われわれが観察しうる、そして事実観察しているなんらかの事実が説明される、ということが見出されないならば、われわれは帰納に対して、これほど信頼をおくことはできないのである」(Ebd.)。これでわかるように、パースは推定という言葉の下に二つの異った手続きをまとめている。第一の手続きは、出来事の因果的説明に役立つものであり、与えられた法則仮説のもとで説明的仮説へと導くものである。これに反して、第二の手続きは法則仮説の発見に役立つものである。この第二の、研究論理学的にみて興味あるケースにおいて問題となるのは与えられているが、しかし予期しない結果によって反駁された法則仮説を変容すること、あるいは帰納的に得られた、一様な諸現象に対する公式から、この公式に「適合する」法則仮説へ超帰納的に登って行くこと、のどちらかである。

(73) Grounds of Validity, V, 354, Apel, S. 245.

(74) Ebd., V, 341, Apel, S. 236.

(75) Concerning Certain Faculties, V, 247, Apel, S. 241.

(76) V, 351, Apel, S. 243.

(77) Grounds of Validity, V, 352, Apel, S. 243 f.

(78) パースは次のような同語反復《トートロジー》を平気で行なっている。「すべての知識は綜合的推論に由来するのだから、われわれは同様にこう結論しなければならない。すべての人間的確信はひとえに、われわれがこれまで知識を得てきた過程は一般にどうしても真な帰結に達せずにはいないような性質のものだった、というわれわれの認識の中にのみ成立する、と」(Probability of Induction, II, 693, Apel, S. 370.)。

(79) Scientific Method, VII, 110.

(80) Lectures on Pragmatism, V, 27.

(81) How to Make our Ideas Clear, V, 398, Apel, S. 335.

(82) What Pragmatism Is, V, 417. 参照。

(83) 「従って思想の意味を展開するには、われわれはただたんにそれがいかなる行動様式を作り出すかを規定するだけでいい。なぜなら、対象の意味は、ただそれが内包している行動様式の中にしかないからである。ところで行動様式の同一性は、たんによく生じうる状況の下においてだけでなく、非常に起こりにくいとはいえ、あるいは発生するかもしれない状況の下においてもわれわれを行動へと導くその導き方に依存している。行動様式の本質は、いつ、そしていかにして、それがわれわれを行動へ誘うかということにかかっている」(Ebd., V, 400, Apel, S. 337.)。

(84) Lectures on Pragmatism, V, 18.

(85) いわゆるプラグマティズムの格律についての、有名だがしかし特に明瞭ともいえない定式化は一八七八年の「いかにしてわれわれの観念を明瞭にするか」(V, 402, vgl. ebd., V, 398.)の中に見出される。一九〇二年に書かれたあるハンドブックのプラグマティズムの項において、パースはこの格律をさらに説明している(Vgl. V, 1ff.)。そこには次のような、もっと明瞭な定式化が見出される。「ある知的観念の意味をつきとめるには、その観念の真理からどのような実際的な諸結果が必然的に結果するかを、考えられる限り考えなければならない。こうすれば、これらの結果の総体は、この観念の意味全体を構成するであろう」(Ebd., V, 9.)。

(86) A Survey of Pragmatism, V, 467.

(87) Lectures on Pragmatism, V, 197.

(88) Elements of Logic, II, 710.

(89) Ebd., II, 711, Apel, S. 229.

(90) Ebd., Apel, S. 229.

(91) Deduction, Induction, Hypothesis, II, 643, Apel, S. 391 f. 参照。

(92) 反証に関するポッパーのテーゼはこれに基づいている。Logik der Forschung 2. Aufl., Tbg. 1966.

(93) Elements of Logic, II, 713, Apel, S. 229 f.

(94) What Pragmatism Is, V, 425.

(95) Three Types of Reasoning, V, 170.

(96) What Pragmatism Is, V, 427.

(97) 推定的推論の妥当性は、ただ単純な推定、すなわち因果的説明の場合にのみ相応に立証される(上述三三三ページ注(72)参照)。妥当な規則に助けられて、ある結果から原因を推定的に推論することが、因果的仮説を生む。これは、仮定された原因（初期条件としての）と種々な他の規則から条件づき予測を導出することによって、検証される。このような仕方で、われわれは推定的説明の有効性を帰納的に検証している（Vgl. II, 642.）。それゆえ、帰納の方法論的是認は、間接的には推定に対しても、要求することができる。だが推定の説明的使用は、研究論理学的連関の中では関心の対象ではない。科学の進歩は、推定の革新的使用、すなわち推定的推論が現在通用している規則によっては説明できない予期しない結果から、われわれを新しい理論的仮定へと導いてゆく、ということに基づいている。実験によって驚くべき結果が生じた場合が、これに当る。この実験は、法則仮説と結果とから事実上の初期条件（結果の原因としての）が導出されうるように、従来の法則仮説を変えることを、われわれに強要する。この反駁された、誤った予測の根底にある法則仮設の変更は、明らかに恣意的に、仮説を創る想像力の成果として生じるのではなく、ある規則に従って生じる。けれどもこの推定の諸規則は、帰納という基礎には還元することができない。もし私の見るところが正しければ、それらは目的合理的行動というプラグマティズム的準拠系の内部では一般に正当化できないのである。推定がもつ、独特な革新的はたらきは、外ならぬ否定された経験の摂取、すなわち限定された否定にある。実験の否定的結果は、反駁された仮説がそこから導出されたあの理論の、基本的述語の再解釈を強制している。この場合、推定は、操作的な仕方では汲みつくされない述語の意味内容の、隠れた残りと関連しているようにみえる。これらの述語は、理論が適用される限りでは、少しも疑問とならない。けれども、理論が改造される場合は、それらはいわば開かれて、日常言語的な経験の地平へふたたび引きもどされる。すなわち、理論的行き方を支えている範型《パラダイム》は、日常的生活の原経験に由来するのである（Th. S. Kuhn, Die Struktur wissenschaftlicher Revolutionen, Ffm. 1967 参照）。パースはこのような科学的モデル形成の「擬人説《アントロポーモルフイスムス》」に言及して次のように述べている。「私は何年もきわめて真剣に研究したのちやっと、他の条件は同じとすれば、擬人説的構想というものが、理論の形成にとって最良の結晶核となるかどうかは別として、擬人説的性質をもたない構想よりもはるかに高い確率をもって真理に達することを充分満足して確信したのである。」（V, 47, 脚注）しかしもし推定が、道具的行動の不成功によって解除され、日常言語の中に貯えられた前科学的経験基盤の説明へと戻ってゆくとき、その修正主義的力は伝達的行動の連関の中から引き出されるので、この連関はプラグマティズム的準拠系によっては捉えられない。他方、他の二つの推論式と推定との論理的連関が、ただ道具的行動の作用圏の中でのみ作り出されるのだということは、依然として少しも言及されていない。

(98)「真な命題が言明するものは、君や私がそれについてどう考えようと、それが在るままの姿で存在するという意味で実在的である。しかしその真な命題が、未来に関する普遍的な条件文であるとすれば、この場合そこに言明されている事柄は、実際に人間の行動に影響するように定められているという仕方をもつ実在的普遍である。そして、どのような概念の合理的意味内容も、このようなものである、とプラグマティシストは考えている。」(Ebd., V, 432.)

(99) The Logic of 1873, VII, 340.

(100) Issues of Pragmatism, V, 457. パースはこの意味でのダイヤモンドの例を、一八七八年に、かれの有名な論文「いかにしてわれわれの観念を明瞭にするか」の中で導入した(V, 403 ff.)。

(101) Ebd., V, 457.

(102) V, 402, Anm. 2 (1893) 及び Philosophy of Mind, VII, 512ff. 参照。

(103) Scientific Method, VII, 58.

(104) Why Study Logic?, II, 176, 178.

(105) The Logic of 1873, VII, 341.

(106) Ebd., VII, 344.

(107) Concerning Certain Faculties, V, 233, Apel, S. 168.

(108) Consequences of Four Incapacities, V, 317, Apel, S. 223f.

(109) 私は、主として、全集第七巻に再録されている後期の諸論文『精神科学の基礎づけ』(Grundlegung der Geisteswissenschaften)と『精神科学における歴史的世界の構築』(Aufbau der geschichtlichen Welt in den Geisteswissenschaften)を取りあげる。これらの作品は、すでにフッサールの『論理研究』(Logische Untersuchungen)の影響下にあり、従って、初期の諸著作において明白な心理主義の危険からまぬがれている。さらに、私は、全集第五巻に収められている諸論文を、このうちでも、重要な『記述的および分析的心理学についての考案』(Ideen über eine beschreibende und zergliedernde Psychologie)および解釈学の成立についての論文を、よりどころにする。最後に、私は、全集第一巻の『精神科学序説』(Einleitung in die Geisteswissenschaften)の第一篇を考慮する。ディルタイの精神科学の論理については次の書物を参照せよ。H.G. Gadamer, Wahrheit und Methode, Tübingen 1965², S. 205

ff. さらに G. Misch, Lebensphilosophie und Phänomenologie, 1930.

(110) Dilthey, Gesammelte Schriften, Bd. VII, Der Aufbau der geschichtlichen Welt in den Geisteswissenschaften, S. 79/81.

(111) Bd. V, Abhandlungen zur Grundlegung der Geisteswissenschaften, S. 248.

(112) Bd. VII, S. 89.

(113) VII, 82 f.

(114) V, 264.

(115) VII, 90.

(116) VII, 118.

(117) 「自然科学は、諸現象をその構成諸手段に従属させるが、それは、自然科学が抽象によって、この構成手段でもって編成されるべき諸現象の同種性を、導き出すことによってである。これに対して精神科学は、なによりも第一にそして主として、測りがたく拡がる歴史的・社会的現実を――これは、ただ、外的現象において、あるいは諸作用において、あるいはたんなる産出物として、生の客体化された沈澱物として、われわれに与えられている――それが産み出された精神的生動性へ翻訳し返えすことによって、諸現象を編成する。従って、自然科学においては抽象、精神科学においては逆に、一種の転置による完全な生動性全体への翻訳し返えし」(V, 265.)。

(118) V, 143 f.

(119) V, 263.

(120) VII, 87 f.

(121) VII, 84.

(122) VII, 84 f.

(123) VII, 86 f.

(124) Ebd., S. 87.

(125) 私の次の論文を参照。Marxismus als Kritik, in: Theorie und Praxis, Neuwied 1963.

(126) VII, 148.

(127) VII, 278.

(128) Ebd.

(129) この生世界は、ハイデガーによって、世界内存在の実存論的解釈の形でさらに展開された。Sein und Zeit, Halle 1928. 参照。

(130) VII, 74.

(131) VII, 204.

(132) VII, 131.

(133) Ebd., 131 f. 個体的生世界の事実的意義連関は、記号的諸連関のうちにその沈澱を見出すという、言語分析的視点が、すでにディルタイにおいて見出される。「自己と諸対象ないしは人物の、生関連から出現するこれらすべての規定が、省察にのぼり、言語において表現される」(VII, 133 f.)。意義、価値、目的として、生関連の把捉図式の中でごたまぜになっているものが、記述的、評価的、前記述的言語使用の文法的諸形式において別々に現われる。

(134) VII, 73 f.

(135) VII, 243. VII, 72 及び 229 も参照。

(136) VII, 228.

(137) VII, 237.

(138) VII, 232.

(139) VII, 132 f.

(140) VII, 146 f.

(141) VII, 134 f.

(142) V, 319. ちなみに、ディルタイは、言語的表現の技巧的解釈という意味での解釈学の優越性を、これによって根拠づける。「それゆえ、理解の技法は、その中心点を、文書のうちにふくまれている人間存在の痕跡の解釈にもっている」(Ebd.)。

（143）　VII, 141.

（144）　世代、時期、文化の精神を、ディルタイは、個別の人生の意味ないし意義との類比によって捉えている。時代は、個人がその境域をその世界のうちに見出すように、その境域を生の地平のうちに見出すのである。「生の地平」の下で、ディルタイは、「ある時代の人間が、かれらの思考、感情、意欲との関連においてそのうちで生きている境域」を理解している。「ここで、生、生関連、生経験、思想形成の関係が存続する、そしてこれは、諸個人を、多様な把捉、価値形成、目的設定をもつ一定の圏内に固定し、束縛する。ここにおいては、さまざまな不可避なものが個々の個人を統制している」(VII, 177 f.)。時代は、この歴史的連関のすべての客体化を貫通する時代精神の同一性において凝集する。これは、人生が、自我を構成する意味の同一性において凝集するのと同様である。「個人と同様に、どの文化体系、どの集団もその中心点をそれ自体のうちにもっている。ここにおいて、現実把捉、評価、財の産出が全体に結びつけられている」(VII, 154.)。別のところで、ディルタイは、このような意味において、歴史の意味と意義の問題が解決される、時代と時期のそれ自体への求心化について語っている(VII, 186.)。

（145）　この問題から、自然科学と精神科学の二元論を方法論的に厳密に捉えようとするリッケルトの同時期の試みが出発する。かれは、カントの理性批判の要求を、法則定立的科学の妥当領域に制限し、こうしてディルタイによって認識批判の地位にまで高められた精神科学のための場所を手に入れる。ディルタイと違ってリッケルトは、ヘーゲルの客観的精神の概念と、間主観性の弁証法的関係を糸口にしない。むしろかれは、自然に対応して、文化を先験哲学的に捉える。悟性のカテゴリーによって諸現象は、一般的法則の下で「自然」として構成されるが、これに対して「文化」は、価値の体系に対する事実の関係によって形成される。文化的現象は、この個体化された価値関係に、そのつどに反復不可能な歴史的意味という意義を負っている。リッケルトは、ヴィンデルバントが主張する厳密に個性記述的な科学の論理的不可能性を見抜いている(W. Windelband, Geschichte und Naturwissenschaft, Freiburg 1894.)。かれは、理解科学の特有のはたらきを事実《ファクトゥム》と見ている。すなわち、この科学は、不可避的に一般的な、従って反復可能なものに向けられた表現のうちに、それにもかかわらず反復しえない、歴史的事象の意味を捉える。しかし、かれの提案は、この事実を満足のいくようには説明することができない。――リッケルトのひそかな生の哲学的前提は、そのまま無言の体験にただ踏み入る現実の非合理性である。すなわち、認識する精神の先験的に媒介された干渉の下で、この現実は相反する二つの見方に解体する。現実は、合法則的な連続性の形か、あるいは異質の個別の形か、そのいずれかの形で捉えられなければならないから、この相補的な両側面は、あくまで分離したままである。対応する理論的準拠系の選択は、われわれに完全な二者択一を迫る。一方の系の言明は、他方の系の言明へ転換されない。「異質の連続」という名称ばかりが、先験的把捉において分裂した現実の統一につけられる。全く外から押しつけられたこの統一に、有限的悟性の綜合は何ら対応していない。しかし、もし価値のカテゴリーそのものが論理的一般者として妥当しなければならないとすれば、一般的法則の下で自然として捉えられるのと同一の現実は、いかにして価値関係によって個体化されうるというのか。リッケルトは、価値が部門の概念と同一の論理的位置をもっていないことを要請する。文化現象は、要素がある部門の外延に包摂されるのと同様の仕方で、この現象にとって本質的な価値に包摂されているのではない、とかれは断言する（Die vier Arten des Allgemeinen in der Geschichte, Anhang zur 5. Aufl. der »Grenzen der naturwissenschaftlichen Begriffsbildung«, Tübingen 1929, S. 739 ff., bes. S. 749 f.）。しかしながら、この要求は、それがのべられる先験論理学の内部においては実現されない。リッケルトは、弁証法的方法を——この方法は、あるいはかれを捉えることがあったかもしれないのに——信用していないから、歴史的全体性の概念をただ回りくどく言う外はない。先験的な意識批判の諸前提から出発する精神科学の論理というものは、普遍と特殊のヘーゲルによって描かれた弁証法をまぬがれるわけにいかないのである。この弁証法は、ヘーゲルを経てさらに、歴史的に個体化されたもの——これはまさしく、非同一的なものとして確認されることを要求するが——としての文化現象の概念へ達する。——価値哲学もまた、それ自体、カントからヘーゲルへの不徹底な移行のもつ同様の二義性に基づいて存在する。リッケルトは、文化の概念をさしあたり、先験的観念論を基盤にして構成する。自然のカテゴリーと同様に、「文化」は、妥当している諸価値の体系の下での現象の総体として先験的意味をもっている。——文化は、諸対象について何事をも語るのではなく、諸対象の可能的把捉の諸条件を規定する。このことに、価値体系は、実践理性からア・プリオリに導き出されるにちがいないという楽観的な仮定が対応している（この立場をリッケルトは、かれの最初の論文、『文化科学と自然科学』Kulturwissenschaft und Naturwissenschaft, Freiburg 1899. においてとっていた）。まもなくリッケルトは、この立場を放棄しなければならなくなった（変更された立場は、理論を体系的に仕上げるに及んで目立ってくる。Die Grenzen der naturwissenschaftlichen Begriffsbildung, a. a. O.）。いわゆる価値の実質的充実は、価値に方向づけられる、歴史的主体の行動がそこにおいて表明されたその諸文化の現実の連関からのみ、解読された——たとえ価値の妥当性がそのような発生と無関係であったにしても。このことが認められなければならないとすると、しかし、文化のカント主義的概念は、ヘーゲルの客観的精神の概念において弁証法的に展開されたあの先験的・経験的二義性をもつことになる。文化科学は、すでに構成されている対象と出会っている。経験的に妥当する価値体系の文化意義は、価値に方向づけられた行動から産み出されている。それゆえ、歴史的に流動し伝承される諸価値の経験的形態のうちに、同時に、価値に方向づけられて行動する主体の、先験的に媒介されたはたらきが、吸収され保存されている。歴史とともに、科学の対象領域のうちに一つの次元が組み込まれる。そしてこの次元において、行動主体の頭脳を通過して、先験的意識の一部が表明される。すなわち、価値の先験的に張りめぐらされた網の中でのみそのつど妥当性を要求することができる一つの意味が、客体化される。リッケルトは、先験哲学の諸規定を放棄しようとしないから、これらのことは、かれの手からそれと知らないうちにこぼれ落ちてしまう。

(146) VII, 141.
(147) VII, 143.
(148) VII, 145.
(149) VII, 207 ff.
(150) VII, 206.
(151) VII, 205.
(152) VII, 206.
(153) VII, 225.
(154) VII, 206.
(155) Ebd.
(156) H. Plessner, Lachen und Weinen, Bern 1961. さらに Über Hermeneutik des nichtsprachlichen Ausdrucks, Vortrag auf dem VIII. Deutschen Kongreß für Philosophie in Heidelberg, 1966.
(157) VII, 206.

(158) J. Habermas, Zur Logik der Sozialwissenschaften, Philos. Rundschau, Beiheft 5, Tbg. 1967, S. 124 ff.
(159) VII, 226.
(160) Ebd.
(161) VII, 227.
(162) VII, 153.
(163) V, 330.
(164) VII, 136.
(165) VII, 207.
(166) VII, 210.
(167) VII, 217.
(168) V, 320.
(169) Einleitung in die Geisteswissenschaften, I, S. 38 f.
(170) VII, 138.
(171) Ebd.
(172) VII, 137.
(173) この客観主義への後退を、鮮かにガダマーが分析している。ただし、私は、この後退を科学と生の哲学との分裂から捉えることができる、とは思っていない。H. G. Gadamer, Wahrheit und Methode, a. a. O., S. 218 ff.
(174) VII, 213 f.
(175) VII, 204.
(176) V, 317.
(177) VII, 219.
(178) VII, 213.
(179) Ebd.

(180) VII, 146.
(181) I, 49/51f.
(182) V, 258.
(183) 私の次の論文を参照せよ。Zur Logik der Sozialwissenschaften, a. a. O., bes. Kap. III, S. 95ff.
(184) VII, 188. (　　)の部分は私の補足である。

第三章

(1) Kant, K. d. U. Werke, ed. Weischedel, Bd. V, S. 280 ff.
(2) Kant, GMS, a. a. O., Bd. IV, S. 42, Anm. もっと後の箇所でカントは経験的関心と純粋関心の区別を詳しく述べている (ebd., S. 97, Anm.)。
(3) MS, Bd. IV, a. a. O., S. 317.
(4) IV, 101.
(5) Ebd., S. 98.
(6) Ebd.
(7) Ebd., S. 99.
(8) K. d. p. V., Bd. IV, S. 249.
(9) Ebd., S. 250.
(10) Ebd., S. 252.
(11) K. d. r. V., Bd. II, S. 677.
(12) K. d. p. V., Bd. IV, S. 251.
(13) J. G. Fichte, Ausgew. Werke, ed. Medicus, Bd. III. Zweite Einl. i. d. w. L., S. 43 f.
(14) Erste Einl. i. d. w. L., a. a. O., Bd. III, S. 17.
(15) Ebd.

(16) Ebd.

(17) K. d. r. V., Bd. II, S. 440 ff.

(18) Ebd., S. 450.

(19) Fichte, Erste Einl., Bd. III, S. 17 f.

(20) Zweite Einl., a. a. O., Bd. III, S. 56.

(21) Erste Einl., a. a. O., Bd. III, S. 18.

(22) K. O. Apel, Die Entfaltung der sprachanalytischen Philosophie und das Problem der Geisteswissenschaften, Philos. Jahrb. Bd. 72, 1965, S. 239 ff.; ders., Szientifik, Hermeneutik, Ideologiekritik, in: Man and World I, 1968, S. 37 ff.

(23) Ges. Werke, Bd. XIII, S. 304. 引用は、一九四〇年にロンドンで出版され、一九六三年にフランクフルトで第四版が出版された、A・フロイト、E・ビープリング、W・ホッファー、E・クリス、O・イザコヴァーによる校訂本（一七巻）による。

(24) Dilthey, Ges. Schriften, Bd. VII, S. 261.

(25) Ebd.

(26) Ebd.

(27) Bd. III, S. 260.

(28) Ges. Werke, Bd. XV, S. 62.

(29) VIII, 403.

(30) Zur Psychopathologie des Alltagslebens, IV. 参照。

(31) この点についてさらに次の箇所を参照。 Die Traumdeutung, II/III; Über den Traum, II//III, 643 ff.; Die Handhabung der Traumdeutung in der Psychoanalyse, VIII, 349 ff.; Metapsychologische Ergänzungen zur Traumlehre, X, 411 ff.

(32) II/III, 655. ——かれの画期的な著作、『夢の解釈』（一九〇〇年）の序言では、すでに次のように述べられている。

「夢は、心理学的に吟味すると、一連の異常な心的形成物のなかの一番最初の環である。それに続く環のうちで、実際的理由から医師が取り扱わなければならないのは、ヒステリー性恐怖症、強迫観念および妄想観念である。夢は、……同じような実際的意義を要求できるものではないが、しかしそれだけいっそう模範例としての理論的価値は高い。夢形象の発明を説明できない者は、恐怖症や強迫観念、妄想観念などをも理解しようとしても……無駄であろう」(II/III, S. VII)。

(33) II/III, 518.

(34) XV, 13 f.

(35) XV, 28 f. 初期の考えについては、『夢の解釈』II/III, 479 f. 及び 563 ff. を参照。

(36) XV, 14 f.

(37) XV, 8.

(38) 現在、検閲官は好ましくない書物を禁止して、印刷物を没収し、破棄するが、以前は、それらの書物を無害にするために、しばしば別な方法がとられた。「ある場合には、不都合な箇所は読めなくなるまで厚く塗りつぶされた。こうすると、その箇所は書き写すことができなくなり、その本を次に筆写した者は、無害なテキストをつくり出すことになる。しかし、そのテキストは、数箇所が欠落していて、おそらくそこを理解することはできない。あるいは、これに満足できず、テキストの損傷を暗示することすら避けたいと思う場合には、テキストの歪曲にまで移行した。個々の単語は削除され、あるいは他の単語がその代りに置き換えられたり、新しい文章が挿入された。最もいいのは、その箇所をそっくり削除して、その代りに、正反対の意味をもつ他の文章をはめ込むことだとされた。こうすると、その本の次に筆写する者は嫌疑のかからないテキストを生み出すことができたが、しかしそのテキストは変造されたものであった。つまり、それは、もはや、著者が伝えたいと思ったことを含むものではなかった。そして、おそらくそのテキストは真の姿に改訂されることはなかったに違いない。——もし比較をあまり厳密にやるのでなければ、次のように言ってもよい。つまり、他のさまざまな防衛手段に対する抑圧の関係は、テキストの歪曲に対する削除の関係と同じである。そして、この変造の種々の形態のなかには、自己変容の多様さに対するさまざまなアナロギーが見出されるのである。」(XVI, 81 f.)

（39） II/III, 572 f.

（40） II/III, 603.

（41） XV, 29.

（42） とくに次の箇所を参照。Über wilde Psychoanalyse (VIII, 118 ff.); Erinnern, Wiederholen und Durcharbeiten (X, 126 ff.); Bemerkungen zur Übertragungsliebe(X, 306 ff.); Wege der psychoanalytischen Therapie (XII, 183 ff.); Bemerkungen zu Theorie und Praxis der Traumdeutung (XIII, 301 ff.); Konstruktionen in der Analyse (XVI, 43 ff.); Die endliche und die unendliche Analyse (XVI, 59 ff.)

（43） XI, 451.

（44） V, 8.

（45） VIII, 123, さらに X, 135 をも参照。

（46） XVI, 52 f.

（47） XVII, 104.

（48） VIII, 374.

（49） X, 133.

（50） XII, 186.

（51） XII, 188.

（52） I, 567.

（53） XVI, 93 f.

（54） Ebd., S. 94.

（55） XII, 127.

（56） 教育的分析によって獲得された自己抑制は、もちろん、単に分析のあいだ、相互行為に加わり、そのなかである距離を保ち、計画的に相互行為の型を変えてゆく者（医師）の優位を守るためにだけ必要なのではない。もっと重要なのは、患者は一般に、医師が歩みよる自己反省の段階までしか自分を高めることができないという事情である。自己反省は孤独な運動なのではなく、他者との言語的コミュニケーションの間主観性に束縛されている。したがって、自己意識は、結局のところ、相互承認を基礎にする以外には構成されない。もし医師が患者を転移状況から解放し、自律的自我として自由にふるまわせても、この二つの主体は必ずひとつの態度を相互にとるが、解放された〔患〕者は、そのなかで次のことを知る。すなわち、自我の同一性は、ただかれを承認する他者の、そしてこの他者も患者の承認に依存する、そのような同一性によってのみ可能である。

（57） Das Ich und das Es, XIII, 235 ff.; Hemmung, Symptom, Angst, XIV, 111 ff.; Neue Folge der Vorlesungen zur Einführung in die Psychoanalyse, XV; Abriß der Psychoanalyse, XVII, 63 ff.

（58） XV, 74.

（59） XVII, 84.

（60） XIV, 14.

（61） XIV, 176.

（62） XIV, 125.

（63） XIII, 247.

（64） 日常会話を私的言語へ歪曲するものとしての抑圧というこの概念を、アルフレート・ローレンツァーはフロイト自身が用いた少年ハンスの馬恐怖症の例を使って、非常に明瞭に展開した。A. Lorenzer, Der Prozeß des Verstehens in der psychoanalytischen Operation, Manuskript. を参照。

（65） XV, 74 f.

（66） フロイトは、憂鬱症の研究から出発して、内面化を、犠牲にされた愛好物が「内面において再びつくられる」メカニズムとして把握する。そのために、対象の備給が解消されなければならなくなっても、依然として同一化が行なわれうるのである。この内面化のモデルケースが、放棄された親対象の内面における構築であって、それはエディプス的状況の正常な解消と結合して、超自我を「設立」するのである。

（67） XIII, 282.

（68） XVII, 106 f.

(69) XIX, 34 f.
(70) Was sollte sie denn sonst sein? XVII, 143.
(71) XV, 171.
(72) XVII, 142.
(73) XVII, 126. XVII, 80 も参照。
(74) XVII, 108.
(75) フロイトが一八九五年一〇月フリースに贈った三部作は、一九五〇年になってようやく書簡集『精神分析学の初期から』の附録のなかで公表された。E. Jones, Das Leben und Werk von Sigmund Freud, Bd. I, Bern 1960, S. 438 ff. 参照。
(76) Jones, a. a. O., S. 444. 参照。
(77) II/III, 541.
(78) II/III, 542.
(79) II/III, 604.
(80) II/III, 604.
(81) XIV, 46 f.
(82) X, 136.
(83) VIII, 380.
(84) XVI, 69.
(85) XV, 23.
(86) あるいは、行動に準ずるものの。初期条件の選択は、初期条件を事実上操作することの代わりである。
(87) A. Lorenzer, Der Prozeß des Verstehens in der psychoanalytischen Operation, Manuskript.
(88) A・C・マッキンタイアが動機と原因のあいだに引いた分離 (Das Unbewußte, Ffm. 1968, S. 82 ff.) は、この連関を不明瞭にしている。

(89) A. C. Danto, Analytical Philosophy of History, Cambr. 1965, S. 143 ff. 参照。
(90) 本書第八節参照。
(91) XII, 193.
(92) XVI, 49 f.
(93) XIII, 307 f.
(94) A. C. MacIntyre, Das Unbewußte, a. a. O., S. 122 f. 参照。
(95) XIV, 49.
(96) 「手短かに言うと、われわれはよく知られたネストロイの姿を手本にしている。この下僕があらゆる質問と抗議のために用意している唯一の答えは、こうである。『終りになれば、すべてはっきりします』」(XVI, 52.)。
(97) XI, 452 f.
(98) A.C. Danto, Analytical Philosophy of History, a. a. O., Kap. X, XI, S. 201 ff. 参照。
(99) XV, 194.
(100) XVII, 125.
(101) XIV, 505.
(102) XI, 322. ebd., S. 368. も参照。
(103) VIII, 416.
(104) VIII, 415.
(105) XIV, 448 f.
(106) XIV, 326 f.
(107) XIV, 327.
(108) XIV, 331.
(109) XIV, 353.
(110) XIV, 333.

（111）本書七一ページ以降（本訳書六三ページ以降）を参照。
（112）XIV, 369.
（113）フロイトはこの考えを殺人の禁止を例として展開した。XIV, 363 ff. を参照。
（114）XIV, 330. なお XV, 196 f. をも参照。
（115）この点についてさらに次の著作を参照せよ。T. W. Adorno, Weltgeist und Naturgeschichte, in: Negative Dialektik, Ffm. 1966, S. 293 ff.
（116）フロイトの著作のなかで内包されている社会理論に関するヘルベルト・マルクーゼの卓抜な解釈もまた、この危険を完全に免れてはいない：Triebstruktur und Gesellschaft, Ffm. 1965.
（117）XIV, 380; フロイトは、欲望と関心を区別した。欲望的素質は「エス」の成分であり、われわれが関心という言葉を使うのは、動機づけが自我機能と結びつけられているときである。逆説的に言えば、関心とは自我・欲望である。われわれは、この区別から出発して、認識を主導する関心を自我の諸機能に関係づけることができる。〔まず〕現実吟味は、道具的行動と、外的生活条件への知的適応の作用圏内で展開される認知的はたらきに基づいている。この成功によってチェックされる行動規則の操作的学習には、対象化された諸過程を自由に処理する能力の拡大にたいする技術的認識関心が対応する。これに反して〔第二に〕欲動の検閲は、相互行為の連関の中で同一化と内化にいたる途中で形成される認知的はたらきを前提している。この社会的役割の道徳的学習には、相互理解の間主観性の確保に対する実践的認識関心が対応する。最後に、エスと超自我の統合は、特殊なしかたで損われたコミュニケーションの病的な諸連関のなかで生じる認知的はたらきによって遂行される。この自己還帰的学習過程には、抑圧ならびに誤った意識の止揚に対する解放的な認識関心が対応する。もっとも、これらの認識を主導する関心を構造モデルの枠内の自我の諸機能に関係づけるさいに、われわれはあくまでも次の点を意識していなければならない。すなわちそれは、まさにこの自我、エス、超自我のモデルこそ反省の経験から獲得されたものなので、それゆえメタ理論的なレベルにあるということである。このことが明瞭である限り、認識を主導する諸関心をメタ心理学の諸概念のなかで解釈することは、認識と関心の連関を短絡的に心理主義化する助けとはなりえない。他面においてこのような解釈から得られたものも、決して多くはない。なぜならば、認識を主導する諸関心のさらに立ち入った分析は、メタ心理学をさらに一般に研究論理学の地盤を去って、人類史の客観的連関へ戻ることを強要するからである。ここにもまた、認識理論はただ社会理論としてしか貫徹されえない、ということが示されている。

(118) F. Nietzsche, Werke in 3 Bänden, Hrsg. K. Schlechta, 2. Aufl., München 1960, Bd. III, S. 486.
(119) I, 1021.
(120) III, 343.
(121) I, 1044.
(122) III, 862.
(123) I, 217.
(124) I, 231.
(125) I, 232.
(126) I, 281.
(127) III, 814. なおガダマーの哲学的解釈学の基礎づけは、はっきりそうは言わないがこの志向に従っている。Wahrheit und Methode, Tübingen 1965. の第二版への序文参照。
(128) III, 442.
(129) III, 440.
(130) III, 526.
(131) III, 440.
(132) III, 726.
(133) III, 903.
(134) III, 560.
(135) III, 499.
(136) III, 446.
(137) I, 471.（訳者注。第二版では以下の部分がない）さらに Nietzsche, Erkenntnistheoretische Schriften, Frank-

furt/Main 1968 への私の後記をも参照。

（138） III, 790 f.

後　記（一九七三年）

『認識と関心』が公刊されてからほぼ五年、全く改訂することもなくいまこの新書版に収められることになった。とはいえ、私が、本文の改訂を必要としていない、というのではない。むしろ、予想外の白熱したまた広範な討論によって多くの問題が投げ掛けられたので、もしこれらの問題を系統的に取り扱おうとすれば、私は、別に一冊の書物を書かなければならないであろう。批判は（それがあくまで批判であり、売名行為や政治的路線争いの類いでない限り）次の五群に整理される。

(イ)　再構成的歴史記述の歴史的であるとともに体系的な方法に対する異論（ジンスバーグ、ロプコーヴィッツ）

(ロ)　個々の思想家の解釈、とりわけヘーゲル（これに対してはブープナー）、マルクス（ハーン）、フロイト（ニコルズ）、フッサール（エヴァンス）の解釈に対する異論

(ハ)　認識問題の非実在論的な捉え方に対する異論、とりわけ、さまざまな客体領域およびそれらに対応する「知識形式」を構成理論によって境界づけることに対する異論（バレシュトレーム、マッカーシー、クリューガー、ロプコーヴィッツ）

(ニ)　客観性および真理性を非観念論的に捉えることに対する異論、とりわけ、先験性の修正概念と認識関心の二義的な位置に対する異論（アナッカー、ブープナー、ヘス、ロールモーザー、トイニッセン）

(ホ) 私の科学理論的試論を明確にし、修正しあるいは展開するために不斉合な点と不明瞭な点とに対して向けられた異論（ベーラー、アーペル、フロイスタット、ギーゲル、シュロイアー、ヴェルマー）

この分類にあたって私は、私の示唆に従って解決策が取り入れられ、生産的に仕事がすすめられている優れた仕事（たとえば、ヘレスネス）を除外している。バール、グラーザー、レイ、ヴィルムスの個別研究は、『認識と関心』のなかで取り扱った諸問題にただ事のついでに触れているだけである。いくつかのいっそう重要な異論に対しては、『理論と実践』の新版（フランクフルト、一九七一）に寄せた序論のなかで立ち入ってのべておいた。

さらにまた、フレッド・R・ダルマイアは、数々の論文の中で、『認識と関心』について議論を展開し、優れた評価を下している。このような事情の下では、この後記の不充分な紙幅からみて、ただ私が賛否両論から学んだ事柄についてのみ釈明しておく方がよいように思われる。その際、私は、今になってみると修正する必要があると思われる細目にまで立ち入るわけにいかない。むしろ、私は、なぜ私がこの書物の体系的思想に執着したがるのかについて明白にしておきたい。ただし、この思想は、今後私が必要と思う吟味によって、別の趣きを帯びてくるであろう。

第一節　体系を意図する歴史記述の位置について

とくに英米の読者に対しては、体系を意図する哲学史の記述は——このような思考および叙述の型は、大陸においてはヘーゲル以降表立った釈明を（幸か不幸か）もはや必要としなくなったが——とまどいを覚えさせるものである。私の研究の目標は、科学主義の批判である。ここで私が言う科学主義とは、つい先頃まで、もっとも細分化されたまたもっとも有力な現代の哲学、ほかならぬ分析哲学を支配していた根本の立場のことである。すなわち、それは、諸科学と同様に科学哲学も、それ自体、隠れた志向《インテンチオーネ・レクタ》に従って行なわれなければならない、言いかえれば、その対象を自分の前にもたなければならない（そして自分自身を再帰的に確保するというようなことがあってはならない）という立場である。この立場のゆえに、分析は、それが認識問題にたずさわる限り、言語分析を旨とする科学方法論を義務づけられる。この方法論は、後期のヴィットゲンシュタインの衝撃を受けるまで、自然なまた科学的な言語使用の語用論を論理的分析から除外していたのである。K・O・アーペルは、このことを、科学主義の「抽象的誤謬推理」と呼んでいる。「語用論的な記号次元の捨象を前提すれば、論証の人間的主体は……存在しないし、それゆえにまた、われわれに対してつねにすでに前提されている、論証の可能性の諸条件へ向う反省の可能性も存在しない。それに代わって存在する――と言えば存在するのが、メタ言語、メタ理論などの無限の階層秩序である。そしてその中で、論証の主体である人間の反省の能力が、注目されてくると同時に隠蔽される[1]」。従って、科学主義の批判とは（哲学的にはつねにすでに要求されているにもかかわらず）拒否されている反省をそれとして意識させる、言いかえれば、（現象学であるにもかかわらず）不問に付されている認識問題の次元を意識させる、という課題を負っている。この課題の解決に到る一つの道は、現代実証主義の前史を再構成することである、と私には思われた。その場合に、この再構成は、科学主義が根ざしているあの抑圧過程に対抗して回想の分析力を動員するということをそのねらいにして、行なわれるはずのものであった。この企てがそれほど成功したとは思われないが、しかし、すでに序文のなかで表明しておいた通り、このようなねらいについては、私は、誰に対してもはっきりさせておいた。もっとも、自己反省の図式に従おうとする哲学史の記述にしても、自己反省を思想の運動として正面から受けとめないひとびとにとっては奇妙なものとして映らざるをえない、という堂々廻りから私はまぬがれていない。

まやかしでたかぶったお説教のこの堂々廻りから脱け出すために、私は早速つけ加えておきたいが、科学主義の批判は、このような哲学史的助産法にたよらなくても、もっぱら体系的論議によってのみ主張されうるはずである。この点で、私は、批判者たちと意見が一致している。一九六七年に、私は、三冊の書物の構想を練っていた。そのうちの一番目が『認識と関心』であり、序論《プロレゴーメナ》の位置価をもつはずであった（序文参照）。これにつづく二冊の書物は、分析哲学の発展の批判的再構成を内容とするはずであったが、この計画を私は果さなかった。それは、具体的事情によるものである。すなわち、もう今では科学主義の批判および自己批判が、盛大に行なわれているのである。ドイツ語圏においては、(1)とりわけK・O・アーペル[2]、H・J・ギーゲル[3]、F・カムバルテル[4]、H・シュネーデルバッハ[5]、E・トゥーゲントハット[6]、A・ヴェルマー[7]が、分析哲学の主要な原理に対して内在的に手掛けられる批判を行使し、研究論理学と言語分析とを押しすすめて、それらに固有な思考の歩みを追いながら、それらを経験と論証との可能性の諸条件に対する先験的反省に向けることを目標としている。(2)さらに、エルランゲン派の方法的哲学には、科学主義によってなおざりにされてきた基礎づけの問題を改めて取りあげる科学理論のための手掛りがふくまれている。もっとも、この哲学は、再構成的言語理論と普遍的な言語規範化とにわたる特有な両面価値性《アムビヴァレンツ》のうちに止まっている[8]。英語圏そのものにおいても、(3)科学理論と科学史との対決によって新しい戦線が生じた[9]。観察命題の理論依存性にまで遡ぼる問題性は、諸理論そのものが範型《パラダイム》に依存するというクーンのテーゼによって先鋭化された。これに対するファイアアーベント、ラカトシュ、とりわけトゥールミン[10]の反響によれば、科学史の合理的追構成という課題は、理論の発生連関およびその使用連関の論理的分析を科学主義が断念することをもはや許さないのである。[11] (4)しかしながら、先験的解釈学（アーペル）の、あるいは私はこう言う方がもっとよいと思うが、普遍的語用論の枠組のうちで構築される、経験の構成理論と真理の合意理論にとっては、別の展開の方がさらに重要である。言語使用の論理的分析は、ヴィットゲンシュタインとその後継者たちにおいては分立したままに止まっていて、まだ一つの言語遊戯の理論にまで仕上げられていなかった。まさしくこの課題が、いまや生成文法による言語分析の要求に促がされて取りあげられているように見える。普遍的語用論を目指す行き方は、オースティンやストローソンと結んで発話行為の理論の形成に努めるサールのような言語分析学者たちのうちに、また、ヴンデルリッヒのように、可能的な言語状況の一般的構造をその研究のうちにとりこんでいる言語学者たちのうちにも見られる。[12]

ここ数年の哲学的討議において目立っているこれら四つの論議の系列は、体系的であることを旨とする科学主義批判をなおいっそう的のないものにしている。とはいえ私は、このような実状から見て、科学主義の根本の立場が現代哲学の中でもはや力をもっていない、と申し立てるつもりは全然ない。私が言いたいのはただ、討議の脈絡がここ数年のうちにその趣きを変えて、批判の仕事が、伝達的行動の理論（ほどなく、私はこれを提示できると思う）の仕上げという構成の仕事のかげにかくれようとしている、ということだけである。

認識と関心に関する研究の位置についてのこのいくつかの所見を閉じるに際して、私は、ぜひ一つのはっきりした誤解を指摘しておきたい。M・A・ヒル[13]は、徹底した認識批判は社会理論としてのみ可能である、という私のテーゼを逆立ちさせて、私が社会理論を認識理論のうちに解消している、と主張する。[14] もちろん、形成過程の自己反省とは、この過程が、それを分析的に回想する者の頭の中で生じるということを意味しているのではない。私は、ただ、順調にすすむ自己反省は、意識化された形成過程へ改めて関与する、と主張しているにすぎない。

認識理論と社会理論との連関を、私は、二つの根拠から強調している。それは、一方では、社会体制の構成要素は、もし真理性に依存するとともに行動に関係づけられてもいる認知作用について、認識理論上の解明が行なわれないとすれば、充分には捉えられない、ということである。また他方では、認知の能力《コムペテンツ》を追構成しようとする認識理論上の試みにしても、社会的進化論のための構成手段として使用されることによって間接的に検証されるような仮説という形式をとる、ということである。(15) 「認識人間学」（アーペル）という言い方は、たしかに、先験哲学的絶対主義に対する断念を、言いかえれば、観念論的前提に対する断念を明白にしているけれども、しかし、たまたま成立した人類（これが、先験的意識一般という論理上の場所を占めるとされるが）に関する言明が、結局のところ、人類史の理論のあるいは社会的進化論の枠内でのみ根拠づけられる、ということをわからせるものではない。なぜなら、人間学は、行動指標の経験的一般化があまりにも弱く、人間の本質についての存在論的言明があまりにも強いという難点に、いつも逢着しているからである。

第二節　自己客体化対自己反省

科学主義の限界は、科学方法論を（明言されていない）認識理論として駆使するひとびとが行なう自己客体化の諸限界のうちに明らかにされている。科学主義的な科学理論は、客体化する諸科学の独占の要求をたしかに基礎づけるが、それ自体、これらの科学の地位に与るものではない。反省する研究者たちのコミュニケーション共同体が、その任務を、科学の科学主義的な自己理解を正当化することにこそあると見ている限り、この共同体は、それ自身を、ただ客体化する科学の諸概念によってのみ主題にする外はない。すなわち、この共同体が作り出す論議の連関とこの共同体が展示する相互行為の共同体とを、コミュニケーション共同体は、研究論理学の視点の下では正面から受けとめることができない。ここでは、研究者の共同体は、反省の主体として承認されてはならない。その科学主義的な根本の立場のゆえに、この共同体は、自己客体化を強いられる。こうして、科学主義の科学理論家は、自己反省の要求を、かれの理論を放棄することなしにこの要求に従うわけにいかないのであるから、何とか避けようとして、もし達成されれば、自己反省を求めるすべての要求を的のないものにしてしまうようなもくろみを提示する。すなわち、もしメタ理論の討議それ自体が、客体化する科学の枠のなかで充分に説明のつくものになるとすれば、そのときはじめて、経験的に説明可能な現象だけが現われてくるというのに先験的基礎づけがそこで要求されるという点に、科学主義によれば、その本質があるような、カテゴリーの取り違えが見えすいてくる、というのである。

むろん、もくろみに対しては、それが実行可能であることの納得できる論証が期待される。当初、自己客体化のもくろみを充分に見込みのあるものとして明らかにしようとする試みは、古典的な還元主義の形をとって行なわれた。その場合、一方では、還元されるとされている事柄（志向と行動、間主観的関係、動機、内的な状態あるいはエピソードなど）の一定の記述が仮定され、また他方では、さしあたりは非客観主義的に記述された諸現象を説明することのできる理論的な枠組（たとえば、神経生理学、生物サイバネチクス、行動主義的心理学それぞれの理論言語、あるいは一般に、経験主義的言語の形式的特性）が仮定される。精神と身体、行動と態度、根拠と原因、これらの関係の分析についての討議が、カルナップ、ファイグルからセラズ、デイヴィッドソンに至るまでに得た結果は、カテゴリー上の解明というこの水準では、言語分析的にますます精緻になった還元主義のもつ論理的難点がかえっていっそう明白になってくる、ということであった。[16] 観察命題が理論に依存することおよび理論そのものが範型《パラダイム》に依存することがはっきりわかってくると、次いで、方策が修正されることになり、かつての心身問題はその基盤を取り払われた。非客観主義的言明の還元を求める要求は、今日では、可能な限り新しい理論をさぐり発展させることを求める要求と入れ代わっている。そして、この新しい理論によって、（規約的・客観主義的言明ならびに）非客観主義的言明を、非規約的な、また理論的に説明するためにはより適切なカテゴリー上の枠組のなかで、改めて定式化することが可能になるのである。

科学の進歩が――これが納得できる論証の第二の段階である――根本的な、先き取ることのできない言語批判として理解される。この批判は、だんだんと日常言語の再帰的準拠枠を掘り崩し、生世界を理論言語上の代替物によって変形していくから、その結果、発言し行動する主体がますます自己を客体化していくのはとうてい避けられないし、従ってまた、いつの日にか研究共同体が客観主義的に自己を主題化するような事態が生ずるのもとうてい避けられない（置換仮説）と言われる。このテーゼは、ファイアアーベント、セラズ、ローティ、J・J・C・スマートたちの諸見解のなかで擁護されてきたが、[17] その弱点は、このテーゼがあまりにゆるやかであるとともにまた充分にゆるやかではないという点にある。それは、充分にゆるやかではない。なぜなら、還元主義のもくろみといっしょに、客観主義的な記述系というのはしばしばすぐれてさまざまな説明を可能にするという前提も放棄されてしまえば、従前の理論を新しい理論によって代替していく過程にしても、客体化する科学が優位性をもつという趣旨によってあらかじめ裁定されていることにはならないからである。実際、たとえば、言語理論風な再構成科学、さらには、精神分析学風な批判科学の方が、学習理論型の行動科学よりまさっていることが証示されるかもしれないのである。他方、あのテーゼは、あまりにゆるやかである。なぜなら、ファイアアーベントの最近の論文[18]に見られるように、科学の進歩を、増殖《プロリフェレイション》の原理によってどうにか統制しようとすれば、すぐさまこのようなゆるやかさ（あるいは大まかさ）は、科学の進歩という理念そのものの放棄にまで至る外はないと思われるからである。そうなれば、たとえば、魔女信仰がニュートン力学と正面きって競合することも許されるであろう。

自己客体化のもくろみを、たとえ多義的ではあるにしても、納得させようとする第三の可能性を、最後に、C・F・フォン・ヴァイツゼッカーが、野心的なテーゼによって明らかにしている。それは、物理学の基本法則が定式化するものは（たとえこれらの法則が、特殊な経験を手すりにしながら発見されたにしても）特殊な経験の結果ではなく、むしろこれらの法則は、あらゆる可能な経験の必然的条件を解明する、というのである。すなわち、「カントが古典物理学に対して定式化したもくろみは、今日、実行不可能であるか、それとも実行されるものとして証示されるか、そのいずれかであるが、このような証示は、もし経験の可能性の諸条件についての納得できる主張に基づいて、今日の発展がひたすら目指している、内容上一義的に規定されるあの統一的な物理学が精確に構成されるとすれば、可能である[19]」。このもくろみが、先験哲学の勝利を助けようとしていることは明らかであるように見える。ところがその実、このもくろみをつきつめれば、なんと結局は科学主義が正しいということになるであろう。なぜなら、ヴァイツゼッカーにとって、物理学の限界が、概念的思考の限界だからである。自然の一般理論の諸命題によって（そのような理論は、おそらく「意味論的一貫性[20]」の諸条件の下での「完結した」理論というハイゼンベルクの結論に決着をつけるものであろう）客体化可能な、すなわち二者択一を経験的に決定できるようなすべての事象の普遍的合法則性が表現されるのであり、その場合に、これらの命題の有効性は、物理学の基本法則とはすべての事象の客体化の可能性の諸条件を意味する、という事態に還元されてよい—

—ヴァイツゼッカーはこのように期待している。この解釈は、自然の一般理論の客観主義的な基本命題と、可能的経験の先験的条件についての反省的言明とが意味論上等価であることを、確定しているにすぎない。すなわち、この両者が別々のものであり、それどころか統一不可能なものである、とみなされてきたのは、精神と自然との同一性が、おそらくこれまで、ともかく正当な仕方では考えられていなかったせいであろう、というのである。しかしながら、この点に、このもくろみの難点がある。このもくろみが達成されない限り、ヴァイツゼッカーは、物理学のパラドックスの——物理学は、それとして見れば、認識主体の先験的はたらきを説明できるはずであるにもかかわらず、その物理学の妥当性がかえって先験的に基礎づけられる、というこのパラドックスの解決をただ請け合ってみるだけにすぎない。そうしてみると、この理論は、理論であると同時にメタ理論である外はないことが（そして、この構造に対してはただ一つのよく知られたモデル、すなわち、コミュニケーションをそれと同時的なメタ・コミュニケーションの条件の下でのみ認める、日常言語しか存在しない、ということが）わかってくるはずである。

完成した素粒子理論は、客観主義的であるとともに先験的な自然の（および認識する人間による自然の客体化の）科学という今日でもやはり逆説的に見える形態をとる、というあやふやな期待に科学主義が訴えなければならないとすると、自己反省というこれに代わる方途によっていったい何が達成されるのかについて検討するのは、もっともなことである。ヴァイツゼッカーは、カントとダーウィンによって創出され、さらに、物理学を典型とする客体化する科学の独占要求によって本来的にあからさまになる状況を、正確に見ている。「第一に、どのような『客観的』認識も、それが主観の作用である限り、ある『主観的』条件の下において成立する。第二に、主観そのものは客観の世界のなかでその一部分として生活している、ということを考慮するとき、われわれは、認識の主観について何を言明しうるかが問題になる」[21]。プレスナーもまた、先験的反省が不可避であると同時に遂行不可能であることから生じたジレンマを見ていた[22]。すなわち、客体化する科学は、対象領域について理論を構築するが、これらの領域のカテゴリー上の構成は、それが行動に関係づけられる経験の綜合的先験性《ア・プリオリ》であることを打ち明けている。しかし同時に、この経験の主体は、人類史および自然史の産物であり、そしてこの主体が備えている諸能力《コムペテンツ》は、その論理について追構成されなければならないと同時に、その発生について経験的に説明されなければならないであろう（もし客体化する科学の独占要求が、さらにまた、認識の必然的で主観的な条件の合理的追構成にまで拡張されると、このジレンマは、トリレンマへ拡大されるであろう）。このような科学主義の要求の成立の仕方およびそれが不当に強調される事態については、認識と関心に関する序説的研究において明らかにされるはずであった。

この書物において、私が、論証史の形で叙述しようと試みたことは、次の諸点である。

(イ) 可能的経験の必然的で主観的な条件についてのカントの分析によって、非客観主義的な基礎づけの類型が創出されたが、これを、認識理論として登場するどのような科学理論も、反省を随意に中断するのでなければ、無視することは許されないであろう[23]。

(ロ) カントの後継者たちは、先験的条件（カテゴリーと直観の形式）並びにこれらの条件の下で綜合作用を遂行する主観それ自体を、もはや与えられたものとして受け入れるのではなく、生成するものとして捉える。ただし、かれらは、あらかじめ再帰的な知の自己知を、観念論的に、この産出過程の創設者に高めている。

(ハ) マルクスは、可能的経験の構成要素の成立史を類の社会的再生産過程に還元することによって、絶対的端緒の難点を回避している。――ただし、かれはこの行き方を一貫させて、認識理論を社会理論として基礎づけて

はいない。(24)

(ニ) コントからマッハに至る実証主義は、認識理論の危機に直面して、認識一般の再帰的基礎づけの要求を、客観主義にくみして放棄する（けれども、この実証主義のもくろみは、言語分析哲学の科学主義においてはじめて、ラッセルと――初期の――ヴィットゲンシュタインからカルナップとポパーを経て、セラズやファイアアーベントに見られる自己背反的な立場に至るまでの大規模な思想運動を通じて、一貫して活用された）。

(ホ) しかし、早くも古い実証主義と並行して（これに影響されていなくもないにしても）自然科学および精神科学の研究過程についての反省から、科学理論のいくつかの行き方が出現し、これらが、先験的基礎づけの形式を回復するが、その場合、自然的成立史と社会的形成史からまぬがれている認識主体を、観念論的に、考慮することはない。すなわち、パースは、事物と事象についての、行動に関係づけられる経験の語用論的先験性を研究し、ディルタイは、言語に媒介される相互行為における経験の伝達的先験性を研究する。

(ヘ) 最後に、精神分析学によって、その創始者の科学主義的自己誤解にもかかわらず、はじめて、自己反省を方法的に使用する科学が創設される。その際、ここで言う自己反省とは、無意識に動機づけられた知覚の制限と行動の強迫との疑似先験性を露呈し、分析的に止揚することを意味している。

私は、この私の書物において、論証史の素描を、変形された先験哲学の考案の入口のところで止めた。この考案そのものは、アーペルおよび私のいくつかの論文の中で解明されているが、とはいえ、私にもっともと思われる問いに対しても、われわれがすでに充分な答えを出しているとは、とうてい言うことができない。

もし合理的に追構成可能な規則能力《コムペテンツ》にもかかわらず、これらの能力によって際立っている主体を、「経験的な」、自然的に成立し社会的に形成された主体を超えたところに想定することができないとすれば、われわれは、経験の構成理論において、どのような意味で認識の「先験的」基礎づけ（と真理の合意理論）について語ればよいのか。先験的意識は実体化である、としてみよう。それならば、どのような単位によってこの意識は代替されればよいのか。個別の研究集団によってであろうか。あらゆる研究者の普遍的共同体によってであろうか。自己構成的な類的主体という意味での社会「そのもの」によってであろうか、それとも社会的進化のうちにある類としての社会によってであろうか。もし先験的な、従って反省的立場をとることによって追構成可能な規則の諸体系をさまざまな境界条件および機構——これらによってわれわれは、第一に、この普遍的なものの成立を、第二に、それに対応する能力の獲得を、第三に、言語および行動の能力によって際立っている主体の形成過程を説明することができる——から区別することに充分な意味があるとすれば、われわれがこのような説明を企てる進化理論は、客体化する科学の形態をとりうるのであろうか、そしてもしそうであるとすれば、「客体化する」ということの意味は変わらなければならないのではないか。最後に——もしわれわれが、カントのように、理論理性と実践理性とを区別するだけではなく——カント体系の建築術にさからって——一方ではさまざまな対象領域から出発して語用論的先験性と伝達的先験性とを区別し、他方では、可能的経験の対象の構成を論議による妥当性要求の論証による検証に対立させて、経験の、行動に関係づけられた解釈を論証から区別するとすれば、理性の統一はどのようにして考えることができるのであろうか。これらの問いに対して答えるには、先験性という概念を修正しなくてはならない。

変形された先験哲学の考案を、現代科学主義の前史の消尽点として目に留めるならば、個別の思想家についての私の解釈に対して唱えられた多くの異論の方策に対して、私が、どうしてよいかほとほと困ってしまうことは理解していただけるであろう。たとえば、ヘーゲルの絶対知の概念に、カントとマルクスの側からこれに対して唱えられるほぼ一致した疑念に対抗して、何とか納得のゆく理解を与えようとするブープナーの試み（文献案内8）がそれである。たとえば、マルクスの内示的な唯物論的認識理論に反対して、その明示的な社会理論を、まるで社会的労働による綜合が、社会的労働過程そのものと同一の水準において分析されうるかのように、証拠としてあげようとするハーンの試み（文献案内15）がそれである。たとえば、ローレンツァー[25]とダーマア[26]の理論的なまた文献学的な研究によって、メタ心理学は、方法的にひき起こされる自己反省の治療上の過程がもつ意味と関わりなく捉えられてはならないことが[27]、ここしばらくの間に充分論証されているにもかかわらず、精神分析学を、フロイトの自己理解をよりどころにして、客体化する科学として捉えようとするニコルズの試み（文献案内25）がそれである。

第三節　客観性と真理性

一連の誤解については、第五節において論じたいが、これらは、私が、『認識と関心』においてはまだ、一方の対象構成の問題と他方の妥当性の問題との区別を充分にしていなかったことに起因している。アーペルは、この区別に対応する「意味構成」と「妥当性の反省」[28]との区別を、かれのパース解釈の中で展開していた。経験的言明のカテゴリー的意味は、この言明が関わる対象領域の構造に応じて規定される。この意味は、可能的経験の対象とともに構成される。言いかえれば、それは、われわれが現実を客体化することによって同時にこの現実を開示する場合の、実質的な経験の先験性である。このような意味と、われわれが主張されたどのような言明にも内示的に結びつけている妥当性要求の、論議によって検証可能な意味とは異っている。ある言明がそのなかで真あるいは偽でありうるような意味は、経験の可能性の諸制約のうちにあるのではなく、批判可能な妥当性要求の論証による基礎づけの可能性のうちにある。言明のカテゴリー的意味は、われわれがそれについて何かを言明する経験の対象のあり方に関わっている。主張についての論議による妥当性要求の意味は、われわれが言明において再現する事態の存在に関わっている。カテゴリー的意味は、ある発話行為の命題内容のうちにふくまれているのであり、妥当性要求は、この発話行為の運用部分《パフォマティーフ》のうちにふくまれている。なぜなら、カテゴリー的意味のうちには、つねに、われわれが世界のなかの何かを——事物あるいは事象として、人として、あるいはその表出として——経験するための視点が反映しているからである。これに対して、妥当性要求のうちには、間主観的な拘束性が反映している。そしてこの拘束性によって、あの経験的諸対象について何かを、すなわちある事態を、ある事実として、主張することが許されるのである。

F・P・ラムジイは、真理理論についての討議に関連して、経験の対象（事物と事象）と事実との区別に改めて着目していた(29)。かれは、「シーザーの死」という事象を、「シーザーが死んだ」という事実から区別する。シーザーが死んだという言明は、事象に関わっているのであり、そしてこの事象については、それが生じたことと確定可能であることが前提され、また、この事象にある特定の述語的規定が与えられる。同一の事象について、外延のひとしい、同義ではないさまざまな記述がありうる。たとえば、「シーザーの死」と「シーザーの殺害」がそれである。しかし、シーザーは殺害されたという事実を、われわれは、つねに同一の言明によってのみ再現することができる。——外延はひとしいが同義ではない言明は、同一の事実を表現することができない(30)。

ストローソンは、オースティンとの論争(31)において、ラムジイのこの区別をいっそう際立たせている。「事実とは、言明が（真な場合に）言明していることがらである。このような事実は、地球の表面上の事物や事象のように、目撃されたり、聞かれたり、見られたり、引き裂かれたりひっくり返えされたり、中断されたり延期されたり、けとばされたり、こわされたり、つくろわれたり騒々しかったりするものではない」[32]。事物と事象（人とその表出）は、われわれが経験したり取り扱ったりする「世界のなかのあるもの」である。それらは、可能的な（行動に関係づけられる）経験の、あるいは（経験をよりどころとする）行動の対象である。これに対して、事実は、われわれが言明において主張する現存の事態である。言明のうちに指示的表現（名称と標識）が現われ、これが、経験の対象に関わり（準拠）、こうしてわれわれは、これらの対象について、述語的規定において何かを言明することができる（述語づけ）。しかし、この「何か」、たとえば「シーザーの死亡」、あるいはオースティンの例をあげれば、「マットの上にいる猫」というような事態は、命題内容であり、「世界のなかで」時と所とを定められるような事物でも事象でもない。「ある事実によって驚かされているとは、影によっておびやかされているというようなものではない。驚かされている、というのも……」[33]。指示的表現が、経験の対象を確定するのに役立てられるのに対して、命題に、あるいはこの命題のうちに現われる述語的規定に対応する準拠体《レフェレンテ》は存在しない。「準拠される国王、人などは、言明の準拠部分の素材的相関者である。準拠体が『所有する』と言われる質あるいは特性は、言明全体の疑似素材的相関者である」[34]。それにしても、このことによってただ消極的な定義が下されたにすぎない。この脈絡で「疑似素材的な対応」とは何のことであるのか、おそらく誰もが知りたくなってくるであろう。ここでは、事実一般の存在論的位置に対する問いが誤って立てられている、と私には思われる。事実は、われわれが経験したり取り扱ったりする客体と類比的な「あるものである」と仮定することは、厳密に言えば、無意味である。

事実は現存する事態である、とわれわれが言うとき、われわれは、対象の現存を考えているのではなく、命題内容の真理を考えている。むろんその場合、われわれは、それについて命題内容を主張する確定可能な対象の現存を前提している。事実は、事態から導き出されている。そして事態は、その真理要求が問題にされ討議に付された主張の命題内容である。事態とは、端的にではなく仮言的に主張される言明の内容であり、従って、妥当性の要求を表立たせない主張の命題内容である。しかし、ある事態が、問題となった言明の、論議によって主題とされた内容であるとき、われわれは、(目下)終了している論議の中の、かつて主題にされたがそのうちに問題とならなくなった言明内容を、事実と呼ぶのである。すなわち、それは、われわれが、論議による検討のあとで真として主張したいことがらである。事実は、「確固とした」主張においてなされる言明の内容である。要するに、「事実」と「事態」の意味は、主張が表立たせていないその妥当性の要求を解明する「論議」への関わりなしには、解明することのできないものである。

それゆえに私は、私の真理理論に関する論文[35]において、論議の伝達形式を、われわれが行動し経験する生実践から取り出したのである。ここで私は、理想的な言語状況の形式的特性に、従って、論証を可能にする伝達構造に立ち入ることができない。しかし私は、論議と生実践との異った機能に着目しておきたい。

論議は、意見(および規範)の問題となった妥当性の要求を検討するのに役立てられる。論議においてもっぱら許容されている強制は、よりよき論証の強制である。ただ一つ許容される動機は、協同の真理探究である。論議は、その伝達構造に基づいて、行動の強制から解放されている。それは、情報の獲得過程にどのような余地も与えない。論議は、行動からまぬがれ、経験と関わりがない。情報が論議のうちに投げこまれ、そして論議の中から、問題とされている妥当性の要求の検証(承認)あるいは解消(拒否)が出てくる。論議の過程においては、論証以外の何ものも産み出されない。事実は、実在性を留保されている。つまり、事態について論議される。仮言的思考を可能にする特有の抑制が、伝達的行動と道具的行動との生実践上の領域においては素朴に受け入れられている妥当性の要求をとらえる。ここ、生実践においては、行動に関係づけられた経験が獲得され、交換される。経験の伝達に使われる主張は、それ自体が行動である。諸経験の客観性は、それらが間主観的に分有されてはじめて成立する。経験は、客観性を要求して現われるのであるから、誤謬や錯誤の可能性が生じる。――このような場合には、(言うところの)経験を表現する意見は、「たんに主観的」である。けれども、主張された経験のこの客観性は、主張された言明の真理性と同一ではない。

主張は、伝達的行動であり、妥当性の要求を内示している。すなわち、この主張は、世界のなかの対象についての経験を主題にしながら、主張された言明の真理性を前提している。この主張は、それが経験である場合、それ自体として客観性を要求する。そのことはまた、知覚をつねに伴う、感性的確実さの体験においてよく示されている。知覚は、虚偽ではありえない。われわれが錯覚したとき、それは、ほかならぬこの知覚ではなく思っていたのとは別の知覚であった、ということである。あるいは、何かを知覚したと思ったけれども、全然、知覚していなかった、ということである。私が何かを知覚するとき、この経験に客観性がまた与えられるが、それは、私が、私の経験を、世界のなかの諸対象についての経験として、ア・プリオリに解釈するためのカテゴリー上の枠組によってのことである。私が伝達的行動の諸連関において主張する経験のこの客観性は、私が伝達された経験に基づいて行動するとすぐさま、行動の制御された成果において明らかになる。(36)

同じ主張でも、それが伝達的行動の成素ではなく、論議の成素となる限り、事情は別である。その場合には、この主張は、明示されまた問題として提示された妥当性の要求の見地から、事態を主題にするのであり、そしてこの事態が現存するとすれば（すなわち、事実であるとすれば）経験によって確証されうるということを仮定するのである。たとえば、実験をしてみることができる。しかしこの実験は、私が生実践の脈絡のなかでなら行ない主張するような構造上類比的な経験とは別のものである。すなわち、実験は、論証のために、生実践から経験を抽出してきてこれをデータに改編するのに役立つのである。私がある事態を主張するからといって、私は、決して（客観的に存在する）経験を主張しているのではない。――必要な場合には、私は、構造上類比的な経験を、データとして引き合いに出し、主張された言明が申し立てている真理要求を基礎づけることもできる。主張のうちに内示されている妥当性要求の認証としての真理性は、経験の客観性とは異なり、成果によって制御された行動において明らかにされるのではなく、問題とされた妥当性の要求が検証される有効な論証においてのみ明らかにされるのである。

世界のなかの対象の経験は、それ自体、世界のなかで生じる過程である。それゆえに、経験の客観性は、私が、行動に対する、あるいは設けられた選択に対する現実の反作用として解釈することのできるような過程において、改めて確証される。これに対して事実は、出来事ではない。それゆえに、命題の真理性は、世界のなかで生じる過程において確証されるのではなく、論証によって達成された合意において確証されるのである。解説として、法律上の請求権があげられる。[37] たとえば、われわれは、所有権の意味を明らかにしようとするとき、二つの異った問いを立てることができる。(a)この権原は、私に対してどのような権利を与えるか、そして、(b)これは、法的権原として何を意味するか。第一の問いに対してわれわれは、許された行動を述べれば答えになる。すなわち、所有権は、私に対して所定の事項を自由に処理する権利を与える。第二の問いに対してわれわれは、誰かと私とが私の権利について争う場合に生じる保証を指示すれば答えになる。すなわち、一つの法的権原として、私は、私の所有権に万一の場合には訴訟手続きを通じて一般的承認を与えることができる。妥当性の意味とある主張の妥当性の要求との関係も、これと同じである。経験の客観性とは、誰もが一定の行動の成功あるいは失敗を見積もりうることを意味している。論議において主張される命題の真理性とは、誰もがこの主張の妥当性の要求をもっともなこととして承認しようとするだけの理由をもっていることを意味している。

たしかに、「このボールは赤い」というような基本的な観察言明においては、経験の客観性と命題の真理性との間には、緊密な類縁性が成り立っていて、これが、対応する主張において表現される。すなわち、このボールは赤いという（論議によってあとから検証可能な）事実は、対応する（客観性を要求する）赤いボールについての経験のうちに「基礎づけ」られうる、あるいはその逆に、私が赤いボールについて行なった客観的経験のうちに、このボールは赤いという事実が「表示されている」——おそらくこのように言うことができるであろう。しかし、客観性と真理性との間のこの類縁関係は、われわれが否定的な言明あるいは一般的な言明に（これらは、実際に、客観性と真理性とをとり違える対応理論を反証する例示として、プラトン以来解明されてきたものである）とりくむと、たちまちはるかに稀薄になり、複雑になる。

対象構成の理論において明らかにすることのできる経験の客観性の諸条件は、論議の論理を展開する真理理論において明らかにすることのできる論証の諸条件と同一ではない。しかし、これらの諸条件は、言語による間主観性の構造を媒介にして結びつく。われわれの言語によるコミュニケーションは、二重構造（ちなみに、これは、基本的な発話行為の形式から読みとれる）をもっている。すなわち、経験についての了解と命題内容についての了解とは、可能的な間人格的関係のうちの一つの関係の選択に関する同時的なメタコミュニケーションにおいてのみ許容されている。この点に、認知作用および行動動機と言語による間主観性との、私の知りうる限りにおい

[38]ては人間に特有な、交差が表現されている。社会文化的発展の諸段階において、動物的行動は、妥当性を要求する命令の下で再組織される。[39] その場合、言語が一種の変圧器の働きをする。感覚、欲求、感情というような心的諸過程が、言語による間主観性の構造のうちに組み入れられると、内的なエピソードあるいは状態は、志向的内容に変わる。すなわち、諸志向は、ただ再帰的にのみ、言いかえれば相互的に期待された志向として、時間を橋渡ししながら一定の内容をもつことができる。感覚、欲求、感情（快、不快）は、このようにして、知覚、願望、享受ないし苦悩へ変形されるが、[40] その場合にこれらは、客観性を要求して現われるか、あるいはたんに主観的であるかである。経験の対象の知覚は、つねに、客観的なものとして、すなわち主張として表出される。願望は、客観的なものとして表出されることがある。その場合、願望は、行動規範に基づいて正当化される普遍化可能な関心を、つまりは命令として、表現しようとする。同様に、享受も、それが客観化可能である限り、評価基準から、まさしく評価として正当化されることがある。主張(叙述的判断)、命令(規範的判断)、評価（評価的判断）が客観的「経験内容」を表現し、その場合、知覚の客観性は、可能的経験の対象の間主観的に分与された構造によって保証されるが、命令と評価との客観性は、行動規範あるいは評価基準の間主観的な拘束性によって保証される。普遍化不可能な関心、評価、たんに部分的でしかない願望、私的でしかない享受ないし苦悩が存在するのに対して、客観化不可能な知覚は、何ら知覚ではなく、「想像力」、空想、表象等である。

　このような事情から、われわれは、興味深い区別に気がつく。関心と評価との普遍化可能性は、与えられた状況の下で間主観的承認を受けている規範、価値に依拠する。ただしその場合、価値判断、規範的および評価的言明の認知上の要求は、事実的承認という経験的な状況をよりどころにするのではなく、ときどきに根底に置かれている行動規範と価値基準との妥当性の要求の論議による検証可能性をよりどころにするのである。すなわち、この正当性の要求あるいは適合性の要求は、実践的論議において、検証し、基礎づけ、あるいは棄却することができるものである。従って、命令と評価との「経験内容」の客観性が意味しているものは、根底に置かれている規範と基準とが妥当性を要求してよいし、従って普遍的である、ということに外ならない。これに対して、諸主張の経験内容の客観性は、すでに見てきたように、真理要求の――諸主張は、対応する言明のためにこの要求を申し立てるが――論議による検証可能性に決して還元されるものではない。たしかに、命題の真理性は、論議の枠内でのみ、しかも、理論的論議の枠内でのみ検証され、基礎づけられ、棄却される。しかしながら、われわれがたとえば個々の言明を基礎づけるために引き合いに出す理論の真理性は、その経験内容の客観性を決して規定するものではない。この客観性は、総じて論証によって評定されるのではなく、行動の脈絡の中での累積的な確証によって評定されるのである。従って、われわれが、命令と評価との客観性について行なっている想定、すなわち、この客観性は、論証のために引き合いに出される理論ないしは規範、そして基準の、論議によって事後に検証可能な妥当性から導き出されるというこの想定を、われわれは、主張された知覚の客観性については否定しなければならない。むしろ、知覚の客観性は、可能的経験の先験性において確定されている。

経験の先験性（可能的経験の対象性の構造）は、論証の先験性（可能的論議の諸条件）に依拠するものではない。けれども、さまざまな根拠に基づいて蓄積される経験科学の理論は、この二つの先験性によって限定される。理論は、論証の諸条件の下においてのみならず、同時に、経験可能な事象に対して先だって行なわれる客体化の限界内でのみ、形成されるのであり、また形成されていくのである。ここで、「論証の諸条件の下において」とは、論議によって検証される、言明の諸体系という形で、ということを意味するのであり、「経験可能な事象の先行する客体化の限界内で」とは、可能的経験の独立に構成された対象に、その基本的述語が関係づけられているような理論言語において、ということを意味している。科学の進歩の流れの中で断続的に変化する理論言語は、前科学的な対象領域の諸構造を解釈することができるし、またある程度は、改編することができる。しかし、われわれが天使になるのでもなく動物になるのでもない限り、理論言語は、対象領域の諸構造を、別の客体領域の諸条件へ変形することができない。科学的進歩の尺度に従ってさまざまに解釈されるものは、われわれの世界の同一の諸対象についてのそのときどきの経験である。経験の、多様な解釈の中でのこの同一性は、可能的客体化の諸条件によって保証される。コペンハーゲン学派の量子理論解釈は、このような見方を劇的に意識させた。すなわち、測定器具がそれを使って記述されなければならない「古典的」概念は、運動体の前科学的に構成された対象領域の限界を表わしている。この領域を、現代物理学の非古典的理論は、別に解釈することができるが、しかし、別の客体領域へ形成し変えることはできないのである。(41)

第四節　認識と関心

私は、(友人のK・O・アーペルの長年にわたる批判にうながされて)普遍的語用論と真理理論の問題にたずさわってきたが、この仕事を通じて、論証の先験性と経験の先験性とを区別するようになった。そしてこの区別によって、これまで互いに競い合っていた諸テーゼもまたいまや統一可能なものとなったように思われる。論証の単一性は、対象領域のさまざまな意味構成と統一可能である。論証が基づく諸条件は、すべての科学において、真理要求を論議によって検証するための条件として同一である。科学主義的にみて制約のない合理性のこれらの条件は、理論的論議の論理の枠内で解明することができる。その場合に、批判的合理主義が、理性的談話《レーデ》の根本規範に対立させて「方法」として独立させる[42]あの批判の普遍的規定も、その権利が認められる。もっとも、統一科学のもくろみは、論証の単一性を、言いかえれば、理論の妥当性の基礎となる諸前提の単一性を、理論そのもののの単一性と取り違えている。この過度の要求は、経験の構成理論によってしりぞけられる。この理論は、理論の形成および研究論理学と、理論的知識の成立（および使用）の先験的条件との連関を追構成するものである。他面、可能的経験の対象の細分化に充分な理由があるにしても、このことが、論証の単一性を[43]反駁するものとされてはならないし、また、理論的進歩の公開性を、従って、同一の対象領域の科学的解釈の——たとえ体系的に変様するにしても——多様性を反駁するものとされてはならないのである。[44]

パースとディルタイは、自然科学および精神科学の研究過程を論理的に研究することによって、可能的経験の対象のそれぞれに異った前科学的領域に突き当った。私が歴史的に再現したかれらの分析は、むろん、体系的にも遂行される必要がある。これについてのべるには、この『後記』は適当は場所ではない。しかし、分析の必要と思われる進め方を数えあげることによって、私は、せめてこの課題を精確にだけはしておきたい。

(イ)　感覚的経験（観察）と伝達的経験（理解）との区別

われわれが事物と事象とにおいて知覚するものが、原型的には経験であり、これが客観性を要求し、また主張のうちに表現されるのである。観察する過程と観察されたものについての主張との間で立場が入れ代わることはない。これに対して、意味理解には二つの段階がある。第一の段階では、この理解は、発話行為の運用《ペルフォルマンツ》がとる非客観化的な立場に拘束されている。われわれが運用上、間人格的関係を作り出す場合にのみ、われわれは、ひとが私に向って、どのような主張をあるいは問いをあるいは促がしを、どのような約束を、どのような勧告をのべているのかについて理解する。われわれがこの非客観化的な立場において理解したこと、すなわち、経験そのものは、われわれがそれを第二の段階において主張の内容とすることによって、はじめて客観化される。伝達的対象領域の諸対象、すなわち人間、行動、制度、伝承等について経験するためには、われわれは、表出の運用を理解しなければならない。しかし、われわれがそのような経験を主張することによって、経験は、それが行なわれた間主観性の水準から命題内容の水準へ転移する。「ペーターはハンスに命令を与える」という命題を理解するためには、私は、いつかあるとき、コミュニケーションの参加者として、命令を与えるあるいは受けるとは何のことなのかを経験していなければならないのである。

　観察の連関を再現する主張を、われわれは、以下において記述と呼ぶ。一連の表出の理解、すなわち歴史を再現する主張を、物語と呼ぶことにしたい。

(ロ)　可能的な感覚的経験の対象と可能的な伝達的経験の対象との区別

記述（これは感覚的経験を再現する）を、われわれは、物語（これは伝達的経験を再現する）とは別の言語によって行なう。言語の指示的表現によって、第一の記述の場合には、事物と事象との同定が可能にされるのであり、第二の物語の場合には、さらにまた人と表出（あるいは文化的客体）の同定が可能にされるのである。従って、指示的表現は、あらかじめ、許容される準拠体《レフェレンテ》の部類を限定する。ところで、われわれが（対象について行なった経験に基づいて）それについて何かを言明する対象を、われわれは、直示的にか、あるいは名称と標識との助けを借りるかして同定する。これらの対象は、さまざまな述語的規定を結びつけるか含むかしなければならない。たしかに、述語的規定は、指示的表現の脈絡のなかでは述語的に使用されないが、しかし、関数たりうる準拠系は、ある命題内容をもっていなければならない。[45] 対象一般の特性の次元におけるこの最小限の内容は、カテゴリー的枠組であり、われわれは、この枠組において経験可能な出来事を経験可能なものとして客観化する。この点で、ピアジェの認知論的発達心理学は、カントの研究を確証している。すなわち、少くとも、実体、空間、時間、因果性という根本概念は、可能的経験の対象の準拠系を決定するのに必要である。

(ハ)　経験の、差異のある行動関連（道具的《プラグマティシュ》経験の先験性と伝達的経験の先験性との区別）

パースとディルタイについての私の解釈を手引きにして、次のように推測するのはたやすいことである、と私は思う。すなわち、「運動する物体」とか「行動し発言する人間」とかいうカテゴリー化は、ある行動関連を先験的に作り出しているのであり、従って、「観察可能な物体」は、同時に、道具的に取り扱い可能な（操作可能な）物体を意味し、「理解可能な人」は、同時に、言語に媒介される相互行為への参加者を意味する。言いかえれば、それは、道具的行動の対象ないしは相互行為における共演者でありうるような何ものかを意味する。――われわれが、さまざまなカテゴリー（あるいは認知的図式）によって同一の命題を、そのつど、道具的行動の領域のなかかあるいは伝達的行動の領域のなかで「図式化する」なら、それによって、われわれは二つの根本的な対象領域を産み出すのである、と私は主張したい。一方で、感覚的経験および伝達的経験の対象を、他方で、道具的行動および伝達的行動の対象を概念的に分析するならば、もともと心理学（ピアジェ）、人間学（ゲーレン）、哲学（デューイ、ハイデガー）においてカテゴリー上の連関として主張されている経験と行動とのこの先験的連関が、確証されるはずである。

(ニ)　生実践対研究実践

この書物において私は、認識と関心との連関を明らかにするのに苦心したが、経験の脈絡および行動の脈絡のうちにあるコミュニケーションと、基礎づけられた知識、すなわち理論的知識を可能にする論議との間のきわどい一線を充分精確に区別しなかった。たしかに、科学的対象領域の構成は、ある程度、われわれがすでに生実践において行なっている客体化の継続として理解される。しかし、科学の本来掲げている「客観性」の要求がよりどころにしているのは、経験の圧力と意志決定の圧力との（制度的な保証による）原則的な（従って、たんに実用的に片づけられない）抑制である。これによってはじめてわれわれは、仮言的な妥当性の要求を検証し、基礎づけられた知識を集積することが、すなわち、理論を形成することが可能になる。非客観主義的な科学理論の課題は、研究の論理が、経験の先験性と論証の先験性との間の連関の論理であるということを詳細に立証する点にある、と私は思っている。とりわけわれわれが課題としていることは、経験可能な事象に対してそのつど前科学的に遂行される客観化の限界内で、理論の根本概念が解釈される外はないということを、データに即して経験の変形を規制する測定方法は、どのようにして確保するのか——この分析である。この脈絡において、とりわけ、一方の、構造上類比的な生実践の行動と、他方の論議に依存する作業《オペラチオーネン》とが、たとえば道具的行動と実験的行動とが、区別されなければならない[46]。測定の実質的理論は、それぞれの対象領域の構成にともなって定められる、理論形成の諸条件を説明するものである[47]。

(ホ)　認識を主導する関心

事実は、構成されない。なぜなら、事実は、世界のなかの実在ではなく、論証の水準における言明の相関概念だからである。しかし、可能的な、行動に関係づけられる経験の対象は構成される。そして、主張される経験あるいは意見は、さまざまな経験領域と行動領域とに属している。そのような主張が、基礎づけを必要とするものとして主題化され、論議の諸命題に変形されるとなると、それらの主張は、ただ一つの見地から、それらが生実践においてもっているもともとの連関との結びつきを失なう。すなわち、生実践において仮定されているそれらの妥当性の要求は、一時その効力をとめられ、検証されるのである。しかし、その他の見地では、この結びつきは依然として保たれている。理論的知識が形成される言語の準拠構造《ジュンタックス》は、対応する前科学的な経験の連関および行動の連関の論理に、依然として繋留されている。それゆえに、論議によって基礎づけられた理論的命題にしても、改めて特殊な使用連関に手渡されるにすぎない。この点に、認識と関心との連関がよく示されている。事物と事象の現象領域に関する（あるいは、事物と事象において表示される深層構造に関する）言明は、ただ目的合理的な行動に対する方向づけに（科学技術と方策とに）のみ翻訳し返えされるのであり、人と表出の現象領域に関する（あるいは社会体系の深層構造に関する）言明は、ただ伝達的行動に対する方向づけに（実践知に）のみ翻訳し返えされるのである。認識と主導する関心は、論議に対して、行動と経験とのときどきの体系の統一を守る。この関心は、意見を理論的命題へ変形し、そしてまたこれらの命題を行動を方向づける知識へ変形し返えすというこの媒介によって、理論知に潜在する行動関連をふくんでいる。――しかし、この関心は、一方の、行動の脈絡において主張された経験と、他方の、論議において基礎づけられた、事実に関する言明との間の差異を、決して廃棄するものではない。同様に、この関心は、経験的《ファクティッシュ》に承認された妥当性の要求と基礎づけられた妥当性の要求との間の区別にふれるものでもない。因果的説明（これは、経験的・分析的知識を拠り所にしている）が技術的に利用可能な知識へ原則的に転置可能であり、そして物語的説明（これは、解釈学的知識をよりどころにしている）が実践的知識へ転置可能であるということは、もしその事情を、理論的知識が関心の普遍的連関の中に、上にのべたような一定の条件づきではめこまれているということからわれわれが説明できず、また、先験的に必然的なものとして基礎づけることもできないとすれば、奇妙な偶然に終るであろう。

（ヘ） 解放的認識関心と疑似先験性の破壊

技術的認識関心と実践的認識関心とが、深部の（無変異の、と言えるかもしれない）行動構造および経験構造のうちに基礎づけられている、すなわち、社会体制の構成要素と結びつけられているのに対して[48]、解放的認識関心は、派生的な位置を占めている。これは、生実践と、言いかえれば、体制によって損傷されたコミュニケーションの諸条件および外見上合法的な抑圧の諸条件の下ではじめて成立「対象領域」と、理論的知識との連関を確保する。それゆえに、この客体領域に対応する経験と行動との類型もまた、派生的である。疑似自然性の経験は、本来再帰的であり、そして、疑似自然的な強制を廃棄する行動と交差している。すなわち、自らが産み出したというのに見通しがきかないこの客体化に由来する強要を、私がはじめて経験するのは、これを分析によって覚知し、また、無意識の動機あるいは抑圧された関心のうちに根ざしている疑似対象性を解体するその時である。

第五節　さまざまな異論

本書の第九—第一一節では、精神分析学を方法上自己反省を要求する学問として再構成することが試みられた。のちにこれは、解釈学の普遍性要求に関する私の論文において補われ[49]、さらにロレンツァー（『言語破壊と再構成』一九七〇）ならびにダーマー（『リビドーと社会』一九七三）によって引きつがれたが——私はこれらの試みをきわめて的確に示された提案と考えている——、これらの仕事からおし量って見れば、たとえいかに優れた個別的研究[50]があったとしても、上の(イ)から(ニ)までに素描されたもくろみがすでに実行されたなどと主張するひとがあるとは思われない。しかし、このもくろみに対する私の歴史的・体系的手引きは、それなりに充分納得できる明瞭な論拠を示したと私は思っているので、それだけに、二、三の反応の激しさ(51)といくつかの基本的誤解にびっくりさせられた。(52)それらのかなり重要な異論のうち四つについて、ここでごく簡単に立ち入ってみよう。

(イ)　R・ブープナー(53)は、こうのべている。関心〔利害〕という概念は、私の論文のなかで「認識を主導する関心」が引き受けるとされている基礎づけの機能を排除する。「関心〔利害〕にとって特徴的なものは……特殊性および幾分かの非合理性という傾向である。批判的反省たるものは、あらゆる関心としての関心に必ず隠されているこの性格に気づくべきであった。しかし、そうなると、眼の前にある具体的関心に関心が制限されていることから満足せず、もっと制限されないよりよい関心を指示しようとするときに要求される、関心のうちにある直接性と無意識性の本質的統一への洞察はうまくゆかなくなるにちがいない。なぜなら、後者を支持する理由と前者に反対する理由とは、どちらの場合も関心〔利害〕が問題である限り、同一ではありえないからである。というのは、関心〔利害〕については、それらはたがいに競合するが、しかしこの水準では意志決定の現実的根拠を与えることはできない、とつねに言えるからである。与えられた関心〔利害〕の制限と不充分さに対する批判的反省は、単純に他の関心に依拠することはできない(54)」。

すべての関心〔利害〕は特殊的であるという仮定は、たしかに倫理学の経験論学派と決断主義学派では当り前のことである。しかし、もしそれが定義以外のなにかを意味しているとすれば、当然議論の余地がある。他の箇所(55)で詳しくのべたように、どの規範が普遍化可能な関心を表現しているか、そしてどの規範の根底には、特殊的な（従って最も良くいって、つまり平等に配分された力の条件下で、妥協可能な）関心しかないかは、実践的論議のなかで検証されるものである。(56)論議によって正当化しうる規範と普遍化可能な関心とは、非規約的な核をもっている。それらはたんに経験的に見出されるのでもなく、決断によって端的に措定されるのでもない。それらはむしろ、非偶然的な仕方において形成されると同時に気付かしめられる――もし理性的意志というようなものが一般に存在しうるとして――のである。論議による意志形成過程の認識上の目標は、提案された関心の普遍化可能性についての、論証的な方法で生み出された合意にある。

以上のことは、行動規範と評価の規範についてはあてはまる。しかしながら、認識の規範については、それが充分に基本的なものにすぎないとき、実践的な論議を行なうことができない。なぜなら、われわれは基本的な認識規範に対して、行動や評価の正当化可能な規範に対してと同様な承認ならびに拒否の自由度をもたないからである。われわれは、ある認識規範を合理的に追構成しようとするとき、それを「とっくに」承認している。それにもかかわらず、この規範もまた関心を表現することができる。このような認識を主導する関心は、実践的論議の意味では正当化することができない。なぜならそれらは、論議による意志形成のなかで、普遍化可能なものとして承認されうるのではなく、ただ経験の可能的客観性の諸条件を合理的に追構成する途上で普遍的関心として出逢われうるにすぎないからである。この認識関心の普遍性が意味するものは、種属ないしは社会文化的生存形式そのものの再生産の諸条件が対象領域の構造のなかで確たる地位を占めている、ということである。そして関心の基底が重要なのは、技術的、実践的、解放的に使用可能な(真な)知の産出の認識上の方策が、普遍的な、社会的諸組織の構成要素によってあらかじめ措定された、生の再生産の諸問題の諸部類に関係づけられているからである。可能的な問題解決を関心に従って先き取りするというこの直接性は、たしかに反省によって止揚されている。そしてその限り、認識関心は「正当に取りあつかわ」れている。けれども反省は、認識関心を「止揚する」力をも、根拠をもたぶんもっていないのである。

(ロ) L・クリューガー[57]は、私が理論理性の努力を実践理性の努力と混同し、「長い間受け入れられてきた、事実についての言明と行動の勧告ないし指示との間の区別から」絶縁しようとして、諸科学の実践的関連を主張している、という。ところで、私は主張（表示的言明）と勧告（規範的言明）との間の論理的区別を決して否定したことはない。むしろ、理論的論議における主張は説明の形式によって、実践的論議における勧告は正当化の形式によって基礎づけられなければならないということに固執してきたのである。(58) そういうわけで、クリューガーの嫌疑は、かれが私のものだとしている別なテーゼに基づいている。「ある特定の科学的言明が妥当性をもつ、つまり間主観的承認を要求する権利をもつという主張によってひとが何を考えているかを、われわれがたずねるとき、その答えはそれに対応する科学の根底にある関心と関連をもっているはずだといわれる。ハーバーマスはこのことをどこにもはっきりとのべてはいないが、ここでは私はかれをそのようにしか理解できない。つまり、かれはこう言いたいのである。言明の妥当性ないしは言明の真理性の承認は、かの関心を引き合いに出すことによって正当化されるにちがいない、と。この解釈が正しいことは、ハーバーマスが最近になってのべている真理の合意理論によって事実上裏づけられる。それに従えば、真か偽かに関するすべての決定は、共通の行動を実行している人間たちの一致に基づくとされている」。ここでクリューガーは、『認識と関心』のある箇所を指示しているが、それは、次のような箇所である。「自然科学と精神科学の論理学は、先験的論理学のように純粋理論理性の仕組に関わるのではなく、研究過程の組織のための方法論的規則に関わっている。そしてこれらの規則は、もはや純粋な先験的規則の地位をもたない。なぜならそれらは先験的な位置価はもっているが、事実的な生の連関から生じているからである。すなわち、それらは、社会的に組織された労働の学習過程と、日常言語によって媒介される相互行為のなかでの了解過程とを通じて、その生を再生産する類の構造から生じているからである。それゆえ、自然科学的研究過程と精神科学的研究過程の準先験的な準拠系の内部で得ることのできる言明の妥当性の意味は、その根底にあるこれらの生の諸関係の関心連関によって測られる」。

この箇所から明らかなように、私は「言明の妥当性の意味」を可能的経験の対象の前科学的構造と結びつけているので、決して妥当性の要求それ自体の実現を結びつけているのではない。命題の真理性は、関心の実現の度合によって測られるのではなく、[59]ただ妥当性の要求それ自体が論証を通じて正当とされる度合に応じてのみ測られうるのである。私が真理の合意理論を展開し、それと競合するさまざまの真理理論に対してそれを弁護しようと試みたのは、まさにこの意味構造の問題を妥当性の問題から明瞭に分離するためであった。その際にむろん、論議によって基礎づけられる合意は、決して「共通の行動の実行」において産み出されるのではなく、まぎれもない、理想的な言語状況の諸条件、すなわち行動上の強制を免除されたコミュニケーションという条件の下で生み出される、とのべてある。[60]

(ハ)　アルベルト、[61]ロプコーヴィッツ、[62]バレシュトレームとマッカーシー[63]は、客観化する諸科学の道具主義的解釈に異議を唱える。「自然科学の諸理論は、現実に関する情報を伝えるものである限り、あれこれの関心に従ってそれを成功裡に実践的に適用するのに役立つのである（そしてその反対に、実践的関心がこれらの科学の真理性の規準を規定するのではない）。……パースが展開した科学の解釈も、その根底にある語用論的な意味批判も、最初から重大な異論にさらされていた。ハーバーマスも知る通り、パース自身これらの難点を認め、やがて客観主義的な認識概念を代表するようになっていったのである。この展開は……これ以上徹底したプラグマティズム的態度をとることができないということから、ほとんど一般的に（そしてパース自身によっても）必然的なものとみなされている」。[64]

私はパースともっと徹底的に対決したのではなく、むしろデューイにいっそう強く影響されていたから、実在論的認識把握に対して、道具主義的な真理概念を内包するプラグマティズムを強く主張したいという誘惑には必ずしも抵抗しなかった。けれども『認識と関心』のなかでは、私は先験的プラグマティズムの諸観点を展開しているので、これは、道具的行動の成功が言明の真理性の充分な規準であるという考えとは決して一しょにできないものである。中期のパースのプラグマティズムは、(65) 合意理論的な（そして道具主義的では決してない）真理概念と結合した、意味批判的な実在解釈を意味している。そのなかでは、対象構成の問題と真理問題との分離がすでに計画されている。語用論的格律が、経験科学的に許容されるさまざまの表現の意味を統御し、それとともにこれらの表現の使用を道具的行動の作用圏内で可能な経験の対象に制限するから、間接的に、この対象領域に関する許容された言明の妥当性の意味もまたプラグマティズム的に解釈される。すなわち、それらの言明は「特殊化された諸条件の下でのいつでもそしてどこにおいても可能な技術的処理を考えに入れて、現実を捉える」(66)。ところが、言明の妥当性の意味をこのように特定の普遍的な経験構造および行動構造から導出することは、依然として議論の余地があるにしても、パースの場合にも私の場合にも、それは、妥当性要求の実現の、つまり言明の真理性のプラグマティズム的解釈を意味しない。もしかりに私が、カントの観念論を基礎として「あらゆる綜合判断の最高原則」(67) を導入できるとすれば、そのときは、言明のカテゴリー的意味の先験的導出が、言明の真理性の先験的基礎づけをふくんでいるかもしれない。しかし、それは不可能である。なぜなら、経験の客観性が基本的な観察命題にとっても充分な真理条件になるとすればそれはただ、理論的進歩が、前科学的に構成された対象領域をいっそう「適切に」解釈する理論的言語の批判的形成と考えられてはならない場合だけだからである。理論的言語のこの「適切さ」は、その言語のなかで可能な理論的諸命題の真理性をあらわす関数である。もしそれらの真理性要求が論証を通じてではなく、経験を通じて実現されるとすれば、理論的進歩は新しい経験の所産としてしか考えることができず、同じ経験の新しい解釈として考えることはできなくなってしまう。従って、経験の客観性は、それに対応する主張の真理性を保証するものではなく、ただその経験を解釈する多様な主張のなかでのこの経験の統一性を保証するだけであると考える方が、はるかに納得できる考え方である。

㈡　ロプコーヴィッツは、認識を主導する普遍的関心に認識を結びつけることに反対して、「現実とそっくり」という意味での科学的認識の客観性を主張する。かれは奇妙なことに、ただ解放的認識関心のみが「たしかに認識を導くが、しかし認識を誤り導かない関心たりうる」[68]という意見に達する。これは陳腐な誤解である。なぜなら、あらゆる先験的行き方は、実在論の意味での現実とそっくりなものが存在しうるという考え方を、最初から排除しているからである。真理の対応理論が帰着するところは、世界のなかの実物《エンティティ》として事実を実体化することである。そのなかにある客観主義的仮象をあばくことが、経験一般の可能性の諸条件を反省するすべての認識理論の意図と論理のうちにある。あらゆる先験哲学は、可能的経験の諸対象のカテゴリー的構造を解明するとき、同時に経験の客観性の諸条件を確認することを要求している。ところで、私が認識を導くさまざまな関心を導入するのは、論議に依拠する諸事実と前科学的に構成された対象領域との客観的連関を説明するためである。認識関心のこの構造は、論議によって産出される理論的知識が、真理たりうる表出を媒介にしてのみ再生可能な生の形式の生ける実践のなかに、条件づきではあるが体系的にはめこまれていることを理解させる、と私は言った。これらの前提の下では、経験の客観性とあの認識関心との間の対立を主張することは、分析的に矛盾している。というのは、この認識関心は、それによってはじめて経験可能なものとされる出来事の客観化の視点を確立するものだからである。

他の箇所ではロプコーヴィッツは先験哲学的行き方そのものにも反対する。「ハーバーマスが『可能的な技術的処理の視点の下における現実の客観化』と呼ぶものは、古典的な捨象の概念の助けをかりればおそらく大した困難もなく、技術的に評価できない現実の諸相の度外視ないし無視と書き直すことができよう。こうすることはなによりも、たんなる言葉のフェティシズムによって実在論的解釈の可能性が失われることがないという利点をもっている。ある箇所でハーバーマスは、客観化された現実に対応する『制限された経験』という言葉を使っている。この言い廻しは、ひとが制限されない経験を知っており、しかもこれを、なにか道具的認識の『欠如態』のようなものとしてでなく、反対に後者の必然的背景として前提しているときにのみ意味があるのである」[69]。実際、どのような意味で現実の客観化そのものが経験を制限することがあるとされたのかは、興味ある問題である。この客観化に代わりうる周知のものは、明らかに自然の客体化以外に存在しないのである。たしかに、知覚の現象学的研究（たとえばメルロ＝ポンティの）は、経験の語用論的な先験性がともに与えられている客観化されない経験の地平のコロナの光を弱め、おおい隠すという事実を納得させることができた。――しかし、感覚的経験が一般に客観性を得ることができ、そしてそれによって伝達可能性を得ることができるとされる場合、それらの経験は、ただ経験対象の語用論的な編成によってのみもっぱら可能となっているように見受けられる。

とはいえ、このことによってロプコーヴィッツが考えるように、先験的な語り方が不用になるのではない。なぜなら、認識実在論的行き方は、他のあらゆる不合理さを無視したとしても、おそらく無条件な真理の諸条件の分析をさまたげるにちがいないからである。認識が普遍的な実生活の諸連関の内部でもっている諸機能は、真理の無条件性の要求を経験的に取り調べなくても、私の見るところでは、たんに変形された先験哲学の枠のなかだけで解明できる見込みが充分にある。認識関心は、自然科学と精神科学の研究論理を反省する過程で確認され、また分析される限りでは、「先験的な」地位を要求することができる。しかし、自然史の成果として、いわば認識人間学的に把握される限りでは、それらは「経験的な」地位をもっている。私がこの「経験的な」という言葉をカッコのなかに入れるのは、社会文化的な生の形式を特徴づける創発的《イマージェント》な諸性質（別な言葉を使えば社会的諸組織の構成要素）を自然史的に説明することを要求されている進化理論それ自体が、客観化する諸科学の先験的枠組のなかでは展開することができないからである。

第六節　追構成対自己批判

『認識と関心』における私の諸研究は、たんに客観性と真理性との間を正確に区別するものがないことばかりでなく、同様に追構成と批判の意味における自己反省との間のはっきりした差異がないことにも悩まされた。あとになってはじめてわかったことだが、「反省」という言葉の伝統的な、ドイツ観念論に遡ぼる使い方は、二つの意味をふくんでいる（そして混合している）のである。それは一方で、認識し、語り、行動する主体一般の能力の可能性の諸条件に対する反省を意味するとともに、他方において、そのつどの特定の主体（ないし特定の主体の集団あるいは特定の類的主体）がその形成過程そのものにおいて従っている、無意識のうちに産出された諸限定に対する反省を意味している。最初のタイプの反省は、カントとその追随者たちにおいて可能的な理論的知識（および道徳的行動）の先験的基礎づけという形態をとった。ある理論、ないし一般に理論的認識が先験的に基礎づけられると、理論は、この理論を可能にしていると同時に制限している一群の不可避的な主観的諸条件に習熟させられる。こうして先験的基礎づけは、同時に理論の過度な自己理解を批判する。そのうちにこの反省は、産出の諸規則あるいは認識上の諸図式の合理的追構成という形態をもとった。わけても言語のパラダイムは、(フンボルトの言語哲学においてはなお規定的であった) 先験的な思考様式を改編するまでになり、その結果、諸条件の、つまりカテゴリーまたは諸規則の体系に先験的主観をつけ加えて考える必要はもはやなくなった。諸規則そのものがもつ生成的性格を構想して、生成規則の支配や、従って、言語能力の発生およびこの能力に秀でた主体の形成などが分析的にも経験的にも独立な、第二の問題になるようにすれば、それで充分である。とくにウィットゲンシュタインによる「規則に従う」という概念の分析とチョムスキーの「生成規則」および「言語能力」というフンボルトにつながる根本概念とは、言語、認知および行動の可能性の諸条件の合理的追構成のこのような特殊な理解に役立った。

ヘーゲルは『精神現象学』において、さしあたり素朴に知られたものが制約されてあることとの先験的分析によって生じる意識の自己批判的限定を、自ら生み出した偽の対象性の批判的解体という別な意味における反省と結合した。言いかえれば、客観的仮象からの分析的解放と結合した。次にフロイトは、この自己批判を、認識理論的連関から解放して、強迫的に制限された知覚と行動との範型の下で自分自身を偽瞞しそしてこの幻想を見破ることによって自分自身から自己を解放する、この主体の再帰的経験と連関させた。

批判は、従って追構成とつぎの点で異っている。

――批判は、経験の対象に向けられており、この対象が、その偽の対象性のなかにあることが批判によってはじめて暴露される。これに反して追構成の資料的基礎は、命題、行為、認知作用等のような、主観の産出物であることがあらかじめ意識される「対象」から成り立っている。

――第二に、批判は特殊的なもの、すなわち自我の同一性ないし集団の同一性の特殊な形成過程に及ぶけれども、追構成は、それに対応する能力をもった任意の主観が従うことのできる無署名の規則体系をとらえる。――最後に批判は、無意識な契機を実践的なしかたで成功裡に意識化し、虚偽の意識の決定因子を変化させるが、これに反して追構成は、完全に正しいノウ・ハウを、したがって規則能力とともに獲得される直観的知を説明するだけで、実践的結果を生じない。

せめて最後に、その下では自己反省の概念におけるこの差異が意味をもちうるいくつかの視点をあげておきたい。

(イ) まず第一に『認識と関心』もまた、ロプコーヴィッツ[70]が注意したような二重の性格をもっているのである。私は、この研究を認識の諸条件の再構成という手段を使って、しかも諸科学の誤った科学主義的自己理解をゆり動かそうという批判的意図をもっておこなった。これはすでにのべた通りである。

(ロ) 論理学や一般言語学のような「再構成的」諸科学は、今日(変形された)先験哲学の遺産を相続する(一般語用論的な)言語理論および科学理論と類似な地位をもっている。道徳哲学ですら、価値言語に関する伝達的倫理学の普遍的規則を理性的談話の根本的規範から導出できる限り、再構成的学問として確立されている。[71] 追構成可能な規則体系においては、その妥当性要求がすでに怪しくなってしまった生実践の認識的成分は重要ではない。さらにまた、このような妥当性要求の理由づけにおいて蓄積される学問上の一般的原理も重要ではない。規則体系の追構成のために必要なものは、むしろつまづきであって、これは論議そのもののなかから生じるものである。すなわちそれは、われわれが理性的談話の中で常に素朴に信頼している諸前提に対する反省にほかならない。その限りにおいてこのタイプの知は、これまでもつねに特殊な、「純粋な」知の地位を要求してきたのである。

このほかに独自なタイプの諸科学が、個別的能力の合理的追構成の試みを基礎として生み出された。私が言っているのは、認知論的な発達心理学をモデルとする発生論的諸科学のことである。これらの学問は、認識能力、言語能力、コミュニケーション能力の発達ないし獲得を、追構成可能な論理的モデルと経験的メカニズムとから説明しようと試みるとき、再構成的にふるまうと同時に経験的にふるまっている。ここで次の問題が生じる。抽象的な規則体系（ないし条件構造または図式）の発生そのものは、いかにして説明されるのか。ピァジェもチョムスキーも、諸々の局面に固有な刺激によって「解除」される「生得的な」プログラムを想定する。この想定によって解明されるといわれる問題は、構造的に上述の、可能的経験の先験的諸条件の自然史的発生の問題と相似である。それゆえ私は、「生得的」プログラムの仮説はすでに論理的理由からいっても不完全であると思う。

(ハ)　精神分析学や社会理論のような「批判的」学問も同様に、普遍的諸能力の追構成をうまく行なえるかどうかに依存している。それゆえ、たとえば言語了解一般の可能性の諸条件を問題にする一般語用論は、体制的に損われたコミュニケーションや異常な社会化過程の説明のための理論的基礎なのである。その限りで私はCh・ニコルズに賛成する。(72) かれは、精神分析学のような批判的学問は「その臨床技術とは独立して存在する理論的枠組と、有効性に関するその規準とにたよらなければならない」と断固主張している。けれども、これは、客観化する科学の理論的枠組のことではない。もし精神分析医が私の提案する解釈(73)に従って、コミュニケーションの体制による損傷を前言語的体制と言語体制という発達史的に区別される二つの段階の混乱に還元しうるために、損傷されない日常言語的コミュニケーションの構造についての予備概念をもつべきだとすると、かれは正常な談話の可能性の諸条件を再構成しなくてはならない。けれども、客観化しようとふるまうコミュニケーション科学は、それについて何もかれに教えることはできないのである。(74)

(ニ)　最後に、再構成と批判との区別は、ロールモーザーとトイニッセンが変形された先験哲学の「自然主義」

に対して向けた疑念に光を投じる。私は、トイニッセンからこまごまとした反論を受けたが、それは、かれが私の行き方の含意を無視しているからである。かれは事実から離れて、その行き方をこう記述する。「ハーバーマスによると、認識を主導する関心が客観的認識を可能にするのは、それが、個人および集団の悪しき主観性を止揚して、類的人間の間主観性とするからである。この関心は、人類がもつ予測しがたい偶発的性質に基づく先験的はたらきであると同時に――この点にカントの左派ヘーゲル的修正があるのだが――経験的由来をもつとされている」(75)。このために、トイニッセンは「間主観性を越えた、主観を絶対的に基礎づける客観性」(76)がないといって嘆く。「絶対的客観性を歴史から遠ざける」ことによって、過大な先験的みかけを要求された経験的主観はふたたび自然化される結果になる。「批判理論は、その志向を取り違えたため、それが乗り超えようともくろんだ段階に逆もどりせざるをえない。すなわち、それは、疑いようもなく客観主義的な自然存在論のレベルか、あるいは少くとも歴史に対する自然の優位を認めて、自然を絶対的起源のランクにまで高める思考のレベルかである」(77)。

トイニッセンと私との差異は、一点に集約することができる。私は、「間主観性は、たとえ完成されて人類全体となったとしても、拡大された主観性にすぎない」(78)ことを、決して「自明の真理」とは考えていない。むしろ、談話一般の一般語用論的追構成は、どのようなまだ極めて原初的な言語的了解においても、批判可能な妥当性要求が（すなわち言明の真理性と規範の正当性が）承認されているはずだということを示している。この妥当性要求は、ただ議論によってのみ実現されうるのであるから、絶対性をもって出現する。けれども人類は、その社会文化的生活形式の点では、ただ、対事実的にはつねに仮定にとどまる普遍的了解の可能性という意味での、もっとも非自然的な真理の理念を媒介にしてしか自己を再生産できない、ということは明らかに自然の事実である。われわれは、このことを理解しようと試みるべきであろう。経験的談話は、理性的談話の根本的規範によってのみ可能であるから、実在のコミュニケーション共同体と（たとえ理想として仮定されたにすぎないとしても）不可避的に理想化されたコミュニケーション共同体との間の矛盾は、たんに論証のなかだけでなく、社会的諸組織の実生活のなかにすでに組みこまれている。――おそらくこの形でなら、カントの理性の事実の教説も復活することができるのである。

原　注

第Ⅰ節

（1） K. O. Apel, Transformation der Philosophie, Frankfurt 1973, Bd. II, S. 406.

（2） K. O. Apel, Transformation der Philosophie, a. a. O., Bd. II.

（3） H. J. Giegel, Logik der seelischen Ereignisse, Frankfurt 1969.

（4） F. Kambartel, Erfahrung und Struktur, Frankfurt 1968.

（5） H. Schnädelbach, Erfahrung, Begründung und Reflexion, Frankfurt 1971; ders. Dispositionsbegriffe der Erkenntnistheorie, in: Z. f. allg. W. theorie II 1971 S. 89 ff.

（6） E. Tugendhat, Phänomenologie und Sprachanalyse, in: Festschrift f. Gadamer, Tübingen 1970, Bd. II, S. 3 ff.

（7） A. Wellmer, Methodologie als Erkenntnistheorie, Frankfurt 1967; ders., Kausalität und Erklärung, ungedr. Habilitationsschrift, Frankfurt 1970.

（8） P. Lorenzen, Methodisches Denken, Frankfurt 1968; ders., Szientismus versus Dialektik, in: Festschrift f. Gadamer, Tübingen 1970, Bd. I, S. 57 ff.; K. Lorenz, Elemente der Sprachkritik, Frankfurt 1970; J. Mittelstrass, Das praktische Fundament der Wissenschaft, Konstanz 1972.

（9） Lakatos/Musgrave (Eds.), Criticism and the Growth of Knowledge, Cambridge 1970; M. Hesse（文献案内16）も参照。

（10） St. Toulmin, Human Understanding, Princeton 1972.

(11) これについては、次の書物を参照せよ。 K. O. Apel, Transformation der Philosophie, a. a. O., Bd. I, Einleitung; R. Bubner, Dialektische Elemente einer Forschungslogik, in: Dialektik und Wissenschaft, Frankfurt 1972, S. 129 ff.

(12) J. R. Searle, Sprechakte, Frankfurt 1971; J. Habermas, Vorbereitende Bemerkungen zu einer Theorie der kommunikativen Kompetenz, in: Habermas, Luhmann, Theorie der Gesellschaft oder Sozialtechnologie——Was leist Systemforschung? Frankfurt 1971, S. 101 ff.; U. Maas, D. Wunderlich, Pragmatik und sprachliches Handeln, Frankfurt 1972; D. Wunderlich (Hrsg.) Linguistische Pragmatik, Frankfurt 1972.

(13) 以下、カッコの中の数字は『後記』の末尾に付した文献案内の数字を示す。

(14) 二つの典拠がある(イ)「ハーバーマスによれば、科学技術の発展は、綜合の能力をもつ自己反省的存在者によって可能にされる。従って、人間と自然との弁証法は、マルクスに見られるようにたんに類的主体の労働によってではなく、むしろこの主体の認識によって規定される」。(ロ)「ハーバーマスが、われわれに、類の自己形成は認識関心についての自己反省に基づく問題である、と提議するとき、世界のなかの人間の行動と言語は、精神のパノラマへ解体し、精神は、学者の想像力によって精神それ自体の想念のなかで世界をとらえる」(M. A. Hill. 文献案内17　S. 249 u. S. 253)。

(15) 私の次の研究の第一部を参照されたい。Legitimationsprobleme im Spätkap:taiismus (『晩期資本主義における正統化の諸問題』細谷貞雄訳、岩波現代選書), Frankfurt 1973.

第二節

(16) これについては次の書物を参照せよ。 H. J. Giegel, Die Logik Seelischer Ereignisse, Frankfurt 1969.

(17) これについては次の書物を参照せよ。R. J. Bernstein, Praxis and Action, Philadelphia 1971, S. 281 ff.

(18) P. Feyerabend, Against Method, in: Radner/Winokur(Eds.), Minesota Studies Phil. Sc. V, 1970; ders., Von der beschränkten Gültigkeit methodologischer Regeln, in: Neue Hefte f. Phil. 2/3 1972.

(19) C. F. von Weizsäcker, Die Einheit der Natur, München 1971, S. 192.

(20) C. F. von Weizsäcker, a. a. O., S. 196 ff.

(21) C. F. von Weizsäcker, a. a. O., S. 140 f.
(22) H. Plessner, Conditio Humana, Pfullingen 1964, S. 14 ff.
(23) J. Mittelstrass, Das praktische Fundament der Wissenschaf, a. a. O., S. 15ff. および K. O. Apel, Transformation der Philosophie, a. a. O., Bd. II, S. 405 ff. 参照。
(24) 社会的綜合の概念については、現在では次の書物も参照されたい。 A. Sohn-Rethel, Geistige und körperliche Arbeit, Frankfurt 1970.
(25) A. Lorenzer, Sprachzerstörung und Rekonstruktion, Frankfurt 1970; ders., Zur Begründung einer materialistischen Sozialisationstheorie, Frankfurt 1972.
(26) H. Dahmer, Libido und Gesellschaft, Frankfurt 1973, insbes. Teil I.
(27) 私が行なった労働と相互行為との区別に対するロレンツァー（文献案内24の(a)と(b)）とハーン（文献案内15）の批判は、見当違いの固定に起因すると思う。すなわち、私は、この両方を実践と呼ぶことに何ら反対ではないし、道具的行動が、通常、伝達的行動連関のうちに組み込まれている（生産活動はふつう社会的に組織されている）ことについても、全然異論がない。しかし、複合しているものをしかるべく分析する、言いかえれば、その部分に分解することを、なぜわれわれが断念しなければならないのか、その理由が私にはわからない。ともあれ私は、ハーン並びにロレンツァーは、「生産」あるいは「実践」を言葉の上で特定することにこだわって、問題を解明しようとするよりはむしろ立場を強調しようとしている、という感想をもっている。

第三節

(28) K. O. Apel, Einleitung zu Ch. S. Peirce, Schriften, Bd. I und II, Frankfurt 1967 und 1970.
(29) F. P. Ramsey, Facts and Propositions, Proceedings of the Aristotelian Society, Suppl. Vol. III, 1927.
(30) これについては次の書物を参照せよ。P. Gochet, Esquisse d'une Théorie nominaliste de la Proposition, Paris 1972, S. 92 ff. ゴシェは、オースティンが事実を「世界のなかのあるもの」と等置したことに反対して、Z・ヴェンドラーが展開した言語理論上の主張（Linguistics in Philosophy, New York 1967, S. 147.）にも注目している。

(31) この二論文は復刻されて次の書物に収められている。 G. Pitcher, Truth, Engelwood Cliffs 1964, S. 18 ff. und S. 32 ff.

(32) P. F. Strawson, Truth, in: G. Pitcher, a. a. O., S. 38.

(33) Strawson, a. a. O., S. 39.

(34) P. F. Strawson, a. a. O., S. 37.

(35) J. Habermas, Wahrheitstheorien, in: Festschrift für W. Schulz, Pfullingen. 私の『理論と実践』(Theorie und Praxis, Frankfurt 1971, S. 23 ff.)の新版に寄せた序説および次の書物も参照されたい。 Habermas, Luhmann, Theorie der Gesellschaft, Frankfurt 1971, S. 114 ff. und S. 195 ff.

(36) C・F・フォン・ヴァイツゼッカーが、「健康と疾患、善と悪、真と偽のモデル」という論文の中で展開している行動の真理という概念を参照せよ (Einheit der Natur, a. a. O., S. 320 ff.)。

(37) この解説を、A・マッカーシイは、私の真理理論についてのかれの未公表の論文の中であげている。

(38) J. N. Spuhler (Ed.), The Evolution of Man's Capacity for Culture, Detroit 1965.

(39) 妥当性要求の人間学的機能については、次の書物を参照せよ。 D. Claessens, Instinkt, Psyche, Geltung, Opladen 1968. また W. Glaser (文献案内14) S. 80ff.

(40) 私は、あるものを知覚し、あるものを願望し、あるものを享受しまたあるものを苦しむ。しかし、私は、感覚、欲求、感情を「もっている」。

(41) これについては次の書物を参照せよ。 C. F. Weizsäcker, Die Einheit der Natur, a. a. O., S. 157 ff. 理論の進歩と生世界の先験性との関係については、ディングラー、ロレンツェンの原物理学《プロトフュジーク》の基礎づけに関する討議を参照されたい。これは、近く『理論—討議』(Theorie-Diskussion) シリーズのなかのG・ベーメの編集による一巻として刊行される。

第四節

(42) 次の書物を参照。 J. Mittelstrass, Das praktische Fundament der Philosophie. (Konstanz 1972)

（43）　H・アルベルトも、このことを危惧しているようである（文献案内1）。

（44）　この疑念を、ディングラー、ロレンツェンの原物理学はかけられている。K. J. Düsberg, Eine Kritik der Protophysik von P. Lorenzen und P. Janich. Diss. Phil., Frankfurt 1973. 参照。

（45）　われわれがそれによって対象を同定する命題内容は、言及されるが、しかし主張されはしない。

（46）　H・シュネーデルバッハは、『実在論について』（»Über den Realismus« in: Z. f. allg. W. theorie III 1972, S. 88 ff.）という鋭敏な研究の中で、「ハーバーマスは、道具的行動と実験的行動とを充分にはっきりと区別していない」と批判しているが、これはもっともなことである。「私は、ハーバーマスの言う意味での道具的行動の側面を、さらに技術的行動と実験的行動とに区分するように提案する。いずれの脈絡においても道具的なものが特色をなしているが、合理的な手段選択を主導する目的が違っている。第一に、技術的行動の根底には、パースが言う意味での『確信』（belief）と『行動習慣』（habit）との何ら問題にはならない統一がある。この統一が現実化されて、あらかじめ決められていた行動目標が達成される。広い意味での実験的行動がこの技術的行動と違う所以は、確信と行動習慣とのこの統一そのものが問題にされ、それが、パースが理解しているような研究の、すなわち、科学的方法に従っての能動的な再安定化の試みのきっかけになることにある。従って、技術的行動においては行動目標を実現するための手段である『確信』が、実験的行動においては、確信の安定性の阻害要因を除去することが眼目になる限りにおいて、目的の地位につくのである。これら二つの行動類型は、問題とされない確信・習慣（予備知識、方法、道具）を道具的に使用して、阻害された確信・習慣を再び安定させるそのこと自体に苦心が払われる限りにおいて、たしかに、道具的である。しかし、これらの類型は、道具的行動そのものが従属する目的によって区別される。技術的行動を試みる際の『確信』の効果的な適用という目的は、その実現可能性の条件について見れば、この『確信』の安定性を前提している。ポパーが、『真な』という述語と『効果的な』という述語との差異に固執するのは、この差異が、『確信』の安定効果と適用効果との間の次元の区別を明らかにしている限り、もっともなこととされなければならない。道具的行動一般において、道具的にしつらえられた『確信』の真理性そのものは、主題ではない。——このことは、効果的に道具を使用すると、道具に注意が集中しないのと同じことである。こうしてここではまた、『独立の』、あるいは『実在的な』という述語の適用可能性は成り立たない。しかし、技術的行動が実験的行動から区別されるのは、この技術的行動において『確信』がそもそも主題とされないのに対して、実験的行動においては、主題とされていない『確信』が、技術的・道具的に、問題化によって主題にされた『確信』へ関係づけられる、ということによっている。ただこの理由でのみわれわれは、技術の成果を知識の進歩から区別する。『科学』という事実についての道具主義的な解釈ではなく、ただ技術主義的解釈のみが、それゆえに、経験的な知識の進歩の理念と統一不可能なものとして、批判されなければならない。ハーバーマスによれば、経験的・分析的科学の構成的枠組をなすものであるという技術工学的な認識を主導する関心の問題は、さしあたり、このことに触れないでいる。なぜなら、実験的行動における確信・習慣の安定化が手に入れようとしているものは、それらの技術工学的な適用可能性である、と認めてしまえば、技術と実験との間の要求される差異を入れる余地は、もうないからである」。

（47） 客観化する自然科学の語用論的先験性として、ディングラー、ロレンツェン、ヤーニッヒたちによって展開され、物理学的測定の理論という形をたしかにもっている「原物理学」は、この課題を解決する、と主張している。私は、私の『社会科学の論理の研究』（一九六七、フランクフルト、一九七〇）以来、「原社会学」は、言語によるコミュニケーションの一般理論という形をとらなければならない、と確信している。『理論と実践』の新版（フランクフルト、一九七〇）のための私の序説（一七ページ以降）を参照されたい。また、私のルーマンに対する返答のうちから、「経験世界の構成と言語によるコミュニケーション」に関する章》Konstitution der Erfahrungswelt und sprachliche Kommunikation《 in: Habermas, Luhmann, Theorie der Gesellschaft, a. a. O., S. 202 ff. を参照されたい。

（48） K. Eder, Komplexität, Evolution und Geschichte, in: Theorie der Gesellschaft oder Sozialtechnologie. Suppl. I, Frankfurt 1973, S. 9ff. 参照。

第五節

（49） Hermeneutik und Ideologiekritik, Frankfurt 1971, S. 120 ff.

（50） たとえば A. Wellmer, Kausalität und Erklärung unveröffentlichte Habilitationsschrift, Frankfurt 1970.

（51） 実在論者の側からは、たとえばアルベルト（文献案内1）、ロプコーヴィッツ（文献案内23）。マルクス主義者の側からは、たとえばハーン（文献案内15）、リッツェルトとロールスハウゼン（文献案内27）。

(52) 二、三の著者に関しては、「誤解」という言葉は勿論えん曲な言い方である。かれらは、誰も主張しなかったテーゼを反駁することに満足を見出しているようにみえる。その典型的実例はキールの哲学者会議（一九七二年）で行なわれたR・シモン＝シェーファーの講演「関心と学問の種類の並行化について」に示されている。シモン＝シェーファーがしらじらしくも私のものだと主張するナンセンスな考え方については、ただ二つの箇所だけをあげておく。「歴史的・解釈学的学問の目標は人間間のコミュニケーションを可能にすることだが、ハーバーマスは、それに対する（形式）論理学の拘束力を制限する。というのはかれの解釈に従うと、論理学は抽象的な方法論であって、その目的はただ技術的諸科学における言明体系の演繹的構造を可能にすることでしかありえない」。もっと馬鹿げているのは次の箇所である。「……従って、マルクスとフロイトは、かれら自身の関心について思い違いをしていたかも知れず、かれらは誤った関心から出発して、正しい解放的理論を展開したのかも知れない。この例は、関心と思惟方法の関連づけが必ずしもハーバーマスが望むような仕方では行ないえないということを、はっきり示している。真実な命題はほかならぬその妥当性という点で、その発見者を導びいた関心によって制限されるものではない」（文献案内33）。草稿、九ページと一一ページ。〔訳者補注〕このシモン＝シェーファーの論文は、現在次の著作に収められている。Roland Simon-Schaefer & Walther Ch. Zimmeli: Theorie zwischen Kritik und Praxis. Jürgen Habermas und die Frankfurter Schule (1975). この中で、シモン＝シェーファーは、ハーバーマスの上記の批判に対して詳細な反論を試みている。

(53) R. Bubner（文献案内8）.

(54) R. Bubner, a. a. O., S. 232.

(55) J. Habermas, Wahrheitstheorien, a. a. O.; ders., Legitimationsprobleme, a. a. O, Teil III.

(56) R・シュペーマンと私との論争も参照のこと。J. Habermas, Die Utopie des guten Herrschers, in Merkur, 26. Jg. 1972, S. 1266 ff.

(57) L. Krüger（文献案内20）, S. 22.

(58) J. Habermas, Wahrheitstheorien, a. a. O.

(59) クリューガーがこの連関で引き合いに出している一九六三年の不用意な表現（本訳書二〇四ページ）を、その後私は改訂した。J. Habermas, Analytische Wissenschaftstheorie und Dialektik, in: Topitsch (Hrsg.), Logik der

Sozialwissenschaften, Köln 1965, S. 306.

（60） このほかA・ベッカーマンの研究『ハーバーマスの合意理論の実在論的諸前提』（》Die realistische Voraussetzungen der Konsensustheorie von J. Habermas《 in : Z. f. allg. Wiss. theorie, Bd. III, 1972, S. 63 ff.）も同じ誤解の下に苦しんでいる。もしひとが誤って、「真理性を論議における同意と定義する合意理論においては、論証という観念はまったく機能を失ってしまう」（六七ページ）という考えから出発するならば、私が代弁したような合意理論は、さまざまな不合理な結果に到らざるをえない。真理理論に関する私の論文のなかで、私は論証によって達せられる合意の諸条件を研究しているのである。

（61） Albert（文献案内1）.

（62） Lobkowicz（文献案内23）, S. 267 ff.

（63） Ballestrem/McCarthy（文献案内6）, S. 53 ff.

（64） Ebd.

（65） この点については『パース著作集』第一巻（フランクフルト、一九六七）へのK・O・アーペルの序論を参照。さらに G. Wartenburg, Logischer Sozialismus, Frankfurt 1971, S. 83 ff. と S. 145 ff. をも参照のこと。カントの問題設定のパース独自の変形については、同書四二ページ以下を参照。

（66） 本書二四一ページ（本訳書二〇五ページ）。

（67） Kant, Kritik der reinen Vernunft（A 154 ff.）

（68） Lobkowicz（文献案内23）, S. 269.

（69） Lobkowicz（文献案内23）, S. 266.

第六節

（70） Lobkowicz（文献案内23）, S. 270.

（71） J. Habermas, Legitimationsprobleme, a. a. O. のなかの「実践的諸問題の真理可能性」に関する章を参照せよ。

（72） Nichols（文献案内25）, S. 265.

(73) J. Habermas, Der Universalitätsanspruch der Hermeneutik, a. a. O., S. 139.

(74) 社会的発展に関する批判的理論の論理的諸問題については、J. Habermas, Legitimationsprobleme im Spätkapitalismus, a. a. O. のなかの「抑圧された普遍化可能な関心のモデル」の章を参照されたい。

(75) Theunissen（文献案内35）, S. 24, Anm. 90.

(76) Theunissen, a. a. O., S. 30.

(77) M. Theunissen（文献案内35）, S. 13. 同じ意味で Rohrmoser（文献案内28）, S. 102. はこう書いている。「形而上学および存在論としての哲学の破壊は、解放的―批判的実践を基礎づけようとする理論がもはや偶発的な事実的関心以外のものをその基礎とすることができない、という結果になった。関心概念を先験化することは、それを形式化することにおいてこの残酷な事実をおおい隠すことにすぎない。しかしもし、たんなる究極的に自然な関心が問題であるなら、われわれはこう言うこともできる。社会は、それが現在あるままにとどまることに関心をもっている、と」。

(78) Theunissen（文献案内35）, S. 31.

69 ff.
35. M. Theunissen, Gesellschaft und Geschichte, Berlin 1969.
36. A. Wellmer, Kritische Gesellschaftstheorie und Positivismus, Frankfurt 1969.
37. B. Willms, J. Habermas, Das politische Defizit der Kritischen Theorie, Frankfurt 1973.
さらに，興味深い未発表の論文を挙げると
38. Th. Feuerstein, Emanzipation und Rationalität bei Jürgen Habermas für eine kritische Erziehungswissenschaft.
多くの評論の中からひとつ示すと
39. G. Lichtheim, From Historicism to Marxist Humanism, in: TLS 5, June 1969.

17. M. A. Hill, J. Habermas: A Social Science of the Mind, in: Phil. Social Sciences 2, 1972, p. 247 ff.
18. K. J. Huch, Interesse an Emanzipation, in: Neue Rundschau, 80. Jg. 1969, S. 534 ff.
19. H. Hülsmann, Erkenntnis und Interesse, in: Soziale Welt, Jg. 20 1969, S. 199.
20. L. Krüger, Überlegungen zum Verhältnis wissenschaftlicher Erkenntnis und gesellschaftlicher Interessen, in: Georgia Augusta, Göttingen Mai 1972, S. 18 ff.
21. Ch. K. Lenhardt, Rise and Fall of Transcendental Anthropology, in: Phil. Soc. Sciences 2, 1972, p. 231 ff.
22. H. Ley, Th. Müller, Kritische Vernunft und Revolution, Köln 1971.
23. N. Lobkowicz, Interesse und Objektivität, in: Phil. Rundsch., 16. Jg. 1969, S. 249 ff., wieder abgedr, in: Phil. Soc. Sciences 2, 1972, p. 193 ff.
24a. A. Lorenzer, Symbol, Interaktion und Praxis, in: Psychoanalyse als Sozialwissenschaft, Frankfurt 1971, S. 9 ff., bes. S. 47 ff.
24b. ders., Über den Genenstand der Psychoanalyse oder: Sprache und Interaktion, Frankfurt 1973, bes. S. 135 ff.
25. Ch. Nchols, Science or Reflexion: Habermas on Freud, in: Phil. Soc. Sciences 2, 1972, p. 261 ff.
26. G. Radnitzky, Contemporary Schools of Metascience, Vol. II, 2nd Rev. ed. Göteborg 1970.
27. J. Ritsert, C. Rohlshausen, Der Konservativismus der Kritischen Theorie, Frankfurt 1971, S. 80 ff.
28. G. Rohrmoser, Das Elend der Kritischen Theorie, Freiburg 1970, S. 89 ff.
29. G. E. Rusconi, Cognoscenza e Interesse in Habermas, in: Quaderni di Sociologia 19, 1970, S. 436 ff.
30. J. Schmidt, Sprachphilosophische Bemerkungen zur soziologischen Handlungstheorie von J. Habermas, in: Soziale Welt, Jg. 19 1968, S. 360 f.
31. a) T. Schroyer, Marx und Habermas, in: Continuum 8, 1970, p. 52ff.
b) ders., Towards Critical Theory for an Advanced Industrial Society, in: Dreitzel (Ed.) Recent Sociology 2, 1970, p. 210.
c) ders., The Dialectical Foundations of Critical Theory: Jürgen Habermas' Metatheoretical Investigations, in: Telos 12, Lomer 1972.
d) ders., The Critique of Domination, New York 1973(im Erscheinen) bes. Ch. 5.
32. J. J. Shapiro, From Marcuse to Habermas, in: Continuum 8, 1970, p. 65 ff.
33. R. Simon-Schaefer, Über die Parallelisierung von Interessen und Wissenschaftssorten, in: Verh. d. 10. dt. Philosophenkongresses (Kiel) 1972 (noch nicht erschienen).
34. G. Therbon, J. Habermas: A new Eclecticism, in: New Left Rev. 67, 1971, p.

『認識と関心』についての文献案内

1. H. Albert, Kritische Rationalität und Politische Theologie, in: Plädoyer für Kritischen Rationalismus, Frankfurt 1971, S. 45 ff.
2. U. Anacker, Erkenntnis und Interesse, in: Philos. Jb. 78. Jg. 1971, S. 394 ff.
3. K.O. Apel, Wissenschaft als Emanzipation?—Eine kritische Würdigung der Wissenschaftskonzeption der ⟩Kritischen Theorie⟨, Z. f. allg. W. theorie I, 1970, S. 7 ff., wieder abgedruckt in: ders., Transformation der Philosophie, Frankfurt 1973, Bd. II, S. 128 ff.
4. B. Badura, Ein neuer Primat der Interpretation? in: Soziale Welt, 21. Jg. 1970/71, S. 321 ff.
5. H. D. Bahr, Kritik der Politischen Technologie, Auseinandersetzung mit H. Marcuse und J. Habermas, Frankfurt 1970.
6. K. Ballestrem, A. McCarthy, Thesen zur Begründung einer Kritischen Theorie der Gesellschaft, in: Z. f. allg. W. theorie III, 1972, S. 49 ff.
7. D. Böhler, Zum Problem des emanzipatorischen Interesses und seiner gesellschaftlichen Wahrnehmung, in: Man and World 3, 1970, S. 26 ff.
8. R. Bubner, Was ist Kritische Theorie, in: Phil. Rundschau, 16. Jg. 1969, S. 213 ff., wieder abgedruckt in: Hermeneutik und Ideologiekritik, Frankfurt 1971, S. 160 ff.

9a. F. R. Dallmayr, Reason and Emancipation, in: Man and World 5, 1972.

9b. ders., Habermas: Knowledge and Human Interest and its Aftermath, in: Phil. Soc. Sciences Vol. 2, 1972, p. 211 ff.

10. J. C. Evans, Husserl and Habermas (im Erscheinen).
11. G. Floistadt, Social Concepts of Action: Notes on Habermas proposal for a Social Theory of Action, in: Inquiry 13, 1970, p. 436 ff.
12. J. Giegel, Reflexion und Emanzipation, in: Hermeneutik und Ideologiekritik, Frankfurt 1971, S. 244 ff.
13. R. Ginsberg, Knowledge and Human Interest, in: The Philosophy Forum (im Erscheinen).
14. W. R. Glaser, Soziales und instrumentales Handeln, Probleme der Technologie bei A. Gehlen und J. Habermas, Stuttgart 1972.
15. E. Hahn, Die theoretischen Grundlagen der Soziologie von J. Habermas, in: Heiseler (Hrsg.), Die Frankfurter Schule im Lichte des Marxismus, Frankfurt 1970, S. 70 ff.
16. M. Hesse, In Defence of Objectivity, in: Proc. Brit. Acad. 1972.

付　解放としての科学か(1)

——『批判理論』の科学論評釈——

カール＝オットー・アーペル

I　科学の機能に関する現在の討議

「今日と将来における大学の任務」というと、そのなかで第一位に置かれるものは、学問の実用化である。——もっとも この第一位というのは、自然科学について言われている。というのも、自然科学は、科学技術上重要な研究として、現代産業社会における第一の生産力を表わしているし、またこの評価の正しさが将来完全に裏書きされることを、誰ひとり疑わないからである。しかし、いわゆる「精神科学」については、公論の形成のために、「研究と教育との一体化」を伝達によって身につけさせることが、第一位の任務である。この任務は、現代のわれわれには以前ほどはっきりわからない。それどころか、いわゆる「精神科学」の機能は、多くの現代人にとって大へん疑わしくなっている。そのためかれらは、科学の概念から精神科学を除いてしまうのが一番いいと考えている。——最後に、二〇世紀になってはじめて特別の一群として意識にのぼった社会科学については——私は、経済諸科学ならびに心理学をこれに数え入れてよいと思うが——その任務は、一方で、自然科学的・技術的な生産力を社会工学の形で拡大し倍加することにあるとともに、他方、伝統的な精神科学の中で研究と教育との一体化から成育すると言われた公共的意味了解を批判的に深化することにある。そして、私の見るところに誤りがなければ、いま触れた「社会科学」の二重の機能から、今日と明日の学問の任務に関する大学政策上の討議の今日的問題性が生じている。

私は、専門家ばかりではなく、さらに学生団体の一部によって——しかもドイツにおいてだけではなく各国において——熱心に行なわれているこの討議を糸口として、「解放としての科学か」という問いを演題とする私の講演をはじめたいと思う。あらかじめ疑念を取り除いておきたいが、それは、この演題の問いが表わしている問題設定を、私は、学問のアカデミックな自己理解に対する実り多い挑戦と見ているということである。このような挑戦は、学問の可能性の諸条件に対するメタ科学的反省のいく重にもタブーとされてきた限界を突破するために有効であったし、いまも有効である。それゆえ、私は、ためらうことなく、いま起きている（理論と実践の媒介という脈絡における）学問の機能についての討議を、潜在的な科学理論としての哲学の運命を決する時機と呼びたい。——哲学にこのような運命の時機が来るとは、数年前にはまだ誰も予想しなかったにちがいない。当時、「懐疑的世代」の代表者たちも、かれらの社会学的肖像画家、ヘルムート・シェルスキーも、現代の社会的実践のなかでの学問の協力関係は、その意味を哲学的に反省しなくても、制度上のまた科学技術上の事態の強要によって保証される、(2)という点で意見が一致していた、と思う。

たしかに、学問の機能をめぐる目下の討議は、深刻な意見の相違があることをはっきりさせた。そして、意見の相違にもまして困ったことは、討議の当事者たちの間の意志の疎通が困難になったことである。このことの結果は、またもや、討論が互いにレッテルを貼り合うことになるという、今まで何度も現われた退化である。そしてこのような場合、とくに「イデオロギー」とか「イデオロギー的」という概念が、理解できない相手の立場に対するたんなるきまり文句に堕する危険がある。そのような公共的な言語活動の変形をおそれるので、私は、問題そのものに対する私の立場を明らかにする前に、まず、「科学」（学問）という言葉を理解する際の現在の代表的ないくつかの立場を、その歴史的背景に照らしてはっきりさせておきたい。

II　解放的認識関心

──『批判理論』の考案──

この講演が問題とする科学の解放的機能への要求は、現代の「既成の」科学理論の代表者たちによって掲げられたものではない。それは、アウトサイダーの一団──といってもここしばらくのうちに非常に有勢になった一団によって掲げられたものである。このひとびとの科学論は、通常のアカデミックな理解からすれば、たぶん哲学と社会学とのまぜものにすぎないように見えるかもしれない。しかし、この一団は、（変革されるべき社会の）「批判理論」というもくろみを主張する。(3)

この社会学者─哲学者の集団は、特定の現実史の諸過程に支えられて、ついに、シェルスキーの言ういわゆる「懐疑的世代」の大部分の意識をすっかり変えてしまったし、(4)また、「イデオロギーの終焉」（このイデオロギーというのは、理論と実践の媒介全体に向ってさしむけられた哲学のことであるが）などといっていた同僚の社会学者たちを、いわば一晩のうちに実践によって反駁してしまった。

この意識の変化の重要な徴候を一つだけ、ここでとくに取り出してみよう。まだ数年前のことであるけれども、ドイツ学生連合（VDS）は、普遍的「教養」というアカデミックな理想はもはや時代おくれなので、効率的な職業「教育」を実施するために廃止せよ、ときっぱり要求した。この要求によって学生連合は、事実上、シェルスキーが「懐疑的世代」の脱イデオロギー的心性の一つとしていた「実用的で分別のある」、いわゆる「事態の強要」の方から方向を定められるあの態度を、正しいものと認めたのである。けれどもそのうちに、状況は根本的に変わってしまった。今日では、知的に目覚め、大学政策に関心をもつ学生の部分は、言うところの「事態の強要」によって専門知に自己をあけわたすいわゆる「脱イデオロギー的」心性こそ、危険な、「半端な理性のイデオロギー」であることを見破れるようになったと信じている。――つまり、この反省嫌いの日和見主義的な順応の心性こそ、学生達をそそのかして、晩期資本主義の経済的需要に操られまた経営学的な合理性の諸原理に従って改編された大学で、教育をうけ、思うがままに使われる「専門バカ」になりたいと思わせているものである。[5]

相当数の学生のこの転向は、たしかに、伝統的なフンボルトの教養理想への逆行を意味するものではない。それにしてもしかし、「孤立と自由のなかで」というフンボルト方式を、社会的責任と政治参加という青年ヘーゲル派的要求へ置換ないし変更すれば、それだけで批判理論の代表者たちがドイツ観念論の古典的な学問観、教養観にどれほど近いかは、驚くほどはっきりしてくる。「批判理論」の考案が古典的な教養観、学問観に近いことは、とりわけ、それが、価値中立的な、従ってただ科学技術的にのみ社会的実践と関わっている学問観、教育観を拒否する際に、弁証法的に表現されているが、この学問観、教育観が、現在、新実証主義とそれの「科学《サイエンス》の論理学」という旗印の下に、少くとも英米、北欧の世界を――そこでもまた反逆している学生運動を別にすれば[6]――精神的に支配しているのである。学問のこのような科学《サイエンス》観およびこれに属する教育観を「批判理論」は次のように非難する――この考え方が、官僚主義的・技術支配的な社会体制全体をほう助するのであり、そしてそれと同時に、学問、教育、社会的実践関係についての総体的連関に対する合理的反省なるものは非科学的であるとして、その信用を失わせるのである、と。

実際、数年前に、哲学的な総体的反省の終焉という意味でのイデオロギーの終焉が来たと考えたあの社会学者たちにしても、そのとき同時に、「事態の強要」によって外部から操作される、産業時代の生活実践が始まったと診断していた。――このような生活実践のなかでは、しまいには、政治家たちの決定も民主主義的意志形成の伝達過程も、ともに専門家たちの技術支配《テヒノクラティー》に取って代わられるであろう、というのである。それでたとえば、H・シェルスキーは、『科学文明における人間』というかれの論文のなかで、将来の「技術国家」について次のように書いていた。

「この国家は法則に従っている……。すなわち、いうなれば手段が目的を規定する、あるいはより正しく言えば、技術的可能性がその適用を強要するのである。……規範的な意志形成という意味での政治は、もともと原理的に、この領域から脱け落ちている。……普遍的な技術的団体としての国家に照らして見れば、その政治が国民の意志に依存する共同体という古典的な民主主義の捉え方は、ますます幻想になっていく。……技術的・科学的決定は、どのような民主主義的意志形成にも屈することはありえない。このような意志形成によっては、それは、ただ無効になるだけである。……その上さらに、決定を要する事柄は、もはや全然、正常な常識の合理的な判断形成あるいは正常な人生経験によって、適切に知的に処理されうるものではなく、従ってますます『情報』が必要になるが、しかし、事柄の立ち入った情報は、いずれも政治的判断形成を容易にするよりもむしろ停止させる。情報過剰による国民の非政治化の――そして同時に非民主主義化の危険は、つとに始まっている[7]」。

まさしくこの点で、あの「新左翼」の批判が始まっている。その哲学的・社会学的考案は、ドイツにおいては「批判理論」が代表している。その場合この批判は、決して、シェルスキーや他の者たちが診断しているような、科学化されそしてまさしくそれゆえに同時に技術支配的に操作される社会へ向うすう勢に、反対するのではない。その逆である。「新左翼」は、この情勢がすでに広い範囲で――しかも西と同様に東でも――現実になっていると考える。しかしながら、かれらは、シェルスキーのモデルでは結び合わされている学問観と産業社会観とを、唯一可能なものないしは変更不可能なものとして受け入れるのではない。

価値中立的な、そしてまさにそれゆえに実践関係についてはただ科学《サイエンス》技術的にのみ重要な学問の科学《サイエンス》観は、「新左翼」によって、『道具的理性の批判』[8]という点で、政治・道徳に関与する啓蒙主義的学問観の脱落であり、「半端な理性が旨とする反省の気ままな停止」[9]であり、そして言い方を変えれば実際的効果の点では、もはや学問的に反省されずに、種々の利害に奉仕できる「イデオロギー」[10]である、と告発される。批判のこの最後の言い方によって、すなわち、現代の技術支配の背後にある種々の利害への反省によって、いうところの「事態の強要」から変更不可能なほど決定づけられた「産業社会」という考え方が、同時に問われているのである。すなわち、「新左翼」の見るところでは、少くとも押し迫る技術支配の西欧的変種であるいうところの事態の強要の背後には、晩期資本主義的な市場経済体制のもはや反省されることのない法則性がひかえている。

ここのところで、学問の科学《サイエンス》観ないし科学技術に矮小化された学問の実践的関係に対する批判が、資本主義的経済体制における人間の自己疎外に対するマルクスの批判と結びつく。その限りでは、産業社会の技術支配的モデルに対する「新左翼」の批判は、意識的に、近代に対するあのロマン主義的・実存主義的批判を乗り超えている。これらの批判は、禍を、人間の社会的実践のなかにではなく、科学的技術そのもののなかに、ないしはこの技術の到来のうちに現われつつある「存在の運命」[11]のなかに見ているのである。――とはいえ「批判理論」は、H・マルクーゼ[12]が展開し、さらにそれを超えてハーバーマス[13]が展開した、既成科学および技術に対するイデオロギー批判の考案において、マルクスに較べてひとつの新しい独自な論点を示している。そしてこの論点は、ハイデガーの「組立て《ゲシュテル》」の理論（すなわち、科学技術的に考案された科学によって世界を立てる人間の、そしてこの科学によって自己理解のなかでさらに立てられる人間の理論[14]）がなければ、ほとんど考えることができないものである。[15]「批判理論」のこの新しい論点は、マルクーゼとハーバーマスが、もはやマルクスのようには、科学技術上重要な科学は生産力として資本主義的生産関係と必ず衝突し、この衝突の中で自動的に、自らが社会的進歩の先駆であることを必ず立証するという[16]、この歴史の客観的法則性を仮定しないところにある。

国家の介入によって科学技術的に統制された晩期資本主義体制は、それに付属する、科学と技術の政治化によって、マルクスの予見しえなかった機能的安定化の新しい可能性を獲得した。そうなると、今日労働者の生産力よりもはるかに重要になった、技術的知識のうちにひそむ生産力は、まさしく既存の社会構造の存続をあくまで目指して、人間の人間に対する支配の道具となることができる。（そして同時にこのことを――科学の威信と技術的効率をたてにとって――イデオロギー的に隠蔽することができる。）

それゆえマルクーゼとハーバーマスは、現在迫りつつある危険を、支配構造と科学《サイエンス》の科学技術的潜勢力とが相互に強化し合ってひとつのフィードバック系になるという、まさしくこの点に見ているのである。このような系は、機能主義的・サイバネチクス的に換算された評価を目指して、あくまで最適な仕方でその環境に適応することができるかもしれない。しかし、まさにそのゆえにこの系の中では、市民が民主主義的に共同決定し自己決定する機会が最終的に失われるのであり、そして、完成され、主観的にはもうほとんど感じられなくなった操作技術によって、人間の自己疎外が固定されるにちがいない。「新左翼」が、かれらの近代産業社会体制の批判的分析を、そっくりソビエト社会に——すでにレーニンは、この社会の目標を党員と技術官僚とによる社会工学に置いていた——転用できることは、そして少くとも部分的には実際に転用していることは、上の論点から見れば納得がいくのである。

（この問題、および技術的に見てどれほど完璧であろうと仮定されなければならない操作体制内の諸矛盾の問題——社会的抗争という形態をとるこれらの矛盾は、体制の「限定された否定」が可能であることを明らかにしている——これらの問題については、「新左翼」の思想家たちの間でも意見が分かれている。[17] この場合、意見の分布は、一方では、息を吹きかえしたマルクス・レーニン主義正統派の階級闘争理論から、他方では、H・マルクーゼの準無政府主義的考案に至るまで拡がっている。このマルクーゼの考案は、近代操作体制の技術的完成に直面して、まだこの体制のうちに統合されていない社会成員に残された可能な答えはただ「絶対的拒否」という「無限定の否定」だけである、というものである。）

われわれの脈絡においてとりわけ興味深いのは、「批判理論」の行き方である。これは、完成された技術支配的操作体制のなかで前提とされるべき科学の概念と科学の実践関係の概念とから出発して、この科学理論的なまた科学政策的な立場に、可能的な体制変革のてこをもまた置こうとするものである。この行き方は、とりわけ、J・ハーバーマスによって仕上げられた。かれを、今日では、「批判理論」のフランクフルト学派の指導的理論家と呼んでもさしつかえないであろう。かれの行き方の脈絡のなかでは、若きマルクスが哲学の実践的実現という意味で最初に使った[18]「解放」の概念も、科学の原初的な認識関心と独特な結びつきをしている。そしてこの結びつきが、当面の脈絡でわれわれの問題としているものである。

ハーバーマスの科学理論の行き方を特徴づけているものは、何よりも、現在可能な科学の主導的な認識関心を、これらの科学の対象構成の可能性の先験的条件として取り出し、それらを相互に関係づけようとする努力である。[19]その場合かれは、次の学問観の根底にある三つの認識関心を区別する。

(1)　経験的・分析的自然科学（サイエンス）の学問観

(2)　解釈学的精神科学の学問観

(3)　「批判理論」の学問観

(1)について。経験的・分析的「科学《サイエンス》」の根底には、従って、この科学の可能的な対象構成およびその仮説の可能的な実験的検証の根底には、先験的枠組として、「成果によって制御される行動をできるだけ情報上保全し拡張することに対する」主導的な関心がある。簡単に言えば、「対象化された過程の技術的処理に対する認識関心」[20]がある。この認識関心という先験的枠組が、実験的検証の可能性と同時に、科学知識と技術的開発との間の連続性をも保証するのである。

(2)について。解釈学的精神科学の根底にある主導的認識関心、言いかえると、意味の可能的開示と伝達的経験における意味仮説の検証との根底にある主導的認識関心は、「行動に方向を与える可能な了解の間主観性を保持し拡張することに対する」[21]関心である。意味のこの理解は――とくにH・G・ガダマーが「伝統の継承」の問題において示したように[22]――解釈者が異質の状況世界の開示において、同時に自分自身の存在の世界地平を投企するその度合に応じてのみ可能である。従って、すべての解釈学的理解は、結局、行動の可能性と規範についての、いま生きている人間の了解の脈絡に帰属する。そこで、ハーバーマスは、解釈学的科学の根底にある認識関心を、簡単に「実践的認識関心」[23]とも定義する。（この場合、かれが「実践」という言葉で理解しているのは、価値中立的な、誰がなってもいい主体によって任意に反復できる技術の作業とは反対の、政治的・道徳的に見て重要な、人間のコミュニケーションと相互行為のことである。[24] 技術の作業は、実験科学の論理的作業と同様に、このコミュニケーションと相互行為という実践をつねに前提しているのである。[25]）

(3)について。最後に「批判理論」の主導的認識関心は――「フランクフルト学派」の綜合的もくろみに応じて――実践に関与すると同時に認識批判的である哲学の（存在論以後の）関心事を、精神分析学をふくめたイデオロギー批判的な社会科学の関心事と合致させることにある。このもくろみのために、ハーバーマスは、「解放的認識関心」を要求する。この「批判理論」の自己理解の頂点は、同時にその社会政策上の最終的な方向――この理論が要求する理論と実践の学問的媒介という意味での――を示しているが、私は、この頂点にしばらく止まらなくてはならない。なぜなら、あの現在熱心に行なわれている討議の口火はここで切られたからである。そして充分な意志疎通に基づいてこの討議に加わってほしいというのが、私の講演の願いとすることだからである。

第三者にとってみれば――そしてとくに現代社会科学の純粋に科学主義的な自己理解を代表するひとびとにとってみれば――どのようにして社会科学がその主導的な認識関心を――しかも解放的関与という意味での――社会科学の可能性の条件を反省する哲学と共有すべきであるのかは、理解しにくいことにちがいない。経験的な法則定立的自然科学の場合、この科学を主導する認識関心と哲学の認識関心とを同一化することは、明らかにハーバーマスの考えにおいても不可能である。そうとすると、哲学と社会科学の関係については、なぜこのような認識関心の同一化が許容されるというのであろうか。――現代社会科学の経験的関心事は、関与する社会哲学の弁証法的構成に都合がいいように廃棄されるとでもいうのであろうか。

このような疑惑[26]に対して、まず指摘されなければならないのは、ハーバーマスがここで、たんに経験的社会科学の現存と認証性だけではなく、さらにそれ以上に、科学《サイエンス》という意味での法則定立的な社会科学の可能性をも仮定しているということである。(27)このあとの方は、必ずしも自明ではない。なぜなら、実際には、経験的・解釈学的な諸科学も存在しているし、それに記号―理解による伝達的経験を――たとえば面接、アンケート等に基づいて、さらにはまた行動意図の「理解」に基づいて――まるで対象化された過程の「観察」、「記述」、そしてついには「因果的説明」が問題であるかのように取り扱うことは、(28)社会科学においては非常に難しいからである。間主観的コミュニケーションおよび相互行為という現象を、解釈学的諸科学は、認識作業の出発の基底としても目標としてもそのまま受け入れる――が、まさしくこのような社会的原現象を、経験的・分析的（法則定立的な）方式をもつ社会科学は、可能な限り排除しなければならない、言いかえれば、自然科学において前提とされる認識の主観―客観―関係を優先させるために廃棄しなければならない。しかし実際には、間主観性関係の客体化は、現代の社会科学、たとえば心理学、社会学、経済学、政治科学において、限られた範囲と程度において可能である。（これは、なかんずく次の事情によるものである。つまり、形式論理学的に見ると、目的合理的理解も、他方因果分析的説明も、研究状況の発見学的・語用論的諸前提をすべて捨象すれば、一つの仮説・演繹系という意味で、同じ核に還元することができるのである。(29)ただしこの場合、目的合理的理解は、理解されるべき人間が事実上も合理的に行動することをつねに前提している。それゆえ目的合理的理解は――因果分析的説明と異って――否定的な例証によって反証されるのではなく、ただ適用不可能であることが証示されるにすぎない。しかしながら、特定の人間の特定の状況における行動に対して目的合理的な理解が適用できないとなると、はじめて社会科学者は、当の行動の「説明」を見つけ出す問題に直面させられる。そしてここでは、格律に従っての理解を、形式的に、法則に従っての説明として型にはめこむことではなく、ぎりぎり理解可能なところに、意志決定された行動の原因を探し出すことが重要であるから、ここではじめて、人間と、人間の行動とを準自然過程という意味において客体化する現代社会科学のあの理論形成が、機能しはじめることになる。）
その限りにおいて、現代社会科学の中にも限られた範囲と程度においては、人間行動の合法則的な――とくに統計学的な――説明が存在している。そしてこの説明は、予測的に適用可能な知識として、自然科学の場合と全く同様に、説明可能な対象領域に対する技術的処理を可能なものにするのである。

ところで、まさにこの点に、経験的・分析的社会科学の科学技術的処理関心とは対極的な問題設定をもった「批判理論」の解放的認識関心が出現するのである。この問題設定は、社会的実践の見地からは是正運動という性格をもつが、戯画的に誇張すれば、この状況は次のように特徴づけられてよいであろう。――「批判理論」は、実証主義のように法則定立的社会科学の可能性の中に本物の事態があるとは考えない。これは、全力をあげて完成してみても結局は、説明知に基づく人間の自然支配を、人間の人間に対する支配によって補うにすぎないものである。むしろ「批判理論」は、この可能性のうちにきわめて疑わしい事態を見るのであり、この事態が社会学に新しい任務をつけ加える。そしてこの任務によって、社会学は、もはや経験的・法則定立的社会科学とではなく、哲学的反省と、実践的見地において一体をなすのである。すなわち、それは、人間の人間に対する支配の強化に終るような、経験的・法則定立的社会科学の社会的諸帰結それ自体をさらに学問的に反省し、これらの帰結を阻止する可能性を見張るという任務である。

この意味での批判的反省を必要とするのは、もともと経験的社会科学はその対象を取り出し準備するに当って、どうしても対象の主観的性質を捨象せざるをえないという事情がすでにあるからである。実際に即して言うと、次のようになる。経験的・法則定立的社会科学にとっては、その理論構成の対象である人間において、その理論の適用を不可能にするような反応がおきないようにすることが大切である。このことは、かつて、サイバネチクス以前の段階では、社会科学の主体と客体との間の情報交換を全般的に阻止することによって可能であった。しかし今日でも、すなわち社会科学の理論形成のサイバネチクス的段階においても、理論の対象である人間が情報交換に基づいてひき起こす特殊な反応形式をこの対象の中にあらかじめ算入しておけば（自己制御するフィードバック系という意味で）同じことが可能である。

対象である人間の系変更的な反応を排除する二つの形態が、どちらも正当であり――解放的関与の側から見ても――いわば無害である場合もたしかにある。たとえば、主体と客体とが――実験心理学における実験者と被験者のように――情報交換の一時的中断について、また条件づけられたある行動様式ないし条件づけ可能なある行動様式の利用に対する双方の関心について、はっきりと了解している場合には、つねにそうである。この意味では、必要な操作の了解すらも可能である。それゆえこの操作は、間主観的制御が保証できる領域では、万人に責任がある人間の自己支配という性格をとることもあるのである。また、変更することが望ましくないか、もしくはあまりにも困難な行動様式の場合は、この行動様式が医学的・心理学的領域にあろうと、経済あるいは政治の領域にあろうと、科学化された文明社会では、間主観的に制御された、法則知に基づく人間の自己操作体制に委ねることで、われわれの考えは一致できるであろうし、一致するはずであろう。そのとき、経験的・分析的な客体化と人間的行動に対する技術的処理とは、いわば、解釈学的な社会的了解によって重ね合わされ、無害なものとされるのである。

しかし、社会科学的に説明可能な行動様式は変えることができない、または変えてはならないということは、自明ではない。また、行動の説明とそれに基づいた行動の操作についてつねに主体と客体との間で間主観的な了解が得られる、あるいはせめてその努力が払われるということも、確かではない。

その欠陥を補足する解釈学的認識と批判的反省とによって制御されないような操作科学が生みだす危険な諸帰結を心に描くには、経済あるいは政治というこの点で特に弱い領域に話を限る必要はない。理論と実践の媒介を問題にする学問の古典的な例として、教育学が、大多数の大学人に対して身近かな実例を提供している。(30) もし教育学が、今日、実証主義的科学観の側からたびたび暗示されているように、自分をもっぱら経験的・分析的社会科学——たとえば、条件づけ心理学を基礎として——であると考えようとすれば、当然の結果として、その実践的関係を純粋に科学技術的なものと考えざるをえなくなるであろう。そうなると、教育学は、まず第一に、教養の目的ないし教育の目的に関する教育者自身のどのような関与的了解もすべて、科学外のものとして消去してしまうことになる。(きっとこの目標の決定は、文化政策担当者にでもまかせておけばよいのであろう。)

しかもそれに止まらず、このような教育学は、何よりも、教育者と(教育学の対象としての)生徒との間の操作なき、真に間主観的なコミュニケーションをすべて非科学的なものとして排除する。要するに、純粋に経験的・法則定立的な社会科学を基底とする教育学は、その実践関係において、全くの調教技術になってしまう。このような考えは、全く非現実的なことではない。とくに、この教育学の機能を、少数の操作エリートが巨大な大衆を全面的に操作する、科学技術的に完璧な体制という社会的脈絡の中で考えてみれば、非現実的なことではない。

科学理論的反省のこの段階にすでに、批判的社会科学が社会政策に関与する根拠がある。この社会科学は、自分がほかならぬ社会科学によって可能となった操作に対する解放的是正であると考える。しかし、「批判理論」において経験的社会科学と哲学的反省とを実践的見地から結合している中心的思考法、方法論的行き方は、まだ完全に明らかにされていない。その行き方がはじめて納得されるのは、与えられた人間社会において、相互行為とコミュニケーションの状況は多くの場合（いや、厳密に言えば、すべての場合）次のような性質をもっているという事実をわれわれが反省するときである。――それは、当事者自身の間の純粋に解釈学的な了解というものはどれほど努力してみても不可能であり、それゆえ、経験的・分析的客体化とそれに基づく操作がある範囲内で不可避であるように見える、ということである。このような状況は、たとえば教師と生徒との間で、とくに生徒がまだきわめて幼い場合に存在するし、また、心理療法専門医と神経症患者との関係の中にとくに際立った形で存在している。

（この二つの場合、少くとも職業上優越しているその関係のパートナーは、他のパートナーとのコミュニケーションによる了解を部分的に中断し、その代わりに、行動―説明の関係を登場させることをさけられない。この客体化は、ここではすでに次の事情からやむをえない。すなわち、最初の場合は幼児の、第二の場合は神経症患者の本質的動機づけは、かれらの意識に、従って同時にかれらの言語的表現能力に、達しないが、それでもしかし、この動機づけは、教師ないしは心理療法専門医に向って、客観的に、経験的・分析的理論形成のデータとして迫ってくる諸現象にとって、原因として働いているのである。心理療法の場合、無意識の動機づけによって決定されるこれらの現象は、たとえば、いわゆる「症状」となって現われる。これは、神経症患者が自由に使えない、コミュニケーションの言語と自己了解の言語に代わって、いわば代用語として登場する。）

しかし、これらの場合でさえも、経験的・分析的客体化およびそれに基づく社会的パートナーの操作は、解放的認識関心の方から理解される限りでの科学方法論的行き方の究極目的ではない。教育者も心理療法専門医も、距離をとって客体化しパートナーを不可避的に操作すると同時に、伝達によってこのパートナーのうちにひとつの反省過程を誘発することができるのである。そしてこの反省過程を通じてパートナーは、最終結果として、不透明な動機を意識し、ついには間主観的な討議に加わることができるようになるとされている。従って、この教育者および心理療法専門医の方法的行き方の本質は、厳密に言うと、一方で客体化と操作を行ない、他方では誘発的了解をひき起こして、これらを相互に結びつけることにある。そしてこの手続きがうまくいけば、対象は客体化する行き方なしでもすむようになるから、前半の部分が不要になる。それで、外部から訓育されなければならない幼児の未発達な行動も、正しく教育することにより、最後には自律的な大人の行動となって消失するとされるのであり、また、最初は理解可能というより、むしろ説明可能であった神経症患者の症状言語も、最後には、真の間主観的な了解の言語となって「止揚」されるとされるのである。

事実この通りであるなら、解放的教育学ないしは心理療法は、きっとその目標を達成したことであろう。けれども、この目標は、決して完全に達成されることはないのである。——とりわけ、それは、健全な成人の間のコミュニケーション関係でも、既存の人間社会の中では、生活実践の意味と規範とについての究極的了解に導きうるような、純粋に間主観的な関係では決してありえないという理由からである。このような関係を妨げているものは、あの「人間の自己疎外」である。この疎外のゆえに、人間は、その言葉においても行動においても、いまだかつて、自分自身にとって完全に透明になるには至らなかったのである。それはまた「事態の強要」という言い方においても証言されている、あの自己疎外である。この自己疎外のゆえに、いまなお人間の歴史は、意識的で責任ある行動意図の所産というより、見通しがたい社会的因果過程の成果となっているのである。

さて、マルクスとともに、この自己疎外は何らかの個人心理学的啓発や療法によって止揚できるものではなく、むしろ教育学的・心理療法的に行なわれるべき個人の個別的解放そのものが、なお社会の解放によって媒介されなければならない、という考えから出発すれば、批判的に関与する社会科学の課題が、その全貌において明らかになってくる。すなわち、その課題は、いま教育学と心理療法を実例として明らかにした反省過程の誘発のモデルを、社会全体へ適用することである。この反省過程が無意識的に動機づけられ、その限りで説明可能であり操作可能である行動を、意識的に責任を負う行動へ転換するのである。こうして、社会学は、解放に関与するイデオロギー批判となるが、この批判はさらに——この点で「批判理論」はサルトルとともに、マルクスを超え出るが——それ自体が個人心理学的啓発（たとえば精神分析）によって媒介されなければならない。なぜなら、社会は、すべての個人が解放されるのでなければ解放されえないからである。まして、個人をとび超えて、万人の「客観的関心」なるものを管理する党エリートの操作によって、社会が解放されるはずはないのである。

ところで、エリートによる操作を解放される者の側からも阻止することが重要になるこの場面で明らかになってくる問題は、教育学と心理療法のなかにすでに、危険な理論・実践の媒介の問題としてふくまれているにしても、しかし、社会批判と社会治療の領域においては、政治問題になる外はない。すなわち、次の問いが掲げられる——イデオロギー批判的な社会科学の一部である社会治療は、政治的に重要な実践として、どのように組織され、制度化されうるのか。この問いに対する学生運動の答えは、よく知られているように、学問と大学との「政治的委任《マンダート》」、あるいはまた学問と大学との「政治化」である。これは、明らかにあいまいで疑わしいスローガン(31)であるが、このスローガンとそこから導き出された実践とが口火となって、目下行なわれている、学問の概念およびその実践との関係、とくに政治との関係をめぐる大学行政上の討議がはじまったのである。そしていま、既成の学者の圧倒的大部分は、「研究と教育の自由」の名において、「政治化された学問」を拒否するだけではなく同時に学問の「解放的機能」をも併せて拒否し、社会政策上無前提で没価値的な学問のなかに引きこもりたがっているように見える。

以下において私は、ひとつの科学理論の見地からいま大まかにのべた論争に対する立場を明らかにしてみたい。この科学理論は、「批判理論」に近いけれども、しかし一つの点でそれと異っている。そして強いて言えば「批判理論」を補うものである。

III　没価値的科学、解放としての科学、政治

はじめに断言しておきたいと思うのは、私の考えでは、没価値的科学という概念は、自然科学と、科学技術上重要な処理知識を提供するような社会科学の行き方あるいは局面とに、局限されなければならないということである。厳密にその限りにおいてまたその範囲においてであれば、科学とは実験的に検証可能で、その限りにおいて技術的に利用可能な処理知を提供するものであるという——ときとして無反省な——前了解も成り立つし、厳密にその限りにおいてまたその範囲においてであれば、科学を没価値的に把握し行使してよいし、またそうしなければならないのである。むろん、人間的生の可能性に関する価値づけは、状況世界のなかで対象を「あるもの」として構成するどのような根源的対象構成の作用とも必ず結びついている。けれども、この不可避的な価値づけにしても、自然科学の対象構成の場合には、世界の技術的処理可能性に対する人類の関心をいわばその最後のものとするのであり、これによってその他はあらかじめ取り除かれてしまう。このような処理可能性のゆえに、対象構成によって確保される科学《サイエンス》の先験的枠組の内部では、すべての研究が必ず没価値的になる。けだし、「自然ハ服従スルコトニヨッテノミ征服サレル」（ベイコン）からである。

この技術的処理知に対する（実験的に検証可能な科学の先験的枠組についての暗黙の前了解と結びついた）関心も、それだけで解放的認識関心の契機と考えられるかもしれない。なぜなら、自然支配は、見通しにくい運命の諸力とこれに帰着する迷信からの人間の解放を潜在的に意味しているからである。そしてベイコンとデカルトからカントに至るヨーロッパ啓蒙主義の思想家たちが言明してきたように、それは、さらに進んだあらゆる解放の前提だからである。しかし、この自然科学と科学技術の解放機能は、潜在的なものにすぎない。なぜなら、それは、いまなお人間が自然科学と技術とをどのように使うのか、あるいは——言い方を変えれば——人間が、自然の科学技術的支配に対応してどのようにその社会的関係を制度化できるのか、にかかっているからである。

自然科学の科学技術的潜勢力の軍事的誤用——たとえば原子爆弾の例に明らかに見られたような——が、自然科学の解放機能の悪用の可能性をはじめて示すのではない。むしろ——その誘惑のもっと深い層で——技術支配的な国家モデルにおいて頂点に達するような、科学《サイエンス》およびその成果についてのあの科学政策的解釈がすでにこの悪用の可能性を示している。ここで、科学理論の水準での根本的な概念の混乱は、ひとびとが科学《サイエンス》の行き方を絶対化し、原理的に新しい状況を無視している、いや無視したがっているという点にその本質がある。この新しい状況は、人間は——より正確にはすべての人間は——科学の客体であると同時に主体である——より正確には、主体でなければならない——という事情に基づいて、人間科学の行き方とその実践関係に対して与えられたものである。このような科学主義批判から積極的に出てくるのは、次の結論である。すなわち、自然科学にそなわっている潜在的に解放的な機能は、客体化する科学《サイエンス》の行き方が人間科学の水準でそのまま押しすすめられることによっているのではなく、この行き方に較べれば対極的な、目標と価値についての間主観的な了解の行き方が仕上げられることによっているのである。——（この対極的な行き方の必要性は、自然科学者たちが——昔の本の中からいまなお共同討議にいわば加わっている学問的伝統の代表者たちもふくめて——相互に形づくっているあの了解共同体にもっともはっきりと示されている。というのも、ここでは根っからの科学主義者にも、方法的に訓練された間主観的了解の代わりに行動の説明や行動の技術的シミュレーションないし制御を使えないことは、たぶん明瞭になるからである。）とはいえ、科学的方法およびその科学技術上の諸結果が進歩すれば、了解の解釈学的問題性がいくらか少くなるというものでも全然ない。むしろその反対である。「今日、われわれは知っている」とか「現在、科学にわかっている」とかいうよく知られた言い方は、学問分野内部のまた学際的分野のコミュニケーション問題および翻訳問題の増大する多様性を、言い表わしたり隠したりしている。このコミュニケーションが、今日ではすでにほとんど、専門家たちの直接の了解によってではなく、一般に、職業的な解説者——通俗雑誌のジャーナリストもむろんふくめて——によって行なわれていることを考えてみれば、ここにはつねに新しい課題[32]が生じていることが、はっきりわかるのである。この種の課題は、伝統的な精神科学にとって昔から、伝統の継承および間文化的了解の課題として設定されてきたものである。そしてここからさらに、伝統の継承をふくめたこれらのメタ科学的了解の諸課題が、操作なき社会においては結局、いわゆる「公論」[33]の形成と一体とならざるをえないということも、理解されるのである。

それゆえ、「研究と教育の一体化」は、最広義における解釈学的諸科学にとって、自然科学にとってとは別の意味において本質的である。研究と教育の一体化は、ここでは、たんにできるだけ早い時期に学生を研究に参加させるのに役立つだけではない。そのほかに、それはすでにそれだけで——それも理想的要求として——精神科学者とその公衆とのコミュニケーションによる連帯を表わしている。自然科学者は、それ自身としていかなる公衆も必要としない。かれの成果を検証し、それについて語ることのできる専門家の共同体を必要とするだけである。これに反して、たとえば文学研究者は、公衆を取りあげられてしまえば、それと同時にかれの研究の意義も着想も失う。かれの解釈の仕事は、結局、人間の永続的な公共的了解の中で行なわれている生きるに値する生の可能な様式と規範をめぐる討議に、学問を媒介として貢献することに外ならない。法律家の学問的な法解釈の仕事にしても、原則的にはこれと変わらない。とくに、それが伝統的な法理論の枠を超えて——たとえばわが国ではなかなか進まない刑法の大改正を考慮して——法の基礎づけへの貢献であろうとするときにはそうである。

　しかもここでさらに明らかになるのは、科学《サイエンス》の対極的補完物として要請されるべきあの了解の学問においては、価値づけの問題を、しかも価値づけの究極的尺度への問いであるこの問題を排除することができない、という事態である。この価値づけは、「適応系」——このようなものとして、サイバネチクス生物学は、生物を捉えるが——の自己保存を目的とする情報評価へ矮小化されるものではない。なぜなら、解釈学的社会科学と批判的社会科学が問題にしなければならないのは人間社会であるが、この人間社会の価値づけの諸問題は、たんにうまく適応した組織が生きのびるということ以上のものを、最高の「目的《ヴォールムヴィレン》」として、つねに内包しているからである。適者生存というこの視点は、とくに経済上、政治上の意志決定理論にとって非常に重要であるかもしれない。しかし、もし情報評価というサイバネチクス的視点を一般化して、価値評価はそのつど解決されるべき問題と相対的に関連していると考えるとすれば[34]、すぐさままた、社会において解決されるべき問題の種類と重要性についての間主観的了解という対極的な問題が生じる。もしわれわれがここで、関与する「現代の理論」を目指して価値規範を哲学的に基礎づけるないしは状況を歴史的・社会学的に全体として反省するという、さらに注文の多いもくろみを非科学的なものとして排除し、学問をあれでなければこれと仮説的な問題解決を終始もてあそぶことに制限してしまうとすれば[35]、これによって社会の歴史的状況とその成員の正当な関心についての了解は、合理的に反省されることも公共的に討議されることもなくなって、専門家と政治家の間での一時しのぎの取りきめにまかされてしまうであろう。そうなれば、われわれは否応なしにひとつの社会体制に押しやられ、その行きつくところは、一体化した技術支配と政治的決断主義である。(36)――われわれは、科学の理念と知的誠実さを満足させようとすれば、どうしても科学的「啓蒙」による解放要求をこのように断念せざるをえないというのであろうか。

目標と価値について一つの了解を前提することが、科学主義の代表者たちがしばしば想像しているように、絶望的に非合理的なことであるとは、私には思われない。ここで、批判的な了解共同体を考えてみることがまたもや役に立つであろう。没価値的科学の代表者たちでさえ、この科学の諸命題を世に認めさせようとすれば、どうしても自分たちの間でこのような共同体をつくらなければならないのである。というのはここでは、つまり批判的了解の間主観的次元では、ただ記述と説明だけをしていたいと思うひとびとでも、ほかならぬ没価値科学のために、最小限度の倫理の価値基準は尊重しなければならないからである。(37)たとえば、その一つに科学者たちが互いに相手を、自由な意見表明の自律的主体として尊重するということがある。これらの主体の批判的議論はまじめに受けとられなければならないが、またその人自身が同僚の議論を尊重しているかどうかという点に至るまでも吟味されなければならないのである。

K・R・ポパーは、かれの社会哲学において「開かれた社会」の理想を展開し、「開かれた社会の敵」に対する関与的なイデオロギー批判を展開することができたが、それは、本質的には、上にのべた、科学者の共同体のうちにいつもすでに前提されている最小限の倫理の外挿に基づいている。それでいてポパーは、かれの『探究の論理』のなかでは、没価値的科学という科学観《サイエンス》を乗り超えてよいとは少しも信じていないのである。しかし真実には、「開かれた社会」に対するポパーの関与は、その根を、かれ自身が言うように「非合理的な道徳的決断」(38)

のうちにもっているのではなく、その根は、平等な権利をもつ批判者たちの「限りなき」共同体を選択するという、意味のある論議をする者であれば誰でもすでに心にきめているあの選択を自らに対して確証し、心ゆくまでの保証をすることのうちにある、と私は思っている。

要するに、理性は同時に（フィヒテがはじめて明白に認識したように）理性への意志であり、また、理性を実現しようとする意志は同時に――K・ポパーの言う意味において――「開かれた社会」を実現しようとする意志である。しかし、この開かれた社会を実現しようとする意志は――いうまでもなく――「開かれた社会」の実現に対抗するような政治的諸関係を変革しようとする意志である。こうして、開かれた社会への意志は、自由な意見形成を妨げるすべての内的制限および外的制限に反対し、従って、意見の検閲にも、操作やデマゴギーにも、そして了解過程の意識的、無意識的なイデオロギー化にも反対するのである。さらにまた、「開かれた社会」の実現には、この外に、社会の全成員に対する教育の機会均等の徹底も必要である。

以上の指摘は疑いもなく不充分なものであるが、その趣旨とするところに従って、すべての学問上の論議の前提をなす「限りなき」コミュニケーション共同体(39)という先験的観念から、解釈学的了解科学と批判的社会科学に対して最高の価値基準を提示できるような政治的、社会的関与を導き出すことは、決して不可能ではない、と私には思われる。というのは、もって生れた制約や限定から自由な、限りなき了解という理想は、解釈学的了解科学に対して、伝統の中の理性を獲得し、伝承のイデオロギー的内容の中にさえ真理の「きざし」（E・ブロッホ）を探すための統制原理を提供しているからである。また同じ理想は、批判的社会科学に対しては、制度による疎外が、すなわち特定の階級的利害に規定された「虚偽意識」の形式と内容が、歴史的に生成した社会の中での理想的なコミュニケーション共同体の実現を阻止する障害になることを認識させるような基準を提供する。

もう一つの問題、私の考えではさらに解決が難しい問題は、学問から政治的実践(科学政策もふくむ)への移行の問題である。もし解釈学的了解科学および批判的社会科学としての学問が、社会政策上の関与をあれこれと内包しているとすれば、科学は「政治的委任」を行使せよとか、科学は政治化せよとかいう要求が、そこから出てくるように見える。しかしすでにのべたように、これらの要求は非常にあいまいでそれゆえ「疑わしい」ように、私には思われる。それで私は、私の任務がなによりもまず、科学理論の立場からこれらの要求の解明に寄与することにあるとみなしたい。(といっても、そのさまざまな可能性と諸帰結を充分に解明することは、大へん具体的な政治科学的考察と法学的考察によってのみ可能である。)

はじめに、二つの極度に異った解釈を互いに対決させてみよう。

(1)科学政策的に見て保守的な立場からは、科学の「政治的委任」という言葉は、個々の科学者が国民として政治に関与することであると理解されよう。このような政治的関与に、権威づけの要素として入ってくるものは、あくまでも事実上の科学的能力である。原子力の平和利用を目指した有名な物理学者たちの種々の努力は、このような関与の実例である。もう一つの実例は、現在、社会学者ダーレンドルフが行なっている政党政治的活動である。政治的な学生団体のなかでの学生の活動にしても、原理的には、政治的関与の同じカテゴリーに入るであろう。

このような形の政治的関与ですら、あのよく知られ、たびたび批判されたドイツの学者たちの非政治的態度に対する是正とみなすことができるといってよい。この非政治的態度が、疑いもなく、過去において民主的自由の抑圧と、ついには外部からの大学の悪しき政治化を助長した。それにしても、個々人の政治的関与というこの形式は、科学ないし大学の「政治的委任」という要求がもつ特殊な意図をほとんど実現するものではない。それは、科学理論の立場から見ても、不充分であると私は思う。なぜなら、このような関与は、個別科学の特殊な社会政策的関与を顧慮しなくても可能だからである。（たとえば、物理学者の例が示すように、また――主観的には――ダーレンドルフの例が示すように、それは、科学が没価値的であることを前提しても可能である。）

(2)科学の「政治的委任」という要求のきわめて広く行きわたった一つの解釈は、学生の側から「科学の政治化」というスローガンの下でもまた唱えられた解釈である。この解釈は、しばしば次のようにして「批判理論」の考案から導き出されている。つまり、ひとびとはこの理論を、「理論と実践の媒介」と理解し、そこから学問と政治の区別を全般的に廃棄してしまいたいと考える。――ところで、その立場に従って関与する、哲学と批判的社会科学との理論構成が、行き方においても結果においても、理論と実践の媒介を生み出すということは、私の考えではほとんど疑う余地がない。それにもかかわらず、この媒介は、科学理論的にそしてまた可能的制度化という意味においても、政治家――ないし科学政策専門家――が行なう理論と実践の媒介から区別することができるし、また区別しなければならない、と私は考える。政治家は、理論的指導に基づいて実践上、特定の目標を達成しようと努めるからである。

この点で、どうやら私は、ハーバーマスがかれの著作『認識と関心』において提示した、[40]「批判理論」の哲学的基礎づけを補足しあるいは正確にしなければならないようである。というのも、ハーバーマスが批判的社会科学と哲学に対して要求する「解放的関心」は、反省の最高点においても――フィヒテの名にもかかわらず――ハーバーマスが望むように、認識と関心の絶対的同一、反省と実践的関与の絶対的同一に達しないからである。このような同一は、関与という言葉で危険な、政治的効果のある党派的利用が考えられている場合には、少くともわれわれ有限な人間に当てはめるわけにいかない。（このような関与においては、もともと批判者の限りなき共同体に同化する反省者は、「奇嬌な立場」に立つのであり、この立場は、いま・ここでの団結という党中央中心主義の利益のために捨てられなければならない。[41]）理論的反省と物質的・実践的関与とは、理性と理性関心との同一性にもかかわらず、同一ではなく、哲学的反省の頂点で、対極的に対立する契機として、解放的認識関心の内部でふたたび分裂する。このことはハーバーマスが科学理論家として、科学的問題設定の可能性の先験的条件としての三つの基本的認識関心を分析し、最後にもう一度、認識と関心の関係を判定するとき、かれ自身が要求している哲学的反省によって非常に明瞭に示されている。すなわち、この、妥当性の要求から言えば普遍的な哲学的反省は、たしかに、あくまで解放的認識関心を当然のこととして要求できる。しかし、この反省が包含するのは、解放的認識関心の一部にすぎないのであり、そしてそれは、次のように特徴づけられる部分である――あらゆる信念の非教条化と批判への関心、潜勢的に普遍的な懐疑への関心、[42] あらゆる関与を仮説に導かれた実験として修正する可能性への関心。[43] 要するに、哲学的反省が包含する解放的認識関心の部分は、あらゆる発見的関与にもかかわらず、そこから学問が学問として認証されるような関心部分である。このことによって、対極的に対立する解放的関心の他の部分、すなわち、マルクスが、世界はたんに解釈されるだけではなく、変革されなければならない、と主張したときに要求したあの部分も充たされると信ずるとすれば、そのような信念は、私の考えでは、結局、観念論的幻想に終るであろう。このように観念論的に幻想するならば、それは、もはや「懐疑的世代」ではないひとびとが現在連帯するための条件の下では、もう一つの――主観的・唯物論的な――幻想を産み出すことになるであろう。つまりそれは、科学者たちの批判的なコミュニケーション共同体から離れて行きながら、避けがたいほど教条主義的に政治的実践に関与することを、なおも学問と称しうると信じている、あの幻想である。

以上の分析は、多くのひとびとを失望させるかもしれないが、この分析は、理論と実践の非弁証法的な分離を弁護するものではない。なぜなら、私の考えでは、実践的関与によって媒介された学問的理論形成も、また学問的理論形成によって媒介された政治的実践も、ともに必要とされるからである。そして民主主義という国家形態は、私の考えでは、試行とみなすことができる。それは、科学の分野でかなりうまく制度化された、限りなき批判的コミュニケーション共同体の基本的活動規則を、政治という媒体のなかでも実現しようとする試行である。[44]しかし、まさにこの試行を可能にするためにも、学問と政治との概念上の、そして何世紀も前から実際に有効に制度化されている区別を廃棄することはできない。

以上の分析から、学問の「政治的委任」は不可能である、もしくは承認できないという結論が生じるであろうか。――もしもこの委任が、意志形成の議会主義的活動規則を飛びこえて、政治の法的認証を直接に学問から得ることができるという意味であるとすれば、私は上の問いに対して、しかり、不可能である、と答えなければならないと信ずる。しかしながら、学問の名における私的な政治的関与をしのぐもっと別な可能性がある、と私は思う。私の考えでは、「政治的委任」といったものは直接学問に帰属するものではないが、しかし、民主的に組織された大学には当然帰属するものである。つまり、それは、政治的委任そのものではなくて、現在もすでに実際行なわれているような、科学政策に対する全権の委任であり、そしてこれは、国家によって制限されてはならず、拡充されてしかるべきものである。これは、哲学的にも、学問をその解放的な啓蒙機能をふくめて可能にするための政治的諸条件を実現する際の、大学側の協力に対する全権の委任と充分解釈することができるであろう。

（1）『今日と将来における大学の任務』を主題とする、一九六九年のキール大学集会の際の講演。訳者注。本訳文は次の書物によっている。Materialien zu Habermas' 〉Erkenntnis und Interesse〈. S. 318—48 (Suhrkamp 1974).

(2) H. Schelsky, Einsamkeit und Freiheit, Hamburg 1963, bes. S. 284 ff. 参照。「脱イデオロギー」の時代に際立ってきている、さながら本能的な、技術の疎外体制によっての人間の自己安定化という哲学的・反哲学的論点は、A・ゲーレンの最近の諸著作のなかで、シェルスキーよりも一義的に取りあげられている。とくに以下を参照せよ。
Über kulturelle Kristallisation, in: Studien zur Anthropologie u. Soziologie, Neuwied 1963, S. 311 ff.
Über kulturelle Evolution, in: Die Philosophie u. die Frage nach dem Fortschritt, 1964. ゲーレンの制度哲学に対する批判については私の論評を参照。Philos. Rundschau, 10. Jg. (1962), S. 1~21.

(3) 『社会研究』誌に掲載されたM・ホルクハイマーの基礎的な諸論文を参照せよ。現在これらは、ふたたび『批判理論』という表題で公刊されている。Kritische Theorie, Frankfurt 1968, 2 Bde.

(4) かれの著作『懐疑的世代』Die Skeptische Generation, Düsseldorf-Köln 1963, Sonderausgabe 1962. の第四版の展望のなかで、かれはさらに次のように書いている。「しかし何が起こるにしても、この世代は、ものごとに対して革命的に、集団的情熱を燃え上らせて反応することは決してないであろう。……どのような冒険に身を委ねることもなく、確実な、危険が最小限度のカードにいつもかけるであろう。苦労して幸いにもふたたび手に入れたもの、裕福、良心、公正な民主主義、私的隠棲――これらを二度とかけによって失わないためにである。好んで世界史的出来事と呼ばれるすべてのものごとの中で、この青年は、ただ一つの静かな世代となるであろう。……」(a. a. O., S. 381 f.)

(5) S. Leibfried (Hrsg.), Wider die Untertanenfabrik. Handbuch zur Demokratisierung der Hochschule. Köln 1967.

(6) たとえば、P・アンダーソンによるイギリスの大学における既成の科学論に対する徹底的な批判を参照。P. Anderson in: New Left Review, 50 (1968), S. 3~57.

(7) In: H. Schelsky, Auf der Suche nach Wirklichkeit, Düsseldorf 1965, S. 456 ff.: H. Schelsky, Einsamkeit und Freiheit, a. a. O., S. 299. 参照。ここでは、「作者がその作品において、構成者がその構成物において自分を喪失する」点にその本質がある新しい「人間の自己疎外」が問題にされている。

(8) それで、一九六七年に公刊された翻訳の表題は『理性の腐蝕』である。

(9) J. Habermas, Gegen einen positivistisch halbierten Rationalismus, in: Kölner Ztschr. f. Soziologie und So-

zialpsychol. Bd. 16 (1964). 参照。

(10) J. Habermas, Technik und Wissenschaft als 〉Ideologie〈 (Frankfurt 1968).

(11) これについてはとくに『森の道』という表題によって公刊されたハイデガーの諸論文を参照。M. Heidegger, Holzwege (Frankfurt, 1950)

(12) H. Marcuse, One-Dimensional Man. Studies in the Ideology of Advanced Industrial Society (Boston, Mass./Bacon Press, 1964, dtsch. Übers. Neuwied u. Berlin 1967).

(13) J. Habermas, Technik und Wissenschaft als 〉Ideologie〈, a. a. O.

(14) M. Heidegger, Die Frage nach der Technik, in: Vorträge und Aufsätze, Pfullingen 1954, S. 13~44.

(15) J. Habermas, a. a. O., S. 53. も参照。——もっとも、マルクーゼの反科学技術的ないしは反科学主義的方向にとってのいっそう古い着想の源泉は（E・ブロッホおよび他の新マルクス主義者も同様であるが）シェリングとマルクスにおけるユダヤ教的・キリスト教的神秘主義から伝承された、退落した自然の復活という場所である。（Habermas, a. a. O., S. 55. 参照）

(16) ちなみに、マルクーゼとハーバーマスは、マルクス主義正統派の教条化された歴史モデルからこのように離反することによって、「幻想のない、全く実験的なマルクス主義」というメルロ=ポンティの要求にこたえるとともに、そうすることによって、K・R・ポパーが『歴史主義』の歴史予言に反対してのべたいくつかの根本的な異論からかれらの弁証法的行き方を守っている。

(17) この点については、J. Habermas (Hrsg.), Antworten auf Marcuse (Frankfurt 1968) および Die Linken antwortet Jürgen Habermas (Frankfurt 1968)をとくに参照。

(18) それでたとえば、一八四三年の論文『ヘーゲル法の哲学批判序説』の末尾にみられる有名な一節にこうのべられている——「ドイツ人の解放は、人間の解放である。この解放の頭脳は哲学であり、その心臓はプロレタリアートである。哲学は、プロレタリアートの止揚がなければ、実現されえず、プロレタリアートは、哲学の実現がなければ、止揚されえない」(Karl Marx, Die Frühschriften, hrsg. v. S. Landshut, Stutlgart 1953, S. 224. から引用)。

(19) 一九六五年六月二八日の要綱的な、フランクフルト大学就任講演「認識と関心」（現在、Technik und Wissen-

schaft als 〉Ideologie〈 S. 146 ff に収載）および同名の著書（本訳書）（Frankfurt, 1968）におけるこの要綱の詳述を参照。――並行した研究については、私の論文 》Die Entfaltung der 〉sprachanalytischen〈 Philosophie und das Problem der〉Geisteswissenschaften〈《(Philos. Jb., 72, 1965, S. 239～289；英語版 》Analytic Philosophy of Language and the 〉Geisteswissenschaften〈《, in: Foundation of Language, Suppl. Series, Vol. 5, Dordrecht 1967）また 》Szientistik, Hermeneutik, Ideologiekritik: Entwurf einer Wissenschaftslehre in erkenntnis-anthropologischer Sicht《(Wiener Jb. f. Philos. I, 1968, S. 15～45.; Man and World I, の要約 1968）を参照。「弁証法的・解釈学的な行き方」をする、これらのテーゼの包括的叙述については次を参照。 der 2. Bd. von G. Radnitzky, Contemporary Schools of Metascience (Göteborg 1968).

（20） Habermas, 》Erkenntnis und Interesse《 (Antrittsvorlesung), a. a. O., S. 157.

（21） Ebd., S. 168.

（22） H.-G. Gadamer, Wahrheit und Methode, Tübingen 1965, Teil II. 参照。

（23） Habermas, Technik und Wissenschaft als〉Ideologie〈, a. a. O., S. 158.

（24） とくに Habermas, Arbeit und Interaktion……, a. a. O., S. 9 ff. 参照。

（25） 伝達的実践は、論理的不変化詞の構成に対してすらも、従って形式論理学の操作の妥当性に対しても、先験的基底として前提される、ということを、P・ロレンツェンが、かれの「原論理学」において明らかにしている。P. Lorenzen, Methodisches Denken (Frankfurt 1968, S. 81 ff.)参照。

（26） 「批判理論」の考案は、実証主義的であるとともに、ポパーがいう意味で批判主義的である社会科学の基礎論のなかでは、このような疑惑をもたれている。ドイツ社会学会チュービンゲン大会（一九六一年一〇月）において行なわれた、Th・W・アドルノとK・R・ポパーの報告を受けたJ・ハーバーマスとH・アルベルトの間の論争を参照。（1） Habermas, Analytische Wissenschaftstheorie und Dialektik, in: Max Horkheimer (Hrsg.) Zeugnisse, Th. W. Adorno zum 60. Geburtstag, Frankfurt 1963; （2） Albert, 》Mythos der totalen Vernunft《 in: Kölner Ztschr. f. Sozial. und Sozialpsychol., Bd. 16, 1964; （3） Habermas, Gegen einen Positivistischhalbierten Rationalismus, Ebd.; （4） Albert, Im Rücken des Positivismus?, Ebd., Bd. 17, 1965. 訳者注。この論争は次の書物に

収載されている。Der Positivismusstreit in der deutschen Soziologie (Luchterhand 1969). (『社会科学の論理』城塚・浜井訳、河出書房新社)

(27) Habermas, a. a. O., S. 158.

(28) H. Skjervheim, Objectivism and the Study of Man, Oslo 1959.――A. V. Cicourel, Method and Measurement in Sociology, Glencoe 1964. 参照。さらに、J. Habermas, 》Zur Logik der Sozialwissenschaften《, Beiheft 5 d. Philos. Rdsch., Tübingen 1967, III, 6, 2.

(29) とくに、K・ポパー、C・G・ヘンペル、オッペンハイム、Th・エイベルおよび》die Entfaltung der 〉sprachanalytischen〈 Philosophie und das Problem der 〉Geisteswissenschaften〈《 a. a. O. の中のオッペンハイム、エイベルについての私の批判を参照せよ。新実証主義の説明理論の立入った論評については、最近では次の著作を参照せよ。G. Radnitzky, Contemporary Schools of Metascience, a. a. O., Bd. I, S. 146 ff.

(30) 以下については次の著作も参照せよ。Kl. Mollenhauer, Erziehung und Emanzipation, München 1968, Einleitung.

(31) 要求されている政治化を、現代産業国家の政治、経済と巨大科学との――疑いもなくつとに成立している――からみ合いに反対する反・政治化と解釈してみても、やはり疑念は残る。

(32) ここで問題とされている課題は、情報の技術的諸条件――翻訳機械の可能条件にまで及ぶが――の、近代的な、その上科学主義的な研究によって平易になりうるものであり、ともかくこのような情報工学がなければ、将来にわたって解決することができないものである。けれども、了解のこの課題は、それに特有の方法論的性格をもっていて、これは、サイバネチクス工学の性格と今後とも一致する見込みがない。このことは、コンピューターの可能な構成およびプログラミングの意味と目的に関するサイバネチクス学者の間の論議が、コンピューターの構成およびプログラミングと今後とも一致する見込みがないのと同じである。といって、情報理論の工学上の問題の側から、統辞論と解釈学とに対して新しい見解が生じてこないというわけではない。しかし、もし情報工学を統辞論ないしは解釈学の基礎とみなすとすれば、それによってすでに、シェルスキーが言うところの手段によって目的が規定される技術工学モデルに屈伏することになるであろう。

(33) これについては次の論文を参照せよ。J. Habermas, 》Verwissenschaftlichte Politik und Öffentliche Meinung《 in: Technik und Wissenschaft als 〉Ideologie〈, a. a. O., S. 120 ff.

(34) K. Steinbuch, Falsch programmiert, Stuttgart 1968, S. 104.

(35) H・アルベルトの最近の論文(》Sozialwissenschaft und politische Praxis《 in: Arch. f. Rechts und Sozialphilos. 1968 LIV/2, S. 247 ff.)は、私見によれば、科学理論家のジレンマを示している。すなわち、かれは、没価値的「科学《サイエンス》」観を踏みこえたくはないが、しかし同時に、科学の批判的・解放的機能を肯定したがっている(とくに、S. 273 参照)。

(36) J. Habermas, Verwissenschaftlichte Politik u. Öffentliche Meinung, a. a. O., S. 143 ff.

(37) このことを最初に認識したのは、Ch・S・パースである。Peirce, Schriften I (Frankfurt 1967), S. 105 ff. の私の「解説」を参照。

(38) K. Popper, The open society and its enemies, London 1945, Vol. II, S. 131 ff. これに対する私の批判は、次を見よ。》Sprache und Reflexion《 (in: Akten d. XIV. Internationalen Kongress für Philosophie, Wien: 2.–9. September 1968, Bd. III, Wien 1969, S. 417 ff.)

(39) 記号論的に変形された、Ch・S・パースのカント主義のこのような先験的要請は、「開かれた社会」というポパーの理念と原則的に同一である、と私には思われる。もっとも、弁証法的哲学というものは、この先験的要請から出発するだけではなく、つねに同時に、論証する者が必要とする観念的なコミュニケーション共同体の諸条件を何よりもまず創出しなければならない、この具体的な社会から出発するのである。私見によれば、この点に、あらゆる観念論的なあるいは唯物論的な存在論の手前にある、先験主義と経験主義との媒介が存在する。近頃ふたたび多くの教条主義者たちによって言いふらされているような、いわゆる「客観的関係」の素朴な唯物論的分析のために、このような弁証法が弛緩されると、それは——教条主義者たちが信じたがっているような——先験哲学の重荷からの解放などに行きつくのではない。むしろ、そのような弛緩が意味するものは、批判者の「限りなき」(「開かれた」)共同体に代わって一部のエリート集団が、何が「客観的関係」であるのかを決定する、ということである。(この場合、人間の共同主体は、それが「正当な意識」をもっていない限り、変革されるべき「客観的関係」の下にただ包摂されるだけである。)

(40) とくに、ハーバーマスの著作(本訳書)第三章第九節を参照せよ。

（41）　ハーバーマスが要請する、認識と関心、反省と実践的関与との同一性は、マルクスが要求する「哲学の実現」——これは同時に、哲学の「止揚」でもあるが——をすでに前提し、これは、その妥当性にもかかわらず「何ら経験的なものに対応しえない統制原理」（カント）とみなされるのではない、と私には思われる。これについてはまた私の次の論文を参照されたい。——》Reflexion und materielle Praxis: zur erkenntnisanthropologischen Begründung der Dialektik zwischen Hegel und Marx《(in: Hegelstudien, Beiheft I, S. 151～166)

（42）　この懐疑は、普遍的懐疑としてデカルトのものとされるような、すべてにわたる懐疑ではなく、おそらくパースがはじめてその独自性を反省したと思われる懐疑、すなわち、科学者が「まぬがれることのできない」自己理解に属する懐疑である。

（43）　ある点で、精神分析学的反省も、患者に対して、誤謬として明らかさまになった実践的関与の修正を可能にさせる。その限りでは、この反省は、科学の解放的機能にあづかっている。しかし、治療は、おそらくそれ以上に、つねに、少くとも患者の、有限な諸条件の下では科学的ではありえない実践的関与を引き受けざるをえないであろう。

（44）　これについては、私の次の批判を参照されたい。——》Arnold Gehlens Philosophie der Institutionen《(Philos. Rdsch. 10 Jahrg. 1962, S. 1～21)

訳者あとがき

本訳書は、Jürgen Habermas : Erkenntnis und Interesse (Suhrkamp Verlag 1968) の全訳である。ただし、「後記」は第二版（一九七三）に付されたものである。

ハーバーマスは、一九二九年に生れた。一九六一―六四年にハイデルベルク大学において哲学を講じ、一九六四年にフランクフルト大学の正教授となり、哲学と社会学を担当した。一九七一年、シュタルンベルクにあるマックス・プランク研究所の所長に転じ、今日に至っている。数多くの著書、論文があるが、『公共性の構造転換』（一九六二）『理論と実践』（一九六三）『社会科学の論理』（一九七〇）『文化と批判』（一九七三）『歴史的唯物論の再構成』（一九七六）などをあげることができよう。本書は、かれの代表的な著作といってよいと思う。

ハーバーマスの仕事の性格について、G・リヒトハイムは次のように語っていた――「この学者の業績を評価するのは、なまやさしいことではない。というのもかれの専門的な能力が、マルクスやヘーゲルや、その他ヨーロッパの形而上学的伝統のきわめて難解な源泉を経由して、科学論理学から知識社会学にまで及んでいるからである。……ハーバーマスのはかりしれぬ点は、かれの仲間の多くが、ある分野の一角をやっとの思いで征服したような年齢で、すでにその分野の全域を、幅においても深さにおいてもマスターしてしまったということである。しかもかれは、粗雑に手をぬくようなこともなければ、困難な点を簡単に回避するようなこともなく、また、研究に裏づけられない結論をもっともらしく言明するようなこともない。……かれは、きわめて難しい資料を読みこなし、それを整理しなおしてきちんとした全体にまとめる能力を、生れつきもっているようである」(小牧治外訳『マルクスからヘーゲルへ』二一二—二一三ページ、未来社)。この卓越した資質に恵まれて、ハーバーマスは、これまで分立していた英米の「分析哲学」とヨーロッパの哲学、とくにドイツ観念論の遺産を継承するドイツ哲学との間の相互交流の可能性を開いた。このような意味で、かれの思想が、現代哲学の一つの焦点になっていることは明らかである。なお、本書の解説もかねて、かれの親友アーペルの論文を付録として訳載した。

本訳書は、字義通り三人の「共訳」であるが、当初の分担を示すと、次の通りである。

第一章の第一節、第二章の第四、五、六節、「後記」の第五、六節……………………渡辺　祐邦

「序文」、第一章の第二、三節、第二章の第七、八節、「後記」の第一、二、三、四節、「アーペルの論文」……………………奥山　次良

第三章の第九、一〇、一一、一二節……………………八木橋　貢

訳文は、原文に対して正確で読み下しやすい日本文であることを心掛けたが、成果については、読者のご叱正を待ちたい。なお、フロイトの用語については、村上仁監訳『精神分析用語辞典』(みすず書房)によった。

この訳業は、細谷貞雄先生のご配慮によるものである。私たちは、先生のご好意に心からの感謝を申しあげたい。そしてこの仕事がいく分なりとも先生のご期待に沿うものであることを願ってやまない。私たちの訳業は、心ならずも遅々としてすすまなかった。そのために、未来社編集部にもずい分ご迷惑をおかけしてしまった。改めて深くおわびするとともに、ご尽力いただいた小箕俊介氏にあつくお礼を申しのべたい。

一九八〇年早春　札幌にて

訳　者

Schleiermacher, Fr. 152.
シュリック Schlick, M. 89.
ショーペンハウエル Schopenhauer, A. 361.

V

ヴィコ Vico, G. B. 160, 161.

W

ヴァグナー Wagner, A. 321.
ヴィットゲンシュタイン Wittgenstein, L. 179.
ヴィンデルバント Windelband, W. 197, 340.
ヴォルフ Wolff, Ch. 152.
ヴェーバー Weber, M. 307.
ヴェルマー Wellmer, A. 327.

23–33, 39–41, 53–56, 61–62, 66–67, 69, 72–74, 77, 207, 285, 305–306, 314, 317–321, 340–341.

J

ジョーンズ　Jones, E.　349.

K

カムバルテル　Kambartel, Fr.　326.
カント　Kant, I.　11–13, 18–19, 22, 24, 32, 40, 43–47, 50–52, 55, 66, 73–77 99, 105, 118–119, 127, 153, 199, 208–215, 217–222, 306, 314, 320–321, 340–342.
キルケゴール　Kierkegaard, S.　89.
クーゲルマン　Kugelmann, L.　46.
クーン　Kuhn, Th. S.　336.
コシーク　Kosík, K.　320.

L

ルカーチ　Lukács, G.　318.
レーヴィット　Löwith, K.　326.
ローレンツ　Lorenz, K.　318.
ローレンツァー　Lorenzer, A.　3, 348, 349.
ローレンツェン　Lorenzen, K.　318.

M

マーフィ　Murphy, M. G.　332.
マッキンタイア　MacIntyre, A. C. 349, 350.
マッハ　Mach, E.　77–78, 89–98.
マルクーゼ　Marcuse, H.　37, 42, 316, 351.
マルクス　Marx, K.　29, 33–46, 50–56, 61, 63–74, 76–77, 80, 143, 160, 207, 291, 294, 296–297, 299–300, 320–326.
ミッシュ　Misch, G.　338.
ミッチュエルリッヒ　Mitscherlich, A. 3.

N

ニーチェ　Nietzsche, Fr.　128, 200, 305–316.
ニーブール　Niebuhr, B. G.　152.
ニコリン　Nicolin, Fr.　319.

P

パース　Peirce, Ch. S.　46, 78, 99–112, 114–128, 130, 132–134, 140–145, 147–150, 152, 157, 161, 170, 173, 200, 203–204, 207–208, 223–224, 330, 333–336.
プレスナー　Plessner, H.　178.
ペトロヴィッチ　Petrovic, G.　320.
ペゲラー　Pöggeler, O.　319.
ポパー　Popper, K. R.　81, 318, 326, 335.

R

ラートニツキー　Radnitzky, G.　317.
ラインホルト　Reinhold, K. L.　15.
リッケルト　Rikert, H.　340–342.

S

サヴィニー　Savigny, Fr. K.　152.
サルトル　Sartre, J.-P.　37.
サン・シモン　Saint-Simon, C. H. 59, 80.
シェリング　Schelling, Fr. W.　55, 89.
シュミット　Schmidt, A.　320.
シュライエルマッヘル

人 名 索 引

(本文のみ。「後記」については,「文献案内」を参照)

A

アドルノ　Adorno, Th. W.　42, 317, 326, 351.
アーペル　Apel, K.-O.　317, 331.
アリストテレス　Aristoteles.　323.

B

バークリー　Berkeley, G.　91, 102, 331, 332.
ブリュッケ　Brücke, E.　259.
ブロイア　Breuer, J.　264.
ブロッホ　Bloch, E.　42.
ベイコン　Bacon, F.　85.
ベンヤミン　Benjamin, W.　42.
ボップ　Bopp, F.　152.

C

カッシラー　Cassirer, E.　330.
コント　Comte, A.　13, 56, 78, 80-82, 84-87, 99, 105, 307.
コンドルセ　Condorcet, M.　80.

D

ダーウィン　Darwin, Ch.　51.
ダントゥ　Danto, A. C.　350.
ディルタイ　Dilthey, W.　78, 99, 151-153, 157-161, 163-168, 170-171, 177-178, 184, 189-200, 203-204, 207-208, 223-229, 339-340.
デカルト　Descartes, R.　20, 84.
デューイ　Dewey, J.　46.

E

アイヒホルン　Eichhorn, Fr.　152.

F

フィヒテ　Fichte, J. G.　40, 47-51, 54, 66, 199, 216-220.
フォイエルバッハ　Feuerbach, L.　35, 39.
フォガラシ　Fogarasi, B.　321.
フリース　Fliess, W.　349.
フルダ　Fulda, H.　319.
フロイト　Freud, S.　198-200, 224-232, 235-238, 240, 244, 246-251, 253, 256, 258-266, 271-272, 281-284, 288-289, 291-293, 296-302, 346, 348-349, 351.

G

ガダマー　Gadamer, H.-G.　338, 343, 352.
ガリレイ　Galilei, G.　225.
グリム　Grimm, W., J.　152.

H

ハイデガー　Heidegger, M.　37, 143, 339.
ヒューム　Hume, D.　119.
フッサール　Husserl, E.　37, 143, 337.
フンボルト　Humboldt, W.　152.
ヘーゲル　Hegel, G. W. Fr.　13-21,

認識と関心

1981年 3月15日 初版 第1刷発行
2018年 1月30日 復刊 第3刷発行

定価（本体5800円＋税）

著　者　ユルゲン・ハーバーマス

奥山次良
訳　者　八木橋貢
渡辺祐邦

発行者　西谷能英

発行所　株式会社　未來社
〒112-0002　東京都文京区小石川3-7-2
電話 03-3814-5521（代）　振替 00170-3-87385
http://www.miraisha.co.jp/　E-mail: info@miraisha.co.jp

印刷・製本＝萩原印刷

ISBN 978-4-624-01055-3 C0010